D1146246

COLLEZIONE STORICA

al Maestro Quentin Skinner,
con l'amicizia di
sempre, dal tuo
Maurizio
Princeton, January 26, 2006

© 2005, Gius. Laterza & Figli

È vietata la riproduzione, anche parziale, con qualsiasi mezzo effettuata, compresa la fotocopia, anche ad uso interno o didattico. Per la legge italiana la fotocopia è lecita solo per uso personale *purché non danneggi l'autore*. Quindi ogni fotocopia che eviti l'acquisto di un libro è illecita e minaccia la sopravvivenza di un modo di trasmettere la conoscenza. Chi fotocopia un libro, chi mette a disposizione i mezzi per fotocopiare, chi comunque favorisce questa pratica commette un furto e opera ai danni della cultura.

Maurizio Viroli

IL DIO DI MACHIAVELLI
E IL PROBLEMA MORALE DELL'ITALIA

Editori Laterza   2005

Proprietà letteraria riservata
Gius. Laterza & Figli Spa, Roma-Bari

Finito di stampare nel settembre 2005
Poligrafico Dehoniano - Stabilimento di Bari
per conto della Gius. Laterza & Figli Spa
CL 20-7498-2
ISBN 88-420-7498-5

PREMESSA

L'idea di cercare il Dio di Machiavelli è nata leggendo gli scritti dei filosofi politici, degli storici e dei poeti che hanno riflettuto sulla debolezza della coscienza civile e morale degli italiani. Quasi tutti indicavano quale responsabile principale la cattiva educazione religiosa e apprezzavano Machiavelli perché sostenitore di una diversa religione, una vera e propria religione della libertà capace di aiutare la rinascita della patria repubblicana. Mi sono allora messo al lavoro per identificare il Dio di Machiavelli, convinto che in quel Dio stia il segreto, e la cura, del problema morale dell'Italia. Non sono del tutto convinto di averlo trovato. Sono tuttavia persuaso che un Dio Machiavelli l'avesse, che fosse il Dio cristiano, e che attorno a quel suo Dio elaborò una religione della libertà che ha avuto una importante storia nella cultura politica italiana.

Il lavoro di scavo intorno al Dio di Machiavelli mi ha permesso di portare alla luce il legame storico e ideale che intercorre fra la religione civile che fiorì soprattutto in America e il cristianesimo repubblicano che nacque a Firenze e nelle altre libere repubbliche italiane. Non mi risulta che questo tema sia stato studiato con l'attenzione che merita, e può essere uno spunto per nuovi studi.

La storia del Dio di Machiavelli invita anche a riflettere in termini nuovi sul rapporto fra religione cristiana e pensiero politico repubblicano, tema anche questo del tutto o quasi negletto, nonostante sia del tutto evidente che la libertà repubblicana è nata ed ha prosperato sempre con l'aiuto di una particolare interpretazione del cristianesimo. Può vivere, viene naturale chiedersi, senza religione?

Devo ringraziare, ma è un dovere piacevole, gli amici che hanno letto tutto o in parte il manoscritto e mi hanno aiutato con le

loro critiche e i loro suggerimenti, in particolare Quentin Skinner, Emanuele Cutinelli-Rèndina e Corrado Vivanti. Desidero
inoltre ringraziare la Biblioteca del Senato, e il dr. Sandro Bul-
garelli, la Biblioteca Casanatense di Roma, la Biblioteca Aurelio
Saffi di Forlì, la Biblioteca Malatestiana di Cesena che mi hanno permesso di svolgere le ricerche nelle migliori condizioni.
Questo libro è nato anche grazie al contributo dell'Università del
Molise, e soprattutto grazie al continuo e generoso sostegno del-
l'Università di Princeton, alla quale va la mia sincera ricono-
scenza.

   Dedico idealmente questo libro a Carlo Azeglio Ciampi, Pre-
sidente della Repubblica, interprete dei valori dell'Italia civile.

INTRODUZIONE

Sono passati quindici anni da quando il compianto Sebastian de Grazia mi regalò il suo *Machiavelli all'inferno*, fresco del premio Pulitzer, con la dedica «to a fellow walker in the same viniard». Da allora ho continuato a camminare nel vigneto di Machiavelli, e più camminavo più mi rendevo conto che de Grazia aveva visto giusto quando aveva osservato che nelle opere di Machiavelli, sparsi qua e là «come papaveri in un campo di grano, troviamo numerosi riferimenti a Dio». Il Dio di Niccolò è «il creatore, la divinità somma, provvidenziale, reale, universale; un Dio dai molti nomi, personale, che si può invocare, ringraziare, venerare; un giudice, giusto e misericordioso, che ricompensa e punisce, che incute timore, una forza trascendente, separata dal mondo ma operante su di esso»[1]. È un Dio che ama la giustizia, co-

---

[1] Sebastian de Grazia, *Machiavelli in Hell*, Princeton University Press, Princeton 1989; trad. it. *Machiavelli all'inferno*, Laterza, Roma-Bari 1990, pp. 69 e 468-69. Prima di de Grazia avevano colto nel segno, a mio giudizio, Luigi Russo, *Machiavelli*, 3a ed., Laterza, Bari 1949, pp. 222-23, il quale ha scritto che «il Machiavelli è uomo religioso, e di una religiosità tipicamente cristiana»; e Roberto Ridolfi, *Vita di Niccolò Machiavelli*, 2 voll., Sansoni, Firenze 1969, in particolare pp. 561-63, quando ha parlato di coscienza religiosa e cristiana del segretario fiorentino e ha sottolineato che «fu anticlericale, non ateo». Troppo lontano va invece Felice Alderisio, *Machiavelli. L'arte dello Stato nell'azione e negli scritti*, Bocca, Torino 1930. Vedi anche la recensione di Benedetto Croce, *Conversazioni critiche*, Serie quarta, Laterza, Bari 1932, pp. 14-17. Essenziale è a mio giudizio consultare Emanuele Cutinelli-Rèndina, *Introduzione a Machiavelli*, Laterza, Roma-Bari 1999, pp. 77-111; Alberto Tenenti, *La religione di Machiavelli* [1969], in Id., *Credenze, ideologie, libertinismi tra Medio Evo ed età moderna*, Il Mulino, Bologna 1978, pp. 175-219; Pierre Jodogne, *Il Cristianesimo di Machiavelli*, Atti del Convegno di Nimega su letteratura italiana e ispirazione cristiana (15-19 ottobre 1979), a cura di Carlo Ballerini, Pàtron, Bologna 1980, pp. 249-74.

VIII   *Introduzione*

manda di amare la patria, e vuole che gli uomini siano forti per difenderla. Questo Dio era per lui il vero Dio cristiano, non quello che vuole uomini umili, disposti ad accettare non solo la sofferenza che è compagna inevitabile della condizione umana, ma anche quella, evitabile, che i deboli patiscono per la crudeltà e l'ambizione degli uomini scellerati. È un Dio che ama le stesse cose che Machiavelli ama: la patria, il governo della legge, il vivere libero e gli uomini che con la loro virtù riescono a dar vita e a conservare questi beni preziosi e fragili[2].

1. *La religione repubblicana*

Tutto questo de Grazia l'ha visto bene e scritto ancor meglio. Non ha tuttavia visto che Machiavelli trova il suo Dio nella tradizione del cristianesimo repubblicano che viveva a Firenze. Quella tradizione si fondava sul principio che il vero cristiano è il buon cittadino che serve il bene comune e la libertà per realizzare il disegno divino nel mondo. Dio partecipa alla vicenda umana, ama le libere repubbliche, sostiene e premia chi governa con giustizia, ha creato gli uomini a sua immagine e somiglianza, vuole che si facciano con la loro virtù simili a lui e operino per rendere la città terrena paragonabile alla città celeste. Cristo e Cicerone, gli apostoli e gli eroi repubblicani di Roma convivevano per i fiorentini gli uni accanto agli altri. Santi non sono gli asceti che rinunciano al mondo e neppure i devoti che obbediscono ai comandi della Chiesa, ma i cittadini che pongono la patria e la libertà al primo posto. Questa interpretazione del cristianesimo ispirava una radicale avversione alla corruzione della Chiesa cattolica e stimolava il bisogno della *renovatio*, una riforma religiosa e morale capace di far rinascere la carità e la giustizia.

La *renovatio* e la carità sono aspetti fondamentali anche della visione religiosa e politica di Machiavelli, più di quanto de Grazia abbia visto. Quando Machiavelli scrive che la religione cristiana «ci permette la esaltazione e la difesa della patria» e «vuo-

---

[2] Per una diversa interpretazione vedi Gennaro Sasso, *Niccolò Machiavelli. Storia del suo pensiero politico*, Il Mulino, Bologna 1980, p. 512 e pp. 555-57.

le che noi l'amiamo ed onoriamo, e prepariamoci a essere tali che noi la possiamo difendere»[3], esprime la sua intima religiosità e ribadisce l'interpretazione del cristianesimo che viveva nella Firenze del suo tempo.

Individuare le convinzioni religiose di un uomo come Machiavelli, che nascondeva i suoi pensieri e i suoi sentimenti, è impresa forse disperata, ma i suoi scritti e il contesto intellettuale entro il quale operò rendono del tutto ragionevole l'ipotesi che egli si sentisse cristiano: cristiano a suo modo, certo non al modo della chiesa di Roma; con un *suo* Dio, ma non un Dio inventato di sana pianta e senza nulla in comune con il Dio che viveva nella coscienza religiosa della Firenze del suo tempo[4]. Sappiamo che amava la patria più dell'anima, ma amare la patria più dell'anima era appunto per lui, e per tanti fiorentini, il vero modo di essere cristiani, di praticare il valore supremo della carità e quindi la vera via per ottenere la salvezza eterna. Una volta trovata la vera via, tutto il resto – confessioni, messe, digiuni, sottigliezze teologiche, inferno, paradiso, diavoli e paternoster – aveva poca importanza. Molti autorevoli scrittori politici lo hanno definito ateo: ma esiste una frase, o anche un solo rigo, in cui Machiavelli dica o accenni che Dio non esiste? Io non l'ho trovata, mentre ho trovato, come il lettore vedrà, parecchi documenti che attestano il contrario.

Con la favola del Machiavelli ateo, cade anche quella del Machiavelli pagano. Di questo mito se ne fece a suo tempo autorevole banditore Isaiah Berlin (ma altri lo avevano sostenuto pri-

---

[3] Niccolò Machiavelli, *Discorsi sopra la prima deca di Tito Livio*, II, 2, in *Opere*, vol. I, a cura di Corrado Vivanti, Einaudi-Gallimard, Torino 1997.

[4] Il problema che pongo per Machiavelli è del tutto affine a quello che si è posto Lucien Febvre per Rabelais. Febvre suggerisce l'ipotesi che gli interpreti abbiano attribuito a Rabelais idee, convinzioni e teorie che maturarono più tardi nella cultura europea, e si chiede se il suo autore: «nel suo foro interno» fu un turennese beffardo e anticlericale, oppure un filosofo profondo che anticipò i suoi contemporanei nella critica e nell'incredulità che nessuno poté seguirlo, il propugnatore della fede del dubbio, l'apostolo delle certezze laiche di una scienza senza confini, un cristiano mediocre che issa sull'altare «del Dio della buona gente un Cristo totalmente privo di aureola», un uomo animato da «una passione riformata» raffrenata tuttavia dalla paura dei supplizi; Lucien Febvre, *Le problème de l'incroyance au XVIe siècle. La religion de Rabelais*, Editions Albin Michel, Paris 1968; trad. it. *Il problema dell'incredulità nel secolo XVI. La religione di Rabelais*, Einaudi, Torino 1978, p. 5.

ma di lui). A suo dire, quando scrive che la religione cristiana «ci permette la esaltazione e la difesa della patria» e «vuole che noi l'amiamo ed onoriamo, e prepariamoci a essere tali che noi la possiamo difendere», Machiavelli compie atto di formale rispetto per evitare censure e persecuzioni. Le sue parole significano solo che se la Chiesa avesse sviluppato un atteggiamento militante conforme all'antica virtù romana e avesse reso gli uomini forti e dediti al bene pubblico, il suo insegnamento avrebbe avuto migliori conseguenze sociali.

Secondo Berlin, Machiavelli non ha separato l'etica dalla politica, ma ha disgiunto due incompatibili ideali di vita e due morali, quella pagana e quella cristiana. La prima insegna il coraggio, il vigore, la forza di resistere alle avversità, la devozione alla repubblica, l'ordine, la disciplina, la ricerca della felicità, la giustizia e l'affermazione di se stessi. La seconda predica quali valori supremi la carità, la clemenza, il sacrificio, l'amore di Dio, il perdono dei nemici, il disprezzo per i beni di questo mondo, la fede nella vita eterna e nella salvezza dell'anima. La vera originalità di Machiavelli, sottolinea Berlin, consiste nel fatto che egli ha posto la morale pagana al di sopra della morale cristiana e ha affermato che i valori cristiani rendono impossibile una società come quella che egli vorrebbe veder rinascere sul modello della Roma antica. Per questa ragione le sue idee offesero soprattutto coloro che non erano disposti a rinunciare ai valori cristiani o umanistici[5].

A parte l'ovvia considerazione che Machiavelli non era uomo da omaggi verbali e non aveva nessuna ragione di temere censure e persecuzioni ecclesiastiche per un'opera che non pubblicò mai, chi ebbe sincera fede cristiana non rimase affatto offeso dalle parole di Machiavelli e le trovò al contrario coerenti con il vero insegnamento di Cristo, come spiego nel IV capitolo. I valori che Ber-

---

[5] Isaiah Berlin, *The Originality of Machiavelli*, in *Studies on Machiavelli*, a cura di Myron P. Gilmore, Sansoni, Firenze 1970, pp. 168-70, 172-74 e 198. Anche Meinecke giudica Machiavelli estraneo alle esigenze religiose del Rinascimento, pagano e propugnatore di una completa rottura con l'etica dualistica cristiana che spiritualizzava l'uomo. In lui la morale e la religione passavano «dal rango di valori in sé a quello di meri strumenti allo scopo di uno stato animato da virtù»; arriva al punto di consigliare al principe di appoggiarsi addirittura ad una religione falsa, pensiero questo che solo un uomo che era «in religione uno sradicato» poteva dare. Cfr. Friedrich Meinecke, *L'idea della ragion di stato nella storia moderna*, Vallecchi, Firenze 1942, vol. I, pp. 47-48.

lin identifica come pagani – coraggio, fortezza, giustizia, affermazione individuale, e soprattutto l'ideale della virtù – erano per Machiavelli anche valori cristiani. Al tempo stesso Machiavelli elogia
la carità, la clemenza, il perdono dei nemici (privati, non quelli
pubblici), ed esorta a cercare la vita eterna nel vero modo cristiano, ovvero amando la patria. Quando Machiavelli scrive a Francesco Vettori, non a Francesco Guicciardini come crede Berlin,
«amo la patria mia più dell'anima», non afferma affatto un principio pagano, ma un principio cristiano che aveva profonde radici
nella storia di Firenze[6]. I magistrati fiorentini che nella guerra contro Gregorio XI dimostrarono con le loro azioni di amare la patria
più dell'anima erano chiamati 'Santi' perché erano considerati
santi cristiani, non eroi pagani. Così come aveva una lunga storia
e solide radici l'idea, che Berlin considera pagana, che è proprio
dell'uomo cercare di rendersi simile a Dio e di imitare l'ambizione
di vera gloria degli antichi fondatori di stati e di religioni[7].

L'idea di un Dio che ama più degli altri coloro che perseguono
il bene della patria è per Berlin assai remota da quella del Nuovo
Testamento[8]. La verità è che Machiavelli, e tanti altri del suo tempo e dei secoli successivi, credevano che il Dio che esorta ad amare la patria non fosse affatto lontano dall'insegnamento di Cristo e
degli apostoli, e che il bene della repubblica fosse del tutto compatibile con il volere di Dio. Per far rinascere la virtù civile non c'e-
ra dunque alcun bisogno di far rinascere il paganesimo.

Non pagano, ma sostenitore di una concezione strumentale
della religione? Anche questa interpretazione ha una lunga storia.
Gennaro Sasso l'ha discussa con particolare finezza. A suo giudizio Machiavelli vede la religione come l'elemento fondamentale di
uno stato 'bene ordinato', «come quello, appunto, che rende possibili i buoni costumi, i buoni ordini, le buone armi. Ma, alla sua
radice, e poi al suo vertice, presuppone pur sempre la presenza di
un legislatore attento e virtuoso, che sappia graduarne il potere e
dosarne gli effetti a seconda che richiedano i tempi e spiri il vento

---

[6] *Opere di Niccolò Machiavelli*, vol. III, *Lettere*, a cura di Franco Gaeta,
Utet, Torino 1984, p. 629. Berlin, *The Originality of Machiavelli*, in *Studies on
Machiavelli* cit., p. 179.
[7] Berlin, *The Originality of Machiavelli*, in *Studies on Machiavelli* cit., p. 195.
[8] Ivi, p. 202, n. 102.

della fortuna». La religione assume perciò un duplice significato: è «*instrumentum regni*, il mezzo con il quale, nel nome di Dio, un legislatore accorto può condurre grandi, e anche straordinarie imprese. Ma è tuttavia anche la vita profonda del popolo, i costumi buoni e non estrinseci, la sua 'educazione' politica e morale: sicché il concetto perde subito il carattere estrinsecamente utilitaristico che lo segnava nel primo, e tende al suo superamento». Il concetto di religione, precisa Sasso, non è più soltanto uno strumento di dominio, ma assume «significato costruttivo»[9].

Sasso ha perfettamente ragione quando sottolinea che il pensiero religioso di Machiavelli è lontanissimo da quello degli scrittori politici della Controriforma, e il lettore potrà averne conferma leggendo il IV capitolo. Quelli volevano un cattolicesimo che fosse poco più che formale ed esterna partecipazione al culto, obbedienza alla Chiesa e scuola di umiltà; Machiavelli auspicava una religione intrinseca «all'animo del popolo», che si traducesse in senso dei doveri civici e in vera bontà d'animo: non *instrumentum regni*, bensì *instrumentum libertatis*[10]. La religione è

---

[9] Sasso, *Niccolò Machiavelli. Storia del suo pensiero politico* cit., pp. 510-12. Prima di Sasso, Giuliano Procacci aveva messo in rilievo che Machiavelli giudicava la religione una forza potente di coesione sociale nella sua *Introduzione* a *Il Principe e Discorsi sopra la prima deca di Tito Livio*, Feltrinelli, Milano 1960, pp. LIX-LXI. Vedi anche quanto scrive Ernst Cassirer, *The Myth of the State*, Yale University Press, New Haven 1946, pp. 138-39. Sostenitori, meno avveduti, della tesi che Machiavelli ebbe una concezione del tutto strumentale della religione sono, fra gli altri, J. Samuel Preus, *Machiavelli's Functional Analysis of Religion: Context and Object*, in «Journal of the History of Ideas», XL (1979), pp. 171-90. Per ulteriori indicazioni bibliografiche vedi Marcia L. Colish, *Republicanism, Religion, and Machiavelli's Savonarolan Moment*, in «Journal of the History of Ideas», LX (1999), n. 3, p. 598. Anche William J. Bouwsma, *Venice and the Defence of Republican Liberty*, University of California Press, Berkeley-Los Angeles 1968, p. 38 sostiene che Machiavelli ebbe una concezione politica della religione.

[10] Sulla religione come strumento di libertà politica in Machiavelli vedi Quentin Skinner, *Machiavelli on Virtù and the Maintenance of Liberty*, in Id., *Visions of Politics, Renaissance Virtues*, Cambridge University Press, Cambridge 2002, vol. II, pp. 160-85. Sbaglia invece Jeffrey Stout nel suo ottimo studio *Democracy and Tradition*, Princeton University Press, Princeton 2004 quando avvicina Machiavelli a Burke e gli attribuisce una concezione conservatrice della religione (p. 26). Come il lettore potrà vedere, Machiavelli invoca invece una religione atta a sovvertire l'ordine politico prevalente, ovvero l'ordine dei principati e delle monarchie per sostituire ad esso l'ordine delle repubbliche.

mezzo e fine. L'amore della libertà e i buoni costumi rispetto ai quali la religione è mezzo sono essi stessi fini prescritti dalla religione cristiana bene intesa, ovvero da Dio: è Dio che ama la giustizia e vuole che gli uomini grandi fondino buoni ordini politici. La retta religione cristiana forma buoni cittadini, ma bisogna essere buoni cittadini per essere buoni cristiani.

Anche per questa ragione Machiavelli pone i capi e i fondatori delle religioni al di sopra dei fondatori di stati: se la religione avesse avuto valore solo in quanto mezzo per l'opera politica, non avrebbe collocato sul gradino più alto coloro che predispongono il mezzo rispetto a coloro che indicano e realizzano il fine.

Machiavelli delineò una religione della virtù capace di correggere la cattiva educazione religiosa della Chiesa cattolica. Non si fece banditore di una nuova teologia, ma di un nuovo modo di vivere. Francesco De Sanctis scrisse che Machiavelli fu il Lutero italiano perché volle sostituire la scienza alla teologia. In realtà volle sostituire una religione che predicava la docilità, e rendeva gli uomini deboli, con una religione che insegnasse l'amore della libertà e della virtù. Savonarola aveva detto ai fiorentini che il vero cristiano deve vivere come un buon cittadino, e aveva invocato una riforma religiosa che riportasse in vita la semplicità e la purezza del cristianesimo delle origini. Anche Machiavelli voleva una riforma religiosa, ma non come quella tentata, senza successo, da Savonarola. Per Machiavelli il male che corrode regni e repubbliche non è né l'usura né «qualche peccato carnale», e a poco servono i digiuni, le elemosine e le orazioni e soprattutto il confidare oziosi nell'aiuto di Dio[11]. Il vero male da sradicare con una riforma è la religione dell'ozio che educa a credere che «senza te per te contrasti Dio, standoti ozioso e ginocchioni». Machiavelli non sentiva il bisogno di santi noiosi, tetri, intolleranti, né di biascicatori di giaculatorie sempre a capo chino di fronte ai potenti. Aspirava ad una religione che dicesse agli uomini che loro primo dovere verso Dio, e sola via alla salvezza, è essere cittadini forti. La sua non era né la

---

[11] Niccolò Machiavelli, *L'Asino*, in *Opere di Niccolò Machiavelli*, vol. IV, *Scritti letterari*, a cura di Luigi Blasucci, con la collaborazione di Alberto Casadei, Utet, Torino 1989, pp. 382-83. Sull'anticlericalismo al tempo di Machiavelli vedi Ottavia Niccoli, *Rinascimento anticlericale. Infamia, propaganda e satira in Italia tra Quattro e Cinquecento*, Laterza, Roma-Bari 2005.

riforma di Savonarola né quella di Lutero: era una riforma molto
più saggia dell'una e dell'altra.

Machiavelli non si prese la briga di spiegare che la sua idea di
riforma era coerente con le Scritture. Compose le sue opere politiche per far rinascere, con la forza persuasiva della parola, costumi simili a quelli degli antichi che vivevano anche, seppur di vita
stentata, a Firenze, ed erano floridi nelle libere città tedesche. Contrariamente al vero e proprio anacronismo che gli studiosi hanno
ripetuto infinite volte, Machiavelli non scrisse le sue opere con lo
stile dello scienziato o del freddo precettore che vuole convincere
solo con la forza dei fatti e il rigore dei ragionamenti. Usava i fatti
ed era (quasi sempre) rigoroso nei ragionamenti; ma scriveva da
oratore e da profeta per spingere all'azione, per muovere le passioni e l'immaginazione e per aiutare la nascita di un nuovo mondo morale e politico. Scriveva per insegnare il bene, com'era dovere di «un uomo buono»: ma chi altri era l'uomo buono che insegna il bene se non il vero oratore degli antichi?

Anche questo aspetto della fisionomia intellettuale di Machiavelli rivela il suo legame con il contesto fiorentino. Nella sua Firenze, l'eloquenza, regina della vita politica e della vita religiosa,
animava la religione civile che fondeva insieme princìpi repubblicani e fede cristiana. Con la forza della parola, e con il linguaggio
profetico, Savonarola aveva persuaso i fiorentini a istituire un governo repubblicano, e aveva esortato a tornare al vero vivere cristiano e civile. Né la forza della parola né il linguaggio profetico
riuscirono tuttavia a salvare Savonarola dalla morte e a difendere
il governo repubblicano dai suoi nemici. Machiavelli interpreta la
sconfitta del profeta disarmato Savonarola in contrasto con la vittoria del profeta armato Mosè e trae la conclusione che «tutti e'
profeti armati vinsono ed e' disarmati ruinorno»[12]. Sa che la forza
della parola non basta a fondare ordini politici e a conservarli, ma
sa anche che senza di essa le libere repubbliche non nascono, non
vivono, non possono difendersi dalla corruzione morale.

Questa convinzione ispira tutte le sue opere politiche. Nel
Principe evoca il racconto dell'*Esodo* per disegnare a tinte forti
l'immagine del redentore che sappia far risorgere l'Italia; nei *Discorsi sopra la prima deca di Tito Livio* commenta le *Storie* di Li-

---

[12] Niccolò Machiavelli, *Il principe*, VI.

vio perché vuole che gli uomini ritrovino la virtù antica; compone le *Istorie fiorentine* per insegnare ai suoi concittadini ad evitare gli errori del passato e a imitare i loro antenati che ponevano la patria al di sopra dell'anima; scrive l'*Arte della guerra* per riportare in vita gli antichi ordini e l'antica disciplina militare, e proprio in quest'opera rivela in una frase la speranza della rinascita che ispirò la sua vita, prima ancora dei suoi scritti: «questa provincia pare nata per risuscitare le cose morte»[13].

La religione che Machiavelli auspica, e cerca di far rinascere, è una religione della libertà che insegna a vivere senza servire e senza dominare, ad essere forti d'animo per difendere la libertà comune, ad obbedire solo alle leggi e a chi governa con giustizia, a sentire dentro se stessi il sentimento della vergogna per aver violato i doveri. Senza quella religione e senza quel Dio i popoli non possono vivere liberi. Di questa religione, Machiavelli lo afferma con la massima chiarezza, hanno più bisogno le repubbliche delle monarchie. Se non teniamo presente questo aspetto essenziale del suo pensiero politico non possiamo intendere il vero significato della sua teoria repubblicana, e della teoria repubblicana in generale.

La religione della virtù che Machiavelli aveva difeso, e l'idea di una riforma religiosa e morale da realizzare tramite il ritorno ai veri princìpi della religione cristiana, ispirarono e affascinarono coloro che in Italia avvertirono sinceramente il bisogno di una religione e di una vita morale capace di far rinascere e sostenere la libertà politica. Eretici e riformatori del Cinquecento leggevano i suoi libri, e furono italiani emigrati a Basilea per cercare la libertà religiosa che tradussero e pubblicarono *Il principe* in latino[14]. In quegli stessi anni, i pensatori politici più vicini alla Chiesa cattolica attaccarono direttamente la religione machiavelliana della virtù sostenendo che essa viveva già nella Chiesa, come dimostravano i trionfi delle armate cattoliche, o che si trattava di

---

[13] Niccolò Machiavelli, *Dell'arte della guerra*, in *Opere*, vol. I cit., p. 689.
[14] Sul carattere esemplare delle critiche alle idee di Machiavelli sulla religione vedi Adriano Prosperi, *I tribunali della coscienza: inquisitori, confessori, missionari*, Einaudi, Torino 1996, pp. XIX-XX. Nell'universo protestante voci autorevoli sostennero sulla base delle Scritture l'ideale del cristiano come buon cittadino. Cfr. Piero Adamo, *Cittadini e santi. Immaginario politico e cultura protestante dalla Riforma alla Rivoluzione Americana*, in «Filosofia Politica», XIV (2000), pp. 35-51, p. 39.

un'aspirazione impossibile. La determinazione e la veemenza di quell'attacco nascevano dalla convinzione che Machiavelli non era uno dei tanti fustigatori della corruzione della Chiesa e delle malefatte dei preti, ma il teorico di una religione cristiana della virtù alternativa all'insegnamento della Chiesa.

Nonostante la pervicacia degli scrittori cattolici, altri, primo fra tutti Giordano Bruno, ritrovarono sul finire del secolo la religione machiavelliana della virtù e scrissero pagine eloquenti sulla necessità di una riforma religiosa che combattesse la corruzione del mondo. Fu tuttavia nel Settecento che prese vigore la convinzione che senza una riforma morale ispirata dalla religione della virtù, l'Italia non si sarebbe mai emancipata dalla decadenza politica. Vittorio Alfieri, per citare un nome esemplare, ritrovò il Dio di Machiavelli e lo ripropose come ideale di riscatto morale e politico. Alla fine del Settecento, i nostri giacobini preferirono invece al Dio di Machiavelli la religione civile di Jean-Jacques Rousseau: non un cristianesimo reinterpretato, ma una religione completamente nuova, con una nuova divinità, nuovi simboli, nuovi riti. Fu una scelta infelice che arrecò danno alle repubbliche nate sulla scia delle armi francesi e indebolì i fermenti di riforma religiosa.

Dopo il tramonto delle repubbliche giacobine, fu Vincenzo Cuoco a rendersi conto meglio degli altri che la vera debolezza italiana era la mancanza di spirito pubblico. Egli trae da Machiavelli la convinzione che l'Italia, per conquistare una libertà duratura, deve emanciparsi dalla religione dell'ozio, ritrovare la vera religione e con essa il Dio che comanda di perseguire la virtù antica. In quegli stessi anni Ugo Foscolo cita le parole di Machiavelli (il filosofo «immeritevolmente proscritto» dai cattolici) per spiegare che senza una vera religione l'Italia non diventerà mai libera, e che la religione che può aiutare la faticosa conquista della libertà è solo un cristianesimo ricondotto ai suoi princìpi.

Ad una conclusione simile giunge anche Giacomo Leopardi commentando i passi di Machiavelli, figura per lui grande e tragica, sul rinnovamento dei corpi politici e delle religioni attraverso un ritorno ai princìpi originari. L'umanità, per non estinguersi, deve emanciparsi dalla corruzione della civiltà e tornare alla sua vera natura, riscoprire la virtù antica e l'amore della patria che viveva nelle antiche repubbliche piene di una religione che insegnava ad amare il bene pubblico e a cercare la vera gloria. La rinascita morale del genere umano non avverrà, se mai avverrà, per via di un ritorno al paganesimo, ma grazie ad un cristianesimo rinnovato che insegnerà la virtù politica degli antichi.

Il Risorgimento, soprattutto con la predicazione di Mazzini, andò oltre Machiavelli nella consapevolezza che l'emancipazione politica di un popolo esige la fede nell'ideale e il sacrificio. Per Mazzini le grandi conquiste di libertà erano il risultato della tensione religiosa a realizzare l'ideale morale nel mondo, e dell'elevamento interiore dell'individuo al senso del dovere. Mazzini andò oltre Machiavelli, ma raccolse il significato profondo delle sue intuizioni sulla religione. Grazie a Mazzini, e agli altri apostoli del Risorgimento, molti di loro sinceri cristiani, l'attitudine dell'Italia a far rinascere le cose morte che Machiavelli voleva credere fosse vera, divenne vera nel Risorgimento, quando rinacquero l'amore della libertà e l'amore della patria. L'aspirazione alla *renovatio* morale e politica che aveva le sue radici nell'Umanesimo italiano, parve, almeno in parte, realizzarsi.

Il capitolo più sorprendente e perfino commovente della lunga storia della presenza delle idee di Machiavelli sulla religione nella storia italiana è tuttavia quello che riguarda gli anni '20 e '30 del Novecento, quando nacque quel concetto di religione della libertà che aiutò le coscienze migliori a resistere negli anni del regime fascista. Fu Benedetto Croce, nella *Storia di Europa*, a formulare il concetto; ma Piero Gobetti aveva già ritrovato l'idea riflettendo proprio sulle pagine che Alfieri aveva scritto su Machiavelli. Gobetti avvertì in Alfieri la presenza di una religione fondata sul Cristo considerato non più maestro di umiltà ma creatore di libertà politica: una vera e propria religione civile che ha quali princìpi fondamentali la libertà morale e la libertà politica. Il profeta della vera religione della libertà non era per Gobetti il «contadino Lutero», ma Machiavelli, il cittadino fiorentino. Di questa religione, e di una riforma religiosa non dogmatica bensì essenzialmente morale, aveva bisogno l'Italia, per rinascere dalla servitù.

In questo libro ho chiuso la storia dell'incidenza di Machiavelli sulle aspirazioni alla riforma religiosa e morale in Italia con le parole che Luigi Russo scrive nel 1945 nel suo *Machiavelli*, dedicato a Nello Rosselli e a Leone Ginzburg. La storia italiana, rileva Russo, ha vendicato non il Machiavelli che tratta freddamente di arte dello stato, ma il Machiavelli che scrive con pathos profetico e religioso perché sa che «senza pathos profetico, senza rinnovamento morale, senza coscienza civile», le repubbliche non possono né nascere né vivere. So bene che la mia è una storia incompleta, ma ho voluto raccontarla ugualmente perché mette in luce il vero male italiano: la cattiveria meschina che nasce dalla maligna educazione religiosa e dal lungo vivere servo. Machiavelli formulò una diagnosi impeccabile del male e ne indicò il rimedio in un rinnovamento religioso e morale che riscoprisse i princìpi della carità e della giustizia. La sua diagnosi non ha perso nulla della sua validità, e lascia intravedere la via per diventare un popolo di veri cittadini liberi.

2. *Machiavelli puritano*

Fuori d'Italia furono in molti a capire bene il significato delle pagine di Machiavelli sulla religione. Ferventi puritani respinsero l'idea che la religione cristiana rende gli uomini deboli e proclamarono con orgoglio l'ideale del soldato che combatte per la causa di Dio e trae forza dalla fede[15]. Alexander Leighton (1568-1649) scrive nel suo *Speculum belli sacri* (1624) che Mosè fu grande re, grande comandante e anche «servant of God», non solo per la sua autorità e per la sua fedeltà, ma anche per la sua pietà. Per trionfare non basta avere autorità e una buona causa; bisogna anche essere buoni. Per questa ragione merita di essere condannato all'inferno, da dove di certo è uscito, il consiglio di Machiavelli che il principe, o comunque un uomo grande, deve cercare di apparire religioso anziché esserlo. Sostenere questo significa deridere Dio («to mocke God») ed essere degli ipocriti degni della più severa condanna, così come deve essere respinta come blasfema l'idea che nei soldati è preferibile la religione pagana alla vera religione cristiana. È inoltre contro ogni ragione voler negare, come fa Machiavelli, la forza della religione cristiana. Il soldato che sa di avere il vero Dio dalla sua parte diventa magnanimo e coraggioso perché è persuaso in coscienza che non perderà la sua anima combat-

---

[15] Cfr. Mario Praz, *Machiavelli in Inghilterra*, Tumminelli, Roma 1943; Felix Raab, *The English Face of Machiavelli. A Changing Interpretation (1500-1700)*, Routledge & Kegan Paul, London-Toronto 1964.

tendo per la patria, per la gloria di Dio e per la difesa della religione[16]. Altrettanto severo contro Machiavelli è Richard Bernard, un'altra voce eloquente dell'universo puritano inglese. Solo chi è religioso, spiega Bernard, è disposto a sacrificare la vita. Chi crede di avere Dio dalla sua parte «combatte con le mani e prega col cuore»; è coraggioso e pronto a dare la vita per la giusta causa sicuro che la morte gli aprirà le porte della vita eterna. Non bisogna dunque permettere ai «Machiavellian Atheists» di deridere Dio e di sostenere che la religione cristiana non può educare buoni soldati[17].

Questi puritani non conoscevano evidentemente le pagine dei *Discorsi* e dell'*Arte della guerra* in cui Machiavelli sottolinea che senza religione è impossibile avere eserciti che sappiano combattere con coraggio e rispettino le regole della guerra. Sfuggiva loro anche il fatto che Machiavelli attribuiva il declino della virtù militare non alla religione cristiana in quanto tale, ma alla religione cristiana interpretata secondo l'ozio. Comunque sia, è vero che gli eserciti puritani di Gustavo Adolfo di Svezia e di Oliver Cromwell erano «protestanti e nazionali», più che civici e classici. Ma è del pari vero che il guerriero puritano, che combatte rinfrancato dai sermoni del cappellano e canta gli inni sacri mentre si lancia nella battaglia, è molto simile al cittadino soldato che Machiavelli avrebbe voluto vedere al posto dei soldati mercenari. Machiavelli non immaginò il soldato che combatte per affermare il regno di Dio in terra; ma immaginò, e cercò anche di forgiare, un soldato cristiano che combatte per la sua patria sostenuto dalla fede[18].

Accanto ai puritani che non si accorsero che Machiavelli aveva in effetti aperto la strada al cittadino soldato che combatte per la patria confortato dalla religione, altri lo giudicarono un puritano a tutto tondo. James Harrington (1611-1677), esempio eminente di riformatore cristiano e repubblicano, considera Machiavelli il solo scrittore politico moderno che abbia riscoperto

---

[16] Alexander Leighton, *Speculum belli sacri: Or the Looking-glasse of the Holy War*, Amsterdam 1624, pp. 25-28.

[17] Richard Bernard, *The Bible-Battles, or The Sacred Art Military for the Rightly Waging of War According to the Holy Writ*, London 1629, pp. 79-80.

[18] Vedi in proposito quanto scrive Michael Walzer, *The Revolution of the Saints. A Study of the Origins of Radical Politics*, Harvard University Press, Cambridge (Mass.) 1965, pp. 268-99, in particolare pp. 289-90.

la saggezza antica («ancient prudence») rivelata all'umanità da Dio stesso («by God himself») per istituire e conservare i governi fondati sul bene comune e sul governo delle leggi[19]. Come gli umanisti fiorentini del Quattrocento, Harrington ritiene che la repubblica sia il regno di Cristo e il vero manifestarsi del divino nel mondo[20]. In questa prospettiva unisce il pensiero di Machiavelli e la Provvidenza cristiana, e fonde in un unico concetto l'ideale del buon cittadino tratto dal pensiero politico romano e l'ideale del buon cristiano tratto dalla Bibbia[21]. Considera Machiavelli un pensatore che segue le orme di Mosè[22]. Giudica un «goodly sermon» le parole dell'*Arte della guerra* in cui Machiavelli spiega l'importanza della religione per avere buoni eserciti[23]. Per queste sue idee, Harrington si attirò il sarcasmo di Richard Baxter, che lo accusò di fare di Machiavelli un puritano[24].

[19] James Harrington, *The Commonwealth of Oceana*, in *The Political Works of James Harrington*, a cura di John G.A. Pocock, Cambridge University Press, Cambridge 1977, pp. 161 e 178.

[20] «Now if you add unto the propagation of civil liberty, what is so natural unto this commonwealth that it cannot be omitted, the propagation of the liberty of conscience, this empire, this patronage of the world, is the kingdom of Christ. For as the kingdom of God the Father was a commonwealth, so shall be the kingdom of God the Son; *the people shall be willing in the day of his power*»; Harrington, *The Commonwealth of Oceana*, in *The Political Works of James Harrington* cit., p. 332. John Pocock scrive che Harrington, al quale ben s'attaglia l'aggettivo «messianist or millennial», è vicino a un'eresia politica secondo la quale la virtù civile «is identified with the condition of salvation and the *vivere civile* with the *civitas Dei*»; ivi, p. 70.

[21] Mark Goldie, *The Civil Religion of James Harrington*, in *The Languages of Political Theory in Early-Modern Europe*, a cura di Anthony Pagden, Cambridge University Press, Cambridge 1990, pp. 197-222, 109 e 203. Vedi anche *Culture and Politics from Puritanism to the Enlightenment*, a cura di Perez Zagorin, Berkeley-Los Angeles-London 1980.

[22] « we have the books of Moses, those of the Greeks and of the Romans, not to omit Machiavel, all for it»; James Harrington, *The Prerogative of Popular Government*, in *The Political Works of James Harrington* cit., pp. 391-93. «The puritans of the 1650s», scrive Blair Worden, «were, moreover, like Harrington, as deeply imbued with classical republican ideas as with Hebraic and Apocalyptic ones, with Machiavelli as well as Moses»; Blair Worden, *Classical Republicanism and the Puritan Revolution*, in *History and Imagination: Essays in Honour of H.R. Trevor Roper*, a cura di Hugh Lloyd Jones, Valerie Pearl e Blair Worden, London, 1981.

[23] Harrington, *The Prerogative of Popular Government*, in *The Political Works of James Harrington* cit., pp. 444-45.

[24] «I know Mr. *Harrington* is here *involved* (as he speaks) by *Machiavel*.

Che Niccolò non fosse puritano, per lo meno nel significato ristretto del termine, è fuori di dubbio. Resta tuttavia il fatto che per un pensatore repubblicano e puritano come Harrington, Machiavelli era tale non solo per le sue idee politiche, ma anche per le sue idee sulla religione cristiana.

L'incidenza che esercitarono sul pensiero politico dei repubblicani inglesi le idee di Machiavelli sulla religione è ancora più evidente nel caso di Henry Neville, che nel 1675 pubblica un'edizione inglese delle opere machiavelliane e vi inserisce a mo' di premessa una lettera manifestamente apocrifa di Machiavelli a Zanobi Buondelmonti, datata 1° aprile 1537[25]. La lettera è un documento davvero esemplare di come un puritano inglese interpretò il pensiero religioso di Machiavelli. In questo testo 'Machiavelli' dichiara che la democrazia, fondata su buoni ordini, è la migliore e più eccellente forma di governo e che chiunque legga con attenzione le narrazioni storiche del Vecchio Testamento troverà che Dio stesso istituì un solo tipo di governo per gli uomini e tale governo era una repubblica[26]. Si difende dalle accuse di essere un uomo irreligioso, proclama di aver vissuto da buon cristiano e di essere stato come tale nemico del papato che ha completamente sfigurato la religione cristiana fino a renderla del tutto mondana e atea, ha corrotto i governi europei, distrutto tutti i buoni princìpi e la moralità che ci avevano lasciato in eredità i pagani[27]. Si augura che un giorno Dio voglia ispirare i prìncipi cristiani affinché abbattano il dominio dei preti, restaurino la fede cristiana originaria e facciano rinascere la vera umanità e la vera comunità civile[28].

No wonder. But if *Machiavel* be become a *Puritan* to *him*, what is Mr. *Harrington* to *us*?»; Richard Baxter, *A Holy Commonwealth*, London 1659, p. 235.

[25] Per la fortuna della *Lettera di Machiavelli* cfr. Raab, *The English Face of Machiavelli* cit., pp. 219-20. Vedi anche *Two English Republican Tracts*, a cura di Caroline Robbins, Cambridge University Press, Cambridge 1969, p. 15.

[26] Nicholas Machiavel's *LETTER to Zanobius Buondelmontius in VINDICATION Of Himself and His WRITINGS*. From *The WORKS of the Famous Nicolas Machiavel, Citizen and Secretary of FLORENCE. Written Originally in ITALIAN, and from thence Newly and Faithfully Translated into ENGLISH*, printed for John Starkey at the Miter in Fleetstreet, near Temple-Bar, London 1675.

[27] *Ibidem.*

[28] «I am charged then, in the second place, with impiety, in vilifying the Church, and so to make way for Atheism. I do not deny but that I have very frequently in my Writings, laid the blame upon the Church of Rome, not only for all the misgovernment of Christendom; but even for the depravation and

'Machiavelli' proclama che Dio ha mandato suo figlio nel mondo per insegnarci la nuova verità, restaurare la vera religione («to restore true Religion»), rigenerare i nostri cuori («regenerate our Hearts») e indicarci l'esempio della virtù, della bontà e dell'obbedienza. Non pretende di essere un teologo, e ammette che il suo interesse è la politica; ma afferma con sicurezza che Cristo ha insegnato che il suo regno non è di questo mondo, e che i più grandi dei suoi discepoli non devono essere uomini potenti, ma umili servitori. Si vanta di aver previsto il flagello che colpì la Chiesa con la Riforma, e proclama quello che fu il credo anche del vero Machiavelli, ovvero che gli uomini che operano bene ottengono fama immortale su questa terra e gloria eterna («immortal honor in this life, and eternal glory»). Anche se si sente cristiano, infine, difende la santità e il valore dei pagani, esempi di buona politica («good policy») e convinti sostenitori del principio che il perseguimento della virtù ha come premio l'onore del mondo e la gloria nei cieli.

Neville insiste sul Machiavelli 'puritano' anche nel *Plato redivivus* (1681), dove lo presenta come il migliore e il più onesto degli scrittori politici moderni, vittima dei preti e degli ignoranti, campione dell'idea che la religione cristiana non può essere imposta con la forza delle leggi, ma solo insegnata con la parola e praticata con purezza di cuore[29]. Chiude il trattato con un motto che è la miglior sintesi del pensiero di Machiavelli sulla religione: «Nullum numen abest, si sit prudentia» («Dove c'è prudenza, non manca alcun potere divino»)[30].

Un altro scrittore politico repubblicano di primo piano, Walter Moyle (1672-1721), sviluppa le idee di Machiavelli sulla religione dei Romani nell'*Essay upon the Constitution of the Roman Government* (c. 1699). Descrive infatti l'opera di Numa come perfezionamento di quella di Romolo e lo addita quale esempio

---

almost total destruction of Christian Religion it self in this Province; but that this discourse of mine doth, or can tend to teach men impiety; or to make way for Atheism, I peremptorily deny: and although for proof of my innocence herein, I need but refer you and all others to my Papers themselves, as they are now published»; *ibidem*.

[29] Henry Neville, *Plato Redivivus*, in *Two English Republican Tracts* cit., pp. 168 e 154-55. Neville cita «the divine Machiavel» anche a proposito dell'analogia fra i mali dei corpi politici e i mali dei corpi naturali; ivi, p. 81.

[30] Neville aggiunge anche la traduzione inglese: «If prudence be present, no divine power is absent»; ivi, p. 200.

del modo di operare di tutti i grandi legislatori che, per far credere i popoli e ottenere l'obbedienza alle leggi, simulano di parlare per divina ispirazione. Sottolinea che la religione di Numa era a Roma «il fondamento della giustizia, dell'amore della patria e del valore degli eserciti»[31]. Loda Machiavelli perché da Cicerone trasse il principio che le repubbliche non possono conservarsi se i loro magistrati non le rinnovano spesso facendo rinascere il timore e la reverenza delle leggi, riportando in vita l'antica virtù e l'antica disciplina, e riformando gli ordini politici corrotti dal cattivo governo e dalla malignità degli uomini[32].

Nel medesimo anno in cui Moyle compone l'*Essay*, Algernon Sidney pubblica a Londra i *Discourses Concerning Government*, in cui critica l'idea machiavelliana della riforma delle costituzioni politiche per via del ritorno ai princìpi originari. Gli scrittori politici che hanno sostenuto questa tesi, commenta Sidney, dovrebbero prima esaminare se i princìpi sono buoni o cattivi. Poiché nessuna costituzione politica è tanto perfetta da non aver bisogno di alcun mutamento, l'argomento che le sole riforme salutari sono quelle che riportano i corpi politici verso i loro princìpi costringe l'umanità a rimanere prigioniera degli errori delle generazioni passate e a rinunciare ai benefici della saggezza, dell'industria, dell'esperienza e del retto uso della ragione[33]. Nonostante queste critiche, Sidney si appoggia sui passi di Machiavelli per rafforzare il contenuto religioso del repubblicanesimo. Machiavelli, nota Sidney, riteneva che un uomo dotato di ragione non potesse mai desiderare

---

[31] Walter Moyle, *An Essay upon the Constitution of the Roman Government*, in *Two English Republican Tracts* cit., pp. 210-13.

[32] «Cicero, and from him Machiavel, and other modern writers of politics lay down for a certain maxim, that commonwealths cannot subsist, unless they are frequently renewed by their magistrates, either by reviving the reverence and terror of the laws, or by restoring the ancient virtue and discipline, or by a thorough reformation of those corruptions and disorders, which length of time, a loose administration, and the depravity of human nature will introduce into the soundest and firmest constitutions of government. This Machiavel styles resuming the commonwealth and reducing it to its forst principles, of which there are many memorable instances in the rise of popular government»; ivi, pp. 253-54 e 259.

[33] Algernon Sidney, *Discourses Concerning Government*, a cura di Thomas G. West, Liberty Fund, Indianapolis 1996, p. 462. A giudizio di Alan C. Houston, Sidney non dedica alcuna attenzione all'idea machiavelliana della religione civile. Cfr. Alan C. Houston, *Algernon Sidney and the Republican Heritage in England and America*, Princeton University Press, Princeton 1991, p. 165.

di essere Cesare piuttosto che Scipione o di imitare le gesta di cattivi prìncipi quali Nabide, Falario e Dioniso anziché quelle di buoni prìncipi quali Agesilao, Timoleone o Dione.

Aggiunge che la storia mostra molti esempi di uomini di buon giudizio ed esperti che sono caduti nell'errore di imitare i prìncipi cattivi piuttosto che i buoni, con infinito loro danno e infamia. Il buon principe che governa con giustizia e con clemenza può ottenere la soddisfazione dell'animo, confidare nella benedizione di Dio («the blessing of God») sulle sue giuste e virtuose azioni, ottenere l'amore e il plauso degli uomini, vivere sicuro e felice fra sudditi sicuri e felici; il cattivo principe che cade nella barbarie, nella cattiveria e nella tirannide attira su di sé il dispiacere di Dio («the displeasure of God») e l'odio degli uomini[34]. Machiavelli nei *Discorsi* non parla né di benedizione né di dispiacere di Dio. Con quella sua integrazione Sidney non solo ribadisce che la tirannide è odiosa a Dio e che il buon principe è amico di Dio, ma fa entrare Machiavelli fra i sostenitori di un cristianesimo repubblicano.

Sidney adotta un procedimento analogo anche quando difende il principio, che Machiavelli aveva formulato con particolare autorevolezza ed efficacia, che la virtù e la potenza dei Romani cominciarono e finirono con la loro libertà. Nota infatti che è ridicolo attribuire alla fortuna, che è mutevole e capricciosa, la straordinaria grandezza che i Romani raggiunsero nei poco più di trecento anni che seguirono la conquista della libertà dai re. Quella grandezza fu il risultato non solo della virtù, come aveva appunto scritto Machiavelli, ma anche, e questo in Machiavelli non c'è, del segreto disegno di Dio, che quando vuole aiutare un popolo dona ad esso una straordinaria virtù, e quando vuole distruggerlo lo priva della virtù e della saggezza[35]. In un altro capitolo cita prima Agostino per ribadire che Dio non manca di premiare gli uomini che operano bene, poi Machiavelli per spiegare che la virtù è necessaria per conquistare e conservare la libertà[36]. Anche in quest'opera fondamentale del pensiero politico repubblicano del XVII secolo, Machiavelli emerge dunque come il fautore di una religione che sta dalla parte della libertà repubblicana.

---

[34] Sidney, *Discourses Concerning Government* cit., p. 283.
[35] Ivi, pp. 144-45.
[36] Ivi, pp. 134-35.

Un analogo contrasto di interpretazioni delle idee religiose di Machiavelli si sviluppò anche all'interno del pensiero politico olandese. Come i loro compagni inglesi, i riformati delle Province Unite accusarono Machiavelli di usare la religione a fini politici. Un anonimo autore di libelli politici scrive che Machiavelli, seguendo il pagano Polibio, teorizza la religione come forma di sacra frode. Un altro ancora lo fustiga per aver addirittura consigliato ai reggitori della Repubblica d'Olanda di non rispettare la religione ufficiale e di permettere invece altri culti religiosi con grave nocumento per la pace civile. Nella traduzione dei *Discorsi* uscita nel 1704 si legge invece che Machiavelli era uomo timoroso di Dio. Senza attendere la nuova edizione, Pieter de la Court, una delle più influenti figure del repubblicanesimo, aveva attinto a piene mani nei suoi *Politike Discoursen* (1662) dalle idee di Machiavelli sulla religione e sul rapporto fra la Chiesa cattolica e la vita morale. Per l'anonimo autore del *Machiavel républicain* pubblicato ad Amsterdam nel 1741, infine, il Segretario fiorentino non era affatto irreligioso e meritava ogni sostegno per la sua giusta critica alla corruzione della Chiesa di Roma[37].

Anche in Olanda, gli uomini che amavano la libertà politica e la libertà religiosa sentivano nella pagine di Machiavelli un'affinità di pensieri. È vero che Machiavelli non ha mai teorizzato la libertà religiosa, ma leggeva la Bibbia da solo ed era convinto di saperla leggere sensatamente, era un difensore deciso della piena libertà di parola nelle pubbliche assemblee, e disprezzava la pretesa della Chiesa di insegnare la religione con la spada[38]. Uno dei più attenti lettori di Machiavelli in terra d'Olanda fu del resto Baruch Spinoza, il grande teorico della libertà religiosa. Nel *Trattato politico*, che apparve per la prima volta nell'*Opera Posthuma* (1677), Spinoza loda Machiavelli come uomo «acutissimo» e «saggio» che ha scritto su

[37] Eco Haitsma Mulier, *A Controversial Republican: Dutch Views on Machiavelli in Seventeenth and Eighteenth Centuries*, in *Machiavelli and Republicanism*, a cura di Gisela Bock, Quentin Skinner e Maurizio Viroli, Cambridge University Press, Cambridge 1990, pp. 248-263. Nel pensiero repubblicano olandese è presente l'idea, che fu di Savonarola, che la monarchia è nemica di Cristo e che solo la libera repubblica è cristiana; cfr.: *The True Interest and Political Maxims of the Republic of Holland Written by John De Witt and Other Great Men in Holland*, London 1702, pp. 6, 39-40, 58-65, 377-88, 482-83.
[38] Di diverso parere è Martin van Gelderen, *The Machiavellian Moment and the Dutch Revolt*, in *Machiavelli and Republicanism* cit., p. 218.

questioni politiche con risultati assai migliori dei filosofi[39], soprattutto di quelli che «non concepiscono gli uomini per come sono,
ma per come li vorrebbero: con la conseguenza che, nella maggior
parte dei casi, scrivono della satira al posto dell'etica, e non sanno
elaborare una politica applicabile alla pratica, ma solo finzioni chi-
meriche o istituzioni realizzabili in Utopia, o nel famoso secolo d'o-
ro dei poeti, dove peraltro non ce n'è alcun bisogno»[40]. Nel *Trattato teologico-politico*, pubblicato anonimo ad Amsterdam nel 1670,
Spinoza compendia in un passo su Mosè l'idea machiavelliana del
legislatore come uomo che grazie alla sua straordinaria virtù introduce nello stato la religione che fa vivere negli uomini il senso del
dovere, sostiene i buoni costumi e dà animo ai soldati[41].

In quegli stessi anni i libertini francesi proposero l'immagine di
Machiavelli ateo e critico radicale della superstizione religiosa. L'a-
nonimo autore del *Theophrastus redivivus* (1659), opera emblemati-
ca del pensiero ateo e materialistico del Seicento, interpreta Machiavelli come il pensatore che ha denunciato Mosè e Cristo come
simulatori che cercarono con l'impostura di farsi credere dèi, e ha rivelato che tutti i legislatori e i prìncipi sono ingannatori e simulatori
(«deceptores et simulatores»), e che la religione non è altro che un'a-
stuzia e una finzione a scopo di dominio[42]. Con un'ingegnosa inter-
polazione fra due passi del capitolo 12 dei *Discorsi*, l'autore attribuisce a Machiavelli l'idea che tutte le religioni traggono la loro autorità
e la loro forza da qualche stratagemma e hanno quale fondamento la
superstiziosa fede negli oracoli, negli indovini e negli aruspici[43].

---

[39] Benedictus de Spinoza, *Tractatus politicus*, V.7 e I.2; trad it. *Trattato politico di Baruch Spinoza*, a cura di Antonio Droetto, Ramella, Torino 1958, pp.
15-16 e 146-49. Spinoza leggeva Machiavelli in italiano. Vedi in proposito l'ottimo lavoro di Vittorio Morfino, *Il tempo e l'occasione. L'incontro Spinoza Machiavelli*, LED, Milano 2002, p. 21; vedi anche, ma meno utile, Carla Gallicet
Calvetti, *Spinoza lettore del Machiavelli*, Pubblicazioni della Università Cattolica del Sacro Cuore, Milano 1972.

[40] Ivi, I.1; trad. it. p. 27.

[41] Benedictus de Spinoza, *Tractatus theologico-politicus*, V, trad. it. Benedetto Spinoza, *Trattato teologico-politico*, Introduzione di Emilia Giancotti Bo-
scherini, traduzione e commenti di Antonio Droetto ed Emilia Giancotti Bo-
scherini, Einaudi, Torino 1972, pp. 131-32.

[42] Tullio Gregory, *Theophrastus redivivus. Erudizione e ateismo nel Seicento*, Morano, Napoli 1979, p. 201.

[43] Ivi, pp. 199 e 208, in particolare l'Appendice con le citazioni di Machiavelli.

Anche il *Trattato dei tre impostori. La vita e lo spirito del Signor Benedetto de Spinoza*, uno dei più importanti testi clandestini del tardo Seicento, si ispira, direttamente o indirettamente, a Machiavelli quando sostiene che «tutti gli antichi legislatori, volendo rafforzare, consolidare e ben fondare le leggi che davano ai loro popoli, non seppero escogitare niente di meglio che rendere pubblico e far credere, con tutta l'abilità di cui disponevano, che essi le avevano ricevute direttamente da qualche divinità»[44]. Cita poi esplicitamente Machiavelli per illustrare, con l'esempio di Savonarola, che i legislatori pretendono di essere ispirati da Dio, e osserva che per fondare una nuova religione è necessario usare la forza. In realtà Machiavelli aveva affermato che la forza è necessaria per fondare ordini politici, non per fondare una nuova religione. La più evidente deformazione, comune anche ad altri testi del pensiero libertino, sta nel fatto che mentre il *Trattato dei tre impostori* considera i fondatori di religioni degli ingannatori che sfruttano l'ignoranza dei popoli, Machiavelli li pone fra gli uomini degni di massima lode[45].

Assai più vicine al pensiero di Machiavelli sono le considerazioni sulla religione che Montesquieu delinea nello *Spirito delle leggi*. Gli antichi popoli, spiega Montesquieu con evidente riferimento a Machiavelli (che definisce un «grande uomo»), «vivevano per la maggior parte sotto governi che avevano la virtù come principio», e la loro religione non imponeva alcun contrasto fra gli obblighi verso la patria e gli obblighi verso gli dèi[46]. Contro la tesi di Pierre Bayle, il quale sosteneva che il cristianesimo non è adatto a mantenere una repubblica perché guarda solo alla vita ultraterrena, Monte-

---

[44] *Trattato dei tre impostori. La vita e lo spirito del Signor Benedetto de Spinoza*, a cura di Silvia Berti, Einaudi, Torino 1994, cap. XVII.

[45] Sul rapporto fra Machiavelli e il libertinismo del Seicento vedi Lorenzo Bianchi, *Rinascimento e libertinismo. Studi su Gabriel Naudé*, Bibliopolis, Napoli 1996, in particolare pp. 33 e 122-26 dove l'autore mette in evidenza che sia nel *Theophrastus redivivus* sia nelle *Considérations politiques* Naudé usa Machiavelli per sostenere un'interpretazione della religione come puro strumento di dominio. Vedi anche il *Trattato dei tre impostori* cit., in particolare i capp. XVI-XVII, dove è del tutto visibile il recupero di Machiavelli, e Giorgio Spini, *Ricerca dei libertini. La teoria dell'impostura delle religioni nel Seicento italiano*, Editrice «Universale di Roma», Firenze 1950, p. 171.

[46] Charles-Louis de Secondat, barone di Montesquieu, *De l'esprit des lois*, VI. 5 e IV.4, in *Oeuvres complètes*, a cura di Roger Caillois, Gallimard, Paris 1951; trad. it. *Lo spirito delle leggi*, a cura di Sergio Cotta, Utet, Torino 1996.

squieu scrive che «[i veri cristiani] sarebbero essi anzi cittadini quanto mai consapevoli dei loro doveri e pieni di zelo nell'assolverli; comprenderebbero assai bene i diritti della difesa naturale: più crederebbero di dovere alla religione e più penserebbero di dovere alla patria. I princìpi del cristianesimo, scolpiti nel loro animo, sarebbero infinitamente più efficaci del falso onore delle monarchie, delle virtù umane delle repubbliche e della paura servile degli Stati dispotici»[47]. Non c'è nulla di più assurdo che auspicare popoli o prìncipi senza religione[48]. Contraria allo spirito repubblicano, conclude Montesquieu in piena sintonia con Machiavelli, è la religione cattolica, non la religione cristiana, in particolare quella riformata[49].

Anche l'altro grande manuale del pensiero politico repubblicano del Settecento, il *Contrat Social* di Rousseau, riprende le idee di Machiavelli sul legame necessario fra religione e libertà repubblicana, ma le elabora in direzione opposta a quella indicata da Montesquieu. Rousseau riconosce infatti che il vero legislatore deve mettere in bocca a Dio le massime della vita civile per «trascinare mediante l'autorità divina quelli che non si lascerebbero scuotere dall'umana saggezza», e ribadisce che soltanto uomini di grande animo possono persuadere di essere ispirati da Dio e fondare leggi durature. Lascia tuttavia cadere la distinzione machiavelliana fra religione cristiana interpretata secondo l'ozio e religione cristiana interpretata secondo la virtù, e formula una condanna che non ammette né appello né revisione: «anziché suscitare nei cuori dei cittadini un senso di attaccamento per lo Stato», la religione cristiana «li distacca dallo Stato come da tutte le cose della terra: non conosco nulla di più contrario allo spirito sociale». Il cristianesimo, conclude Rousseau, «predica solo servitù e dipendenza. Ha uno spirito troppo favorevole alla tirannide perché essa non ne approfitti sempre. I veri cristiani sono fatti per essere schiavi, lo sanno e non se la prendono; questa breve vita per loro ha troppo poco valore»[50]. Con perfetta coerenza, Rousseau con-

---

[47] Montesquieu, *De l'esprit des lois*, XXIV. 6.

[48] Ivi, XXIV.2.

[49] Ivi, XXIV.5.Vedi anche la voce *Christianisme* dell'*Encyclopédie ou Dictionnaire Raisonné des Sciences des Arts et de Métiers*, vol. 3, facsimile ed. 1751-1780, Fromann Verlag, Stuttgart-Bad Cannstatt 1966, pp. 384-86.

[50] Jean-Jacques Rousseau, *Du Contract Social*, in *Œuvres Complètes*, a cura di Bernard Gagnebin e Marcel Raymond, Gallimard, Paris 1964, vol. III,

clude che la religione della repubblica deve essere una religione interamente nuova, una religione civile fondata non su dogmi ma su sentimenti di socievolezza da istituire non con la forza della parola, ma con la forza delle leggi.

3. *La profezia di Machiavelli*

I patrioti che fondarono la Repubblica degli Stati Uniti seguirono Montesquieu piuttosto che Rousseau. Invece di cercare di inventare e di diffondere una nuova religione, interpretarono e insegnarono il cristianesimo come religione della virtù. Per alcuni scrittori politici americani, negli anni della fondazione della Repubblica, Machiavelli era una figura di primo piano per le sue pagine sulla libertà repubblicana e soprattutto per la sua dottrina del rinnovamento delle costituzioni attraverso il ritorno ai princìpi fondamentali[51]. Nathaniel Chipman (1752-1843), ad esempio, loda Machiavelli perché ha teorizzato un piano di riforma che permette «al popolo di ritornare periodicamente e pacificamente ai principi fondamentali»[52]. Joseph Perry, pastore della First Church of Christ, spiega in un sermone davanti all'Assemblea Generale della Colonia del Connecticut (11 maggio 1775), che Machiavelli e Sidney hanno insegnato che tutte le costituzioni sono soggette alla corruzione e muoiono, a meno che non siano rinnovate riportandole ai loro princìpi originari («by reducing them to their first principles»)[53].

pp. 456-66; trad. it. *Scritti politici*, 3 voll., Laterza, Roma-Bari 1994, vol. II, pp. 117, 200, 202-203.

[51] Sulla devozione per gli scrittori politici classici vedi Gordon Wood, *The Creation of the American Republic, 1776-1787*, The University of North Carolina Press, Chapel Hill 1969, p. 50; Eric Cochrane, *Machiavelli in America*, in *Il pensiero politico di Machiavelli e la sua fortuna nel mondo*, Istituto Nazionale di Studi sul Rinascimento, Firenze 1972, pp. 133-50. Vedi anche Giorgio Spini, *Sulla storiografia puritana nella Nuova Inghilterra*, in «Rivista storica italiana», LXXII (1960), pp. 415-44; Id., *Riforma italiana e mediazioni ginevrine nella Nuova Inghilterra puritana*, in *Ginevra e l'Italia*, a cura di Delio Cantimori, Sansoni, Firenze 1959.

[52] Nathaniel Chipman, *Sketches of the Principles of Government*, Rutland (Vt.) 1793, pp. 289-90 e 291-92.

[53] Joseph Perry, *A Sermon Preached before the General Assembly of the Colony of Connecticut at Hartford*, printed by Eben, Watson, Near the Great

Quando i patrioti si posero il problema di educare gli americani alla virtù civile, trovarono nella religione predicata e praticata dai pastori un solido appoggio. Quella religione era infatti un cristianesimo che insegnava ad amare la libertà, a rafforzare le virtù civili e a coltivare l'amore della patria. Samuel Kendall (1753-1814) sosteneva ad esempio che la religione, e le virtù morali e sociali che nascono da essa, sono, sotto Dio, la vita e la sicurezza di un popolo libero («the life and the security of a free people»)[54]. Poiché il Creatore ha stabilito che gli uomini devono vivere sotto un governo civile, qualsiasi governo che abbia fini diversi dal bene pubblico e dall'interesse generale non obbedisce al disegno divino («the design of Heaven») e non merita la stima degli uomini. La fede religiosa alimenta la moralità necessaria al buon ordine e al bene della società, ed è dunque il fondamento ultimo del buon governo. Per questa ragione i saggi antichi inculcarono nei popoli la reverenza per gli dèi e considerarono sempre grave errore indebolire il potere della religione, anche se molti di loro sapevano che quelli che essi veneravano non erano veri dèi. L'esempio più eloquente, nota Kendall, è quello dei Romani, presso i quali il giuramento era la vera garanzia del rispetto dei doveri. Il cristianesimo, oltre ad offrire una visione limpida dei doveri, dà forti motivazioni ad operare secondo la virtù; presenta la nostra libertà e la nostra felicità come oggetti della cura divina, esibisce straordinari esempi di benevolenza, proibisce ogni abbandono alle passioni egoistiche e ammonisce che onorare gli uomini corrotti signifi-

Bridge, Hartford 1775. Per un riferimento a Machiavelli maestro degli stati liberi e dei popoli liberi vedi «The Tribune», I (1766), p. 94; e su Machiavelli teorico della riforma della costituzione per mezzo del ritorno ai princìpi vedi Anonimo, *Four Letters on Interesting Subjects*, ivi, p. 389.

[54] Samuel Kendall, *Religion the Only Sure Basis of Free Government* (Boston 1804), in *American Political Writing during the Founding Era 1760-1805*, 2 voll., a cura di Charles S. Hyneman e Donald S. Lutz, Liberty Press, Indianapolis c. 1983, vol. II, p. 1243. Nella retorica dei patrioti americani viveva sia l'idea di Dio che vuole la libertà dei popoli, sia l'idea che i governatori sono i vice reggenti di Dio e quindi devono imitarlo nella sua perfezione e difendere l'America come asilo della libertà. Cfr. *American Political Writing during the Founding Era 1760-1805* cit., pp. 257-80 e 562-63. Vedi in proposito Maria Teresa Picchetto, *La 'Respublica Hebraeorum' nella Rivoluzione Americana*, in «Il Pensiero Politico», XXXV (2002), pp. 481-500 e Tiziano Bonazzi, *Il sacro esperimento*, Il Mulino, Bologna 1970.

ca disonorare Dio[55]. Phillips Payson, in un sermone del 1778, afferma a sua volta che accanto alla libertà nella Gerusalemme celeste, c'è la libertà che i figli di Dio, eredi della sua gloria, posseggono in questa vita quando si liberano dalla schiavitù della corruzione e dalla tirannide delle cattive passioni. La libertà religiosa o spirituale è la più grande felicità dell'uomo nella sfera privata, ma dobbiamo anche considerare la libertà civile come la più grande delle benedizioni che l'uomo può ricevere («the greatest of all human blessings»). Tanto la voce della ragione quanto la voce di Dio insegnano che il fine del governo civile è il pubblico bene. Un governo libero e giusto nasce dal popolo, e il governo repubblicano è quello che meglio di ogni altro difende i diritti e le libertà degli individui e realizza il pubblico bene[56].

L'amore della patria, o virtù pubblica, è un sostegno indispensabile del buon governo e della libertà[57]. Altrettanto importante, sottolinea Payson, è la religione perché mantiene vivo il sentimento dell'obbligo morale, e dà valore al giuramento, strumento indispensabile del governo. Il timor di Dio agisce come freno potente sulla mente degli uomini e il culto religioso forma le maniere e i costumi del popolo. La corruzione del culto, soprattutto quella che lo allontana dalla semplicità originaria del Vangelo, ha inevitabilmente gravi conseguenze per il governo libero. Per questa ragione i più saggi consigliano di considerare con rispetto il culto religioso e di vigilare affinché non sia corrotto[58].

Dovere del cristiano, ammonisce Tunis Wortman in un sermone del 1800, è difendere l'integrità e l'indipendenza della Chiesa, tenere la religione separata dalla politica, impedire l'unione di Chiesa e stato; ma è anche difendere la libertà e la costituzione: «Avete una religione che merita ogni vostra pia cura; ma devo rammentarvi che avete anche una patria». I doveri del buon cristiano non sono affatto in contrasto con i sacri doveri del cittadino. La religione è un valore inestimabile e merita ogni cura; ma anche la costituzione è un valore inestimabile: «I vostri do-

---

[55] Kendall, *Religion the Only Sure Basis of Free Government* cit., pp. 1244-1248.
[56] Phillips Payson, *A Sermon* (Boston 1778), in *American Political Writing during the Founding Era 1760-1805* cit., vol. I, p. 524.
[57] Ivi, p. 528.
[58] Ivi, p. 529.

veri verso i figli, verso la patria e verso Dio vi impongono di difendere la costituzione». Con uguale forza, conclude l'oratore, dovete proteggere tanto la vostra fede quanto la vostra libertà[59].

Richard Price, infine, in un discorso tenuto a Londra nell'anniversario della Gloriosa Rivoluzione, spiega che Cristo non ha esortato all'amore della patria perché ai suoi tempi avrebbe causato più male che bene. Le sue parole avrebbero infatti spinto gli Ebrei all'insurrezione e reso i Romani ancora più fieri avversari della pace e della felicità dell'umanità. Con la predicazione dell'amore per tutti gli uomini e della virtù della carità, Cristo e gli apostoli fecero molto meglio e istituirono una vera «Religione della Benvolenza» diversa da tutte le altre[60]. Con il suo esempio Cristo ha tuttavia insegnato che egli amava la sua Gerusalemme di un affetto speciale, anche se era una patria ingrata. In uno dei suoi ultimi viaggi a Gerusalemme Cristo piange su di essa: «Se avessi compreso anche tu, in questo giorno, la via della pace» (Lc., XIX. 42). Gerusalemme rifiutò l'amore di Cristo ma egli risponde con parole piene di tristezza: «Gerusalemme, Gerusalemme che uccidi i profeti e lapidi gli inviati a te, quante volte ho voluto raccogliere i tuoi figli come l'uccello la sua nidiata sotto le ali, ma tu non l'hai voluto» (Lc., XIII. 34). San Paolo giunge addirittura ad affermare che per amore dei suoi compatrioti sarebbe disposto ad essere «anatema separato da Cristo», ovvero sarebbe contento di soffrire le calamità che stavano per abbattersi sugli Ebrei, se il suo sacrificio servisse a salvare loro (Rm., IX. 3). La patria, conclude Price, ha bisogno del nostro servizio per difendere la comune libertà e per proteggere il nostro interesse. Ma anche se i nostri sforzi fossero vani, ci rimarrebbe la soddisfazione della nostra coscienza e potremmo coltivare la speranza di diventare presto cittadini della patria celeste[61].

Questa rassegna, ancorché sommaria, ci fa intendere che la religione che aiutò gli americani a fondare e a mantenere in vita la lo-

---

[59] Tunis Wortman, *A Solemn Address, to True Christians and Patriots, upon the Approaching Election of a President of the United States*, New York 1800, in *Political Sermons of the American Founding Era 1730-1805*, a cura di Ellis Sandoz, Liberty Fund, Indianapolis 1990, pp. 1482-84.

[60] Richard Price, *A Discourse on the Love of Our Country* (4 novembre 1789), in *Political Sermons of the American Founding Era 1730-1805* cit., p. 1011.

[61] Ivi, pp. 125-27.

ro Repubblica era, in fondo, molto simile a quella che nacque quattro secoli prima a Firenze e che Machiavelli contribuì a mantenere viva e a trasmettere ai pensatori politici repubblicani. Non proclamava forse quella religione che il buon cristiano deve essere buon cittadino e deve amare la patria terrena con tutte le sue forze per prepararsi alla patria celeste; che Dio ama le libere repubbliche ed è amico di chi governa per il pubblico bene; che è dovere del cittadino coltivare la forza morale che gli permette di difendere la libertà con efficacia? Anche se non la trassero direttamente da Machiavelli, la religione degli americani era la religione che Machiavelli avrebbe voluto veder fiorire e prendere il posto della corrotta religione cattolica che allontanava gli animi dalla virtù e rendeva in tal modo impossibile la nascita di libere repubbliche.

Di tutto questo non si trova traccia nella monumentale ricostruzione di John G.A. Pocock, che pure ha il merito di aver documentato i legami fra il repubblicanesimo fiorentino e il repubblicanesimo anglosassone[62]. Non si trova traccia perché Pocock ritiene che l'ideale aristotelico del cittadino che rinasce a Firenze nella prima età moderna si pone «in un rapporto paradossale, anche se non esplicitamente contestativo, con l'asserto cristiano secondo il quale l'uomo è *homo religiosus*, formato per vivere in una comunione trascendente ed eterna, denominata però con nome sinistramente politico: *civitas Dei*»[63]. L'ideale antico dell'*homo politicus*, spiega Pocock, è quello che afferma la propria natura e la propria virtù tramite l'azione politica e il cui tipo umano più affine è l'*homo rhetor*, mentre il tipo antitetico è l'*homo credens*»[64].

Forte di queste assunzioni, Pocock sostiene che per Machiavelli «le finalità civili della vita politica (ivi compresa la virtù della partecipazione politica) non hanno più nulla a che fare con le finalità della redenzione oltremondana». A giudizio di Pocock questa è la tesi più eversiva insinuata dai *Discorsi*, più eversiva di quelle del *Principe*. Egli ritiene infatti che per Machiavelli «le virtù cristiane e la virtù civile non potevano mai coincidere», con

---

[62] John G.A. Pocock, *The Machiavellian Moment. Florentine Political Thought and the Atlantic Republican Tradition*, Princeton University Press, Princeton 1975; trad. it. *Il momento machiavelliano. Il pensiero politico fiorentino e la tradizione repubblicana anglosassone*, Il Mulino, Bologna 1980.
[63] Ivi, p. 462; trad. it., p. 782.
[64] Ivi, p. 530; trad. it., pp. 923-24.

la conseguenza che «le implicazioni del vivere civile vengono via via risolte in senso pagano, laico e internamente alla dimensione del tempo. Insomma il vivere civile si attua al meglio là dove non c'è una religione come il cristianesimo, ma solo la pratica oracolistica e dove non ci sono valori trascendenti rispetto a quelli della vita nel mondo»[65]. La verità è che Machiavelli ha scritto a chiare lettere che il Dio cristiano ama i redentori che hanno virtù ed è loro amico, e ha affermato con altrettanta chiarezza che il vivere civile prospera dove c'è il vero cristianesimo, quello più simile al cristianesimo autentico. Contrariamente a quanto sostiene Pocock, l'umanesimo civile e Machiavelli proclamarono che fra cittadino e credente cristiano non c'è alcun contrasto, e che non è vero cristiano chi non è buon cittadino.

A causa di questo errore d'interpretazione, Pocock non si accorge che il più forte legame ideale e storico fra il pensiero politico fiorentino e la tradizione atlantica è la religione repubblicana. Se ne è invece accorto Sheldon Wolin, che nel suo studio su Alexis de Tocqueville nota che il cristianesimo americano può essere considerato una religione civile machiavelliana («a Machiavellian civil religion»)[66]. La religione che Tocqueville osservò in America insegnava princìpi rigorosamente repubblicani e democratici[67], e aveva saputo infondere nell'animo dei cittadini la convinzione che il cristianesimo e la libertà sono inseparabili e che il vero cristiano ama la patria. Lontana dal potere politico, la religione degli americani era in grado di educare i costumi del popolo e moderare le passioni più perniciose. Esortava infine a sentire l'impegno per il bene comune e per la libertà di tutti i popoli come un dovere religioso. Per queste ragioni la religione nata sul suolo d'America svolgeva un ruolo essenziale nella vita repubblicana[68]. Era esattamente la religione che Machiavelli ave-

[65] Ivi, pp. 193-94 e 213-14; trad. it., pp. 375 e 405.
[66] Sheldon Wolin, *Tocqueville Between Two Worlds. The Making of a Political and Theoretical Life*, Princeton University Press, Princeton-Oxford 2001, pp. 297-98.
[67] Alexis de Tocqueville, *De la démocratie en Amerique*, Gallimard, Paris 1951, vol. I, p. 31: «Il puritanesimo non era soltanto una dottrina religiosa, ma si confondeva anche in molti punti con le più estreme teorie democratiche e radicali»; trad. it. *La democrazia in America*, in *Scritti politici*, a cura di Nicola Matteucci, Utet, Torino 1997, vol. II, p. 49.
[68] Ivi, pp. 304-308; trad. it., pp. 343-56.

va sperato di veder rinascere in Italia, per lo meno nel suo contenuto morale e civile. Senza volerlo, per forza di immaginazione, Machiavelli aveva formulato non una speranza ma una profezia.

Come ha visto bene Hannah Arendt, il cristianesimo repubblicano di Machiavelli è parte essenziale della teoria della rivoluzione politica che ha ispirato la nascita delle repubbliche moderne. A suo giudizio Machiavelli è infatti «il padre spirituale della rivoluzione in senso moderno» perché in lui c'è «quello sforzo consapevole e appassionato di rivivere lo spirito e le istituzioni dell'antichità romana che poi divenne così caratteristico del pensiero politico del diciottesimo secolo»[69]. I protagonisti delle esperienze rivoluzionarie giustificarono e sostennero la rivoluzione come ritorno ai princìpi fondamentali e veri della comunità politica. Le grandi rivoluzioni moderne ebbero origine come «restaurazioni o rinnovamenti» nel significato machiavelliano di rinnovazioni che riconducono il corpo politico ai suoi princìpi e per questo lo salvano dalla corruzione e dalla morte.

Nel pensiero dei fondatori della Repubblica americana, ha sottolineato Hannah Arendt, viveva fortissima l'idea machiavelliana della rinascita degli ideali e della virtù antica: «Da un punto di vista storico, era come se la rinascita dell'antichità avvenuta nel Rinascimento, e giunta bruscamente alla fine con l'avvento dell'età moderna, avesse trovato improvvisamente una nuova prospettiva di vita; come se il fervore repubblicano delle città-stato italiane nella loro breve vita – già condannata, come Machiavelli ben sapeva, dall'avvento dello stato nazionale – fosse solo rimasto assopito, per dare alle nazioni d'Europa il tempo di crescere, per così dire, sotto la tutela di principi assoluti e di despoti illuminati»[70].

Gli uomini delle rivoluzioni si volsero all'antichità classica per trarne ispirazione e guida, e presero a modello «la repubblica romana e la grandezza della sua storia». Il successo americano fu deciso proprio nel momento in cui la costituzione cominciò ad essere venerata[71]. Machiavelli contribuì dunque alla teoria della rivo-

---

[69] Hannah Arendt, *On Revolution*, The Viking Press, New York 1963, pp. 30-32; trad. it. *Sulla rivoluzione*, Edizioni di Comunità, Milano 1983, pp. 34-35.

[70] Ivi, p. 197; trad. it. p. 226.

[71] Ivi, p. 203; trad. it., p. 240.

luzione proprio con le sue riflessioni sul ruolo della religione nella fondazione di nuovi ordini politici. La nascita del nuovo ordine politico esige infatti, accanto alla violenza, la religione; accanto al potere, l'autorità: la forza delle armi e la forza della parola. «Machiavelli», è ancora Hannah Arendt, «nemico giurato di ogni ingerenza religiosa negli affari politici, si vide costretto a chiedere l'assistenza e persino l'ispirazione divina per i legislatori – esattamente come gli uomini 'illuminati' del diciottesimo secolo, per esempio John Adams e Robespierre»[72]. Fra quegli uomini illuminati che furono capi politici e intellettuali delle rivoluzioni democratiche, furono tuttavia i padri fondatori della rivoluzione americana a mettere meglio a frutto l'intuizione di Machiavelli che la religione cristiana, non una nuova religione da costruire dal nulla, è necessaria soprattutto in un popolo sovrano.

La storia del repubblicanesimo va ripensata, per dare al tema religioso il rilievo che storicamente ebbe[73]. È del tutto legittimo teorizzare l'idea repubblicana della libertà come libertà dal dominio senza menzionare che molti e importanti scrittori politici repubblicani consideravano la libertà politica un dono di Dio e il dovere di difenderla un dovere religioso[74]. Ma è interpretazione incompleta che lascia in ombra uno degli aspetti essenziali del pensiero politico repubblicano e del pensiero di Machiavelli in particolare, e trasforma il repubblicanesimo in una teoria inetta ad insegnare il vero modo di conquistare e difendere la libertà.

[72] Ivi, p. 32; trad. it., p. 36.

[73] Lamenta la poca attenzione degli studiosi alla dimensione religiosa del repubblicanesimo anche Jonathan Scott, *Classical Republicanism in Seventeenth – Century England and the Netherlands*, in *Republicanism, a Shared European Heritage*, a cura di Quentin Skinner e Martin van Gelderen, Cambridge University Press, Cambridge 2002, vol. I, p. 61. Nella medesima opera altri due studi vertono sul tema religioso all'interno del repubblicanesimo: Lea Campos Boralevi, *The Jewish Commonwealth*, vol. I, pp. 247-61 e Simone Zurbucher, *Republicanism and Toleration*, vol. II, pp. 47-72.

[74] Vedi il saggio, per altri aspetti esemplare, di Philip Pettit, *Republicanism. A Theory of Freedom and Government*, Oxford University Press, Oxford 1998.

IL DIO DI MACHIAVELLI
E IL PROBLEMA MORALE DELL'ITALIA

Capitolo primo

IL SUO DIO

1. *L'anima e la patria*

Niccolò Machiavelli non ci ha lasciato neppure una parola che riveli preoccupazione per la salvezza dell'anima. Ride dell'inferno: «Da l'altro canto, el peggio che te ne va è morire e andarne in inferno: e' son morti tanti degli altri! e sono in inferno tanti uomini da bene! Ha' ti tu a vergognare d'andarvi tu?», fa dire a Ligurio nella *Mandragola*[1]. Nel letto di morte pare abbia addirittura raccontato che voleva andare all'inferno, con i grandi uomini dell'antichità, piuttosto che in paradiso ad annoiarsi con santi e beati[2]. Deride chi crede nel purgatorio, nelle indulgenze, nelle messe per le anime dei defunti. Il dialogo fra una donna e il corrotto frate Timoteo nella *Mandragola* è più eloquente di un trattato[3].

---

[1] Niccolò Machiavelli, *Mandragola*, Atto IV, Scena I, in *Opere di Niccolò Machiavelli*, vol. IV, *Scritti letterari*, a cura di Luigi Blasucci, con la collaborazione di Alberto Casadei, Utet, Torino 1989, pp. 147-48. Vedi anche il detto che Machiavelli attribuisce a Castruccio Castracani, ma è in effetti una rielaborazione di Diogene Laerzio; cfr. *Vita di Castruccio Castracani*, in *Opere di Niccolò Machiavelli*, vol. II, *Istorie fiorentine e altre opere storiche e politiche*, a cura di Alessandro Montevecchi, Utet, Torino 1971, p. 271.

[2] Gennaro Sasso, *Il «celebrato sogno» di Machiavelli*, in *Machiavelli e gli antichi e altri saggi*, Ricciardi, Milano-Napoli 1988, vol. III, pp. 211-94; e Id., *Paralipomeni al «sogno» di Machiavelli*, ivi, vol. IV, pp. 325-60. Per una diversa interpretazione del sogno di Machiavelli vedi Stella Larosa, *Riflessioni intorno al sogno machiavelliano*, in *Attraverso il sogno. Dal tema alla narrazione*, a cura di Elena Porciani (cito dall'estratto).

[3] Machiavelli, *Mandragola*, Atto III, Scena III, in *Opere di Niccolò Machiavelli*, vol. IV cit., p. 137.

Donna: «Togliete ora questo fiorino, e direte dua mesi ogni lunedì la messa de' morti per l'anima del mio marito. Ed ancora che fussi uno omaccio, pure le carne tirono: io non posso fare non mi risenta quando io me ne ricordo. Ma credete voi che sia in purgatorio?».
Timoteo: «Sanza dubbio».

Le vittime predilette del suo dileggio sono le anime pie che passano ore in preghiera e corrono a messa o in chiesa ad ogni piè sospinto. La virtuosa Lucrezia della *Mandragola*, che «sta quattro ore ginocchioni a infilzar paternostri, innanzi che la se ne venghi al letto» è «una bestia a patire freddo»[4]. Nicomaco in *Clizia* deride sua moglie Sofronia che va a messa per carnevale: «pensa quel che tu farai di quaresima»[5]. Peggio ancora delle donne sono i vecchi, sentenzia Nicia, che ficcano «el capo» in tutte le chiese che trovano e vanno davanti a tutti gli altari «a borbottare uno paternostro»[6].

Con la confessione e le pratiche del culto va ancora peggio. Nei *Capitoli per una compagnia di piacere* prescrive che «non si possa alcuno di detta compagnia, o uomo o donna, confessare in altri tempi che per la settimana santa», e che «il confessore si debba tòrre cieco, e quando egli avesse l'udire grosso sare' tanto meglio». Nel medesimo scritto comanda come pena per chi trasgredisce le regole della compagnia «di andare a tutti i perdoni, feste e altre cose che si fanno per le chiese»[7].

La sua visione della storia è ciclica; non contempla il trionfo finale del bene sul male. Ritiene che le vicende umane siano connesse al moto dei cieli: «Vedi le stelle e 'l ciel, vedi la luna, / vedi gli altri pianeti andare errando / or alto or basso sanza requie alcuna»[8]. Nazioni e popoli sono sottoposti a cicli segnati dall'alternarsi del dominio della virtù e del vizio: «La virtù fa le region tranquille: / e da tranquillità poi ne risolta / l'ocio: e l'ocio arde

---

[4] Ivi, Atto II, Scena VI, in *Opere di Niccolò Machiavelli*, vol. IV cit., p. 132.
[5] Niccolò Machiavelli, *Clizia*, Atto II, Scena III, in *Opere di Niccolò Machiavelli*, vol. IV cit., pp. 190-91.
[6] Ivi, Atto I, Scena I, in *Opere di Niccolò Machiavelli*, vol. IV cit., p. 182.
[7] Niccolò Machiavelli, *Capitoli per una compagnia di piacere*, in *Opere di Niccolò Machiavelli*, vol. IV cit., pp. 250-51.
[8] Niccolò Machiavelli, *L'Asino*, III, 88-90, in *Opere di Niccolò Machiavelli*, vol. IV cit., p. 373.

i paesi e le ville. / Poi, quando una provincia è stata involta / ne' disordini un tempo, tornar suole / virtude ad abitarvi un'altra volta. / Quest'ordine cosí permette e vuole / chi ci governa, acciò che nulla stia / o possa star mai fermo sotto 'l sole. / Ed è, e sempre fu, e sempre fia, / che 'l mal succeda al bene, il bene al male, / e l'un sempre cagion de l'altro sia»[9].

Dio ha concesso all'uomo il libero arbitrio per non privarlo della possibilità di conquistare la gloria, ma le sue azioni sono sotto l'influsso dei cieli: «Di quivi [i cieli] nasce la pace e la guerra, / di qui dipendon gli odi tra coloro / ch'un muro insieme ed una fossa serra»[10]. Nel *Decennale primo*, il racconto in versi degli avvenimenti italiani dal 1494 al 1504, scrive: «Io canterò l'italiche fatiche / seguite già ne' duo passati lustri / sotto le stelle al suo ben inimiche»[11]. Nella lettera dedicatoria ad Alamanno Salviati, ribadisce che le disgrazie d'Italia erano causate dalla necessità del fato, il cui potere non può essere dominato[12]. I cieli esercitano un'influenza benigna o maligna anche sugli individui. Nell'*Asino* la buona damigella di Circe spiega al malcapitato protagonista della storia, che è poi lo stesso Machiavelli, che «Non ha cangiato il cielo opinione / ancor, né cangerà mentre che i fati / tengon ver te la lor dura intenzione / E quelli umori i quai ti sono stati / cotanto avversi e cotanto nimici, / non sono ancor, non sono ancor purgati. / Ma come secche fien le lor radici / e che benigni i ciel si mostreranno, / torneran tempi più che mai felici»[13].

Crede nell'esistenza di intelligenze occulte che popolano l'aria e aiutano gli uomini a prevedere eventi futuri[14]. Era un fatto noto

---

[9] Ivi, V, 94-105, in *Opere di Niccolò Machiavelli*, vol. IV cit., p. 382.

[10] Ivi, III, 94-96, in *Opere di Niccolò Machiavelli*, vol. IV cit., p. 373. Il libero arbitrio è per Dante il maggior dono che Dio ha fatto agli uomini: «Lo maggior don che Dio per sua larghezza / fesse creando, e a la sua bontade / piú, e quel ch'e' piú apprezza, / fu de la volontà la libertate; / di che le creature intelligenti, / e tutte e sole, fuoro e son dotate»; *Paradiso*, V, 19-24

[11] Niccolò Machiavelli, *Decennale primo*, 1-3, in *Opere di Niccolò Machiavelli*, vol. IV cit., p. 295.

[12] «Forsitan et ambos excusabis: illam necessitudine fati, cuius vis refringi non potest»; ivi, p. 292.

[13] Machiavelli, *L'Asino*, III, 100-108, in *Opere di Niccolò Machiavelli*, vol. IV cit., pp. 373-74.

[14] «Pure potrebbe essere, che sendo questo aere, come vuole alcuno filosofo, pieno di intelligenze, le quali per naturali virtú preveggendo le cose fu-

a tutti, scrive, che Savonarola predisse «la venuta del re Carlo VIII di Francia in Italia»[15]. È molto attento ai segni astrologici e celesti. Nel giugno 1509, prima di fare entrare i commissari fiorentini in Pisa per prendere possesso della città, chiede ad un astrologo un dettagliato responso[16]. Nel novembre 1526, quando avverte imminente la tragedia dell'Italia, consulta a Modena un profeta[17]. Se si tratta di aiuti straordinari non fa molta differenza fra Dio e gli dèi pagani: «e se Dio non ci adiuta di verso mezodì, come gli ha fatto di verso tramontana, ci sono pochi rimedii; perché, come gli ha impedito a costoro [i lanzichenecchi che scendevano verso Roma] gli adiuti della Magna con la ruina d'Ungheria, così bisognerebbe impedissi quelli di Ispagna con la ruina della armata; onde noi haremmo bisogno che Junone andasse a pregare Eolo per noi, e promettessigli la contessa e quante dame ha Firenze, perché dessi la scapula a' venti in favor nostro»[18].

Il cosmo di Machiavelli è densamente popolato. Ci sono i cieli, la Fortuna e Dio. Ogni potenza ha un suo ruolo, anche se non ben definito. I cieli governano i moti regolari: i cicli della decadenza e del progresso, della morte e della rinascita, della corruzione e della rigenerazione. Il «cielo» ordina in modo generale il corso di tutte le cose del mondo, in particolare i «corpi misti», ovvero le repubbliche e le sette religiose, e causa periodiche purificazioni delle nazioni per mezzo delle pestilenze, delle carestie e delle alluvioni:

perché la natura, come ne' corpi semplici, quando e' vi è ragunato assai materia superflua, muove per se medesima molte volte e fa una purgazione, la quale è salute di quel corpo; cosí interviene in questo

ture ed avendo compassione agli uomini, acciò si possino preparare alle difese gli avvertiscono con simili segni»; Niccolò Machiavelli, *Discorsi sopra la prima deca di Tito Livio*, I, 56; cfr. Elide Casali, *Le spie dal cielo. Oroscopi, lunari e almanacchi nell'Italia moderna*, Einaudi, Torino 2003.
    [15] *Ibidem*.
    [16] Lattanzio Tedaldi a Niccolò Machiavelli, 5 giugno 1509, in *Opere di Niccolò Machiavelli*, vol. III, *Lettere*, a cura di Franco Gaeta, Utet, Torino 1984, pp. 305-306.
    [17] Niccolò Machiavelli a Francesco Guicciardini, 5 novembre 1526, in *Opere di Niccolò Machiavelli*, vol. III cit., pp. 622.
    [18] Niccolò Machiavelli a Bartolomeo Cavalcanti, 6 ottobre 1526, in *Opere di Niccolò Machiavelli*, vol. III cit., p. 616.

corpo misto della umana generazione, che quando tutte le provincie sono ripiene di abitatori, in modo che non possono vivervi né possono andare altrove per essere occupati e ripieni tutti i luoghi, e quando la astuzia e la malignità umana è venuta dove la può venire, conviene di necessità che il mondo si purghi per uno de' tre modi: acciocché gli uomini, sendo divenuti pochi e battuti, vivino più comodamente e diventino migliori[19].

Mentre i cieli governano i moti ordinati e necessari, la Fortuna è signora degli eventi casuali e contingenti[20]. Usa il suo immenso potere sulle cose del mondo in modo arbitrario «sanza pietà, sanza legge o ragione». Spesso «e' buon sotto e' piè tiene, / l'improbi innalza e, se mai ti promette / cosa veruna, mai te la mantiene»[21]. È felice soprattutto quando colpisce uomini generosi, come nel caso di Antonio Giacomini Tebalducci, uno dei pochi valenti capitani che servirono la Repubblica di Firenze: «Questo per sua patria assai sostenne, / e di vostra milizia il suo decoro / con gran iustizia gran tempo mantenne; / avaro dello onor, largo de l'oro, / e di tanta virtù visse capace, / che merita assai più ch'io non lo onoro; / e or negletto e vilipeso iace / in le sue case, pover, vecchio e cieco: / tanto a Fortuna chi ben fa dispiace!»[22].

La Fortuna ha occhi feroci e acuti. Distingue molto bene i buoni, che punisce con la servitù, l'infamia e la malattia, e gli ingiusti, che premia con potere, onore e ricchezza. Neppure i forti e gli audaci possono sottrarsi al suo giogo. Per vincerla, gli uomini dovrebbero saper adattare la loro condotta ai tempi e all'ordine delle cose. «E veramente chi fussi tanto savio che conoscessi e tempi e l'ordine delle cose et accomodassi a quelle, arebbe sempre buona fortuna o e' si guarderebbe sempre dalla trista, e verrebbe ad esser vero ch'l savio comandassi alle stelle et a' fati.» Ma, aggiunge, «perché di questi savi non si truova, avendo li uomini prima la vista corta e non potendo poi comandare alla natura loro, ne segue che la fortuna varia e comanda a li uomini e

[19] Machiavelli, *Discorsi*, III, 1 e II, 5.
[20] Anthony Parel, *The Machiavellian Cosmos*, Yale University Press, New Haven 1992, pp. 63-67.
[21] Niccolò Machiavelli, *Di fortuna*, 39, 27-30, in *Opere di Niccolò Machiavelli*, vol. IV cit., p. 311.
[22] Niccolò Machiavelli, *Decennale secondo*, 37-45, in *Opere di Niccolò Machiavelli*, vol. IV cit., p. 320.

tiegli sotto el giogo suo»[23]. Quando la Fortuna vuole favorire grandi imprese, sceglie un uomo capace di cogliere l'occasione che essa gli offre; ma quando vuole portare una nazione o una repubblica alla rovina, sostiene gli uomini ambiziosi. Se c'è qualcuno che potrebbe ostacolare i suoi disegni, «o la lo ammazza o la lo priva di tutte le facultà potere operare alcuno bene». Gli uomini, Machiavelli conclude, «possono secondare la fortuna e non opporsegli; possono tenere gli orditi suoi, e non rompergli. Debbono, bene, non si abbandonare mai; perché, non sappiendo il fine suo, e andando quella per vie traverse ed incognite, hanno sempre a sperare, e sperando non si abbandonare, in qualunque fortuna ed in qualunque travaglio si truovino»[24].

Machiavelli riconosce il Dio creatore dell'universo; ma non esclude affatto l'idea pagana dell'eternità del mondo[25]. Accenna anche ad un potere occulto nascosto nei cieli:

> Di poco avea Dio fatto le stelle,
> el ciel, la luce, li elementi e l'uomo,
> dominator di tante cose belle;
>
> e la superbia delli angeli domo;
> di Paradiso Adam fatto rebello
> con la sua donna pel gustar del pomo;
>
> quando che – nati Cain ed Abello
> col padre loro e de la lor fatica
> vivendo lieti nel povero ostello –
>
> potenzia occulta che 'n ciel si nutrica
> tra le stelle che quel girando serra,
> alla natura umana poco amica,
>
> per privarci di pace e porci in guerra,
> per torci ogni quiete ed ogni bene,
> mandò duo furie ad abitar in terra[26].

---

[23] Niccolò Machiavelli a Giovan Battista Soderini, 13-21 settembre 1506, in *Opere di Niccolò Machiavelli*, vol. III cit., p. 244.

[24] Machiavelli, *Discorsi*, II, 29.

[25] Ivi, II, 5. Vedi in proposito *Machiavelli e gli antichi e altri saggi* cit., vol. I, pp. 167-376.

[26] Niccolò Machiavelli, *Dell'ambizione*, 16-30, in *Opere di Niccolò Machiavelli*, vol. IV cit., p. 347.

Un Dio che permette la presenza di una forza occulta nel cielo con tanto potere sulle cose del mondo, e lascia che la capricciosa e furiosa Fortuna tormenti i mortali, è un Dio diverso tanto dal Dio cristiano che governa la natura e il mondo umano per mezzo della Provvidenza, quanto dal Dio eterodosso di Giovanni Pontano, Lucio Bellanti e, in una certa misura, di Pietro Pomponazzi, che governa la natura e il mondo umano per mezzo dei cieli e della Fortuna[27]. Il Dio di Machiavelli sembra competere con i cieli e con la Fortuna per avere l'onore di influire sulle cose del mondo, anziché servirsi degli uni e dell'altra. Nelle *Istorie fiorentine*, ad esempio, Dio interviene per aiutare Firenze: «Ma Iddio, che sempre in simili estremità ha di quella avuta particulare cura, fece nascere un accidente insperato, il quale dette al re, al papa e a' Viniziani maggiori pensieri che quelli di Toscana»[28]. Nella stessa opera Machiavelli attribuisce un simile intervento sulle cose umane ai cieli: «il quale [duca d'Atene], come vollono i cieli che al male futuro le cose preparavano, arrivò in Firenze in quel tempo appunto che la impresa di Lucca era al tutto perduta»[29]. In altro luogo ancora preferisce invece citare la Fortuna: «E benché fusse la nobiltà distrutta, nondimeno alla fortuna non mancorono modi a far rinascere per nuove divisioni nuovi travagli»[30].

Se tutto questo non bastasse, abbiamo lettere che rivelano in modo inequivocabile che Machiavelli non si curava della salvezza della sua anima come avrebbe dovuto fare un buon figlio della Chiesa. La prima, indirizzata a Francesco Guicciardini, governatore di Modena per conto del papa, risale alla primavera del 1521. Machiavelli, che ha passato i cinquant'anni, è impegnato presso i Frati Minori di Carpi nella difficile missione di trovare un predicatore e dirimere una questione di giurisdizione sui conventi.

Machiavello carissimo – scrive Guicciardini – buon giudizio certo è stato quello de' nostri reverendi consoli dell'Arte della Lana aver commesso a voi la cura di eleggere un predicatore, non altrimenti che

[27] Parel, *The Machiavellian Cosmos* cit., pp. 54-59.
[28] Niccolò Machiavelli, *Istorie fiorentine*, VII, 19, in *Opere di Niccolò Machiavelli*, vol. II, a cura di Alessandro Montevecchi, Utet, Torino 1986, p. 730.
[29] Ivi, II, 33, in *Opere di Niccolò Machiavelli*, vol. II cit., p. 391.
[30] Ivi, II, 42, in *Opere di Niccolò Machiavelli*, vol. II cit., p. 411.

se a Pacchierotto, mentre viveva, fosse stato dato il carico o a ser Sano di trovare una bella e galante moglie a uno amico. Credo gli servirete secondo la espettazione che si ha di voi, e secondo che ricerca lo onore vostro, quale si oscurerebbe se in questa età vi dessi all'anima, perché, avendo sempre vivuto con contraria professione, sarebbe attribuito piuttosto al rimbambito che al buono[31].

Secondo Guicciardini, che lo conosceva bene, Machiavelli ha vissuto dunque *sempre* in modo 'contrario' al modo di vivere di coloro che 'si danno all'anima'.

Data la manifesta assurdità del pensiero, Machiavelli non risponde neppure all'insinuazione che egli possa diventare, in compagnia di tanti frati, devoto e praticante. Non lascia invece cadere l'allusione dell'amico che egli era pur sempre al servizio della Repubblica, per quanto la missione fosse poca cosa: «E perché io non mancai mai a quella repubblica, dove io ho possuto giovarle, che io non l'abbi fatto, se non con le opere, con le parole, se non con le parole, con i cenni, io non intendo mancarle anco in questo»[32]. Due pesi e due misure: all'allusione sull'anima non dedica neppure una parola; a quella sulla patria replica con parole gravi, quasi risentite.

Il secondo scambio epistolare che ci permette di toccare con mano quanto poco Machiavelli si curasse dell'anima e delle pratiche religiose necessarie per la salvezza è la celebre lettera del 10 dicembre 1513. Nella missiva del 23 novembre 1513, Francesco Vettori aveva scritto: «Il dì delle feste odo la messa, e non fo co-

---

[31] *Opere di Niccolò Machiavelli*, vol. III cit., pp. 518-19. L'ironia di Guicciardini era ben fondata, anche se trovare buoni predicatori per la quaresima era affare molto serio per i comuni e le corporazioni. Vedi Francesco Bruni, *La città divisa. Le parti e il bene comune da Dante a Guicciardini*, Il Mulino, Bologna 2003.

[32] *Opere di Niccolò Machiavelli*, vol. III cit., pp. 519-20. Machiavelli esprime il suo amore della patria anche nell'incipit del *Discorso o dialogo intorno alla nostra lingua*, in *Opere di Niccolò Machiavelli*, vol. IV cit., p. 261: «Sempre ch'io ho potuto onorare la patria mia, eziamdio con mio carico e pericolo, l'ho fatto volentieri: perché l'uomo non ha maggiore obligo nella vita sua che con quella, dependendo prima da essa l'essere, e dipoi tutto quello che di buono la fortuna e la natura ci hanno conceduto; e tanto viene a essere maggiore in coloro che hanno sortito patria più nobile. E veramente colui il quale con l'animo e con l'opera si fa nimico della sua patria, meritatamente si può chiamare parricida, ancora che da quella fussi suto offeso».

me voi che qualche volta la lasciate indrieto»[33]. Anche questa volta Machiavelli non risponde al rimprovero, neppure troppo velato, di essere poco devoto e di non pensare alla vita eterna e alla salvezza dell'anima. La lettera del 1513 e quella del 1521 ap-
partengono a momenti lontani e diversi della vita di Machiavelli. Eppure, a due amici che gli parlano dell'anima replica allo stesso modo: dell'anima, e delle cerimonie che dovrebbero assicurare la salvezza eterna, lascia che siano altri a darsi pensiero.

Si preoccupa invece, e molto, per la patria. Lo scrive pochi
mesi prima della morte in una lettera da Forlì, il 16 aprile 1527:
«Amo la patria mia più dell'anima». O meglio, così ha forse scritto, visto che nel testo copiato da Giuliano de' Ricci dopo «amo
la patria mia più» c'è una radicale cancellatura. Che le parole can-
cellate fossero proprio «dell'anima» è una congettura ragionevole. Tutti gli editori delle lettere l'hanno accolta. 'Amare la patria più dell'anima' era un modo di dire diffuso a Firenze. Machiavelli stesso lo aveva citato nelle *Istorie fiorentine*, quando aveva narrato della guerra fra Firenze e papa Gregorio XI[34]. Se Giuliano de' Ricci lesse proprio «amo la patria mia più dell'anima»,
ovvero un'espressione corrente e innocua che Machiavelli aveva
messo in carta nelle *Istorie fiorentine* pubblicate con autorizza-
zione di Clemente VII nel 1525, perché mai cancellò furiosa-
mente 'dell'anima'?

Giuliano si industriava per dare alla luce una nuova edizione
'purgata' delle opere del suo grande avo messe all'Indice nel 1559.
Consapevole com'era che i tempi non erano più quelli di Clemente VII, è del tutto comprensibile che egli abbia censurato una frase che qualche decennio prima non aveva suscitato scandalo alcuno. È tuttavia possibile che la parola cancellata fosse tale da rendere la frase ben più eterodossa o scandalosa. Giorgio Inglese, che

---

[33] *Opere di Niccolò Machiavelli*, vol. III cit., p. 422.
[34] Machiavelli, *Istorie fiorentine*, III, 7, in *Opere di Niccolò Machiavelli*, vol.
II cit., pp. 424-25. Nella sua traduzione in volgare della *Istoria* di Poggio Bracciolini, Iacopo Bracciolini spiega che quando si opposero a papa Gregorio XI
i fiorentini dovettero scegliere fra «la carità della patria» e «el timore della religione», e com'era giusto che facessero in quanto buoni cittadini e buoni cristiani, posero la carità della patria al di sopra di ogni altro obbligo, vincolo, o
rispetto; Iacopo Bracciolini, *Istoria di M. Poggio Fiorentino: tradotta di latino
in volgare da Iacopo suo figliuolo*, Filippo Giunti, Firenze 1598, p. 35.

ha esaminato a fondo l'apografo, ha scritto che «con molta buona volontà si possono leggere le lettere 'st'. Sulla scorta di questa povera traccia, per amore di congettura, potremmo ipotizzare che la parola censurata fosse 'Cristo', e che Machiavelli avesse in effetti scritto «amo la mia patria più di Cristo»[35].

Congetture a parte, la frase «amo la patria mia più dell'anima» è la chiave giusta per cercare il Dio di Machiavelli. Per Machiavelli 'amare la patria più dell'anima' ha due significati diversi. Nel primo vuol dire porre il bene della patria al di sopra delle pratiche del culto; nel secondo vuol dire amare un bene comune (la patria) al di sopra di un bene individuale (l'anima)[36]. Esempio del primo significato è l'elogio dei magistrati fiorentini detti gli 'Otto Santi' che governarono la guerra contro papa Gregorio XI pensando unicamente al bene della città: «Durò la guerra tre anni, né prima ebbe che con la morte del pontefice termine; e fu con tanta virtù e tanta soddisfazione dello universale amministrata, che agli Otto fu ogni anno prorogato il magistrato; ed erano chiamati Santi, ancora che gli avessino stimate poco le censure, e le chiese de' beni loro spogliate, e sforzato il clero a celebrare gli uffici: tanto quelli cittadini stimavano allora più la patria che l'anima»[37]. Esempio del secondo è l'elogio di Cosimo Rucellai che apre il primo libro dell'*Arte della guerra*. In questo contesto «l'anima» indica il bene più di ogni altro personale e prezioso dell'individuo: «Perché io non

---

[35] Niccolò Machiavelli, *Lettere a Francesco Vettori e a Francesco Guicciardini*, a cura di Giorgio Inglese, Rizzoli, Milano 1989, p. 384, n. 9.

[36] Vedi in proposito il bel commento di Hannah Arendt: «Noi, che ormai non crediamo più nell'immortalità dell'anima, forse non riusciamo a cogliere l'ardente intensità del credo di Machiavelli. Al tempo in cui scriveva, questa espressione [amare la patria più dell'anima] non era una frase fatta, ma significava alla lettera che un uomo era pronto a giocarsi la sua vita mortale o a rischiare le pene dell'inferno per amore della sua città. La questione, come Machiavelli la vedeva, non stava nel decidere se si amava Dio più del mondo, ma se si era capaci di amare il mondo più di se stessi. E questa decisione in realtà è stata sempre la decisione cruciale per tutti coloro che dedicano la vita alla politica. La maggior parte degli argomenti di Machiavelli contro la religione sono diretti contro coloro che amano se stessi, ossia la propria salvezza eterna più del mondo: non sono diretti contro coloro che realmente amano Dio più di quanto amino il mondo o se stessi»; *On Revolution*, The Viking Press, New York 1963, pp. 289-90; trad. it. *Sulla rivoluzione*, Edizioni di Comunità, Milano 1983, p. 34, n. 20.

[37] Machiavelli, *Istorie fiorentine*, III, 7, in *Opere di Niccolò Machiavelli*, vol. II cit., pp. 424-25.

so quale cosa si fusse tanto sua (non eccettuando, non ch'altro, l'anima) che per gli amici volentieri da lui non fusse stata spesa; non so quale impresa lo avesse sbigottito, dove quello avesse conosciuto il bene della sua patria»[38]. Si tratti dell'anima nel significato di pratiche del culto religioso, o dell'anima nel significato del bene più grande e proprio dell'individuo, porre la patria al di sopra dell'anima, come fa Machiavelli, vuol dire elevare la patria a principio di fede e di redenzione.

Quando scrive della patria e per la patria, Machiavelli rispetta un suo rituale. «Venuta la sera», dopo essersi cambiato «in su l'uscio» la «veste cotidiana piena di fango e di loto», entra nello scrittoio, e di lì in un luogo ancora più sacro: le «antique corti», dove gli «antiqui uomini» lo ricevono «amorevolmente». In quel luogo si pasce di «quel cibo» che solo è suo e ha il potere di liberarlo dagli affanni, dalla paura della povertà e della morte[39]. Vettori, che è «religioso», cerca invece la salvezza dell'anima nel cibo che riceve a messa, ovvero la parola di Cristo[40]. La sua religione non gli impediva di amare la patria, ma l'amore della patria e il pensiero di essa non riempivano il suo animo a tal segno da non avere bisogno di altro cibo[41].

Quanto quel cibo della parola di Cristo fosse importante per uomini come Vettori (e altri) lo possiamo capire dalla lettera che Machiavelli scrive a Guicciardini da Carpi il 19 maggio 1521: «quanto al predicatore, io non ne credo avere onore, perché costui nicchia. Il padre ministro dice che gli è impromesso ad altri, in modo che io credo tornarmene con vergogna; e sammene ma-

[38] Niccolò Machiavelli, *Dell'arte della guerra* in *Opere*, a cura di Corrado Vivanti, Einaudi-Gallimard, Torino 1997, vol. I, p. 532.

[39] *Opere di Niccolò Machiavelli*, vol. III cit., pp. 423-28. Vedi anche Christian Bec, *Cultura e società a Firenze nell'età della rinascenza*, Salerno Editrice, Roma 1981, pp. 228-44.

[40] «Dalla casa s'entra in chiesa, la quale, per essere io religioso come voi sapete, mi viene molto a proposito», in *Opere di Niccolò Machiavelli*, vol. III cit., p. 420.

[41] «sono uomo quieto, di miei piaceri e di mie fantasie, e tra gli altri piaceri piglio, questo è il maggiore: di veder la città nostra star bene. Amo generalmente tutti gli uomini di quella, le leggi, li costumi, le mura, le case, le vie, le chiese et il contado, né posso avere il maggior dispiacere che pensare quella avere a tribolare e quelle cose, che di sopra dico, avere andare in ruina»; Francesco Vettori a Niccolò Machiavelli, 20 agosto 1513, in *Opere di Niccolò Machiavelli*, vol. III cit., p. 408.

le assai, ché io non so come mi capitare innanzi a Francesco Vettori et a Filippo Strozzi, che me ne scrissono in particulare, pregandomi che io facessi ogni cosa, perché in questa quaresima e' potessino pascersi di qualche cibo spirituale che facessi loro pro». Machiavelli si preoccupa del suo onore e della reazione degli amici, anche perché già in altra occasione non era stato in grado di assolvere un incarico del medesimo tipo:

E diranno bene che io gli servo di ogni cosa ad uno modo, perché questo verno passato, trovandomi con loro un sabato sera in villa di Giovan Francesco Ridolfi, mi dettono cura di trovare il prete per la messa per la mattina poi. Ben sapete che la cosa andò in modo che quel benedetto prete giunse che gli avevano desinato, in modo che gli andò sottosopra ciò che vi era, et seppommene il malgrado. Ora se in questa altra commissione io rimbolto sopra la feccia, pensate che viso di spiritato e' mi faranno. Pure, io fo conto che voi scriviate loro dua versi, e mi scusiate di questo caso al meglio saprete[42].

Diversamente dai suoi illustri amici, non si dà nessuna pena per la mancanza del «cibo spirituale» che le messe assicurano perché il cibo che davvero nutre il suo animo è un altro, come ha rivelato a Vettori, e a noi, nella sua lettera del 10 dicembre 1513. Quando ritorna in casa ed entra nello scrittoio ritrova se stesso, rinasce e si riscatta moralmente elevandosi dai pensieri e dalle opere abietti che non sono suoi ai pensieri e alle opere grandi della patria che sono la sua vera vita. Vale per lui quello che vale per religioni e stati: si rinasce solo ritornando ai princìpi e ritrovando con fatica la propria vera natura[43]. Machiavelli, che ama la patria più dell'anima, cerca, e trova, la sua redenzione nel ragionare delle grandi azioni politiche.

I grandi uomini dell'antichità che lo accolgono e gli rispondono vivono ancora, in qualche luogo. Essi seppero conquistare l'eternità, e vincere la morte. Perché dovrebbe essere impossibile per Machiavelli percorrere la medesima via che essi percorsero? Sen-

---

[42] Niccolò Machiavelli a Francesco Guicciardini, 19 maggio 1521, in *Opere di Niccolò Machiavelli*, vol. III cit., pp. 527-28.
[43] Nella lettera a Vettori, ha scritto Stella Larosa, c'è un'atmosfera di «sacrale ritualità»; *Autobiografia e tradizione letteraria nella «giornata» di Niccolò Machiavelli*, in «Interpres», XXII (2003), p. 251.

za menzionare Dio, o Cristo, o la religione, Machiavelli conosce una via per farsi simile a Dio e vivere in eterno. È una via diversa dalla via della Chiesa; non passa per le confessioni, le processioni, le giaculatorie, i digiuni e le penitenze. È diversa anche dalla vera via che Dio e Cristo hanno indicato agli uomini?

Per rispondere a questa domanda è indispensabile esaminare il tema dell'amore dell'immortalità e del desiderio dell'uomo di rendersi simile a Dio nella tradizione religiosa e filosofica fiorentina. Di questi temi aveva trattato soprattutto Marsilio Ficino (1433?- 1499), che Machiavelli chiama «secondo padre della platonica filosofia»[44]. L'amante, scrive Marsilio, spesse volte «desidera trasferirsi nella persona amata», e in questo atto appetisce di «farsi Dio»[45]. L'amore desidera contemplare e generare bellezza; è morte e resurrezione[46]. Infonde nell'uomo l'amore della virtù e per mezzo della virtù ricongiunge l'uomo a Dio: «Ma quando Dio infuse la sua luce nell'animo, l'accomodò sopra tutto a questo, che gli huomini da quella fussero condotti alla Beatitudine: la quale nella possessione di Dio consiste. Per quattro vie a questa siamo condotti: Prudenzia, Fortitudine, Giustizia, Temperanza»[47]. Dio pone la sua scintilla nell'animo degli uomini e alcuni «per mezzo di questo dono, con forte animo sopportano la morte, per la Religione, per la Patria» o per la Giustizia[48]. Quello che ci «rimena in Cielo, non è la cognizion di Dio: ma è l'Amore»[49]. Gli uomini possono intendere che cos'è la vera bel-

---

[44] Machiavelli, *Istorie fiorentine*, VII, 6, in *Opere di Niccolò Machiavelli*, vol. II cit., p. 651.

[45] *Commento di Marsilio Ficini Fiorentino sopra 'l Convitto di Platone*, in Firenze, per Filippo Giunti, M.D.XCIIII, pp. 37-38. Vedi anche Marsilio Ficino, *El libro dell'amore*, a cura di Sandra Niccoli, Olschki, Firenze 1987, pp. 34-35. Su Marsilio Ficino vedi la voce curata da Cesare Vasoli nel *Dizionario Biografico degli Italiani*, Istituto della Enciclopedia Italiana, Roma 1997, vol. 47, pp. 378-95.

[46] «Una solamente è la morte nell'Amor reciproco: le resurrezioni sono due, Perché chi ama, muore una volta in se, quando si lascia: Risuscita subito nell'amato quando l'amato lo riceve con ardente pensiero: Risuscita ancora quando egli nell'amato finalmente si riconosce, e non dubita se essere amato»; *Commento di Marsilio Ficini Fiorentino sopra 'l Convitto di Platone* cit., p. 45.

[47] Ivi, p. 75.

[48] Ivi, p. 76.

[49] L'amore per Ficino è fonte della giustizia, perché dove vi è vero amore, vi è «scambievole benivolenza, la quale non patisce che si faccia ingiuria di fat-

lezza, e gustare le celesti vivande, soltanto grazie all'amore. Il vero amatore, conclude Ficino, aiuta la patria a conseguire onesta e felice vita, come Socrate, che «commosso da carità, inverso alla Patria» conversa con i giovani da pari a pari e li difende dai falsi amanti[50]. L'amore è desiderio dell'immortalità («Amor est immortalitatis desiderium»)[51]. Gli uomini migliori, come i fondatori di stati e i legislatori, spiega Diotima, fanno tutto «perché amano l'immortalità»[52]. Coloro che sono «gravidi nell'anima» si volgono per amore dell'immortalità alla procreazione per mezzo della saggezza, e di tutte le forme di saggezza quella politica è superiore a tutte le altre. Le creazioni dell'anima, come le opere che lasciarono Licurgo a Sparta e Solone ad Atene, danno più gloria delle procreazioni naturali[53].

Per amore dell'immortalità Machiavelli cerca la compagnia degli uomini che si sono fatti iddii e immortali perché seppero realizzare cose grandi. Si trasferisce «tutto in loro» e si nutre del medesimo cibo spirituale che fu di quei grandi. Poiché è «vero amatore», ama la patria più dell'anima, e scrive le sue opere politiche per insegnare ai giovani ad operare bene per la patria in uno sforzo mai finito di generazione e rigenerazione morale e politica. Col-

---

ti, o villania di parole», e questa è per Ficino la carità, che ha tanta forza che essa sola può conservare la generazione umana, la tranquillità e la pace. «Tutte le cose obbediscono all'amore, egli a nessuna obbedisce, per amore diventano audacissimi, per la cosa amata fa forza ad ognuno e non riceve da alcuno violenza. Amore fa prudente ad antivedere, in disputare acuto, nel ragionare abbondante, magnanimo nelle cose da fare, faceto nelle cose gioconde, pronto ne' giochi, e nelle cose gravi fortissimo»; ivi, pp. 112-13.

[50] «Voi mi domandate a che sia utile l'amore socratico, io rispondo che è prima utile a sé medesimo assai a ricomperare quelle ali con le quali alla patria sua rivoli; oltre a questo è utile alla Patria sua sommamente a conseguitar l'onesta e felice vita. La Città non è fatta di pietre ma d'huomini: Gli huomini si debbono cultivare, come gli Alberi quando son teneri: e dirizzare a produrre i frutti». Chi ama di amore socratico, di amore della divina bellezza, chi ha «carità della patria» non permette che la gioventù, «seme della repubblica», sia corrotta. Alcuni scriveranno a tal fine nuove leggi, altri come Socrate «commosso da carità inverso la patria» conversa con essi e, in quanto è vero amatore, li difende dai falsi amanti; ivi, pp. 246-49.

[51] *Platonis opera, Marsilio Ficino interprete*, Venezia, 1517, p. CLXXVI; trad. it., Platone, *Simposio* 207a, in *Dialoghi filosofici*, a cura di Giuseppe Cambiano, Utet, Torino 1978-1981, vol. II, p. 130.

[52] *Ibidem*; trad. it *Simposio* 208c-e, in *Dialoghi filosofici* cit., pp. 131-32.

[53] *Ibidem*; trad. it *Simposio* 209a-e, in *Dialoghi filosofici* cit., pp. 132-33.

tiva l'idea che l'amore dell'immortalità e della bellezza sia la passione che ispira l'agire dei grandi fondatori di stati e dei legislatori. Vorrebbe essere egli stesso creatore di ordini politici e vorrebbe che ci fossero uomini, nel suo tempo e nei tempi a venire, che sentissero profondamente la passione di dare vita a ordinamenti politici mirabili per ordine e bellezza, capaci di vivere nei secoli. Per sconfiggere la miseria della condizione umana e per conquistare l'immortalità Machiavelli non ha bisogno del Dio creatore e neppure del Dio che pone fine alla storia umana e dona ai buoni la vita eterna. Anche se la storia del mondo è senza inizio e senza fine, un eterno alternarsi di bene e di male che non si conclude con la vittoria definitiva del bene sul male, chi è «vero amatore» può salvarsi facendosi dio.

Eppure, nell'orizzonte intellettuale e spirituale di Machiavelli, accanto o al disopra dell'uomo che si fa dio c'è anche il Dio che è ultima speranza per i derelitti e i miseri. Nell'ultimo capitolo del *Principe* scrive che l'Italia «la priega Iddio che li mandi qualcuno che la redima»[54]. Nelle *Istorie fiorentine*, trattando delle guerre religiose che sconvolsero l'Africa ai tempi di Arcadio e Onorio, osserva che «vivendo adunque gli uomini intra tante persecuzioni, portavano descritto negli occhi lo spavento dello animo loro, perché, oltre agli infiniti mali che sopportavono, mancava buona parte di loro di potere rifuggire allo aiuto di Dio, nel quale tutti i miseri sogliono sperare; perché, sendo la maggiore parte di loro incerti a quale Iddio dovessero ricorrere, mancando di ogni aiuto e d'ogni speranza, miseramente morivano»[55].

Un'immagine «troppo colorita per esser vera», ha scritto un commentatore[56]. Troppo colorita e non necessaria ai fini della narrazione. La sua fonte, che è con tutta probabilità Flavio Biondo, menziona solo di sfuggita i contrasti religiosi[57]. Machiavelli sente invece il bisogno di scrivere che in tempo di guerre e di

[54] Niccolò Machiavelli, *Il principe*, XXVI.
[55] Machiavelli, *Istorie fiorentine*, I, 5, in *Opere di Niccolò Machiavelli*, vol. II cit., pp. 290-91. Corrado Vivanti ha scritto che di questo passo «colpisce l'ironia con cui sono trattate le discordie interne alla 'cristiana religione'»; Introduzione a Niccolò Machiavelli, *Opere*, vol. III, Einaudi, Torino 2005, p. XL.
[56] Ivi, p. 291, n. 6.
[57] Flavio Biondo, *Le decadi*, trad. di Achille Crespi, a cura del Comune di Forlì, 1963, L, II.

contrasti religiosi ai miseri manca anche l'ultima povera consolazione di chiedere aiuto a Dio perché non sanno a quale Dio rivolgere le loro preghiere. Del resto, anch'egli si confessò in punto di morte al frate Andrea Alamanni, cugino di Luigi Alamanni, cui aveva dedicato la *Vita di Castruccio Castracani*, e di Machiavelli quel frate «soleva dire un mondo di bene»[58].

Nelle lettere private Machiavelli parla di Dio che salva gli innocenti dalla malignità degli uomini. Il 26 giugno 1513, uscito da pochi mesi dal carcere, confida al nipote Giovanni Vernacci un pensiero degno di nota:

Io ho ricevute più tue lettere, et ultimamente una di aprile passato, per le quali e per l'altre ti duoli di non avere mie lettere; a che ti rispondo, che io ho avuto dopo la tua partita tante brighe, che non è maraviglia che io non ti abbia scritto, anzi è piuttosto miracolo che io sia vivo, perché mi è suto tolto l'uffizio, e sono stato per perdere la vita, la quale Iddio e la innocenzia mia mi ha salvata; tutti gli altri mali, e di prigione e d'altro ho sopportato: pure io sto, con la grazia di Iddio, bene, e mi vengo vivendo come io posso, e cosí mi ingegnerò di fare, sino che i cieli non si mostrino più benigni[59].

Altrettanto rivelatrici sono le parole che il figlio Ludovico gli scrive nella sua del 22 maggio 1527: «Che Idio m'aiuti. A voi sempre mi racomando. Idio di male sempre vi guardi. Racomandatemi a mona Marietta, e dite che preghi Idio per me; e salutate tutta la brigata». Avrebbe Ludovico scritto quelle parole a un padre ateo? Nella sua drammatica lettera a Guicciardini del 17 maggio 1526, Machiavelli si appella tre volte a Dio per convincere Guicciardini (e il papa) a combattere apertamente l'orda dei lanzichenecchi che hanno passato le Alpi: «questa occasione per l'amor di Iddio non si perda»; «provvedete, per l'amor di Iddio, ora in modo che S.S.tà ne' medesimi pericoli non ritorni»; «ora Iddio ha ricondotto le cose in termine, che il papa è a tempo a tenerlo». Invoca ancora Dio, due volte, nella sua ultima lettera, a Vettori, il 18

[58] Vedi Giuliano Procacci, *Frate Andrea Alamanni confessore del Machiavelli?*, in Id., *Machiavelli nella cultura europea dell'età moderna*, Laterza, Roma-Bari 1995, pp. 423-31.
[59] *Opere di Niccolò Machiavelli*, vol. III cit., pp. 387-88; vedi anche le lettere del 18 agosto 1515, del 19 novembre 1515 e del 15 febbraio 1516.

aprile 1527: «E, per lo amor di Iddio, poiché questo accordo non si può avere, tagliate subito la pratica»; «Ma chi gode nella guerra, come fanno questi soldati, sarebbono pazzi se lodassino la pace. Ma Iddio farà che gli aranno a fare più guerra che noi non vorremo»[60]. Forse sono solo espressioni di maniera; o forse Machiavelli, nei momenti più tristi della sua vita, quando sente il bisogno di aprire l'animo, e nella tragedia della patria, si rivolge a Dio perché crede in un Dio che è l'ultima speranza dei giusti. Machiavelli che dice preghiere per ossequio alla Chiesa e alla tradizione non riesco proprio a immaginarlo. Ma Machiavelli che invoca Dio perché aiuti la patria e lo ringrazia per averlo soccorso nel pericolo sì. Chi altro se non Dio potrebbe aiutare la patria quando gli sforzi degli uomini sono vani? E se non lo ringraziasse Machiavelli si macchierebbe di ingratitudine, il peccato che detestava più di ogni altro.

Parla poco di Cristo. Nelle lettere ai familiari scrive qualche volta «Christo ti guardi» o «Christo vi guardi da dovero»; «Christo vi guardi tutti»[61]. Nel *Decennale primo* esordisce menzionando Cristo che viene sulla terra e versa il suo sangue per liberare gli uomini dal peccato: «mille / e quattrocen novanta quattro [...] / dal tempo che Iesu le nostre ville / visitò prima e col sangue che perse / estinse le diaboliche faville»[62]. Cesare Borgia, «ribellante a Cristo», meritò la sua triste fine[63]. Non confonde certo Cristo con i santi: «sta' bene con Cristo e fatti beffe de' santi», fa dire a Nicomaco nella *Clizia*[64]. Nella sua opera politica più importante, i *Discorsi sopra la prima deca di Tito Livio*, riconosce senza ambiguità Cristo fondatore della religione cristiana e sottolinea che se quella religione si fosse conservata secondo l'insegnamento del suo fondatore, le repubbliche cristiane avrebbero tratto grandi benefici[65]. Cristo non è dunque il responsabile di quella religione dell'ozio che ha corrotto il mondo e ha provocato la fine delle repubbliche.

---

[60] *Opere di Niccolò Machiavelli*, vol. III cit., pp. 587-88 e 631-32.

[61] Vedi, ad esempio, le lettere del 5 gennaio 1518, del 31 agosto 1523, del 2 aprile 1527, in *Opere di Niccolò Machiavelli*, vol. III cit., pp. 500, 537 e 626.

[62] Machiavelli, *Decennale primo*, in *Opere di Niccolò Machiavelli*, vol. IV cit., p. 295.

[63] Ivi, p. 314.

[64] Machiavelli, *Clizia*, Atto III, Scena VI, in *Opere di Niccolò Machiavelli*, vol. IV cit., p. 205.

[65] Machiavelli, *Discorsi*, I, 12 e II, 2.

La stessa gloria del mondo che rende gli uomini immortali è conquista umana, ma non prescinde affatto da Dio. Per Machiavelli sono i «cieli», o Dio, che danno agli uomini l'occasione di farsi immortali: «Non dà adunque il cielo maggiore dono ad un uomo, né gli può mostrare più gloriosa via di questa», scrive a Giulio de' Medici per esortarlo a restaurare un governo repubblicano in Firenze. Aggiunge che «infra tante felicità che ha dato Iddio alla casa vostra e alla persona di Vostra Santità, è questa la maggiore, di darle potenza e subietto da farsi immortale»[66]. Dio ama dunque gli uomini che si coprono di gloria nel mondo; e l'immortalità nel mondo, quando nasce dalla vera gloria, apre la via all'immortalità nei cieli. I riferimenti al Dio che consola gli afflitti, redime gli oppressi, salva gli innocenti, favorisce e riconosce la gloria del mondo potrebbero essere frasi di maniera o artifici retorici. Ma potrebbero essere anche segni che credeva in un Dio non tanto diverso dal Dio cristiano.

2. *Il cristianesimo repubblicano*

L'idea dell'uomo che per amore della patria e della gloria si fa simile a Dio, e partecipa della natura divina, era presente in una lunga tradizione di pensiero politico e religioso. Petrarca, uno degli autori preferiti di Machiavelli, sottolinea che è stata la natura stessa ad aver posto nell'uomo il desiderio di gloria. La gloria terrena è un bene che gli uomini possono ricercare in vista della salvezza eterna, e non c'è alcuna ragione di rinunciare a quella per questa[67]. Altri umanisti, come Coluccio Salutati, cancelliere della Repubblica dal 1375 al 1406, anno della sua morte, condannavano invece l'amore

---

[66] Niccolò Machiavelli, *Discursus florentinarum rerum post mortem iunioris Laurentii Medices*, in *Opere*, vol. I cit., p. 744. Il Dio di Machiavelli è in primo luogo il Dio dei capitani, dei prìncipi, dei legislatori, dei forti. Gli uomini, soleva affermare Castruccio Castracani, e Machiavelli condivide queste parole, «debbono tentare ogni cosa, né di alcuna sbigottire, e che Dio è amatore degli uomini forti, perché si vede che sempre gastiga gli impotenti con i potenti»; Niccolò Machiavelli, *Vita di Castruccio Castracani*, in *Opere di Niccolò Machiavelli*, vol. II cit., p. 267.

[67] Francesco Petrarca, *Prose*, a cura di Guido Martellotti, Pier Giorgio Ricci, Enrico Carrara, Enrico Bianchi, Ricciardi, Milano-Napoli 1955, parte III, pp. 198 e 204.

della gloria terrena come indegno di un vero cristiano[68]. Unica preoccupazione del buon cristiano deve essere la vera gloria che Dio solo può concedere. È Dio che opera per mezzo nostro, a lui vanno dunque gloria e onore[69]. La vera gloria nasce dall'amore di Dio e del prossimo, dalla fede che si traduce in opere degne, e dalla purezza dei costumi. L'altra gloria, quella che deriva dalla potenza e dalla lode degli uomini, è vana, non dà vera felicità e apre la porta alla dannazione eterna[70]. Un vero cristiano deve perseguire la gloria cristiana, e lasciare ai pagani la gloria pagana. Non può correre il rischio di sentirsi dire da Dio, nel giorno del giudizio: per le tue opere «hai già ricevuto la tua mercede»[71]. Deve operare per il bene senza né cercare né desiderare premio terreno.

L'orientamento prevalente nell'Umanesimo italiano era tuttavia che chi persegue la virtù ha diritto anche al premio terreno. Giovanni Conversano (o Conversino) da Ravenna (1343-1408) in una lunga epistola a Salutati sottolinea che il desiderio della gloria muove gli uomini alle opere virtuose e apre la via alla beatitudine nei cieli. L'apostolo stesso ha scritto: «Fac bonum et habebis laudem ex eo», e il profeta ha detto «ibunt de virtute in virtutem». L'appetito della gloria ha reso possibile grandi cose nella storia umana e ha incitato ad operare bene molti uomini che non amano la vera virtù. La perfezione della virtù è la *caritas*, ma il primo passo verso di essa può essere l'amore della gloria[72]. Anche Poggio Bracciolini (1380-1459) sostiene che la gloria è premio alla virtù e che l'amore della gloria incita al bene, anche se non deve mettere in pericolo la salvezza eterna[73]. Mentre i pagani cercavano soltanto la gloria del mondo e nel mondo, i cristiani possono perseguire la gloria del mondo quale preparazione alla gloria eterna.

Assai più deciso a difendere la gloria terrena era Flavio Biondo, lo storico forlivese che sarà una delle fonti delle *Istorie fiorentine*

---

[68] *Epistolario di Coluccio Salutati*, 4 voll., a cura di Francesco Novati, Istituto Storico Italiano, Roma 1891-1911, vol. II, p. 407.

[69] Ivi, vol. I, p. 424.

[70] Ivi, vol. III, pp. 62-64.

[71] Ivi, vol. III, p. 471.

[72] Ivi, vol. IV, pp. 325-26. Su Giovanni Conversino vedi la voce curata da Benjamin G. Kohl, *Dizionario Biografico degli Italiani*, Istituto della Enciclopedia Italiana, Roma 1983, vol. 28, pp. 574-78.

[73] Cfr. Alberto Tenenti, *Il senso della morte e l'amore della vita nel Rinascimento (Francia e Italia)*, Einaudi, Torino 1957, p. 18.

di Machiavelli. La fama e la gloria umana, scrive, non contraddicono affatto la religione dei Padri[74]. Pochi anni più tardi il notaio bolognese Sabbadino degli Arienti ribadisce che l'amore della gloria e l'amore di Dio possono agevolmente convivere e l'uno aiuta l'altro. Ogni uomo, e più degli altri i prìncipi e i cittadini eminenti vogliono «gloriosamente operando» ottenere «degna fama in terra» e vivere in cielo. A pronunciare queste parole, nel dialogo, è il domenicano Giambattista Spagnuoli. Più netta ancora è la conclusione dei 'laici': «Epsa compagnia concluse che l'uomo doverebbe ogni affanno e fatica durare al mondo per conseguire onore, gloria, nome e fama, per la cui excellenzia e virtù beata al fine è opportuno, facendose degno del cielo, gustare la eterna pace»[75].

Gli umanisti fiorentini raccolsero e riformularono l'idea classica della gloria come buona fama dei buoni che si consegue nella vita pubblica[76]. La fama, scrive ad esempio Leon Battista Alberti nei *Libri della famiglia* (1432-1434), nasce «non in mezzo agli ozii privati, ma intra le publiche esperienzie»[77]. La ricerca della gloria, incalza Matteo Palmieri (1406-1475), è figlia del desiderio naturale che tutti gli uomini hanno di rimanere vivi in terra per fama. Chi ha cura del proprio animo, lo guida verso il cielo e vuole lasciare «memoria di sé alla posterità». L'ammirazione per le virtù e la gloria delle imprese nobili rimane viva nel tempo. Per nessuno sia dunque fonte di meraviglia, conclude Palmieri, se coloro che compiono grandi imprese cercano la gloria[78]. Nonostante le voci contrarie, era dunque forte nel contesto fiorentino la presenza di una tradizione di pensiero che considerava la ricerca della gloria degna dell'uomo, gradita a Dio e coerente con il fine cristiano della vita eterna.

Un altro tratto distintivo del pensiero religioso dell'Umanesimo era l'idea di carità. Nel mondo latino classico il concetto di *ca-*

---

[74] Flavio Biondo, *Scritti inediti e rari*, a cura di Bartolomeo Nogara, Roma 1927, p. 184.

[75] Cfr. Tenenti, *Il senso della morte e l'amore della vita nel Rinascimento* cit., p. 21.

[76] Vedi ad esempio Cicerone, *Pro Sestio*, 139; *Filippiche*, I, 29; *Tusculanae Disputationes*, III, 2, 3.

[77] Leon Battista Alberti, *I libri della famiglia*, in *Opere volgari*, a cura di Cecil Grayson, vol. I, Laterza, Bari 1960, pp. 183-84.

[78] Matteo Palmieri, *La vita di Niccolò Acciaioli*, a cura di Alessandra Mita Ferraro, Il Mulino, Bologna 2001, p. 3.

ritas era il corrispettivo del greco *agàpe* e indicava, a differenza di *amor*, un sentimento di affetto e di benevolenza privo di connotazioni erotiche[79]. I classici romani offrono una larga messe di esempi della distinzione fra *caritas* e *amor*[80]. Affine alla *caritas* è per i Latini la *dilectio*, derivata dal verbo *diligere*, che indica, a differenza di 'amare', un affetto ragionato. Un ulteriore esempio, particolarmente significativo perché mette in evidenza il legame ideale fra il pensiero classico e la dottrina cristiana, è rappresentato da Agostino che considera *dilectio* come uno dei due possibili modi, l'altro è ovviamente *caritas*, di tradurre il greco *agàpe*, e sostiene che le Scritture Sacre non distinguono fra amore e carità[81]. Gli scrittori romani usano i termini *caritas* o *pietas* per indicare l'amore della patria e sottolineano che si tratta di un affetto che abbraccia i genitori, i parenti, gli amici, i concittadini e ci spinge a compiere atti di servizio (*officium*) e di cura (*cultus*)[82].

Nella concezione cristiana la carità è un amore che non si aspetta di essere corrisposto. Va elargito a tutti, anche ai nemici (privati); è obbligatorio; non ha bisogno della frequentazione; può richiedere anche il supremo sacrificio; predilige il bisognoso, la vittima, il debole. L'*eros* è invece un amore di fruizione (amore che ritorna). È selettivo, spontaneo e ha bisogno della frequentazione; può estinguersi per mutamento di valori o per mancanza di utilità; si rivolge a soggetti che hanno qualità simili. Mentre l'amore è pur sempre passione di desiderio egoistico che non si stacca mai dalla *cupiditas* o concupiscenza, l'amore caritatevole si colloca all'estremo opposto quale affetto disinteressato[83].

---

[79] Cfr. in proposito Luigi Pizzolato, *L'idea di amicizia nel mondo antico classico e cristiano*, Einaudi, Torino 1993, pp. 217 sg.

[80] Vedi ad esempio Cicerone, *Partitiones oratoriae*, XVI, 56 e XXV, 88; *De oratore* II, 206; *De finibus* V, 65; vedi anche Seneca, *De beneficiis*, V, 9, 1 e *Ad Lucilium*, XIV, 1; CXXI, 24.

[81] «Sed scripturas religionis nostrae, quarum auctoritatem ceteris omnibus litteris anteponimus, non aliud dicere amorem, aliud dilectionem vel caritatem insinuandum fuit. Nam et amorem in bono dici iam ostendimus»; Agostino, *De civitate Dei*, XIV, 7.

[82] Vedi ad esempio Cicerone, *De inventione*, II, 53, 161; *De Officiis*, I, 17; Livio, *Ab urbe condita*, VII, 40.

[83] Anders Nygren, *Eros e agape. La nozione cristiana dell'amore e le sue trasformazioni*, Il Mulino, Bologna 1971; Hélène Pétré, *Caritas. Étude sur le vocabulaire latin de la charité chrétienne*, in «Spicilegium Sacrum Lovaniense», 1948.

Per i pensatori politici del Medioevo e dell'Umanesimo, tutti di solida fede cristiana, il bene comune è bene divino, e l'amore della patria, per quanto non sia identico alla carità perfetta, è una forma di amore caritatevole. A commento del passo dell'*Etica nicomachea* (1094b) in cui Aristotele scrive che il bene della città è migliore e più divino («melius vero et divinius») del bene dell'individuo, Tommaso d'Aquino rileva che la definizione del bene comune della città e di tutte le genti come bene migliore e più divino si basa sulla similitudine con Dio in quanto causa universale di tutti i beni[84]. Il suo discepolo Remigio de' Girolami (1235-1319), che fu priore di Santa Maria Novella, scrive nel *De bono pacis* che la carità non cerca il bene proprio ma antepone il bene comune al bene proprio[85]. Nel *De bono communi* pone la carità come fondamento della vita civile e mette in rilievo che l'amore della patria è un dovere cristiano coerente con la retta inclinazione naturale dell'uomo e con l'amore di Dio[86]. Poiché il bene comune, come insegna Aristotele nell'*Etica nicomachea* è il bene migliore e più divino, chi ama il bene comune si avvicina a Dio.

[84] Sancti Thomae de Aquino, *Sententia libri ethicorum*, in *Opera Omnia, cura et studio fratrum predicatorum*, Roma 1969, vol. I, p. 9. Nella sua esposizione dell'*Etica nicomachea*, Donato Acciaiuoli scrive che il «civitatis summum bonum» è detto più bello e divino del bene individuale («divinius et pulcrius») perché assimilato alla prima causa universalmente per il bene del tutto; Donato Acciaiuoli, *Expositio libri ethicorum Aristotelis*, Sanctum Iacobum de Ripoli, Firenze 1478, p. 9. L'opera di Acciaiuoli passò per le mani del padre di Niccolò: «Ricordò come adì 20 di febraio io ebbi da Piero Gualterotti e per lui da Bartolomeo Tucci cartolaio, il commento di Donato Acciaiuoli sopra l'Etica di Ari[stotele] in forma sciolta, a vedere e comprarlo se mi piacesse»; Bernardo Machiavelli, *Libro di ricordi*, a cura di Cesare Olschki, Le Monnier, Firenze 1954, p. 141.

[85] «*caritas non quaerit quae sua sunt*, quod hoc sit est intelligendum, quia caritas communia propriis anteponit»; Remigio de' Girolami, *De bono pacis*, in Maria Consiglia De Matteis, *La «teologia politica comunale» di Remigio de' Girolami*, Pàtron, Bologna 1977, pp. 56-57. Cfr anche Charles T. Davis, *An Early Florentine Political Theorist: fra Remigio de' Girolami*, in «Proceedings of the American Philosophical Society», LIV (1960), pp. 662-76. Sul rapporto fra coscienza civica e carità di patria vedi Alfredo Bosisio, *Milano e la sua coscienza cittadina nel Duecento*, Atti dei Convegni del Centro Studi sulla Spiritualità Medievale, Todi 1972, vol. XI, pp. 47-93.

[86] Remigio de' Girolami, *De bono communi*, in De Matteis, *La «teologia politica comunale» di Remigio de' Girolami* cit., p. 43. Vedi in proposito Charles T. Davis, *Remigio de' Girolami and Dante: a Comparison of Their Conceptions of Peace*, in *Studi Danteschi*, 36 (1959), pp. 105-36 e Id., *An Early Florentine Political Theorist* cit.

Un altro discepolo di Tommaso, Tolomeo da Lucca, nel *De regimine principum* ribadisce che l'amore della patria è un amore caritatevole del bene comune che rende l'animo forte, ed è del tutto coerente con l'amore di Dio, anzi conseguenza necessaria di quello[87]. Diversamente da Agostino, Tolomeo non riconosce la differenza fra la *caritas patriae* dei pagani e la *caritas patriae* dei cristiani. Colloca la carità al sommo grado nella gerarchia delle virtù e assegna all'amore della patria il medesimo rango. Nei testi più influenti del pensiero politico medievale, l'amore della patria assume dunque il significato di amore caritatevole del bene comune che avvicina l'uomo a Dio e come tale è del tutto compatibile con la dottrina cristiana.

Dopo aver illustrato la natura della carità, Tolomeo mette in rilievo i suoi effetti politici e morali: la carità della patria ispirò i Romani a ben governare («ad bene regendum») e per questo essi meritarono di diventare signori del mondo. Chiarisce anche che delle tre virtù che danno origine al buon governo – l'amore della patria, lo zelo per la giustizia e la benevolenza civile – la carità per la patria era giustificazione sufficiente per la conquista del dominio del mondo.

Aggiunge anche una specificazione degna della massima attenzione, ovvero che l'amore della patria partecipa in certo qual modo della natura divina («participabant quandam naturam divinam»): come Dio è causa universale delle cose, così l'amore della patria si rivolge alla comunità e al bene del popolo. A sostegno della sua tesi che la carità della patria ha un carattere divino perché vuole il bene comune, Tolomeo cita i classici episodi di Marco Curzio che si getta con il cavallo nella voragine, di Attilio Regolo che preferì la salvezza della patria alla vita, e di Fabrizio che non si lasciò corrompere con l'oro. Chi ama veramente la patria e si prende diligentemente cura del bene comune, diventa vice di Dio, partecipa della natura divina («in zelando rem com-

---

[87] «*amor patriae in radice charitatis fundatur, quae communia propriis, non propria communibus anteponit*»; Tolomeo da Lucca, *De regimine principum*, in *Divi Thomae Aquinatis Opuscula Philosophice*, a cura di Raimondo Spiazzi, Marietti, Torino 1954, p. 299. Agostino deprecà l'amore della patria degli antichi in *De civitate Dei*, V, 12; vedi anche Charles T. Davis, *Ptolemy of Lucca, and the Roman Republic*, in *Proceedings of the American Philosophical Society*, 118 (1974), pp. 30-50.

munem assimilat sibi naturam divinam, in quantum vice Dei diligentem circa multitudinem adhibet curam»); ottempera il comandamento di amare Dio e il prossimo con tutto il cuore, tutta l'anima e tutta la forza. La religione dei Romani e la religione cristiana insegnano dunque che chi ama il bene comune e lo serve con tutta la sua forza e la sua diligenza diventa simile a Dio e si rende degno della sua amicizia.

Il concetto di amore della patria come amore che rende l'uomo simile a Dio ritorna nel *Convivio* di Dante (IV, V, 13-14). Per Dante la carità della patria è un amore che Dio infonde in alcuni uomini e li rende divini.

Se noi consideriamo poi [Roma] per la maggiore adolescenza sua, poi che da la reale tutoria fu emancipata, da Bruto primo consolo infino a Cesare primo prencipe sommo, noi troveremo lei essaltata non con umani cittadini, ma con divini, ne li quali non amore umano, ma divino, era inspirato in amare lei [Roma]. E ciò non potea né dovea essere se non per ispeziale fine, da Dio inteso in tanta celestiale infusione. E chi dirà che fosse sanza divina inspirazione, Fabrizio infinita quasi moltitudine d'oro rifiutare, per non volere abbandonare sua patria? Curio, da li Sanniti tentato di corrompere, grandissima quantità d'oro per carità de la patria rifiutare dicendo che li romani cittadini non l'oro, ma li possessori de l'oro possedere voleano? E Muzio la sua mano propria incendere, perché fallato avea lo colpo che per liberare Roma pensato avea? Chi dirà di Torquato, giudicatore del suo figliuolo a morte per amore del publico bene, sanza divino aiutorio ciò avere sofferto?[88]

Gli storici e i politici fiorentini del Trecento e del Quattrocento continuano a parlare dell'amore della patria come amore caritatevole che rende l'uomo simile a Dio ed è grato a Dio. Coluccio

---

[88] Dante Alighieri, *Opere minori*, tomo I, parte II, a cura di Cesare Vasoli e Domenico De Robertis, Ricciardi, Milano-Napoli 1979-1984, pp. 571-73. Petrarca considera invece l'amore (carità) della patria degli antichi come un amore imperfetto e non ammette uno specifico patriottismo cristiano. Vedi Charles Trinkaus, *In Our Image and Likeness. Humanity and Divinity in Italian Humanist Thought*, Constable, London 1970, vol. I, pp. 37-38. Nel *De vita solitaria* sostiene tuttavia che nulla è più degno dell'uomo e nulla lo rende più simile a Dio quanto operare per il bene comune: «quid aut homine dignius aut similius Deo est, quam servare et adiuvare quam plurimos?», in *Prose*, a cura di Guido Martellotti, Ricciardi, Milano-Napoli 1955, pp. 322 e 328.

Salutati ribadisce più volte che il buon cristiano ha il dovere di servire la patria con tutte le sue energie e spiega che la carità della patria deve superare e comprendere ogni altro affetto, vincolo e interesse[89]. La *caritas* è il fondamento del patriottismo e quindi dell'ideale del cittadino cristiano. Negli anni giovanili Salutati tratta della carità senza implicazioni o significati teologici; in quelli del cancellierato la carità assume invece un marcato significato religioso. Se tutti gli uomini hanno una naturale inclinazione a vivere in società, è contro natura che l'uomo arrechi danno agli altri uomini o non porga ad essi aiuto. I cristiani hanno il dovere di amare il prossimo come se stessi e addirittura di amare i nemici[90]. Tale dovere non esclude affatto che noi abbiamo il vincolo più forte nei riguardi della famiglia e dei compatrioti. Cristo medesimo sentiva l'amor di patria, e il suo esempio insegna che i cristiani hanno verso il bene comune un obbligo maggiore degli altri uomini.

Per Salutati l'amore cristiano della patria è addirittura superiore al tanto celebrato amore della patria degli antichi. Essi non conoscevano la vera carità («vera caritas») che nasce dall'amore di Cristo e per Cristo e ci comanda di amare il nostro prossimo come noi stessi. Cristo non comanda l'impossibile. Una società di veri amici, impossibile per gli antichi, può esistere fra veri cristiani[91]. L'etica cristiana era a suo giudizio la perfezione dell'ideale ciceroniano della virtù civile. Chi vive nel mondo e assolve i suoi doveri nei confronti della famiglia e della patria vive più cristianamente degli anacoreti che cercano la salvezza dell'anima nella solitudine[92]. Il buon cittadino che serve la patria opera come la divina Provvidenza e con la divina Provvidenza perché essa agisce per il bene dell'universo, e vuole il bene delle civili comunità. Il vero cristiano che serve la patria è dunque strumento della Provvidenza e in questo modo diventa *imago dei*: si fa, da uomo, dio.

---

[89] «Nulla enim caritas est qui sit cum caritate patrie comparanda; parentes, filii, fratres, amici, agnati, affines et cetere necessitudines, quedam singula sunt et simul omnia collata minus habent ipsa republica»; *Epistolario di Coluccio Salutati* cit., vol. I, p. 21; «caritas, que maior quam erga patriam esse non debet in terris»; ivi, vol. II cit., p. 87; «patriam [...] cuius caritas non solum omnes necessitudines amplexa est, sed preterit et excedit»; ivi, vol. III, p. 638.

[90] Ivi, vol. I, pp. 253-34 e 318.

[91] Ivi, vol. IV, p. 20.

[92] Ivi, vol. III, pp. 285-308.

La religione cristiana è la via della virtù che non contrasta ma
si salda con la visione del mondo come lotta, ove l'uomo impe-
gna la sua volontà di bene. Proprio perché «religioso, di una fede austera e profonda, vissuta con tutta l'anima», Salutati considera suo dovere di cristiano e di cittadino porre al primo posto,
e sempre, la lotta per la libertà: «che cosa non dobbiamo fare per
la libertà? Essa sola a nostro parere rende legittima anche la guerra»[93]. Quella di Salutati, e di altri nella Firenze del primo Quattrocento, era una religiosità in cui Cicerone, Seneca e il Vangelo
parlano il medesimo linguaggio morale e la saggezza morale e politica degli antichi acquista, alla luce della fede cristiana, nuovo
e più forte splendore[94].

Quando cerca di rendersi simile al suo Creatore l'uomo obbedisce al volere divino. Salutati muove dalla premessa che fine del-
l'uomo non è conoscere Dio, ma ottenere l'eterna beatitudine per
mezzo delle buone opere in terra. Guida sicura ad operare bene
sono le leggi. Esse ci spingono a vivere secondo la virtù, indirizza-
no verso la felicità terrena e aprono al tempo stesso la via alla beatitudine eterna[95]. Con le buone leggi i legislatori rendono possibile in terra la felicità politica («politica felicitas») che evolve senza
soluzione di continuità nella felicità eterna[96]. Obbedire alle leggi
e servire il bene comune è un dovere verso Dio e il modo di operare dell'uomo in cui Dio ha infuso il sentimento della *caritas*[97]. Il
fondatore di stati e il legislatore non sono soltanto amati da Dio,

---

[93] Eugenio Garin, *I trattati morali di Coluccio Salutati*, Atti e memorie del-
l'Accademia fiorentina di scienze morali 'La Colombaria', N.S., I (1943-1946),
Le Monnier, Firenze 1947, pp. 54-88, citazione a p. 62; vedi anche Eugenio
Garin, *I cancellieri umanisti della Repubblica Fiorentina da Coluccio Salutati a
Bartolomeo Scala*, in Id., *La cultura filosofica del Rinascimento italiano*, Sanso-
ni, Firenze 1961, p. 11.

[94] Garin, *La cultura filosofica del Rinascimento italiano* cit., p. 128. Sull'e-
voluzione del pensiero di Salutati dallo stoicismo al cristianesimo vedi Ronald
Witt, *Hercules at the Crossroads. The Life, Works and Thought of Coluccio Salutati*, Durham (N.C.) 1983, pp. 355-67.

[95] Coluccio Salutati, *De nobilitate legum et medicinae*, a cura di Eugenio
Garin, Vallecchi, Firenze 1947, pp. 98 e 166.

[96] Per chiarire questo aspetto essenziale della sua concezione cristiana della legge e dell'ideale del cittadino cristiano, Salutati cita Prov. 29: 18 «beato
colui che custodisce la legge», e commenta: «beato in questa vita per la speranza; beato in realtà quando avrà vissuto secondo la legge»; ivi, pp. 166-67.

[97] Witt, *Hercules at the Crossroads* cit., pp. 342-43.

ma ottengono per la loro virtù la sua amicizia: «Si trova forse scritto di un altro, oltre che del legislatore Mosè, che abbia parlato a Dio faccia a faccia, come un uomo all'amico?»[98].

Anche per Leonardo Bruni, che servì come cancelliere della Repubblica tra il 1410 e il 1411 e poi dal 1427 alla morte (1444), il buon cristiano deve essere buon cittadino pronto a servire la patria. La parola di Cristo non contrasta affatto con la sapienza antica e con l'amore della patria[99]. Leon Battista Alberti, a sua volta, nei *Libri della famiglia*, presenta la cura della patria come un dovere difficile e faticoso che il buon cittadino deve tuttavia accettare per impedire che gli arroganti dominino la repubblica e rendano gli altri servi. Spiega anche che servire il bene pubblico, anche quando richiede severità, è «cosa piissima» e grata a Dio[100].

I medesimi concetti sono presenti anche in quel vero e proprio compendio dell'umanesimo civico che è la *Vita civile* di Matteo Palmieri. La passione che spinse gli eroi della Roma repubblicana a dare la vita per la comune libertà, spiega l'autore, era la «pietà della patria» o «civile pietà». Prendersi cura della salute della patria, conservare la città e mantenere l'unione e la concordia delle «bene ragunate multitudini», è fra tutte le azioni umane la più meritoria[101]. La giustizia è la più alta fra le virtù, ed è tanto accetta all'«omnipotente Iddio» che «per tutto il corpo della Scrittura santa sono sanza differenzia da Dio nominati i giusti beati, et i beati giusti»[102]. Non solo le Scritture, ma tutte le leggi divine e umane, e la comune utilità, impongono il rispetto della giustizia. I reggitori delle repubbliche che difendono la giustizia compiono opera «a Dio più accetta che null'altro si faccia in terra»[103]. Per questa ra-

---

[98] «loquetur ad eum Deus facie ad faciem, sicut homo ad amicum suum»; Salutati, *De nobilitate legum et medicinae* cit. p. 55.
[99] Vedi Vespasiano da Bisticci, *Vite di uomini illustri del secolo XV*, Rinascimento del Libro, Firenze 1938, p. 456.
[100] Alberti, *I libri della famiglia*, in *Opere volgari* cit., vol. I, pp. 182-84.
[101] «Resta dunque che in terra non si faccia niuna cosa più cara né più accetta a Dio, che con iustizia reggere e governare le congregazioni e moltitudini d'uomini, unitamente con iustizia ragunati: per questo promette Iddio a' giusti governatori delle città, e conservatori della patria, in cielo determinato luogo, nel quale eternalmente beati vivono co' suoi santi»; Matteo Palmieri, *Della vita civile*, a cura di Felice Battaglia, Zanichelli, Bologna 1944, p. 45.
[102] Ivi, p. 168.
[103] *Ibidem*.

gione i giusti reggitori devono in cielo ricevere come premio delle loro fatiche l'eterna beatitudine[104]. L'uomo può farsi divino ed eterno per mezzo della ricerca della perfezione in tutte le arti e in tutte le opere. In questa sua ricerca egli realizza la sua vera natura, vive in modo conforme al volere di Dio, e ottiene gloria in terra.

L'autentica religione cristiana esige che ognuno svolga il proprio compito nella vita senza fuggire pericoli e fatiche. Giannozzo Manetti, uomo di profonda fede, spiega nella sua orazione *Della dignità e dell'eccellenza dell'uomo* (1451-1452) che Socrate, Catone e Cleombroto «non furono spinti in nessun modo dalla considerazione delle umane sventure a disprezzare la vita, ma piuttosto dalla speranza dell'immortalità». Sottolinea che «fuggir le fatiche non è del forte e magnanimo, ma piuttosto, come dice Aristotele, del debole e del fiacco. Non possiamo abbandonare il nostro posto nella vita «senza l'ordine del capo, cioè di Dio». Non solo la saggezza, ma anche la fede ci comandano di affrontare con virtù le fatiche, le lotte e le pene che tormentano la città terrena. Perché profondamente cristiano, Manetti esalta la virtù che si fa operare forte e magnanimo nella vita civile, quella virtù che si ama con l'animo e con il corpo e che rende gli uomini che la praticano simili a Dio: «Amatela, osservatela, vi prego, seguitela, abbracciatela in modo che praticandola di continuo non sol siate felici e beati, ma diveniate anche quasi simili a Dio onnipotente»[105].

È tuttavia Lorenzo Valla (1405-1457) a porre su solide basi filologiche l'idea del cristianesimo quale religione della virtù intesa, alla maniera antica, come forza. Anch'egli parte dal presupposto che il principio del cristianesimo è la carità, che definisce «amore verso Dio e verso il prossimo» («amoris in Deum et proximum»). La carità è maestra di tutte le virtù («magistrae omnium virtutum») e rende gli uomini forti[106]. La fortezza, spiega Valla, è un tipo di affetto. Chi ama davvero non è forse forte contro coloro che cercano di sottrargli la persona amata? Gli apostoli, quando ricevettero lo Spirito Santo, che è la carità del pa-

---

[104] *Ibidem.*

[105] Giannozzo Manetti, *De dignitate et excellentia hominis*, in *Prosatori latini del Quattrocento*, a cura di Eugenio Garin, Ricciardi, Milano-Napoli 1952, pp. 459 e 485-87.

[106] Lorenzo Valla, *Scritti filosofici e religiosi*, a cura di Giorgio Radetti, Sansoni, Firenze 1953, p. 195.

dre e del figlio, diventarono forti per diffondere la parola di Dio. L'idea di virtù nel significato di potenza e forza, non di onestà, si trova a suo giudizio proprio nel Vangelo[107]. Non solo Valla interpreta la virtù come forza contro i pericoli e la sofferenza, ma intende questa idea della virtù come la vera virtù cristiana. Se la carità dà forza, e la forza è la virtù, segue necessariamente che il cristianesimo non può essere religione della debolezza e dell'umiltà, ma religione della virtù[108]. La convinzione che il vero cristianesimo è quello interpretato secondo la virtù, che Machiavelli sosterrà in un luogo fondamentale dei *Discorsi*, è dunque già presente in una delle voci più autorevoli dell'Umanesimo.

Religione cristiana e virtù politica procedevano insieme anche per Bartolomeo Sacchi, il Platina, fervido sostenitore della reli-

---

[107] Lorenzo Valla, *Collatio Novi Testamenti*, a cura di Alessandro Perosa, Sansoni, Firenze 1970. La prima edizione a stampa dell'opera, scritta fra il 1442 e il 1444 (pp. XLVIII-XLIX) vide la luce a Parigi nel 1505 per iniziativa di Erasmo (p. IX). A commento di Matteo 7, 22 'IN NOMINE TUO VIRTUTES MULTAS FECIMUS', Valla scrive: «'Virtus' hic non pro opere iustitie et illius actionis accipitur, quam nos latine virtutem appellamus, nam neque grece nomen hoc virtutem idest honestum significat, sed tum apud illos tum apud nos vim sive potestatem, sive potentiam, unde Paulus: *Virtus vero peccati mors*, idest 'vis et potentia' [I Cor 15, 56]; ideoque hic qui virtutes fecerunt non appellarentur 'operarii iniquitatis' si cum virtute egissent. Quid ergo egerunt? Nempe miracula et opera potentie divine, que sine caritate nil prosunt. Unde semel admonitum volo lectorem, nusquam virtutem in Novo Testamento accipi eo modo, quo veteres solent et nos solemus accipere virtutem, nisi in pauculis locis, ut ostendam, quanquam et alia nonnulla nomina solent per hoc ipsum transferri, cuius rei etiam admonebo», p. 38. Vedi anche il commento *Ad Colosenses* 1, 11 'IN OMNI VIRTUTE CONFORTATI SECUNDUM POTENTIAM CLARITATIS EIUS IN OMNI PATIENTIA ET LONGANIMITATE CUM GAUDIO': «'Virtute' est nomen, unde 'confortati' deductum est, quasi 'fortitudine confortati' sive 'fortificati' vel 'robore roborati' vel 'virtute', ut sic dicam, 'virtuati' vel 'potentia potentati', nam quod 'potentiam' nunc transfertur proprie est 'imperium', sicut 'claritatis' proprie est 'glorie'; 'patientia' autem et 'longanimitas' indifferenter ad interprete habentur sive 'longanimitas' greca voce pro 'patientia' accipitur, quod nomen nisi e greco traductum non legi: dicebant enim veteres 'equanimitas', idest equo animo et patienti ferre», p. 235; e *Ad Thessalonicenses altera* 1, 9-11 'VIRTUTIS EIUS [...]VOLUNTATEM BONITATIS ET OPUS FIDEI', paulo post: *In virtute, ut 'clarificetur' nomen Domini*. Primum 'virtutis' est 'fortitudinis', secundum 'potentia' sive 'vi'; 'clarificetur' autem grece est, ut milies dixi, 'glorificetur'; illud quoque 'voluntatem bonitatis' grece est 'beneplacitum bonitatis' sive 'benignitatis', p. 240.

[108] «Neque vero sine causa a veteribus fortitudo proprie nomine virtutis appellata, quasi haec aut sola aut vere virtus esset»; *Repastinatio dialecticae et philosophiae libri tres*, in Trinkaus, *In Our Image and Likeness*, vol. I cit., p. 385.

gione cristiana quale fondamento morale delle repubbliche. Egli ribadisce in primo luogo l'idea classica che la virtù, in particolare la virtù dei reggitori delle repubbliche, rende gli uomini simili agli dèi e apre la via alla vera gloria. I popoli, spiega, amano e venerano come semidei gli uomini che eccellono nella virtù. Il buon cittadino che regge la città deve portare sulle spalle un peso oneroso. Il premio che lo aspetta è la vera e perfetta gloria («vera ac integra gloria») che Dio assicura[109].

Anche Aurelio Brandolini, allievo e protetto del Platina presso la corte di Sisto IV, sviluppa il tema della carità quale concetto fondamentale della religione cristiana. La virtù che Cristo ci ha insegnato più di ogni altra è la carità che ci impone di perdonare le offese e amare i nostri nemici[110]. Per carità verso gli uomini Cristo si è immolato e prima di esalare l'ultimo respiro disse: «padre perdona loro perché non sanno quello che fanno». La carità non sopporta di essere divisa, e dunque non si può amare Dio senza amare gli uomini. Non conosce limiti imposti dalla diversità delle lingue e dei costumi, e ci spinge a trattare gli altri uomini come se fossimo tutti parte dello stesso cielo, dello stesso mondo e della stessa città[111]. Come altri umanisti, Brandolini cita quali esempi di carità, oltre a Cristo, i Romani, e lascia in tal modo intendere ai lettori che non vi era alcun contrasto fra la morale romana e quella cristiana[112]. L'una e l'altra insegnano che se vogliamo renderci simili a Dio («Deo proximi ac simillimi»), dobbiamo perseguire con tutte le nostre forze la carità.

Il tema della carità come principio fondamentale del vero vivere cristiano, più delle penitenze, veglie e flagellazioni, ricorre anche nei sermoni pronunciati in presenza del papa nelle messe solenni in Vaticano. Lo stesso Brandolini nei *Christiana paradoxa*, e in un sermone sulla passione di Cristo letto il 1° aprile 1496, insiste sul dovere del cristiano di praticare verso gli altri quella medesima carità che Dio ha donato a tutti gli uomini. Giovanni Antonio Campano, per citare un altro esempio, spiega in un sermone sullo Spirito San-

---

[109] Bartolomeo Sacchi (il Platina), *De optimo cive*, a cura di Felice Battaglia, Zanichelli, Bologna 1944, p. 206.

[110] Trinkaus, *In Our Image and Likeness* cit., p. 449.

[111] «uno caelo uno orbe quasi una civitate»; ivi, p. 450.

[112] Brandolini scrive tuttavia che esaltare gli uomini eroici significa abbassare Dio; ivi, pp. 317-18.

to pubblicato nel 1495 che quando pratica la carità l'uomo obbedisce al divino impulso che opera in lui[113].

Gli oratori chiamati a tenere sermoni in Vaticano elogiavano spesso l'impegno per il pubblico bene e ne sottolineavano l'affinità con la carità cristiana. Domenico de' Domenichi, nell'*Oratio pro pace Italiae* pronunciata il giorno dell'Ascensione del 1468, ammonisce che se gli uomini che fanno bene ad altri uomini meritano lode e onore, tanta maggior lode meritano coloro che servono il pubblico bene perché l'uomo non è nato solo per se stesso ma per la patria[114].

Anche Marsilio Ficino sostiene che la religione «è dote e virtù a tutti appartenente», che insegna le virtù civili e comanda l'amore della patria[115]. Marsilio dedica *Della religione* a Bernardo del Nero, «ardente amatore della patria nostra» e «diligentissimo observator della virtù civile quanto philosophia et religione comanda». La quale virtù, chiarisce, «secondo il nostro Platone in quattro cose consiste che il ciptadino sia prudente in discernere nella ciptà affine di ben chomune le chose presenti e prevedere le future e sia giusto nel distribuire acciascuno secondo e meriti. Forte in

---

[113] Cfr. John W. O'Malley, *Praise and Blame in Renaissance Rome. Rhetoric, Doctrine, and Reform in the Sacred Orators of Papal Court, c. 1450-1521*, Duke University Press, Durham (N.C.) 1979, pp. 165-66.

[114] Ivi, pp. 169-71.

[115] Sulla religiosità di Marsilio Ficino come «la dottrina e la pratica paolina della charitas, una fede ed un'esperienza dell'amor divino, oltre ogni ragione di separazione e di dissidio», cfr. Cesare Vasoli, *Dalla pace religiosa alla 'prisca theologia'*, in *Firenze e il Concilio del 1439. Convegno di Studi, Firenze, 29 novembre-2 dicembre 1989*, a cura di Paolo Viti, Olschki, Firenze 1994, vol. I, pp. 3-25. Nel Proemio a una lettera a Iacopo di Piero Guicciardini del 28 giugno 1478, scritta quando Firenze era ancora profondamente scossa dalla congiura dei Pazzi (26 aprile 1478) e dai drammatici eventi che ne seguirono, Ficino scrive: «Pensavo più giorni fa scrivervi qualche cosa morale come a cittadino molto morale, in perpetuo segno della nostra singolare amicizia. Non m'è occorsa alla mente in questi stolti et miserabili tempi altra materia che della stultitia et miseria degli uomini. Mandovi adunque certi sermoni in lingua toscana della detta materia, e quali, più tempo fa, composi in lingua latina a mia familiari. Leggetegli, quando l'occupatione della republica ve lo permecte, et vivete felice nella gratia di quel signore, il quale con la sua infinita verità disperde el falso, et coll'immensa bontà vince in modo e mali che a buoni gli converte in bene. L'etherno giudicio di costui confonde l'inique volontà degli uomini, et riserba luogo onoratissimo nella patria celeste a quegli, che con ogni diligentia onorano la loro patria»; Arnaldo Della Torre, *Storia dell'Accademia Platonica di Firenze*, Tipografia G. Carnesecchi e Figli, Firenze 1902, p. 610.

vincere e timori e quali le operationi delle virtù impedischono. Et nei suoi appetiti temperato»[116]. La religione cristiana comanda di esercitare «le virtù ardentemente non a fine d'ambizione o piacere o riposo umano: ma solo a fine di dio et per conseguitar l'altro mondo: questo mondo niente stima»[117]. Esempio della divina idea delle virtù fu Cristo, che «ci mostrò la retta giustizia che nulla possiede di proprio e dà a Dio il suo e agli uomini il loro, la magnanimità che nulla in terra come grande desidera e nulla tiene come duro, singolare temperanza e mansuetudine con la quale scaccia la superbia, pestilenza dell'umana generazione».

L'ideale ficiniano di una religione tutta risolta nella *caritas*, e che in nome della *caritas* comanda di amare e servire la patria, era diffuso anche nelle confraternite laiche della fine del Quattrocento. Ne sono prova le orazioni di Giovanni Nesi, uno dei rappresentanti più tipici di un platonismo 'popolare', con forti aspirazioni repubblicane[118]. Nell'*Oratio de caritate* letta il 25 febbraio 1478, Nesi sottolinea infatti che «deus caritas est et caritas est deus», e che la carità fece «iddio di cielo uenire in terra, di dio diuentare huomo, d'immortale mortale, di signore servo» così come la sola carità «l'huomo di terra solleuò al cielo, et doue egli era mortale gli donò perpetua uita; et doue egli era huomo lo fece iddio»[119]. La carità ci rende «simili al nostro creatore», per quanto l'umana natura possa alla divina natura essere avvicinata, ci comanda di amare il prossimo e ci rende forti per poter ottemperare il suo comando: «sottentra a ogni pericolo, sottomettesi a ogni affanno, non perdona a alcuna fatica, non schifa alcuno incomodo». Grazie alla carità le città godono della pace e dell'unione. Essa merita dunque di essere definita «madre di tutte le virtù» e «forma di tutte le virtù», e come tale essere onorata e perseguita con tutte le nostre forze[120].

Una religione fondata sulla carità impedisce di cercare la salvezza nella contemplazione e nella solitudine e comanda invece

---

[116] *Libro di Marsilio Ficino Florentino Della Cristiana Religione ad Bernardo del Nero Clarissimo Cittadino Fiorentino*, senza data e luogo, Proemio.

[117] Ivi, cap. VIII.

[118] Cesare Vasoli, *Giovanni Nesi tra Donato Acciaiuoli e Girolamo Savonarola. Testi editi e inediti*, in *Umanesimo e teologia*, in «Memorie Domenicane», N.S. IV (1973), pp. 103-79, p. 110.

[119] Ivi, p. 150.

[120] Ivi, p. 151.

di servire con saggezza e coraggio il bene pubblico. Nelle parole di Nesi, che servì più volte nelle più alte magistrature di Firenze, la fede religiosa diventa tutt'uno con gl'ideali dell'umanesimo civile che Salutati, Bruni e Palmieri avevano elaborato all'inizio del secolo. Che la religione cristiana rettamente intesa ci imponga di servire la patria Nesi lo afferma anche nell'*Oratio de humilitate* che legge davanti ai «Reverendi Padri et dilectissimi Frategli» della confraternita della Natività l'11 aprile 1476: «la terza contemplatione [che la virtù ci ispira] è quando l'huomo considera non solamente a sua utilità, ma della patria, de' parenti et di tutti gl'huomini essere nato, come non solo scriue Platone, Aristotile et Cicerone, ma il sapientissimo Signore in più luoghi cel comanda»[121]. Dio ha dato solo all'uomo la possibilità di elevarsi con la forza del suo animo al divino o abbassarsi alla brutalità, scrive Giovanni Pico della Mirandola nell'orazione *De dignitate*

---

[121] Ivi, p. 142. La religione della carità mise radici anche in altri contesti repubblicani. A Vicenza, ad esempio, il mito di Atene, e di Vicenza altera Atene, mantenne vivo nei circoli intellettuali più sensibili e nel popolo l'ideale della libertà politica connesso all'ideale della libertà religiosa. Cicerone e la Bibbia convivevano senza difficoltà. La religione della *caritas* di Ficino prima, e di Erasmo e Lutero poi, fu accolta come valida alternativa all'insegnamento della Chiesa cattolica. In questo contesto prese vigore il desiderio di riforma interiore intesa quale condizione necessaria per vivere cristianamente e per poter praticare l'arte di governare felicemente la città. Cfr. Achille Olivieri, *Riforma ed eresia a Vicenza nel Cinquecento*, Herder Editrice e Libreria, Roma 1992, pp. 13 e 37; vedi anche Silvana Seidel Menchi, *Erasmo in Italia 1520-1580*, Bollati Boringhieri, Torino 1987. Per Marc'Antonio Sabellico (1436?-1506), ad esempio, che insegnò eloquenza a Udine e a Venezia, la carità è un affetto dell'animo che dà ricchezza alla vita interiore, si traduce nel costume della «tolerantia», ispira l'agire del cittadino che soffre per la distruzione della libertà politica e della libertà intellettuale, e vuole agire per difendere l'una e l'altra. Il simbolo della carità è Ercole, un eroe pagano, che uccide i mostri, sconfigge il sopruso e l'alterigia, allontana i pericoli dal mondo degli uomini, ridà vita alla speranza dell'immortalità; il suo opposto è Democrito, il filosofo che ride dei mali del mondo e non fa nulla per alleviarli; Marc'Antonio Sabellico, *Exemplorum*, in *M. Antonii Coccii Sabellici Opera omnia, ab infinitis quibus scatebant mendis, repurgata & castigata... in Tomos quatuor digesta: ...per Caelium Secundum Curionem, non sine magno labore iudicioque confecta*, Basilae per Ioannem Hervagium, Basilea 1509, tomo quarto, col. 87. Vedi anche col. 86 : «Christus rex, Deus idem & homo docuit humanum genus charitatem esse omnium virtutum maximam», e col. 84: «*Charitas ut ea sublata nulla constare possit virtus homini*». Accanto a Ercole, quali emblemi della carità, Sabellico pone «Iesu Nazareno» e san Paolo. Su san Paolo vedi Roberto Cessi, *Paolinismo preluterano*, Atti dell'Accademia Nazionale dei Lincei, s. VIII, XII (1957), pp. 3-30.

hominis (1486), il «manifesto del Rinascimento». Suo dovere è elevarsi con la virtù fino ad imitare il suo Creatore[122].

Negli anni in cui Machiavelli si preparava ad entrare nella vita politica, Savonarola esortava i fiorentini a coltivare una religione della virtù[123]. Nella terza *Predica sopra Aggeo*, ad esempio, spiega che la carità «fa l'uomo potente e gagliardo a fare ogni gran cosa per amor di Dio», e per magnificare la forza della carità ripete quasi alla lettera le parole di san Paolo: «Non cura persecuzioni, non obbrobrii, non flagelli, non cura morte; la carità non teme cosa alcuna; la carità è più forte che non è la morte; la carità separa l'uomo da tutte le cose del mondo più che non fa la morte; la morte ti toglie le cose del mondo per forza; la carità le toglie via per propria volontà, né tutto el mondo ha potuto vincere la carità»[124]. Gli uomini, non si stanca di ripetere, devono operare bene «per onore di Dio e poi per zelo della patria e del bene comune», e arriva ad affermare che «se tu non hai carità non sei vero cristiano»[125].

---

[122] «poteris in inferiora quae sunt bruta degenerare; poteris in superiora quae sunt divina ex tui animi sententia regenerari»; Giovanni Pico della Mirandola, *De hominis dignitate*, a cura di Eugenio Garin, Vallecchi, Firenze 1942, pp. 106-107.

[123] Vedi in proposito Donald Weinstein, *Savonarola and Florence. Prophecy and Patriotism in the Renaissance*, Princeton University Press, Princeton 1970, pp. 324-33. Weinstein mette in risalto la presenza di «a characteristically *civic* set of religious modalities arising out of the special experience of Italian communal life»; Id., *Critical Issues in the Study of Civic Religion in Renaissance Florence*, in *The Pursuit of Holiness in Late Medieval and Renaissance Religion*, a cura di Charles Trinkaus e Heiko Oberman, Leiden 1974, p. 265. Vedi anche David S. Peterson, *Religion, Politics and the Church in Fifteenth-Century Florence*, in *Girolamo Savonarola: Piety, Prophecy and Politics in Renaissance Florence*, a cura di Donald Weinstein e Valerie R. Hotchkiss, Bridwell Library, Dallas (Texas) 1994, pp. 75-83; *Christianity and the Renaissance. Image and Religious Imagination in the Quattrocento*, a cura di Timothy Verdon e John Henderson, Syracuse, (N.Y.) 1990.

[124] *Prediche sopra Aggeo con il Trattato circa el reggimento e governo della città di Firenze*, a cura di Luigi Firpo, Belardetti, Roma 1965, p. 51.

[125] Ivi, pp. 102 e 245. Vedi in proposito, Lorenzo Polizzotto, *The Elect Nation. The Savonarolan Movement in Florence (1494-1545)*, Clarendon Press, Oxford 1994; Guidubaldo Guidi, *Lotte, pensiero e istituzioni politiche nella repubblica fiorentina dal 1492 al 1512*, 3 voll., Olschki, Firenze 1992. Sulla religiosità 'civile' dei fiorentini e sulla carità come «il primo e più forte imperativo morale che obbliga l'uomo del comune a superare il cerchio ristretto della consorteria, della corporazione artigiana, della società politica cittadina», vedi Arnaldo D'Addario, *Aspetti della Controriforma a Firenze*, Pubblicazioni degli Archivi di Stato, Roma 1972, p. 3.

L'amore di Dio è un amore di amicizia e quindi i cittadini di Firenze devono servire il bene comune e la patria, se vogliono godere dell'amicizia di Dio. Ma l'amore del bene comune non è amore di concupiscenza: «l'amore di concupiscenzia è quello che inganna l'amor proprio, e quando tu desideri e vorresti quello che è commune di più e vorrestilo per te solo. Questo amore proprio si discaccia, quando ognuno può avere quello che è commune di tutti e tu ti contenti che ciascuno abbia la parte sua, e a questo modo ogni buono cittadino è tenuto ad amare el ben commune»[126]. La carità unisce i popoli e la Chiesa, come la calcina «che coniunge e lega le pietre insieme», e per essere vera carità deve essere immune dall'amor proprio. Per questa ragione, sottolinea Savonarola con preciso intento polemico, negli antichi Romani non c'era carità, perché, «benché facessino delle cose egregie, tutto facevano per la laude loro e per amor proprio»[127].

Un altro principio importante della religione della virtù è l'idea che Dio ama il governo civile sopra ogni altro perché è il più conforme alla libertà e il più atto a promuovere la vita cristiana. «Il consiglio e governo civile», scrive, «il quale fu in lei [Firenze] fundato non da uomini, ma da Dio, è stato instrumento della virtù divina, mediante le orazioni delli buoni uomini e donne, che si trovano in lei, e a mantenerla nella sua libertà»[128]. L'amore del bene comune, insieme al timore di Dio, alla «carità naturale» e al rispetto rigoroso della giustizia, fa grandi le città e moltiplica i «beni spirituali e temporali» dei cittadini[129]. Come gli scrittori politici dell'Umanesimo, Savonarola indica quale esempio gli antichi Romani che «molto amavano il ben comune della città». Ribadisce inoltre che i magistrati che governano per il bene comune della città otterranno da Dio gloria e grande premio nella vita eterna[130]. Infine, ed è un

---

[126] Girolamo Savonarola, *Prediche sopra Aggeo*, in *Prediche sopra Aggeo con il Trattato circa el reggimento e governo della città di Firenze* cit., pp. 274 e 111-1.

[127] Ivi, pp. 205-206.

[128] Girolamo Savonarola, *Trattato circa el reggimento e governo della città di Firenze*, in *Prediche sopra Aggeo con il Trattato circa el reggimento e governo della città di Firenze* cit., I.3, p. 449.

[129] Savonarola cita direttamente dal *De regimine principum* nella XIV *Predica sopra Aggeo*, p. 245.

[130] Savonarola, *Trattato circa el reggimento e governo della città di Firenze*, in *Prediche sopra Aggeo con il Trattato circa el reggimento e governo della città di Firenze* cit., III.3, p. 483.

punto sul quale occorre fermare l'attenzione, Savonarola ribadisce
che Dio ama in modo particolare chi governa per il bene comune
perché lo riconosce quale suo simile:

> *Item*, ogni simile ama el suo simile, e tanto più è amato da lui,
> quanto più a lui si assimiglia: essendo dunque tutte le creature simi-
> le a Dio, sono da lui tutte amate; ma perché alcune sono più simile a
> lui che l'altre, sono ancora quelle da lui più amate: conciosia dunque
> che chi governa è molto più simile a Dio che colui che è governato,
> è cosa manifesta che, se governa iustamente, è più da Dio amato e
> premiato, che nelle proprie operazioni quando non governa; massi-
> me che chi governa è in maggiore pericolo e maggiori fatiche di men-
> te e di corpo, che colui che non governa[131].

Questo cristianesimo repubblicano cominciò ad incrinarsi agli
inizi del terzo decennio del secolo XVI, quando il regime mediceo
si era ormai consolidato in Firenze. Ne è prova il *Dialogo del reggimento di Firenze* che Francesco Guicciardini scrisse nel 1521, ma
tenne nel cassetto per tutta la sua vita. Contro la persuasione diffusa che servire la patria era il vero modo di adempiere al volere di
Dio e di ottenere la sua amicizia, Guicciardini spiega che chi vuole servire davvero la patria deve essere pronto ad allontanarsi da
Dio e a violare i suoi comandi. Dopo aver citato il ricordo di Gino
Capponi che i governanti devono amare più la patria che l'anima,
vera e propria sintesi della religione civile fiorentina, Guicciardini
fa dire a Bernardo del Nero che è impossibile vivere secondo la coscienza cristiana e operare per l'interesse della patria:

> In che modo si potrà secondo la conscienza fare una guerra per cu-
> pidità di ampliare el dominio, nella quale si commette tante occisione,
> tanti sacchi, tante violazione di donne, tanti incendi di case e di chiese
> e infiniti altri mali? E nondimanco chi in uno senato per questa ragio-
> ne e non per altro dissuadessi el pigliare una impresa riuscibile e utile,
> sarebbe rifiutato da tutti. Ma diciamo più oltre: in che modo potreste
> voi secondo la conscienza ricevere una guerra per difesa ancora delle
> terre che voi possedete? [...] Tutti gli stati, chi bene considera la loro
> origine, sono violenti, e dalle republiche in fuora, nella loro patria e non
> più oltre, non ci è potestà alcuna che sia legitima, e meno quella dello

---

[131] Ivi, p. 484.

imperatore che è in tanta autorità che dà ragione agli altri; né da questa regola eccettuo e' preti, la violenza de' quali è doppia, perché a tenerci sotto usono le arme spirituali e le temporali[132].

Guicciardini trae da queste riflessioni la conclusione che o si vive secondo la ragione degli stati o si vive secondo la legge di Dio:

Vedete chi volessi dirizzare gli stati alla strettezza della consciena dove gli ridurrebbe. Però quando io ho detto di ammazzare o tenere prigionieri e' pisani, non ho forse parlato cristianamente, ma ho parlato secondo la ragione e uso degli stati, né parlerà più cristianamente di me chi, rifiutata questa crudeltà, consiglierà che si faccia ogni sforzo di pigliare Pisa, che non vuole dire altro che essere causa di infiniti mali per occupare una cosa che secondo la consciena non è vostra [...]. Il che ho voluto dire, non per dare sentenza in queste difficultà che sono grandissime, poi che chi vuole vivere totalmente secondo Dio, può mal fare di non si allontanare totalmente dal vivere del mondo, e male si può vivere secondo el mondo sanza offendere Dio[133].

La critica di Guicciardini non riguarda il principio che è conforme al vivere cristiano amare e difendere la patria; tocca piuttosto i dominii ingiusti e le guerre scatenate per conquistarli, come era appunto il caso delle guerre che Firenze aveva combattuto per riprendersi Pisa, persa nel 1494. La religione fiorentina della patria, tuttavia, giustificava anche le guerre ingiuste. Il profeta di quella religione, Girolamo Savonarola, lo aveva proclamato con parole nette: «Pisa è tua e riara'la, ché Dio vuole che Pisa sia tua e che tu l'abbi, e è tua di ragione e riara'la senza scrupolo di consciencia; e se colui che la tiene non te la renderà per amore, lo farà per forza e sarà tuo amico per forza. Lascia pur fare a Dio che sa bene come Lui ha a fare»[134].
Mentre Savonarola aveva predicato infinite volte che Dio è amico dei giusti, Guicciardini sottolinea che questa fede nell'aiuto divi-

---

[132] Francesco Guicciardini, *Dialogo del reggimento di Firenze*, in *Opere di Francesco Guicciardini*, a cura di Emanuella Lugnani Scarano, Utet, Torino 1983, vol. I, p. 464.
[133] Ivi, p. 465.
[134] Girolamo Savonarola, *Prediche sopra i Salmi*, a cura di Vincenzo Romano, Belardetti, Roma 1974, vol. II, p. 124. Vedi anche Enrico Gusberti, *Il Savonarola del Guicciardini*, in «Nuova Rivista Storica», LIV-LV (1971), pp. 581-622 e 21-89.

no non ha fondamento alcuno, anche se può dare forza[135]. Guicciardini mette in dubbio non solo che Dio aiuti i giusti, ma che s'immischi negli affari degli uomini con premi e punizioni. La giustizia di Dio esiste, ma non è dato agli uomini intendere i verdetti divini[136].

Quando l'esperienza repubblicana volge al termine, le critiche al cristianesimo repubblicano di ispirazione savonaroliana si fanno più severe, come dimostra il dialogo fra Francesco Capponi e Piero Vettori che Luigi Guicciardini, fratello di Francesco, compone nel 1530. Nel dialogo Francesco ribadisce i punti tradizionali del cristianesimo repubblicano, primo fra tutti la convinzione che nell'estremo pericolo non mancherà l'aiuto divino a Firenze perché la sua libertà è «grata al Maximo et unico IDIO». Sottolinea poi che per difendere la libertà bisogna «ogni danno lietamente sopportare, e chi altrimenti la intende, non può né essere buono ciptadino, né vero cristiano». A queste parole di Francesco, Piero Vettori ribatte che degli eventi collocati «nella volontà del sommo DIO, non sappiamo né possiamo sapere se seguiranno o no». L'esperienza dimostra che la speranza nell'aiuto di Dio è andata tante volte delusa. La vera libertà merita senza dubbio di essere difesa, aggiunge Vettori, ma quella proclamata dal governo repubblicano nato nel 1527 è solo un simulacro che copre un potere tirannico[137].

Nel contesto storico di Machiavelli è riconoscibile dunque una lunga tradizione di pensiero che crede in un Dio che premia gli uomini che con la carità e la virtù si rendono simili a lui e ama le libere repubbliche perché meglio degli altri governi realizzano il bene comune e la giustizia; considera l'amore della vera gloria del tutto coerente con l'insegnamento di Cristo e giudica l'amore della patria dovere del buon cristiano. Nel medesimo contesto intellettuale sono tuttavia presenti anche riflessioni che mettono in luce il contrasto fra vivere cristianamente e amare la patria più dell'anima, ed esprimono la consapevolezza che è vana illusione credere che Dio sia pronto a salvare le repubbliche.

---

[135] Francesco Guicciardini, *Ricordi*, C 147, in *Opere di Francesco Guicciardini*, vol. I cit., p. 770.

[136] Ivi, C 92; vedi anche ivi, C 33 [A 40-B 65], in *Opere di Francesco Guicciardini*, vol. I cit., pp. 754 e 737-38.

[137] Luigi Guicciardini, *Dialogo*, in Rudolf von Albertini, *Firenze dalla repubblica al principato. Storia e coscienza politica*, con Prefazione di Federico Chabod, Einaudi, Torino 1970, pp. 428-32.

3. *Machiavelli e la religione della virtù*

Il Dio di Machiavelli è il Dio del cristianesimo repubblicano fiorentino. Anche se non conosceva molti dei testi che ho citato, Machiavelli raccoglie l'ideale umanistico dell'uomo che con la virtù si rende simile a Dio e ottiene la sua amicizia. L'esempio principe è quello di Mosè, il suo vero eroe[138]. Con i suoi amici Dio parla: «e il Signore parlava con Mosè faccia a faccia, come l'uomo suol parlare col proprio amico» (Es., XXXIII. 11). Con evidente riferimento a questo passo dell'*Esodo*, Machiavelli pone Mosè al primo posto fra gli uomini «rari e maravigliosi» ai quali Dio fu amico. È Dio che fa grazia a Mosè della sua amicizia, e in virtù della grazia che ha ricevuto Mosè ha il privilegio di parlare con Dio: «e benché di Moisè non si debba ragionare, sendo suto uno mero esecutore delle cose che gli erano ordinate da Dio, tamen debbe essere ammirato, solum per quella grazia che lo faceva degno di parlare con Dio»[139].

Prima che Dio lo scegliesse come amico, Mosè aveva mostrato la sua carità e la sua forza quando vide un Egiziano che «percuoteva uno degli ebrei suoi fratelli» e lo uccise, e quando «prese le difese» delle figlie del sacerdote della terra di Madian vittime delle insolenze dei pastori. Machiavelli ha ben presente questa lezione dell'*Esodo* quando scrive che Dio sarà amico di chi sentirà compassione per l'Italia che giace «più stiava che li ebrei, più serva ch'e' persi, più dispersa che gli ateniesi» ed è pronto ad impegnarsi per redimerla, così come fu amico di Mosè che si fece redentore del suo popolo. Dio dona dunque la sua amicizia a chi è simile a lui perché detesta l'ingiustizia e la crudeltà, ed è capace di amare secondo la carità.

Machiavelli interpreta l'amicizia di Dio nel solco del cristianesimo repubblicano. Egli spiega, in primo luogo, che l'amicizia di Dio assicura il successo delle imprese. Gli Ebrei giunsero nella terra promessa dove sgorga il latte e il miele. Da schiavi di-

---

[138] Vedi in proposito Alison Brown, *Savonarola, Machiavelli and Moses: a Changing Model*, in *Florence and Italy. Renaissance Studies in Honour of Nicolai Rubinstein*, a cura di Peter Denley e Caroline Elam, Committee for Medieval Studies, Westfield College, University of London, London 1988, pp. 57-72.
[139] *Il principe*, VI. Cfr. Luigi Cacciabue, *La carità soprannaturale come amicizia con Dio*, Morcelliana, Brescia 1972.

vennero popolo. Dovettero camminare con le loro gambe, imparare a difendersi, assumersi responsabilità. Dio non volle fare tutto per loro, ma il suo aiuto fu decisivo affinché, sotto la guida di Mosè, conquistassero la loro redenzione. Machiavelli insiste sul medesimo concetto quando parla della redenzione dell'Italia: l'amicizia di Dio permise agli Ebrei di vincere difficoltà altrimenti insuperabili: «el mare si è aperto; una nube vi ha scorto il cammino; la pietra ha versato acqua; qui è piovuto la manna». La più gloriosa impresa di emancipazione, quella dell'*Esodo*, riuscì a Mosè, il redentore che più di ogni altro ebbe Dio amico.

In casi eccezionali il Dio cristiano è disposto ad ammettere fra i beati anche i reggitori di stati pagani. Nell'*Allocuzione fatta ad un magistrato*, Machiavelli narra la leggenda secondo la quale Dio, per intercessione di san Gregorio, volle l'imperatore Traiano nel novero «degli eletti suoi», benché fosse pagano, per premiarlo della sua straordinaria giustizia e delle sue virtù politiche[140]. Nell'*Esortazione alla penitenza*, questa volta a proposito di Davide e dell'apostolo Pietro, scrive che Dio li «onorò intra e' primi eletti nel cielo». Pietro fu un apostolo, ma Davide, come Traiano, è soprattutto un eroe politico, «un uomo per arme, per dottrina, per giudizio eccellentissimo», che uccise il gigante Golia con le sue armi, e insegnò con il suo esempio il principio sul quale Machiavelli insistette per tutta la vita, ovvero che per conservare la libertà non valgono né le armi mercenarie né le armi ausiliarie ma soltanto le armi proprie[141]. Anche le «anime belle», che sono esempio onesto e umile, possono salire dritte «al cielo», Machiavelli assicura nella commedia *Clizia*[142].

Come il Dio degli umanisti, il Dio di Machiavelli ama la giustizia e la pace e odia la superbia. Mentre era in missione a Pisa, scrive sul retro di una lettera che i Dieci gli inviarono 28 maggio 1512 questi versi a proposito di San Torpè o Torpezio: «Silenzio. Udite et udirete quanto / dispiaccia di superbia a Dio ogni acto; / vedrete un ciel ruinar tutto quanto / da Neron per superbia et gloria facto; / vedrete oltra di questo Turpé santo / ire al martirio volonta-

[140] Niccolò Machiavelli, *Allocuzione fatta ad un magistrato*, in *Opere*, vol. I cit., pp. 714-15.
[141] Machiavelli, *Esortazione alla penitenza*, in *Opere di Niccolò Machiavelli*, vol. IV cit., p. 286; *Discorsi*, II, 2.
[142] Machiavelli, *Clizia*, in *Opere di Niccolò Machiavelli*, vol. IV cit., p. 228.

rio et rapto / et, dopo molti miracoli et segni, godersi, / godersi lieto ne' celesti regni»[143]. Ma Machiavelli sa bene che per servire la patria, fondare stati e redimere popoli è spesso necessario agire «contro alla religione», violare la parola data, perpetrare crudeltà, simulare e dissimulare[144]. La sua risposta a questo problema è che Dio perdona e dona la sua amicizia anche ai fondatori di stati, ai redentori di popoli e ai reggitori che per compiere l'opera loro devono essere non buoni. Non c'è dunque alcun bisogno di scegliere fra Dio e il mondo, come Guicciardini aveva sostenuto, visto che Dio stesso vuole che operiamo nel mondo per realizzare il suo disegno anche a costo di entrare nel male.

La prova di questa verità è nella Bibbia. Mosè ebbe Dio come «precettore», era «degno di parlare con Dio» ed era «mero esecutore delle cose che gli erano ordinate da Dio». Eppure, commenta Machiavelli nei *Discorsi*, per imporre al popolo d'Israele il rispetto delle leggi che Dio gli aveva affidato e dei suoi ordinamenti politici fu costretto «ad ammazzare infiniti uomini, i quali, non mossi da altro che dalla invidia, si opponevano a' disegni suoi»[145]. Machiavelli aveva sotto gli occhi il passo dell'*Esodo* (32.28) in cui si legge che Mosè, per punire gli Israeliti che si erano dati un vitello d'oro per loro dio, proclama il terribile comando: «Dice il Signore, il Dio d'Israele: Ciascuno di voi tenga la spada al fianco. Passate e ripassate nell'accampamento da una parte e dall'altra: uccida ognuno il proprio fratello, ognuno il proprio amico, ognuno il proprio parente». I figli di Levi, si legge nel racconto biblico, «agirono secondo il comando di Mosè e in quel giorno perirono circa tremila uomini del popolo».

Machiavelli nota la crudeltà di quella punizione sommaria e indiscriminata. Probabilmente ha colto anche l'astuta simulazione di Mosè. Questi afferma: «Dice il Signore, il Dio d'Israele». Ma Dio non dà affatto a Mosè quel comando, o almeno di quel comando non c'è traccia nel testo biblico. Il comportamento di Mosè è l'esempio perfetto di una crudeltà bene usata. «Coloro che osservono el primo modo [le crudeltà bene usate] possono con Dio e con li uomini avere allo stato loro qualche rimedio.»[146] Avere qualche

---

[143] In *Opere*, vol. III cit., pp. 738-39.
[144] Machiavelli, *Il principe*, XVIII.
[145] Machiavelli, *Discorsi*, III, 30.
[146] Machiavelli, *Il principe*, VIII.

rimedio con Dio vuol dire che Dio saprà scusarli e li accoglierà nella celeste comunità, come ha accolto Mosè che fu crudele e simulatore. Per risolvere il contrasto fra due princìpi fondamentali del cristianesimo repubblicano – l'uno che afferma il dovere di servire la patria, l'altro che addita il rispetto della giustizia – Machiavelli sceglie di ridefinire, con l'aiuto della Bibbia, l'idea di Dio[147].

Oltre ai redentori di popoli e fondatori di stati che Dio ha scelto per amici, altri capitani e prìncipi appaiono agli uomini simili a Dio per le loro eccezionali qualità. Annibale, grazie alla sua «inumana crudeltà», riuscì a tenere unito e disciplinato un esercito grossissimo, «misto di infinite generazioni», ed era per i suoi soldati «venerando e terribile». Anche Mosè, Ciro, Teseo e Romolo che con la loro virtù superarono grandi pericoli riuscirono «ad essere in venerazione». Venerare vuol dire riconoscere la superiorità di una persona e al tempo stesso provare ammirazione, esserne affascinati. Si venerano i vincitori, ma si venera soprattutto Dio che ha «magnificentia, et potentia, et gloria, atque victoria», come recita la Bibbia (1 Par., 29.18). Anche l'essere terribile è qualità propria di Dio. Terribile è chi suscita terrore perché può fare cose immani e mai viste. Mosè chiama Dio «terribilis atque laudabilis et faciens mirabilia» (Es., 15.11). Terribile perché farà cose che nessuno ha mai visto: «signa faciam quae nunquam visa sunt super terram, nec in ullius gentibus» (Es., 34.10). Terribile per la sua grandezza («Deus magnus et terribilis»; Dt., 7.21); terribile e glorioso, e per questo da temere («et timeris nomen ejus gloriosum et terribile, hoc est, Dominum Deum tuum»; Dt., 25.58).

Più il principe saprà affascinare e incutere terrore, più il suo potere sarà simile a quello di Dio ed egli stesso apparirà simile a Dio. Al di sotto di Dio, e degli amici di Dio veri e propri, si colloca per Machiavelli una schiera di uomini che paiono avere qualità divine

---

[147] Questa interpretazione dell'amicizia di Dio corregge la dottrina che proclamava che il principe si rende simile a Dio, e degno della sua amicizia, con la clemenza, la generosità e il rispetto della religione. Vedi Giovanni Pontano, *De Principe*, a cura di Guido M. Cappelli, Salerno Editrice, Roma 2003, pp. 5-7. Nella sua ottima Introduzione Guido Cappelli sottolinea il carattere profondamente laico del *De Principe*. Vedi anche il Platina (Bartolomeo Sacchi), *De Principe*, a cura di Giacomo Ferraù, Il Vespro, Messina 1979, p. 121 e Baldesar Castiglione, *Il libro del Cortigiano*, IV, 22; cito dall'edizione a cura di Walter Barberis, Einaudi, Torino 1998, pp. 379-80.

ma non conquistano l'amicizia di Dio. Coloro che ottengono l'amicizia di Dio e la gloria eterna non sono gli uomini come Annibale e Cesare Borgia, ma quelli come Mosè, Scipione, Ciro, Teseo e Romolo. È Dio che dona la sua amicizia agli uomini che si rendono con l'esercizio della carità simili a lui, e che comanda di amare la patria e di vivere secondo la virtù. Se gli uomini «considerassono come [la nostra religione] ci permette la esaltazione e la difesa della patria», scrive nei *Discorsi*, «vedrebbono come la vuole che noi l'amiamo ed onoriamo, e prepariamoci a essere tali che noi la possiamo difendere». Dio non può volere l'impossibile. Deve allora essere disposto a perdonare chi per difendere la patria è costretto a entrare nel male, se non vuole che proprio i grandi che egli predilige sopra tutti gli altri falliscano nelle loro imprese e i deboli restino oppressi. Grazie alla sua idea di Dio, Machiavelli riesce a risolvere il contrasto fra religione cristiana e amore della patria per mantenere viva la religione della virtù che era parte essenziale dell'esperienza repubblicana fiorentina.

Il legame intellettuale con il cristianesimo repubblicano fiorentino, e l'intenzione di difenderlo e rafforzarlo, emerge anche nella sua interpretazione della gloria. Machiavelli sostiene esplicitamente che l'amore della gloria è la più degna passione degli uomini. Se fossero saggi, scrive, gli uomini non si lascerebbero ingannare «da uno falso bene e da una falsa gloria», ma seguirebbero la via che «dopo la morte li rende gloriosi» e fuggirebbero quella che porta ad una «sempiterna infamia»[148]. Distingue fra fama e gloria, e pone la bontà quale requisito necessario per la vera gloria: «Pompeo e Cesare, e quasi tutti quegli capitani che furono a Roma dopo l'ultima guerra cartaginese, acquistarono fama come valenti uomini, non come buoni; e quegli che erano vivuti avanti a loro, acquistarono gloria come valenti e come buoni»[149]. Loda la religione pagana perché «non beatificava se non uomini pieni di mondana gloria», come erano «capitani d'eserciti e principi di republiche» e biasima quella cristiana perché «ha glorificato gli uomini umili e contemplativi»[150].

---

[148] Machiavelli, *Discorsi*, I, 10.
[149] Machiavelli, *Dell'arte della guerra*, in *Opere*, vol. I cit., p. 539.
[150] Machiavelli, *Discorsi*, II, 2. Cfr. Russell Price, *The Theme of Gloria in Machiavelli*, in «Renaissance Quarterly», 30 (1977), pp. 588-631.

Questa critica non tocca affatto la religione cristiana. Il Dio cristiano vuole che gli uomini perseguano la gloria che nasce dalle grandi imprese. Dio, scrive Machiavelli, aiuta i fondatori di stati e i redentori, ma non «vuole fare ogni cosa» per non togliere agli uomini «parte di quella gloria» che tocca loro. Una parte della gloria che gli uomini conquistano quando realizzano grandi opere di redenzione è comunque di Dio. È Dio infatti che li ispira e aiuta perché dà ad essi non solo «l'occasione di gloria», ma anche la «potenza» di farsi immortali per gloria[151]. Quando operano per la vera gloria gli uomini fanno cosa più di ogni altra grata al Dio cristiano.

Machiavelli riprende questo *topos*, diffusissimo, come ho messo in rilievo, nel cristianesimo repubblicano fiorentino, in vari luoghi[152]. Nel *Discursus florentinarum rerum* osserva che gli uomini che hanno «con leggi e con istituti reformato le repubbliche e i regni» sono, dopo «quegli che sono stati iddii», i primi laudati. Chi siano gli uomini «che sono stati iddii» Machiavelli chiarisce nel capitolo dei *Discorsi* in cui definisce la sua particolare gerarchia di gloria: «intra tutti gli uomini laudati sono i laudatissimi quelli che sono stati capi e ordinatori delle religioni. Appresso di poi quelli che hanno fondato o repubbliche o regni». Gli «iddii» in senso stretto sono i capi delle religioni. I fondatori e riformatori di repubbliche e di regni sono molto simili ad essi e vicini nella gloria. Quale che sia il grado di somiglianza e di prossimità nella gerarchia della gloria, ci sono uomini che diventano «iddii» e altri che diventano molto simili agli «iddii». Uno di questi è Scipione l'Africano che Machiavelli, come aveva già fatto Dante nel *Convivio*, chiama esplicitamente «un uom divino» mandato «da ciel»[153]. Era «uom divino» perché mostrò ovunque esempi di «pietà, di fortezza e ca-

---

[151] Machiavelli, *Discursus florentinarum rerum*, in *Opere*, vol. I cit., p. 744. Dio è detto molte volte glorioso e acquista gloria quando aiuta gli uomini a redimersi. Vedi Es., 24.16; Num., 14.21; Gv., 1.14; At., 6.15.

[152] Il *Somnium Scipionis* era fra i libri di Bernardo Machiavelli; cfr. Machiavelli, *Libro di ricordi* cit., p. 70. Mario Martelli ha scritto che i riferimenti a Dio amico dei redentori sono dettati dal fatto che Machiavelli si rivolge a Lorenzo de' Medici e a Leone X: «è nel segno della dichiarata volontà di Dio che Machiavelli va, ad un tempo, incitando Lorenzo e ammonendo Leone»; *La logica provvidenzialistica e il capitolo XXVI del Principe*, in «Interpres», IV (1981-1982), pp. 262-384, in particolare pp. 383-84.

[153] Niccolò Machiavelli, *Dell'Ingratitudine*, in *Opere di Niccolò Machiavelli*, vol. IV cit., pp. 340-42.

stità» e seppe più volte salvare la patria dall'estrema rovina. Per Machiavelli Scipione è esempio insuperato: «e tra quei che son morti e che son vivi, / e tra l'antiche e le moderne genti, / non si truova uom che a Scipion arrivi». Chi ama la patria e opera per il suo bene si rende simile a Dio, e Dio lo onora della sua amicizia. Machiavelli critica il disprezzo della gloria terrena presente nella tradizione cristiana in nome di un'altra interpretazione ai suoi occhi più genuinamente cristiana che viveva nel contesto storico di Firenze.

Il legame di Machiavelli con la tradizione del cristianesimo fiorentino, infine, emerge con tutta evidenza quando discorre della carità e dell'amore della patria. Nell'*Esortazione alla penitenza* cita la prima lettera di san Paolo ai Corinzi: «Questi che sono ingrati a Dio è impossibile che non sieno inimici al prossimo. Sono quelli inimici al prossimo, che mancano della carità. Questa, padri e fratelli miei, è quella sola che conduce l'anime nostre in cielo; questa è quella sola che vale più che tutte le altre virtù degli uomini; questa è quella di chi la chiesa sì largamente parla, che chi non ha carità non ha nulla». La fede di Cristo si fonda sulla carità, e dalla carità discendono i princìpi dell'etica civile. Chiunque manca della carità, «conviene di necessità che sia inimico al prossimo, non subvenga a quello, non sopporti e' suoi difetti, non lo consoli nelle tribulazioni, non insegni agli ignoranti, non consigli chi erra, non aiuti i buoni, non punisca i tristi». Non può essere pieno di carità, sottolinea, «quello che non sia pieno di religione»[154].

Machiavelli compose l'*Esortazione* per qualche membro di una confraternita laica o religiosa. Ma quando scrive che chi manca della carità non può essere amico al prossimo, e dunque non può essere buon cristiano e buon cittadino, ribadisce concetti tutti suoi. Nell'*Arte della guerra* scrive infatti che chi dispregia Dio non può riverire gli uomini, e che bisogna «costringere i cittadi-

[154] Niccolò Machiavelli, *Esortazione alla penitenza*, in *Opere di Niccolò Machiavelli*, vol. IV cit., p. 285. Vedi in proposito Emanuele Cutinelli-Rèndina, *Riscrittura e mimesi: il caso dell'‘Esortazione alla penitenza’*, in *Cultura e scrittura di Machiavelli*, Atti del Convegno di Firenze-Pisa, 27-30 ottobre 1997, Salerno Editrice, Roma 1998, pp. 413-21; Giovanni Cattani, *La vita religiosa nella ‘Esortazione alla penitenza’ e nella ‘Mandragola’ di Niccolò Machiavelli*, Lega, Faenza 1973. A proposito dell'*Esortazione alla penitenza*, Francesco Bausi ha scritto che quel testo testimonia la volontà di Machiavelli di deporre la maschera; *Machiavelli*, Salerno Editrice, Roma 2005, p. 326.

ni ad amare l'un l'altro»[155]. Nel capitolo *Dell'ingratitudine* oppone, come nell'*Esortazione*, la carità all'ingratitudine che è nemica del «viver ben servendo» del «buon cittadino»[156].

La carità è per Machiavelli, come per tutti gli scrittori politici di ispirazione cristiana e classica, il cuore dell'amore della patria. Nelle *Istorie fiorentine*, ad esempio, narra di cittadini che si mossero per esortare la Signoria ad abrogare gli ordinamenti «nutritori delle sette» e a istituirne di nuovi conformi «al vero vivere libero e civile», e per descrivere la passione che li ha spinti a operare per il bene comune sottolinea che erano mossi non da «alcuna privata passione», ma dalla «carità della patria». Il concetto di carità della patria ritorna anche nel capitolo dei *Discorsi* intitolato *Che uno buono cittadino per amore della patria debbe dimenticare le ingiurie private*. Il senato, racconta Machiavelli, mandò due ambasciatori presso il console Fabio affinché, «posto da parte i privati odii», nominasse «per beneficio publico» Papirio Cursore. Fabio, «mosso dalla carità della patria», accettò la richiesta del senato, «ancora che col tacere e con molti altri modi facesse segno che tale nominazione gli premesse». Dal comportamento di Fabio, commenta Machiavelli, «debbono pigliare esempio tutti quelli che cercano di essere tenuti buoni cittadini»[157]. Commento e narrazione rivelano l'intenzione di Machiavelli di esaltare la carità della patria, visto che Livio non usa affatto quell'espressione e si limita a scrivere che gli inviati del senato dovevano indurre Quinto Fabio «a far sacrificio della patria» («patriae remitteret»), e che il console con il suo silenzio lasciò intendere che un grande dolore «era stato soffocato da un animo non meno grande» («insignem dolorem ingenti comprimi animo»)[158].

La più eloquente ed esaustiva analisi dell'amore della patria quale passione che spinge i cittadini a mettere da parte il bene privato e particolare per servire il pubblico bene si trova tuttavia nel capitolo dei *Discorsi* in cui Machiavelli tratta della fine di Manlio Capitolino. Responsabile di tumulti «contro al senato e

[155] Machiavelli, *Dell'arte della guerra*, in *Opere*, vol. I cit., pp. 687 e 536.
[156] Machiavelli, *Dell'ingratitudine*, 37 e 71-72, in *Opere di Niccolò Machiavelli*, vol. IV cit., pp. 339-40.
[157] Machiavelli, *Discorsi*, III, 47.
[158] Livio, *Ab urbe condita*, IX, 38; trad. it. *Storia di Roma*, a cura di Carlo Vitali, Zanichelli, Bologna 1967.

contro alle leggi patrie», Manlio è citato in giudizio di fronte al popolo. Benché fosse «desiderosissimo dell'utile proprio ed amatore delle cose che venivano contro alla nobiltà», il popolo di Roma, «diventato di difensore giudice, sanza rispetto alcuno lo condannò a morte». Manlio era un cittadino «pieno d'ogni virtù e che pubblicamente e privatamente aveva fatte moltissime opere laudabili». Condannarlo a morte per i suoi comportamenti sediziosi contro il senato e contro le leggi della Repubblica era una scelta che richiedeva saggezza e coraggio. Il popolo di Roma, sottolinea Machiavelli, trovò l'una e l'altro perché «in tutti loro poté più lo amore della patria che alcuno altro rispetto»[159]. Ancora una volta è Machiavelli ad attribuire al popolo romano l'amore della patria quale causa principale della sua saggezza e del suo coraggio. Livio non ne parla affatto. Nel suo racconto menziona i tribuni della plebe che confidano nell'odio del popolo per la monarchia e nell'amore della libertà, e sottolinea che «l'odiosa ambizione di regnare» di Manlio fece dimenticare al popolo, e addirittura rendere detestabili, i suoi meriti[160].

Anche se non era un santo, Machiavelli servì sempre la patria con tutte le sue forze e con assoluta onestà consolò, aiutò, insegnò e consigliò. Per insegnare e consigliare scrisse tutte le sue grandi opere politiche, e in quei libri spiegò come fondare e conservare ordini politici che potevano davvero aiutare i buoni e punire i cattivi. Nei giorni più tristi della sua vita, quando seppe da Francesco Vettori che non c'erano speranze di ottenere un incarico a Roma o presso il nuovo regime mediceo in Firenze, pensò di andare «in qualche terra deserta ad insegnare leggere a' fanciulli»[161]. Vicino ormai alla fine della vita, quando deve pensare notte e giorno a come fermare l'orda dei lanzichenecchi che scende verso Firenze o Roma, riesce a consolare il figlio Guido, afflitto per il timore di perdere un muletto, con parole che solo un uomo capace di vera carità può trovare[162].

Come gli scrittori e i poeti dell'Umanesimo, Machiavelli sapeva bene che l'amore della patria, in quanto forma di carità, è di-

---

[159] Machiavelli, *Discorsi*, III, 8.
[160] Livio, *Ab urbe condita*, VI, 19-20.
[161] Niccolò Machiavelli a Francesco Vettori, 14 giugno 1514, in *Opere di Niccolò Machiavelli*, vol. III cit., pp. 461-62.
[162] Niccolò Machiavelli a Guido Machiavelli, 2 aprile 1527, ivi, pp. 624-26.

verso dall'amore erotico, di cui è conoscitore e raffinato teorico[163]. L'amore erotico, come l'amore per le grandi cose della politica, è una passione che avvolge, sconvolge, trasforma e fa dimenticare: «Ho lasciato dunque i pensieri delle cose grandi e gravi; non mi diletta più leggere le cose antiche, né ragionare delle moderne: tutte si sono converse in ragionamenti dolci; di che ringrazio Venere e tutta Cipri»[164]. Fin dalle prime poesie che compone con tutta probabilità negli anni 1494-1498, Machiavelli mette in risalto il tremendo potere dell'amore di infliggere sofferenza, paura e pianto:

Io spero, e lo sperar cresce 'l tormento;
io piango, e il pianger ciba il lasso core;
io rido, e el rider mio non passa drento;
io ardo, e l'arsion non par di fore;
io temo ciò che io veggo e ciò che io sento:
ogni cosa mi dà nuovo dolore;
così sperando, piango, rido e ardo
e paura ho di ciò che io odo e guardo[165].

Machiavelli ama abbandonarsi ai pensieri d'amore. Ne è prova la lettera del 10 dicembre 1513. All'amico che gli fa brillare innanzi agli occhi amori facili e leggeri, Machiavelli risponde che legge degli amori di Dante, Petrarca, Tibullo, Ovidio, e che leggendo quei poeti ricorda i suoi amori, si abbandona a lungo in quei pensieri e si lascia avvolgere dai ricordi: «Partitomi del bosco io me ne vo a una fonte, e di quivi in un mio uccellare. Ho un libro, o Dante o Petrarca, o un di questi poeti minori, come Tibullo, Ovvidio e simili: leggo quelle amorose passioni e quelli

---

[163] Sebastian de Grazia ha sostenuto che per Machiavelli l'amore della patria è simile all'amore per la donna. Amore, spiega de Grazia, «è la parola che [Machiavelli] usa per indicare il sentimento che l'individuo nutre verso la patria; un uso antico, che trasferisce il termine dal piano concreto delle persone a quello astratto del paese natale»; Sebastian de Grazia, *Machiavelli in Hell*, Princeton University Press, Princeton 1980; trad. it. *Machiavelli all'inferno*, Laterza, Roma-Bari 1990, p. 175. Al pari dell'amore per la donna, l'amore della patria incatena, rende schiavo e può pretendere perfino il sacrificio della vita sentito non come imposizione ma come dono gioioso: «come l'amore non sa negare nulla all'amore, così l'amore non sa negare nulla alla patria»; ivi, p. 189.

[164] Niccolò Machiavelli a Francesco Vettori, 3 agosto 1514, in *Opere di Niccolò Machiavelli*, vol. III cit., pp. 465-66.

[165] *Opere di Niccolò Machiavelli*, vol. IV cit., p. 422.

loro amori, ricordomi de' mia, godomi un pezzo in questo pensiero»[166]. Quando sta soffrendo tutta la durezza dell'ingratitudine e della meschinità degli uomini, rivela a Vettori che il suo modo di sentire l'amore è simile a quello di quei poeti.

In un altro scambio epistolare con Vettori, Machiavelli torna sull'irresistibile potenza e dolcezza dell'amore erotico. Come era avvenuto al declinare del 1513, è Vettori a entrare in tema con un elogio esplicito dell'amore carnale. Dopo aver descritto ancora una volta l'ozio e la noia delle sue giornate romane, rivela il suo modo di fuggire la malinconia: «Di necessità bisogna ridursi a pensare a cose piacevole, né io so cosa che diletti più a pensarvi e a farlo, che il fottere. E filosofi ogni uomo quanto e' vuole, che questa è la pura verità, la quale molti intendono cosí ma pochi la dicano»[167]. Come nella lettera del 10 dicembre, Machiavelli risponde all'amico con l'amore dei poeti, e si fa poeta egli stesso, imitando Petrarca:

> Avea tentato il giovinetto Arciere
> già molte volte vulnerarmi il petto
> con le saette sue, ché del dispetto
> e del danno d'altrui prende piacere;
> e benché fosson quelle acute e fiere,
> ch'uno adamante non are' lor retto,
> non di manco trovâr sì forte obbiecto,
> che stimò poco tutto il lor potere.
> Onde che quel, di sdegno e furor carco,
> per dimostrar la sua alta excellenza,
> mutò pharetra, mutò strale et arco;
> e trassene uno con tanta violenza,
> ch'ancor delle ferite mi rammarco,
> e confesso e conosco sua potenza[168].

Alcuni mesi prima, per esprimere la potenza dell'amore aveva usato la metafora delle reti d'oro[169]. La bellezza della perso-

---

[166] Vedi in proposito Paolo Lorenzetti, *La bellezza e l'amore nei trattati del Cinquecento*, in «Annali della Scuola Normale Superiore Universitaria di Pisa», XXVIII (1922), pp. 1-178, in particolare p. 97.

[167] *Opere di Niccolò Machiavelli*, vol. III cit., pp. 487-88.

[168] Ivi, p. 488.

[169] «E sono, quelle che mi ha messo, sì forte catene, che io sono al tutto di-

na amata rende le catene dolci e per nessuna ragione l'innamorato vuole liberarsi: «E benché mi paia essere entrato in gran travaglio, tamen io ci sento dentro tanta dolcezza, sí per quello che
quello aspetto raro e suave mi arreca, sí etiam per aver posto da
parte la memoria di tutti e mia affanni, che per cosa del mondo,
possendomi liberare, non vorrei»[170].

Di fronte alla forza dell'amore ci si può soltanto arrendere. «De
amore vestro», scrive a Vettori nell'estate del 1514, «io vi ricordo
che quelli sono straziati dallo Amore, che quando e' vola loro in
grembo, lo vogliono o tarpare o legare. A costoro, perché egli è
fanciullo e instabile, e' cava gli occhi, le fegate e il cuore. Ma quelli che quando e' viene godano seco e lo vezzeggiano, e quando e'
se ne va lo lasciano ire, e quando e' torna lo accettono volentieri, e
sempre sono da lui onorati e carezzati, e sotto il suo imperio trion-

---

sperato della libertà né posso pensare via come io abbia a scatenarmi; e quando
pure la sorte o altro aggiramento umano mi aprisse qualche cammino ad uscir-
mene, e per avventura non vorrei entrarvi, tanto mi paiono or dolci, or leggieri,
or gravi quelle catene, e fanno un mescolo di sorte, che io giudico non potere vivere contento senza quella qualità di vita»; Niccolò Machiavelli a Francesco Vettori, 31 gennaio 1515, in *Opere di Niccolò Machiavelli*, vol. III cit., p. 489. «Arei,
come voi a me, a dire i principii di questo amore, con che reti mi prese, dove le
tese, di che qualità furno; e vedresti che le furono reti d'oro, tese tra fiori, tessu-
te da Venere, tanto soavi e gentili, che benché un cuor villano le avesse potute
rompere, nondimeno io non volli, et un pezzo mi vi godei dentro, tanto che le fi-
la tenere sono diventate dure, e incavicchiate con nodi irresolubili»; Niccolò Machiavelli a Francesco Vettori, 3 agosto 1514, ivi, p. 465.

[170] *Ibidem*. Merita osservare che Machiavelli ha per amiche donne, reali o
immaginarie, con cui ha (o immagina di avere) relazioni erotiche. Reale è Lucrezia, detta la Riccia, una cortigiana fiorentina, con cui Machiavelli ebbe una
lunga storia. Lucrezia gli fu vicina nei momenti più difficili della vita. Lo sappiamo con certezza da una lettera di Vettori: «Ma voi mi dite cosa che mi fa
stare ammirato: d'avere trovato tanta fede e tanta compassione nella Riccia che,
vi prometto, li ero per amor vostro partigiano, ma ora, li son diventato stiavo,
perché il più delle volte le femmine sogliono amare la fortuna e non li uomini,
e quando essa si muta mutarsi ancor loro»; *Opere di Niccolò Machiavelli*, vol.
III cit., p. 487. Nella sua risposta Machiavelli chiama la Riccia «amica» e aggiunge che lei e Donato del Corno «sono unici miei porti e miei refugii ad il
mio legno già rimaso per la continova tempesta senza timone e senza vele». Immaginaria è la bellissima damigella di Circe che nell'*Asino* (VI, 22-24) accoglie
il povero Niccolò (il poema è apertamente autobiografico), gli apre la sua casa, condivide la sua cena e lo invita a una dolce notte d'amore. Dopo essersi
amati, la damigella e l'eroe della storia parlano a lungo di molte cose importanti («e io ed ella / insieme ragionammo molte cose, / com'uno amico con l'altro favella»); *Opere di Niccolò Machiavelli*, vol. IV cit., p. 308.

fano. Pertanto, compare mio, non vogliate regolare uno che vola, né tarpare chi rimette per una penna mille; e goderete»[171].

Perché poi resistere, anche ammesso che si possa, alla passione amorosa per una donna di rara bellezza? Vettori scrive di aver incontrato una donna simile, ma rivela anche di essere assai combattuto fra il desiderio di abbandonarsi alla passione amorosa e il timore di incorrere in «mille fastidi»[172]. Machiavelli, al contrario, non ha dubbi: «alla vostra io non ho che dirvi, se non che seguitiate l'amore *totis habenis*, e quel piacere che voi piglierete oggi, voi non lo arete a pigliare domani; e se la cosa sta come voi me l'avete scritta, io ho più invidia a voi che al re di Inghilterra. Priegovi seguitiate la vostra stella, e non ne lasciate andare un iota per cosa del mondo, perché io credo, credetti, e crederrò sempre che sia vero quello che dice il Boccaccio: che gli è meglio fare e pentirsi, che non fare e pentirsi»[173].

Machiavelli conosce bene la passione sessuale, anche nella sua forma più animalesca. Ce ne ha dato una descrizione indimenticabile nella lettera che scrive a Luigi Guicciardini da Verona l'8 dicembre 1509. Luigi Guicciardini doveva avergli narrato qualche sua prodezza amorosa che gli aveva lasciato «voglia di rifotterla» e di goderne «un'altra presa». Con il suo tipico gusto per il contrasto e per l'autoironia, Machiavelli risponde all'amico narrandogli di essersi lasciato attrarre, per «la disperata foia», in un raccapricciante convegno 'amoroso' con una brutta vecchia. Tanto raccapricciante da togliergli, per un pezzo, «la foia»[174]. Sa anche che la passione erotica è parte essenziale dell'amore. Lo sa talmente bene che quando si accorge di non avere le forze per amare come si conviene una donna si rassegna ad abbandonare ogni discorso d'amore, come scrive per la troppo bella e troppo giovane Barbara Salutati:

> S'alla mia immensa voglia
> fussi il valor conforme,

[171] Niccolò Machiavelli a Francesco Vettori, 10 giugno 1514, in *Opere di Niccolò Machiavelli*, vol. III cit., p. 462.

[172] Francesco Vettori a Niccolò Machiavelli, 9 febbraio 1514, in *Opere di Niccolò Machiavelli*, vol. III cit., p. 445.

[173] Niccolò Machiavelli a Francesco Vettori, 25 febbraio 1514, in *Opere di Niccolò Machiavelli*, vol. III cit., p. 450.

[174] Niccolò Machiavelli a Luigi Guicciardini, 8 dicembre 1509, in *Opere di Niccolò Machiavelli*, vol. III cit., pp. 321-22.

si desteria pietà là dove or dorme.
Ma perché non uguali
son le forze al desìo,
ne nascon tutti e'mali
ch'io sento, o signor mio.
Né doler mi poss'io
di voi, ma di me stesso,
poi ch'i' veggio e confesso
come tanta beltade
ama più verde etade[175].

L'amore non vive senza desiderio e senza voglia. È una regola generale da cui discende un monito tanto duro quanto ineluttabile:

Quanto in cor giovinile è bello amore,
tanto si disconviene
in chi degli anni suoi passato ha il fiore.
Amore ha sua virtute agli anni uguale,
e nelle fresche etati assai s'onora,
e nelle antiche poco o nulla vale:
sì che, o vecchi amorosi, el meglio fora
lasciar la impresa a' giovinetti ardenti,
ch'a più fort'opra intenti,
far ponno al suo signor più largo onore[176].

Ho indugiato sull'idea dell'amore in Machiavelli, e spero che il lettore non ne abbia patito, perché il tema è affascinante, diciamo la verità, e perché spero che i testi che ho commentato dimostrino che per Machiavelli amore della patria e amore erotico sono passioni diverse. L'amore della patria vive, quando vive, sia nei giovani sia nei vecchi. Anche se è un sentimento naturale, non ha la potenza avvolgente e travolgente dell'amore erotico. Può infondere sensazioni di dolcezza (Machiavelli parla di «dolcezza del vivere libero»[177]), ma è meno intenso dell'amore vero e proprio. L'amore

---

[175] Niccolò Machiavelli, *Alla Barbera*, in *Opere di Niccolò Machiavelli*, vol. IV cit., p. 437.
[176] Machiavelli, *Clizia*, Atto II, Scena V, in *Opere di Niccolò Machiavelli*, vol. IV cit., p. 197.
[177] Machiavelli, *Istorie fiorentine*, II, 35.

della patria è una passione per un bene che appartiene a molti, si estingue facilmente, deve essere educato e stimolato e non nasce mai negli animi corrotti. L'amore erotico è sempre per una sola persona, è difficile da estinguere, nasce senza che l'innamorato lo voglia e lo provano tutti. È vero che come il cittadino si sacrifica per la patria che ama, l'innamorato è pronto a sacrificarsi per la persona amata, ma nel caso dell'innamorato spesso è solo declamazione[178]. Il sacrificio dell'innamorato nasce dalla potenza della passione amorosa, quello del cittadino dalla carità e dal dovere. L'amore per una donna avvolge Machiavelli nella dolcezza, gli fa dimenticare gli affanni della vita, e lo allontana dal pensiero delle cose grandi. L'amore della patria gli fa dimenticare gli affanni della vita, ma non lo spinge certo a distaccarsi dalla politica, e gli dà anzi la forza per fare grandi cose per il bene comune.

4. *La riforma morale e religiosa*

All'interno del contesto intellettuale fiorentino era viva, anche ai tempi di Machiavelli, una profonda e diffusa esigenza di riforma religiosa e morale[179]. I suoi sostenitori si rifacevano a fon-

---

[178] Callimaco, innamorato, nella *Mandragola* rischia di morire ora di gioia ora di disperazione; ma il suo è un morire da commedia, come appunto nota il prosaico Ligurio: «che gente è questa? Or per l'allegrezza, or pel dolore, costui vuol morire in ogni modo»; Atto IV, Scena II.

[179] L'esigenza della riforma morale della Chiesa e della comunità cristiana, ha scritto Eugenio Garin, si espresse in una «polemica, talora acerba e rabbiosa, contro la mondanità del clero, contro le pretese temporali della curia e la sua corruzione; invettiva contro l'ipocrisia e il fallimento morale degli ordini religiosi, specialmente mendicanti; e, di contro, richiamo ad un'interiorità ove religione e morale possono incontrarsi, ma rivalutazione, insieme, dell'individuo operoso nella solidarietà civile, in cui si concretino, convergendo, intima fede e opera feconda: ecco i temi che traversano tutta la letteratura moralistica preriformatrice. Unitamente, s'è detto, all'attesa fiduciosa di una nuova primavera cristiana che veda la conversione di un'umanità rinnovata sotto il segno della religione di Cristo, intesa come vera religione dell'uomo»; Eugenio Garin, *Desideri di riforma nell'oratoria del Cinquecento*, in AA.VV., *Contributi alla storia del Concilio di Trento e della Controriforma*, Vallecchi, Firenze 1948, in «Quaderni di Belfagor», pp. 1-11; cfr. anche Delio Cantimori, *Umanesimo e religione nel Rinascimento*, Einaudi, Torino 1975, soprattutto pp. 142-57 e 256-58; Cesare Vasoli, *Civitas mundi. Studi sulla cultura del Cinquecento*, Edizioni di Storia e Letteratura, Roma 1996; Id., *Le filosofie del Rinascimento*, a cura di Paolo Costantino Pissavino, Bruno Mondadori, Milano 2002, pp. 154-74.

ti bibliche e classiche[180]. Nei testi romani le parole *reformatio* e *regeneratio* sono equivalenti. Ovidio, un poeta ben noto a Machiavelli, chiama Jolaus, ringiovanito per poter tornare atto alla guerra, «reformatus primos in annos»[181]. Apuleio menziona la strega Pamphilia che si trasforma in civetta «magicis suis artibus reformatur», e per descrivere la rinascita religiosa usa il termine *renatus*[182]. Il più potente mito antico della rinascita fu tuttavia quello della fenice. Ovidio scrive nelle *Metamorfosi* che i tempi mutano, «et nova sunt semper», e quale esempio della capacità di rinascere per propria forza indica la fenice[183]. Il simbolo della resurrezione è Cristo, ma risorge anche ogni anima umana, e ogni popolo che sa ritrovare la forma retta del vivere[184].

Nel Nuovo Testamento 'reformari' vuol dire trasformarsi nella forma adeguata all'ideale cristiano[185]. La forza, o causa efficiente, di questa trasformazione è la *caritas*. Nella *Vulgata* c'è l'esortazione a non adattarsi alla corruzione del secolo ma a trasformare, rigenerare tutta la propria vita etica e spirituale. Il testo recita: «et nolite conformari huic saeculo, sed reformamini in novitate sensus vestri, ut probetis, quae sit voluntas Dei» («siate trasformati mediante il rinnovamento del vostro spirito». Rm., 12.2)»[186]. L'immagine della rinascita appare anche nell'epistola di Paolo agli Efesini, senza assumere un riferimento diretto alla rinascita ultraterrena; nell'*Epistola ai Colossesi* il rinnovamento è ritornare simili a Dio[187].

Riformarsi e rinascere nel significato di ritorno alla forma autentica della religione cristiana, rinnovare il modo di vivere secondo la lettera del Vangelo, e secondo l'esempio della povertà

---

[180] Per le fonti bibliche vedi ad esempio Ezech., 11, 19: «Et dabo eis cor aliud et spiritum novum tribuam in visceribus eorum». «Et dabo vobis cor novum et spiritum novum ponam in medio vestri», ivi, 36, 26.

[181] Ovidio, *Metamorphoses*, IX, 399.

[182] Apuleio, *Metamorphoses*, III, 21 e XI, 30.

[183] Ovidio, *Metamorphoses*, XV, 165, 184, 215, 270, 274, e XV, 391-402.

[184] «reformatur qualis fuit ante figura», *De ave Phoenice*, V, 105.

[185] Cfr. Konrad Burdach, *Riforma Rinascimento Umanesimo. Due dissertazioni sui fondamenti della cultura e dell'arte della parola moderne*, trad. it. di Delio Cantimori, Sansoni, Firenze 1935, pp. 23-26.

[186] Ivi, p. 25.

[187] «Renovamini autem spiritu mentis vestrae et induite novum hominem»; Ef., 4, 22; «induentes novum [hominem] eum, qui renovatur [...] secundum imaginem eius, qui creavit illum»; Col., 3, 10.

e carità di Gesù e degli apostoli, furono i princìpi dei movimenti religiosi del XII secolo[188]. Fu tuttavia Dante, nel *Convivio*, a esprimere compiutamente il principio fondamentale della *reformatio*: «lo sommo desiderio di ciascuna cosa, e prima da la natura dato, è lo ritornare a lo suo principio»[189]. Rinascere vuol dire ritornare alla forma ideale, originaria, pura. «Incipit Vita nova»: con queste parole Dante apre la raccolta delle poesie che esprimono il rinnovamento interiore del poeta attraverso la forza spiritualizzante e purificatrice dell'amore. Nella *Commedia* riprende e rifomula con grande forza espressiva le idee di rinascita, rinnovamento, elevazione ideale dell'uomo e dell'umanità: «Secol si rinova / Torna giustizia e primo tempo umano / E progenie scende da ciel nova», scrive nel *Purgatorio* (22, 70-72) traducendo quasi alla lettera Virgilio[190]. Dopo che Matelda lo ha fatto bere nell'Eunoè, il poeta esprime con queste parole il significato del rinnovamento interiore, ormai compiuto attraverso «passi tanti», che lo ha condotto alle soglie del paradiso: «Rifatto sì come piante novelle / Rinovellate di novella fronda, / Puro e disposto a salire a le stelle».

L'ideale cristiano della rinascita per opera della fede divenne nel Medioevo mito di riforma sociale e politica. L'esempio più eloquente è la restaurazione repubblicana che Cola di Rienzo (1313?-1354) tentò in Roma. Benché breve, il suo esperimento ebbe vasta eco. Animavano Cola di Rienzo l'amore della gloria, il culto del sacro popolo romano, il fervido desiderio di riportare Roma, e con essa l'Italia, all'antica grandezza. Egli stesso presenta il suo tribu-

---

[188] All'apice della storia dell'età comunale, ha scritto Luigi Salvatorelli, «si pregava il cielo quanto prima, in chiese più belle e con riti più fastosi e si onoravano la Vergine e i Santi; ma a Gesù, alla Vergine e ai Santi si guardava, piuttosto come a salvatori dal mondo e dalla vita, come ad aiuti e compagni del proprio lavoro e della propria gioia [...]. Non si chinava più il capo, con rassegnazione inerte, sotto le difficoltà, i dolori e le oppressioni; e si cercava di provvedere alle proprie sorti secondo il motto: aiutati che Dio t'aiuta. La fede religiosa si faceva morale e vita pratica: accanto alle virtù monacali dell'umiltà e della penitenza venivano in onore quelle laiche della prudenza, della fortezza, della giustizia, generatrici di bene, rettrici e maestre della città e della vita sociale»; Luigi Salvatorelli, *Vita di San Francesco d'Assisi*, Laterza, Bari 1926, pp. 25-26.

[189] Dante Aligheri, *Convivio* IV, 12, 14.

[190] «Magnus ab integro saeclorum nascitur ordo / iam redit et virgo, redeunt Saturnia regna; / iam nova progenies caelo demittitur alto»; Virgilio, *Ecloghe*, IV, 5.

nato, dopo la cacciata dei baroni romani, come l'inizio della nuova era e il risveglio di una vita impietrita, simile all'opera della grazia. La forza della rinascita morale è la carità: come la terra è dissodata dall'aratro, così la Chiesa di Dio deve essere rinnovata per le opere e per il seme della carità[191]. Il fine è resuscitare la giustizia, e la rinascita non è opera di un principe ma di un popolo intero che prende vigore; non è semplice ritorno a uno stato di perfezione, o nascita di ciò che c'era già, tale e quale, ma il venire alla luce di una nuova e più alta forma di vita[192]. Il popolo, moralmente deformato dalla tirannide, deve essere riformato, liberato, e tornare alla forma ideale che gli è propria. La riforma è dunque liberazione dalla corruzione e riscatto dalla decadenza[193].

Anche Francesco Petrarca sentì ed espresse con molta forza il mito della rinascita[194]. In una poesia forse dedicata a Cola di Rienzo descrive l'Italia come una vecchia pigra, addormentata, stordita, che non risponde alle grida degli uomini, fin quando un nuovo redentore non l'afferra per le trecce, la fa rialzare dal fango e l'aiuta a ritrovare l'antica bellezza e l'antico vigore. Petrarca rappresenta l'Italia come una «gentil donna» che attende soccorso dalla mano di un marito o di un padre e promette al suo redentore gloria imperitura. La rinascita è il rinnovamento degli spiriti che si realizza quando gli uomini riscoprono la devozione, la carità e la virtù. Le sue fonti sono i *Salmi*: «Manda il tuo santo spirito, e il volto della terra sarà rinnovato» (103.30); e l'*Apocalisse*: «Vidi poi un nuovo cielo e una nuova terra, perché il cielo e la terra di prima erano scomparsi e il mare non c'era più [...].

[191] «renovetur operibus et semine caritatis»; Burdach, *Riforma Rinascimento Umanesimo* cit., p. 16.
[192] «*sanitas et revivificacio in caritatis spiritu*»; ivi, p. 16. «Amor equidem reipublicae magis quam imperii me accendit, ut reformetur iusticia iam defuncta»; ivi, pp. 21-22; vedi anche p. 17.
[193] «Il popolo della città di Roma, che s'è per tanto tempo aggirato nelle tenebre del giogo dei tiranni, ora che Iddio gli ha inviato la sua luce e la sua verità, è mirabilmente ricondotto alla luce della libertà della pace e della giustizia, e la signora delle genti, la santissima città, purificata dai predoni, dei quali era rifugio, dinoscitur reformata»; ivi, p. 19.
[194] Sulla religione di Petrarca vedi Ugo Dotti, *La città dell'uomo*, Editori Riuniti, Roma 1992; vedi anche Giuseppe Billanovich, *Nella biblioteca del Petrarca, I; il Petrarca, il Boccaccio e le 'Enarrationes in Psalmos' di S. Agostino*, in «Italia medievale e umanistica», 3 (1960), 1-27.

E colui che sedeva sul trono disse: 'Ecco, io faccio nuove tutte le cose'» (21.1-5)[195]. Trova anche, cosa che Machiavelli non volle o non poté mai fare, parole da profeta per annunciare la rinascita della virtù e del ritorno dell'età dell'oro:

> Anime belle, e di virtute amiche,
> terranno il mondo; e poi vedrem lui farsi
> aureo tutto, e pien de l'opre antiche[196].

Coluccio Salutati, per tanti aspetti discepolo del Petrarca, coglieva i segni del secol nuovo nella guerra vittoriosa di Firenze contro il papato[197]. Leonardo Bruni, a sua volta, assume quale criterio interpretativo delle vicende umane il ciclo della nascita, crescita, perfezione e decadenza. Le civiltà decadono e muoiono per effetto della corruzione che dissolve l'originaria virtù dei popoli e soprattutto a causa della perdita della libertà[198]. Gli stati rinascono invece quando sanno riscoprire la virtù e riconquistano la libertà, come dimostra l'esempio di Firenze, che non solo ha saputo darsi un libero governo repubblicano, ma si è levata a protettrice della libertà italiana ed è diventata di conseguenza il

---

[195] Burdach, *Riforma Rinascimento Umanesino* cit, pp. 92-93: «il concetto religioso della Rinascita penetra dai circoli dei riformatori ecclesiastici e politico-sociali nei pensieri e nell'uso del movimento umanistico», p. 95.

[196] Giustamente Raffaello Morghen scrive che l'«opre antiche» non sono le eroiche imprese dei santi e dei martiri, ma «le grandi azioni degli antichi padri, dei 'virtuosi romani'», e le opere antiche di cui sarà piena la nuova età dell'oro «devono ricercarsi senza dubbio negli esempi di 'virtù' e di 'gloria' tramandatici dalla tradizione dei padri, e il risorgere delle antiche virtù insieme con il culto di Cristo porteranno alla definitiva vittoria sulla *Ecclesia carnalis*, costituendo gli elementi essenziali di quella *docta pietas*, che sarà l'ideale più vivo dell'Umanesimo cristiano»; Raffaello Morghen, *Civiltà medievale al tramonto*, Laterza, Bari 1971.

[197] Garin, *I cancellieri umanisti della Repubblica Fiorentina da Coluccio Salutati a Bartolomeo Scala*, in Id., *La cultura filosofica del Rinascimento italiano* cit., p. 11. Vedi anche Garin, *I trattati morali di Coluccio Salutati* cit.

[198] Leonardo Aretino, *Istoria Fiorentina*, tradotta in volgare da Donato Acciajuoli, Le Monnier, Firenze 1861, pp. 24-25. Vedi anche Vasoli, *Civitas mundi* cit., pp. 217-18; Riccardo Fubini, *Cultura umanistica e tradizione cittadina nella storiografia fiorentina del '400*, Atti e memorie dell'Accademia Toscana di Scienze e Lettere 'La Colombaria', LVI (1991), pp. 65-102; Id., *Leonardo Bruni cancelliere della Repubblica di Firenze*, Convegno di studi (Firenze, 27-29 ottobre 1987), a cura di Paolo Viti, Olschki, Firenze 1990.

luogo provvidenziale della rinascita delle lettere e delle arti, della riscoperta degli antichi e della riconquista del vivere civile.

Giovanni Nesi, nell'*Oraculum de novo saeculo* (1496), interpreta il secolo nuovo come rinascita politica di Firenze e rinascita della cristianità:

> Che cosa significa il secolo novo se non la conversione e il rinnovamento della chiesa [...]. Ecco, dopo tanti casi, io ti chiamo a quella età d'oro [...]. Chiunque è seguace di Cristo, venga nel regno di Cristo [...]. Volete il profeta? Eccolo veridico nell'annunciare il futuro, ammirabile sempre e dovunque [...]. L'Italia sarà devastata dai barbari; l'imperio fiorentino, oggi in crisi per l'ambizione, la perfidia, la leggerezza dei cittadini, estenderà il suo nome e le sue forze, accresciuto di ricchezze, di potenza e di gloria. Roma arriverà presto alla rovina, invasa da stranieri; ma la chiesa si salverà per divino soccorso e trionferà; i Maomettani si convertiranno ben presto alla fede cristiana. E, finalmente, unico sarà il gregge e uno solo il pastore[199].

L'esigenza della riforma religiosa e morale traeva vigore anche dal confronto fra i cattivi costumi degli italiani e i buoni costumi dei popoli tedeschi. Poggio Bracciolini, che visse nella curia romana e fu cancelliere della Repubblica di Firenze, ci ha lasciato una testimonianza illuminante della «piacevole maniera di vivere dovuta alla libertà estrema delle abitudini» che notò nei bagni di Baden. Tutti cercano di vivere lieti e di godersi i piaceri. Non pensano a «dividere i beni comuni», ma a «mettere in comune le cose divise». Nella varia folla dei bagni «non nascono

---

[199] Eugenio Garin, *L'età nuova. Ricerche di storia della cultura dal XII al XVI secolo*, Morano, Napoli 1969, pp. 96-97. L'esigenza del rinnovamento spirituale e della rivolta contro la corruzione del clero era forte anche in uomini religiosissimi quali il Galateo (1444-1517) che scrive pagine di fuoco contro l'ipocrisia dei frati e denuncia che essi non solo agiscono male, proteggono «li usuraii, li injusti, li usurpatori delle robbe aliene, li mangiatori del popolo», ma «fanno partecipe Dio delle loro rapine» e hanno dunque istituito con l'inganno una religione che «non toglie i vizi ma li nasconde». Vedi Antonio de Ferrariis detto Il Galateo, *Esposizione del Pater noster*, Collana di scrittori di Terra d'Otranto, vol. IV, Lecce 1868, pp. 145-238; vol. XVIII, Lecce 1871, pp. 5-104; Id., *L'Heremita*, vol. XII, Lecce 1875, pp. 3-134. Anche un umanista pio e malinconico quale fu Lapo da Castiglionchio, morto nel 1438 a Ferrara mentre seguiva il Concilio come segretario della curia romana, avvertiva con sincera sofferenza quanto fosse grave la corruzione della Chiesa; Lapo da Castiglionchio, *Dialogus de curiae commodis*, in *Prosatori latini del Quattrocento* cit., p. 171.

mai bisticci, tumulti, dissidi, mormorazioni, maldicenze». Sono contenti del poco, vivono alla giornata e non cercano ricchezze che non verranno mai. Il contrasto con i costumi italiani è netto: noi «ci dilettiamo in calunnie e maldicenze», siamo tutti volti al guadagno e agli appetiti, mai contenti del guadagno e delle sostanze che possediamo, sempre miseri, sempre negli affanni[200].

In Germania Poggio entra in contatto diretto con il mondo dell'eresia. A Costanza assiste infatti al processo contro Girolamo da Praga, discepolo di Giovanni Huss. È impressionato dall'eloquenza dell'accusato, degna dei grandi maestri antichi. Ha seri dubbi sul valore dell'accusa di eresia, e non trova nulla di sbagliato nella fede che egli proclama davanti ai giudici dell'Inquisizione: «non disse nulla che fosse indegno di un uomo intemerato, e se la sua fede era davvero quella che professava, non si poteva trovare contro di lui, non dico un giusto motivo di condanna capitale, ma neppure per una lievissima pena». Poggio riporta le parole di Girolamo da Praga in difesa di Giovanni Huss con evidente approvazione: «disse che nulla questi aveva sostenuto contro la Chiesa, ma contro l'abuso dei preti, contro la superbia, il fasto e la pompa dei prelati» e contro tutte le cose «indegne della religione di Cristo». Poggio, cattolico, vede in Girolamo che va al rogo come eretico un uomo «egregio oltre ogni credenza» che seppe morire da filosofo[201].

Prima ancora che cominciassero a conoscere Lutero, i fiorentini avevano nozione della Germania come terra di popoli che vivevano secondo una fede cristiana sincera, affine al cristianesimo delle origini, che si traduceva in una forte coscienza civile. Lo nota Francesco Vettori già nel 1512, quando narra della missione diplomatica presso la corte di Massimiliano I dal giugno 1507 al marzo 1508. Il racconto di Vettori è un documento impressionante e gustoso della corruzione dei preti e dei frati. In pressoché tutte le osterie in cui si ferma impara storie di preti e frati colpevoli di ogni sorta di nefandezze[202]. Nel Veronese, può ascoltare dalla voce di alcuni tedeschi che tornavano in patria con quanto disgusto i veri

---

[200] Poggio Bracciolini, *Epistole*, in *Prosatori latini del Quattrocento* cit., pp. 220-29.
[201] Ivi, pp. 229-41.
[202] Francesco Vettori, *Viaggio in Alamagna*, in *Scritti storici e politici*, a cura di Enrico Niccolini, Laterza, Roma-Bari 1972, p. 42.

cristiani giudicavano la corte papale: «Se tu mi domandi la causa che mi fa partire da Roma, ti dirò che noi dello Reno siamo buoni cristiani, et abbiamo udito e letto la fede di Cristo essere fondata col sangue de' martiri in su buoni costumi, conroborata con tanti miracoli, in modo che sarebbe impossibile che uno dello Reno dubitassi della fede. Io sono stato a Roma più anni et ho visto la vita che tengono e' prelati e li altri, di qualità che io dubitavo, standovi più, non che perdere la fede di Cristo, ma di diventare epicureo e tenere l'anima mortale»[203]. Anni dopo, nel *Sommario della istoria d'Italia*, Vettori dirà che il papato romano ha di fatto «indutto una nuova religione che non ve ne è altro di quella di Cristo ch'il nome»: Cristo «comandò la povertà, e loro vogliono la ricchezza, comandò la umiltà, e loro seguitano la superbia, comandò la obedienza, e loro vogliono comandare a ciascuno»[204].

Nelle terre che attraversa Vettori incontra anche ciurmatori, ciarlatani e imbroglioni, come quel tale che nei pressi di Verona raccontava di essere scampato miracolosamente all'impiccagione a Bologna e andava dal beato Simone a Trento per adempiere a un voto. Con questa favola riusciva a farsi dare «da poveri uomini» denari che poi spendeva allegramente nella vicina osteria. L'episodio, in sé trascurabile, fa riflettere Vettori sugli infiniti modi, arti, industrie e astuzie che gli uomini, primi fra tutti i religiosi, mettono in opera per ingannare gli altri[205]. Accanto ai prelati corrotti e ai ciurmatori passano gli annunciatori di nuove religioni che vorrebbero restaurare l'autenticità e la semplicità del messaggio evangelico e dissolvere la cattiva religione che papi e preti hanno instaurato con l'inganno e la forza. A Mirandola, ad esempio, ascolta la storia di Piero Bernardino che «seminava certa nuova religione», e per questo era stato messo al rogo[206].

Vettori racconta delle cose del mondo e della religione in modo freddo e distaccato. Annota tuttavia, camminando verso la

[203] Ivi, p. 25.
[204] Francesco Vettori, *Sommario della istoria d'Italia*, in *Scritti storici e politici* cit., p. 157.
[205] Vettori, *Viaggio in Alamagna*, in *Scritti storici e politici* cit., p. 32.
[206] Ivi, pp. 20-21. Su Piero Bernardo (o Bernardino), vedi la voce curata da Giampaolo Tognetti, in *Dizionario Biografico degli Italiani*, Istituto della Enciclopedia Italiana, Roma 1967 vol. 9, pp. 310-11. Vedi anche Ottavia Niccoli, *Profeti e popolo nell'Italia del Rinascimento*, Laterza, Roma-Bari 1987.

Germania, che il messaggio di Cristo è altra cosa dalla corruzione del clero e dalla sottigliezza dei teologi:

E' teologi sono e' primi nella nostra religione che hanno fatto e fanno tutto dì tanti libri, tante dispute, tanti sillogismi, tante suttilità, che ne son piene non solo le librerie, ma tutte le boteghe de' librari. Nondimeno il Salvatore Nostro Jesu Cristo dice nello *Evangelio*: 'Amerai il tuo Signore Iddio con tutto il cuore tuo, con tutta la mente tua e con tutta l'anima tua, et il prossimo come te medesimo'. In questi dua precetti pendono tutte le leggi e' profeti. Che bisogna, dunque, tante dispute della Incarnazione, della Trinità, della Resurrezione, della Eucaristia, cose che noi cristiani per fede dobbiamo credere e credendo meritiamo e le ragioni non v'aggiungono?[207]

Di riforma della Chiesa avevano parlato, pur con finalità men che nobili, anche i prelati che convennero a Pisa per partecipare al Concilio Gallicano istigato dal re di Francia contro Giulio II, con gravissimo pericolo per Firenze. Nella sessione del 7 novembre 1511, alla quale Machiavelli inviato a Pisa dalla Signoria forse assistette, l'abate Zaccaria Ferreri recitò un passo di Giovanni pertinente tutto «alla reformatione della Chiesa», e concluse che «tutti li revenrendissimi cardinali et prelati dovessino prima reformare sé medesimi avanti che reformassino la Chiesa»[208].

Un testo che ci fa toccare con mano come la Firenze di Machiavelli viveva la speranza di una riforma religiosa e morale è il *Dialogo della mutatione di Firenze* che Bartolomeo Cerretani, un mediceo moderato, scrive attorno al 1520. I protagonisti del dialogo, Lorenzo e Girolamo, entrambi savonaroliani ferventi, si pongono in via per incontrare in Germania «Martino Luter» e spiegano a Giovanni Rucellai, che trovano per caso presso Modena, le ragioni del loro pellegrinaggio: «A te, sendoci fratello, non ha essere segreto il nostro desiderio, noi andiamo nella Magna, tirati dalla fama d'un Venerando Religioso il quale chiamano fra Martino Luter, gli scritti del quale sendo comparsi in Italia et maximamente a Roma, come so che tu sai, fanno argumento che costui debbe essere per costumi, dottrina e religione prestantissimo, e parci che

---

[207] Vettori, *Viaggio in Alamagna*, in *Scritti storici e politici* cit., pp. 40-41.
[208] Niccolò Machiavelli, *Lettere, legazioni e commissarie*, in *Opere* cit., vol. II, pp. 1370-71.

le sua conclusioni siano molto proprie e conforme all'opinione e vita della primitiva chiesa militante».

Alle parole dei viandanti, Rucellai risponde: «Adunque siete voi ancora nella medesima superstitione come già eri di fra Girolamo da Ferrara»[209]. Nella mentalità dei pellegrini fiorentini Lutero si sovrappone al ricordo del frate arso più di vent'anni prima e diventa il profeta di una *renovatio* che alcuni auspicavano, altri temevano, e altri ancora deridevano. «Non havete voi a Roma», chiede Girolamo, «una gran paura di questa renovatione della Chiesa per amor de' vostri beni temporali?». Anche se «tutti chiamano la renovatione, ribatte Giovanni, et vostre monache e contadini e frati et altri profetucoli la dicono in questi tempi, di ché a Roma ciascuno se ne ride, et voi vi pascete di fragole»[210].

Tutti coloro che auspicavano la riforma religiosa pensavano a una rigenerazione del corpo della Chiesa per via di un ritorno ai princìpi autentici della religione cristiana. Savonarola, per citare l'esempio più significativo, predicava la necessità di rinnovare e riedificare la Chiesa con «povertà, semplicità e unione, pace». La sua *renovatio* aveva un significato soprattutto morale e spirituale, fondato sulla riscoperta della giustizia, sul ritorno ai princìpi della vita apostolica e sui valori politici repubblicani e comunitari che Firenze custodiva per volere divino: «Così la chiesa di Cristo, che fu fondata dalli suoi apostoli nella povertà e nella simplicità e nella unione e nella pace, e vedi oggi come ella sia si può dire destrutta, come fu el tempio di Ierusalem. E però Dio la vuole rinovare e riedificare, e vuole che si rinuovi ancora Firenze, donde debbe uscire la renovazione di molti altri luoghi»[211]. Ritirare la Chiesa o la città verso il principio vuol dire correggere le deformazioni in modo che l'opera sia coerente rispetto al fine per cui è stata istituita[212]. Per fare risorgere il popolo morto per il peccato sono ne-

    [209] Bartolomeo Cerretani, *Dialogo della mutatione di Firenze*, a cura di Raul Mordenti, Edizioni di Storia e Letteratura, Roma 1990, pp. 18-19.
    [210] Ivi, pp. 4-5. Vedi in proposito l'ottimo studio di Paolo Simoncelli, *Preludi e primi echi di Lutero a Firenze*, in «Storia e politica», XXII (1983), pp. 674-744, in particolare pp. 699-702.
    [211] Savonarola, *Prediche sopra Aggeo*, in *Prediche sopra Aggeo con il Trattato circa el reggimento e governo della città di Firenze* cit., p. 239. Vedi in proposito le osservazioni di Vasoli, *Civitas mundi* cit., pp. 8 e 51-52.
    [212] Savonarola, *Prediche sopra Aggeo*, in *Prediche sopra Aggeo con il Trattato circa el reggimento e governo della città di Firenze* cit., p. 243.

cessari non solo la sapienza naturale, ma anche l'aiuto di Dio, la parola profetica e il calore della carità[213]. Pico della Mirandola, che seguì affascinato le prediche di Savonarola, sintetizzò il significato dell'aspirazione alla *renovatio* quando scrisse che l'uomo può «degenerare nelle cose inferiori che sono i bruti» o rigenerarsi secondo il suo volere nelle cose superiori «che sono divine»[214].

Come e perché la Chiesa dovesse rigenerarsi, lo spiegò in quei medesimi anni il riformatore veneziano Gasparo Contarini (1483-1542) in un giudizio su Savonarola scritto nel 1516[215]. Nella conclusione dello scritto Contarini indica esplicitamente che la riforma è necessaria affinché la Chiesa possa vivere, e spiega che la riforma può soltanto avvenire come ritorno ai princìpi: «Questa rennovatione della chiesa io non lla so per prophetia, ma la ragion naturale et divina me la decta. La naturale perché le cose humane non vanno secondo una linea recta infinita ma vanno secondo una linea circulare; benché tutte non fanno el perfecto circulo et quando son venute a un certo termine di augumento vanno poi in giù»[216].

Machiavelli condivise con la cultura del suo tempo l'ideale della *renovatio*. Nelle ultime pagine dell'*Arte della guerra*, che scrive per far rinascere gli antichi ordini e l'antica virtù militare italiana, rivela la sua convinzione che l'Italia «pare nata per risuscitare le cose morte, come si è visto della poesia, della pittura e della scultura»[217]. Nel *Canto degli spiriti beati* riprende il mito del ritorno dell'età dell'oro e del risorgere della virtù antica con parole simili a quelle di Petrarca:

---

[213] Ivi, p. 205.

[214] Pico della Mirandola, *De hominis dignitate* cit., pp. 106-107.

[215] Vedi Felix Gilbert, *Contarini on Savonarola: An Unknown Document of 1516*, in «Archiv für Reformationsgeschichte», 59 (1968), pp. 145-50.

[216] Ivi, p. 149; vedi Id., *Cristianesimo, Umanesimo e la bolla 'Apostolici Regiminis' del 1513*, in «Rivista Storica Italiana», LXXIX (1967), pp. 976-90.

[217] Machiavelli, *Dell'arte della guerra*, in *Opere*, vol. I cit., p. 689. Le parole di Machiavelli ricordano quelle di Marsilio Ficino sulla rinascita delle lettere e delle arti: «Si, quod igitur seculum appellandum nobis est aureum, illud est proculdubio tale, quod aurea passim ingenia profert. Id autem esse nostrum hoc seculum minime dubitabit, qui praeclare seculi huius inventa considerare voluerit. Hoc enim seculum tanquam aureum, liberales disciplinas ferme iam extinctas reduxit in lucem, grammaticam poesiam, oratoriam, picturam, sculpturam, architecturam, musicam, antiquum ad Orphicam Lyram carminum cantum»; Lettera a Paolo di Middelburg, 1492, in Marsilio Ficino, *Opera*, Basilea 1576, i. 944.

Dipàrtasi il timore,
nimicizie e rancori.
avarizia, superbia e crudeltade;
risurga in voi l'amore
de'giusti e veri onori,
e torni il mondo a quella prima etade:
così vi fien le strade
del ciel aperte alla beata gente,
né saran di virtù le fiamme spente[218].

Come Petrarca, anche Machiavelli vide in Cola di Rienzo l'artefice di una rinascita, seppur effimera, della virtù antica. Nelle *Istorie fiorentine* scrive infatti che a Roma avvenne «una cosa memora-
bile, che uno Niccolò di Lorenzo, cancelliere in Campidoglio, cac-
ciò i senatori di Roma, e si fece, sotto titolo di tribuno, capo della
republica romana; e quella nella antica forma ridusse, con tanta reputazione di iustizia e di virtù che non solamente le terre propin-
que, ma tutta Italia gli mandò ambasciadori; di modo che le antiche provincie, vedendo come Roma era rinata, sollevorono il capo,
e alcune mosse dalla paura, alcune dalla speranza, l'onoravono»[219].
Machiavelli fustiga la corruzione della Chiesa con parole simili a quelle che tanti altri avevano usato prima di lui. Accusa la
Chiesa di Roma di aver tenuto e di tenere l'Italia divisa, di aver
fatto morire «ogni divozione e ogni religione» e di aver instillato nelle menti degli italiani la cattiveria particolarmente maligna
di chi non ha religione: «Abbiamo adunque, con la Chiesa e con
i preti noi italiani questo primo obligo di essere diventati sanza
religione e cattivi»[220]. Poiché non hanno timore di Dio, né il senso della vergogna che nasce dalla vera religione, gli italiani sono
convinti di poter evitare sempre, in un modo o nell'altro, il giusto castigo e possono essere cattivi con leggerezza.
Fra Timoteo, modello nella *Mandragola* di frate che di religioso ha solo l'apparenza, fa ridere, ed è in fondo bonario. La cattiva
educazione morale che la religione cristiana diffonde merita invece una condanna seria. La «nostra religione», scrive Machiavelli,
«ha glorificato di più gli uomini umili e contemplativi che gli atti-

---

[218] *Opere di Niccolò Machiavelli*, vol. IV cit., pp. 405-406.
[219] Machiavelli, *Istorie fiorentine*, I, 31, in *Opere di Niccolò Machiavelli*, vol.
II cit., p. 328.
[220] Machiavelli, *Discorsi*, I, 12.

vi»; «ha dipoi posto il sommo bene nella umiltà, abiezione e nel dispregio delle cose umane», e se «richiede che tu abbi in te fortezza, vuole che tu sia atto a patire più che a fare una cosa forte»[221]. Sulla tradizione religiosa pesa dunque la grave responsabilità di aver soffocato negli uomini moderni l'amore della libertà repubblicana, di aver reso «il mondo debole» e di averlo dato «in preda agli uomini scelerati, i quali sicuramente lo possono maneggiare, veggendo come l'università degli uomini, per andarne in paradiso, pensa più a sopportare le sue battiture che a vendicarle»[222].

All'educazione cristiana Machiavelli contrappone quale esempio da imitare l'educazione pagana che insegnava a stimare l'onore del mondo e a porre in esso «il sommo bene», beatificava soltanto «gli uomini pieni di mondana gloria, come erano capitani di eserciti e principi di republiche», celebrava la «grandezza dello animo», la fortezza del corpo e «tutte le altre cose atte a fare gli uomini fortissimi». Molti interpreti coscienziosi lo hanno giudicato per questo un pagano[223]. Non si sono accorti che Machiavelli trova anche nei popoli cristiani moderni esempi di una religione che infonde buoni costumi morali e politici. Come altri prima di lui, Machiavelli guarda alla Germania, dove si era recato nel 1508 attraversando, in parte, gli stessi borghi e le stesse città che Vettori menziona nel *Viaggio in Alamagna*. Della religiosità dei tedeschi, e dei buoni costumi che da essa derivano, Machiavelli tratta nei *Discorsi* per sottolineare che nella «provincia della Magna» c'è ancora una grande «bontà» e una «religione» molto simile a quella dei Romani. Grazie a quella bontà di costumi, e a quella buona religione, quei popoli vivono sicuri e liberi. Il contrasto fra Italia e Germania è netto: da una parte irreligione e cattiveria, dall'altra religione e bontà. Non è però un contrasto fra paganesimo e cristianesimo, bensì fra due modi di essere cristiani.

---

[221] Ivi, II, 2.

[222] *Ibidem*. Savonarola aveva elogiato l'umiltà e la carità nel *Trattato dell'umiltà* scritto nel 1492: «L'umiltà e la carità sono due virtù nello edificio spirituale estreme; perocché l'umiltà è il fondamento che porta tutta la fabbrica, e la carità è la perfezione e consumazione dell'edifizio»; cit. in Pasquale Villari, *Storia di Girolamo Savonarola e de' suoi tempi*, 2 voll., nuova edizione, Le Monnier, Firenze 1887-88, vol. I, p. 116.

[223] Vedi per tutti Isaiah Berlin, *The Originality of Machiavelli*, in *Studies on Machiavelli*, a cura di Myron P. Gilmore, Sansoni, Firenze 1970, pp. 168-70, 172-74 e 198.

Machiavelli trova nella religione cristiana quei princìpi morali e politici che egli ammira e vorrebbe veder rinascere nel mondo moderno. Cattivi non sono i princìpi ma l'interpretazione che dei princìpi ha dato la Chiesa: «e benché paia che si sia effeminato il mondo e disarmato il cielo, nasce più sanza dubbio dalla viltà degli uomini, che hanno interpretato la nostra religione secondo l'ozio, e non secondo la virtù»[224]. Si tratta dunque di ritornare ai princìpi della religione cristiana, non di abbandonarla per ridare vita al paganesimo e neppure di inventare dal nulla una nuova religione, come altri teorici politici repubblicani tenteranno di fare dopo di lui. Se la religione «ne' prìncipi della republica cristiana si fusse mantenuta secondo che dal datore d'essa ne fu ordinato», scrive nei *Discorsi*, sarebbero «gli stati e le republiche cristiane più unite, più felici assai che non sono»[225]. Né pagano né creatore di una nuova religione, Machiavelli cercò e trovò nella tradizione religiosa il Dio che insegna ad amare la patria e la libertà e indicò quel Dio quale principio di una riforma religiosa e morale.

La riforma religiosa deve essere per lui una vera e propria *renovatio*, ovvero un ritorno ai princìpi originari traditi dai cattivi interpreti e offesi dai seguaci corrotti. «A volere che una sètta o una republica viva lungamente, è necessario ritirarla spesso verso il suo principio», scrive nel primo capitolo del libro III dei *Discorsi*. E spiega che sono salutari per le repubbliche e per le religioni quelle alterazioni «che le riducano inverso i principii loro» perché «tutti e' principii delle sètte e delle republiche e de' regni conviene che abbiano in sé qualche bontà, mediante la quale ripiglino la prima riputazione ed il primo augumento loro».

Quali esempi di rinnovamento religioso attuato mediante il ritorno ai princìpi, Machiavelli cita san Francesco e san Domenico: essi, «con la povertà e con lo esemplo della vita di Cristo», fecero rinascere «nella mente degli uomini» la religione cristiana «che già vi era spenta». Aggiunge, tuttavia, che la riforma realizzata da san Francesco e da san Domenico finì col lasciare senza freni la corruzione del clero. Questo avvenne non perché essi pre-

[224] Machiavelli, *Discorsi*, II, 2.
[225] Ivi, I, 12. Negli anni in cui Machiavelli scrive i *Discorsi* circolavano all'interno della Chiesa romana idee di riforma fondate non sul principio di guardare indietro verso i princìpi originari, ma di guardare in cielo, all'ideale della Chiesa celeste. Cfr. O'Malley, *Praise and Blame in Renaissance Rome* cit., pp. 201-203.

dicarono e praticarono il ritorno ai princìpi di Cristo, ma perché nelle loro prediche insegnarono che «è male dir male del male», che è bene obbedire ai prelati, e che se questi errano «lasciargli gastigare a Dio», con la conseguenza che «quegli fanno il peggio che possono, perché non temono quella punizione che non veggono e non credono». Quali che siano stati gli effetti negativi della «rinnovazione» di san Francesco e di san Domenico, resta il fatto che se i due predicatori non l'avessero ritirata «verso il suo principio», la religione cristiana sarebbe morta.

L'idea di *renovatio* che Machiavelli difende e propone come ideale religioso e politico è la stessa della tradizione cristiana: è ritorno alla vera forma. Nel caso del cristianesimo fu infatti ritorno alla povertà e alla carità, che è appunto la vera via di Cristo, così come per Machiavelli la vera via è quella della virtù. Non ha alcun interesse per le questioni dogmatiche. Qui sta la differenza fra la sua idea di riforma religiosa e morale e quella dei propugnatori della Riforma protestante. Sapeva di Lutero e dei luterani, ma quella riforma non è la sua[226]. Non si preoccupa di indulgenze, di predestinazione, di grazia, di libero arbitrio, della presenza di Cri-

---

[226] Nella sua del 5 agosto 1526, Vettori menziona i «luterani» senza bisogno di dare all'amico alcun ragguaglio, in *Opere di Niccolò Machiavelli*, vol. III cit., p. 601. Vedi anche Simoncelli, *Preludi e primi echi di Lutero a Firenze* cit., pp. 674-744 e Silvana Seidel Menchi, *Le traduzioni italiane di Lutero nella prima metà del Cinquecento*, in «Rinascimento», XVII, (1977), pp. 31-108. Corrado Vivanti vede un riferimento alla Riforma nel passo delle *Istorie fiorentine* (I, 9) dove Machiavelli scrive: «E vedrassi come i papi, prima con le censure, di poi con quelle e con l'armi insieme, mescolate con le indulgenzie, erano terribili e venerandi; e come, per aver usato male l'uno e l'altro, l'uno hanno a tutto perduto, dell'altro stanno a discrezione d'altri»; Introduzione a *Opere*, vol. III cit., pp. XL-XLI. Machiavelli conosceva, almeno in parte, i dibattiti sulla riforma della Chiesa per aver seguito, inviato dai Dieci, il Concilio Gallicano tenutosi a Pisa dal 2 al 9 novembre 1511; cfr. *Opere* cit., vol. II, p. 1371. A proposito della missione di Machiavelli presso il Concilio pisano, Delio Cantimori ha scritto: «D'altra parte, compatrioti e superiori del Machiavelli lo consideravano competente anche di questioni religiose ed ecclesiastiche». I commissari fiorentini in Pisa, quando debbono riferire sull'andamento del concilio, dichiarano esplicitamente che per quello che non hanno capito o non hanno ricordato, rimandano «alla prudentia di Nicolò Machiavelli, el quale etiam fu presente, et a queste cose è più pratico di noi»; Delio Cantimori, *Machiavelli: il politico e lo storico*, in *Storia della Letteratura Italiana*, a cura di Emilio Cecchi e Natalino Sapegno, Garzanti, Milano 1966, vol. IV, *Il Cinquecento*, pp. 13-14. Vedi anche Augustin Renaudet, *Le Concile gallican de Pise-Milan. Documents florentins (1510-1512)*, Bibliotèque de l'Institut Français de Florence, Paris 1922.

sto nell'eucarestia. Vuole un Dio che aiuti gli uomini del suo tempo, e dei tempi a venire, a ritrovare l'amore della libertà e la forza interiore che il vivere libero esige[227]. Non cerca una nuova teologia, ma un nuovo modo di vivere nel mondo. Per questo parla di un Dio capace di entrare nel cuore degli uomini e dare ad essi la forza per vincere la corruzione morale[228].

La cattiva religione ha reso gli italiani cattivi, capaci di fare il male, di frodare, e di opprimere senza vergogna. Solo una buona religione può cambiarli, anche se la cura, per la gravità del male, è quasi disperata. Una religione rinnovata secondo la virtù antica era necessaria a tutti i popoli moderni per ritrovare quell'amore del vivere libero che nei popoli antichi aveva fatto nascere, e aveva tenuto in vita, tante libere repubbliche. Senza farsi né profeta né banditore di una riforma religiosa, Machiavelli si adoperò con la forza della parola per far nascere un nuovo costume religioso e morale.

---

[227] Chi ha visto bene quale fosse il Dio di Machiavelli è stato Giuseppe De Luca, che ha avvicinato, ma non identificato, Machiavelli al suo contemporaneo beato Paolo Giustiniani (1476-1528). Beato Paolo Giustiniani, scrive De Luca, «non è un letteratino né un letteratone, non è un santarello di monastero né un santone di tribù, forse è uno dei pochi italiani di quegli anni che, accanto a Caterina da Genova, scoprirono più e meglio d'una nuova terra, scoprirono un nuovo cielo; e non lo scoprirono lontano, ma nel cuor loro». Non scoprì né propose una nuova poesia o una nuova filosofia, ma solo parole che aprivano la via verso «una vita nuova, un uomo nuovo», e fu in tal modo più rinnovante della Riforma e della Controriforma. In sua presenza, nota ancora De Luca, vengono «sulle labbra parole antichissime delle origini cristiane, e si pensa a un ritorno a quelle fonti prime, che Machiavelli non aveva occhi da poter scoprire, pur sentendolo necessario in astratto»; Giuseppe De Luca, *Letteratura di pietà a Venezia dal '300 al '600*, a cura di Vittore Branca, Olschki, Firenze 1963, p. 46.

[228] «Il Machiavelli seppe perfettamente che per far credere occorre credere; e seppe anche che stupenda ricchezza di energie umane sprigioni una semplice e schietta vita religiosa: sicché esaltò i profeti armati (ma armati soprattutto della loro fede in Dio e nella missione loro affidata, nella sua chiamata e elezione a opere incancellabili), Mosè e Maometto, come Francesco e Domenico; ma fu anche troppo generoso per rider di quelli disarmati, di cui avvertì la sfortunata grandezza»; Antonio Corsano, *Umanesimo e religione in G.B. Vico*, Laterza, Bari 1935, pp. 152-53.

Capitolo secondo

LA FORZA DELLA PAROLA

1. *Retorica e religione civile*

Nella Firenze di Machiavelli la forza della parola pervadeva la vita politica e la vita religiosa. I magistrati educavano con le pubbliche orazioni all'amore per la Repubblica; i predicatori insegnavano con i sermoni l'amore di Cristo. Gli uni e gli altri erano consapevoli che la parola è in grado di educare all'amore della libertà e della giustizia, di suscitare fede, di muovere la devozione, e soprattutto di imprimere nei cuori degli uomini l'amore della virtù e l'odio del vizio. Per i temi che trattavano, per gli argomenti che usavano, e per le autorità che citavano, l'eloquenza civile e l'eloquenza religiosa si sovrapponevano spesso, e cooperavano a fare di Firenze la città in cui la retorica era la regina delle arti[1].

Per Coluccio Salutati, che fu uomo di governo e scrittore politico, la padronanza dell'eloquenza era un aspetto essenziale dei doveri del cittadino. L'esperienza politica gli aveva insegnato che la forza persuasiva della parola è essenziale per conservare la vita civile e soprattutto per riformare la vita morale[2]. Che cosa può

---

[1] Vedi in proposito Daniel R. Lesnick, *Civic Preaching in the Early Renaissance. Giovanni Dominici's Florentine Sermons*, in *Christianity and the Renaissance. Image and Religious Imagination in the Quattrocento*, a cura di Timothy Verdon e John Henderson, Syracuse University Press, Syracuse (N.Y.) 1990, pp. 208-25; Ronald F.E. Weissman, *Sacred Eloquence. Humanist Preaching and Lay Piety in Renaissance Florence*, ivi, pp. 250-71. Vedi anche Emilio Santini, *Firenze e i suoi 'oratori' nel Quattrocento*, Sandron, Milano-Palermo 1922, pp. 65-69 e 163-67; James Murphy, *Rhetoric in the Middle Ages: A History of Rhetorical Theory from Saint Augustine to the Renaissance*, University of California Press, Berkeley 1974.

[2] Coluccio Salutati, *De nobilitate legum et medicinae*, a cura di Eugenio Ga-

essere più importante, scrive, di controllare le passioni, muovere chi ti ascolta dove tu vuoi e poi riportarlo, con garbo e amore, nella posizione da cui l'avevi mosso? È utile saper ornare e abbellire gli scritti, ma ancora più importante è riuscire a piegare gli animi di chi ascolta[3]. Per mezzo dell'eloquenza possiamo aiutare i nostri concittadini e moderare le passioni perniciose[4]. La retorica deve essere considerata regina delle arti e delle scienze, ma non deve essere mai disgiunta dalla ragione, perché l'eloquenza senza saggezza ha sempre arrecato gravi danni agli uomini[5]. Salutati non vedeva alcun contrasto fra l'eloquenza e la verità cristiana[6]. L'eloquenza deve anzi porsi al servizio della saggezza che Cristo ci ha rivelato. L'uomo dipende da Dio per ogni sua eccellente opera, e l'eloquenza non fa eccezione[7]. Se usata bene può fare entrare la verità cristiana nell'animo degli uomini e rafforzare la virtù civile[8].

Anche Leonardo Bruni riteneva che l'eloquenza fosse necessaria a far vivere la religione della patria. Nelle occasioni più importanti della vita della repubblica, quali ad esempio i funerali dei cittadini che hanno dato la vita per la patria, l'eloquenza aggiunge l'ornamento della parola alla solennità della cerimonia. Con il suo splendore illumina le virtù e le opere del defunto, fa rilucere il carattere religioso dell'amore della patria, muove gli animi a intendere che la patria è sacra («patria sua cuique sanctissima») e che coloro che hanno dato la vita per la sua libertà e per la sua salvezza avranno nei cieli premi eterni[9]. Il vero modello che il cittadino deve seguire per essere in grado di assolve-

rin, Vallecchi, Firenze 1947, p. 4. Vedi anche Eugenio Garin, *I cancellieri umanisti della Repubblica Fiorentina da Coluccio Salutati a Bartolomeo Scala*, in Id., *La cultura filosofica del Rinascimento italiano*, Sansoni, Firenze 1961, pp. 3-18.

[3] «auditorum animos incurvare»; in *Epistolario di Coluccio Salutati*, 4 voll., a cura di Francesco Novati, Istituto Storico Italiano, Roma 1891-1911, vol. I, pp. 176-87. Per le lettere pubbliche che Salutati scrisse come cancelliere della Repubblica, vedi Peter Herde, *Politik und Rhetorik in Florenz am Vorabend der Renaissance*, in «Archiv für Kulturgeschichte», XLVII (1965), pp. 141-220.

[4] *Epistolario*, vol. I cit., pp. 179-80.

[5] Ivi, vol. III, p. 506.

[6] Ivi, vol. III, p. 424 e vol. II, p. 164.

[7] Ivi, vol. I, p. 300.

[8] Ivi, vol. III, p. 602 e vol. IV, p. 138.

[9] Leonardo Bruni, *Oratio in funere Iohannis Strozze*, in *Opere letterarie e politiche*, a cura di Paolo Viti, Utet, Torino 1996, pp. 746-49.

re bene i suoi doveri è Cicerone, che seppe congiungere eloquenza e saggezza e aggiunse alla potenza romana l'eloquenza,
«signora delle cose umane». Per queste ragioni, conclude Bruni,
fu giusto chiamarlo sia padre della patria sia padre della lingua e
delle lettere nostre[10]. L'eloquenza non aiuta solo la religione della patria, ma anche la religione cristiana. Nel *De studiis et litteris*, scritto fra il 1422 e il 1429 per Battista Malatesta, moglie del
signore di Pesaro Galeazzo Malatesta, Bruni spiega infatti che «la
donna cristiana» deve meditare le Sacre Scritture con l'aiuto di
autori eloquenti, quali Agostino che «ci offre un testo dotto e degno di essere ascoltato», e Lattanzio Firmiano, «senza dubbio il
più eloquente di tutti i cristiani»[11].

L'autore che più degli altri sostenne che la religione vive di
eloquenza fu tuttavia Lorenzo Valla, che fin dagli anni giovanili
si dedicò allo studio dell'oratoria guidato dalla convinzione che
se l'oratore è, come deve essere, *vir bonus dicendi peritus*, lo studio dell'oratoria arreca gran giovamento agli uomini e piace a Dio
(«Deo placerem hominibusque prodessem»)[12]. Valla teorizza una
teologia retorica fondata sulla modestia, la grande conoscenza
delle cose divine, l'integrità di vita e la gravità di carattere. Sono
le qualità dell'oratore ciceroniano adattate all'oratore cristiano.
Ma l'oratore cristiano, a differenza di quello antico, deve avere
sincera fede e condurre vita cristiana. Come un oratore non può
muovere all'ira o alla compassione se non prova egli stesso ira e
compassione, così l'oratore religioso non può suscitare l'amore
delle cose divine nella mente degli altri se egli stesso non sente
quell'amore dentro di sé[13]. Per mezzo della forza della parola
(«per vim vocabuli») l'oratore cristiano può condurre gli uomini verso Dio in modo facile e vero. Gli uomini non possono vedere la celeste beatitudine, ma solo immaginarla, e possono ac-

[10] Leonardo Bruni, *Vita Ciceronis*, in *Opere letterarie e politiche* cit., pp.
468-69.
[11] Leonardo Bruni, *De studiis et litteris*, in *Opere letterarie e politiche* cit.,
pp. 253 e 261.
[12] Girolamo Mancini, *Alcune lettere di Lorenzo Valla*, in «Giornale Storico della Letteratura Italiana», XXI (1893), p. 30. Vedi anche Armando Verde
(*et al.*), *Immagine e parola: retorica filologica – retorica predicatoria (Valla e Savonarola)*, Centro riviste della provincia romana, Pistoia 1988.
[13] Lorenzo Valla, *Scritti filosofici e religiosi*, a cura di Giorgio Radetti, Sansoni, Firenze 1953, pp. 165-66.

cogliere la fede per imitazione di coloro che già vivono secondo essa. L'unica arte che sa stimolare negli uomini l'immaginazione e muoverli a operare per imitazione è l'eloquenza. Essa è dunque, conclude Valla, la migliore alleata della religione[14].

La religione, scrive nelle *Elegantiae*, si serve della persuasione, non della dimostrazione, e la persuasione è molto più potente della dimostrazione[15]. Gli stessi Padri della Chiesa e gli apostoli furono eccelsi nell'eloquenza. Molti di essi seppero incastonare le gemme della divina parola nell'oro e nell'argento senza rifiutare la teologia per l'eloquenza. Anche i frati, che Valla fustiga perché pretendono di essere migliori degli altri uomini per il solo fatto che hanno preso i voti, dovrebbero parlare «piuttosto a mo' di oratori che di filosofi», se volessero davvero correggere gli uomini dal vizio, liberarli dalle false opinioni, guidarli alla pietà e alla vera conoscenza[16]. Chi non sa usare la forza persuasiva della parola, precisa Valla, è «indegno di parlare di teologia». Le vere colonne della Chiesa sono stati gli uomini eloquenti, e fra di essi soprattutto san Paolo. Non chi è maestro nell'uso dell'eloquenza va dunque biasimato, ma chi ne è digiuno.

Tanto l'eloquenza civile, quanto l'eloquenza poetica e religiosa meritano incondizionata lode. La prima è simile al canto della rondine che vive sui tetti e nelle città; la seconda al canto dell'usignolo che vive sugli alberi e nei boschi. Benché siano diverse per i fini che si propongono e per i mezzi espressivi che usano, l'una completa mirabilmente l'altra[17]. Da queste considerazioni Valla ricava la decisa subordinazione della filosofia alla retorica. La filosofia, scrive, è come un soldato o un tribuno sotto il comando della retorica[18]. Gli oratori hanno trattato questioni morali molto più chiaramente, molto più profondamente e ma-

---

[14] «Religio auten Christiana non probatione nititur, sed persuasione, quae praestantior est quam probatione»; Lorenzo Valla, *In quartum librum elegantiarum praefatio*, in *Opera omnia*, a cura di Luigi Firpo, Bottega d'Erasmo, Torino 1962, vol. II, pp. 119-20.

[15] Lorenzo Valla, *Elegantiae linguae latinae*, V, 30, in *Opera omnia*, vol. II cit., p. 172.

[16] Lorenzo Valla, *De professione religiosorum*, in *Prosatori latini del Quattrocento*, a cura di Eugenio Garin, Ricciardi, Milano-Napoli 1952, pp. 591-93.

[17] Lorenzo Valla, *De falso et vero bono*, in *Scritti filosofici e religiosi* cit., pp. 247-48.

[18] Ivi, pp. 30-31.

gnificamente degli oscuri, squallidi e anemici filosofi, e soprattutto le hanno trattate nel mezzo della vita civile, prima che i filosofi ne discutessero nei loro angoli. L'oratore, ci assicura Valla, non il filosofo, è guida del genere umano, vero uomo civile, vero sapiente e vero politico[19].

A chi gli rimprovera di esortare a leggere libri di autori intrisi nel veleno dell'eloquenza, Valla ribatte che «i libri degli antichi sono tutti così eloquenti che quando insegnano la sapienza, hanno in sé somma eloquenza, e quando insegnano l'eloquenza somma sapienza». Bisogna di conseguenza condannarli o assolverli tutti senza eccezione. Se l'oratore è *vir bonus*, l'arte che insegna «come trovare o come disporre ossa e nervi del discorso, e come adornarlo, ossia come dar carne e colore ad esso e infine ti mostra come si mandi a memoria e come elegantemente si pronunci», non può in alcun modo essere dannosa[20]. È anzi la sola arte che sa far nascere e vivere il sentimento religioso e la coscienza civile di un popolo.

L'eloquenza fiorisce nella libera città e muore sotto la tirannide. Quando Firenze era libera, scrive Alamanno Rinuccini, figura di primo piano dell'umanesimo civile fiorentino, la libertà di parola regnava nelle assemblee, e con essa brillava l'eloquenza dei cittadini. Da quando la città è serva, regna il silenzio; e se qualche volta risuona nei consigli pubblici la voce dell'araldo che concede la parola a chi la chiede, «tutti comprendono che si tratta di un suono inane, dal momento che nessuno osa dire la propria opinione e parlare apertamente, a causa della paura»[21].

Negli anni della giovinezza di Machiavelli, i dotti chiamati a insegnare nello Studio Fiorentino spiegavano ai giovani che si preparavano alla vita pubblica che il buon cittadino, per poter assolvere bene i suoi doveri, doveva coltivare con tutto il suo im-

---

[19] «plus esse oratorem quam philosophum. Vere civilis i.e. vere sapiens; hoc est politicus: nam civilis scientia idem quod sapientia»; cit. in Salvatore I. Camporeale, o.p., *Da Lorenzo Valla a Tommaso Moro. Lo statuto umanistico della teologia*, in *Umanesimo e teologia*, in «Memorie Domenicane», N.S. IV (1973), p. 25. Valla pone il *modus rhetoricus* quale fondamento dello studio scientifico della sacra dottrina.

[20] Valla, *Scritti filosofici e religiosi* cit., pp. 40 e 167.

[21] Alamanno Rinuccini, *Dialogus de libertate*, a cura di Francesco Adorno, Atti e memorie dell'Accademia Toscana di Scienze e Lettere 'La Colombaria', XXII (1957), p. 283.

pegno l'arte dell'eloquenza. Angelo Ambrogini, detto il Poliziano, ad esempio, aprì nel 1480 il suo corso con una prolusione che è tutta un fervido elogio dell'eloquenza quale fondamento necessario della vita civile:

Che cosa vi è di più bello che arrivare ad eccellere fra gli uomini proprio in quella dote per cui gli uomini eccellono sugli altri animali? Che cosa vi è di più meraviglioso che, parlando alle grandi moltitudini, irrompere a tal punto negli animi e nelle menti degli uomini da spingerne e ritrarne il volere a tuo piacimento, da renderne i sentimenti più miti o più violenti, da dominare infine le volontà e i sentimenti di tutti? Che cosa v'è di più egregio che poter abbellire ed esaltare con la parola gli uomini eccellenti per virtù e le azioni egregie, e di contro abbattere e sconfiggere i malvagi e i dannosi, svergognandone e schiacciandone le turpi gesta? Che cosa vi può essere di così utile e fecondo quanto poter convincere con la parola i tuoi concittadini, a te carissimi, in tutte quante le cose che tu abbia trovato convenienti allo stato, distogliendoli a un tempo dai propositi inutili e cattivi? Che cosa vi è di tanto necessario, quanto aver sempre pronta l'armatura e la spada dell'eloquenza con cui proteggere se stessi, attaccare gli avversari e difendere la propria innocenza insidiata dai malvagi? Che cosa v'è di così magnanimo e conforme a un animo ben educato quanto il poter consolare gli sventurati, sollevare gli afflitti, soccorrere i supplici, procurarsi e mantenersi amicizie e clientele?[22]

Il luogo naturale dell'eloquenza era la vita politica[23]. I cittadini chiamati a tenere orazioni politiche cercavano con la forza della parola di infondere una fede civile fondata sull'amore del-

---

[22] Angelo Poliziano, *Oratio super Fabio Quintiliano et Statii Sylvis*, in *Prosatori latini del Quattrocento* cit., p. 883. Vedi anche i testi di Pico della Mirandola ed Ermolao Barbaro raccolti da Francesco Bausi in *Filosofia e eloquenza*, Liguori, Napoli 1998, in particolare, pp. 52-53.
[23] Savonarola ribadì dal pulpito il legame fra eloquenza e religione. La religione cristiana è per lui fede interiore e adesione attiva più che sistema intellettuale di dogmi. Come tale vive di persuasione e di eloquenza. «Questa Scrittura ancora [...] quanto al modo del parlare, è acconcia e temperata in modo che coloro che sono stati purificati da' peccati e che con umiltà la hanno voluta intendere e studiare, come fu santo Ieronimo e santo Augustino e li altri santi, vi veggono dentro uno modo di parlare alto e pieno di eloquenzia, più che non è quello di Tullio e di Demostene e delli altri uomini, quantunque eloquentissimi»; Girolamo Savonarola, *Prediche sopra l'Esodo*, a cura di Pier Giorgio Ricci, Belardetti, Roma 1966, predica XII, p. 3.

la patria e della libertà. Documenti assai significativi dell'uso del-
l'eloquenza per infondere e mantenere viva una fede civile sono
le orazioni tenute dinanzi ai signori quando il nuovo gonfaloniere di giustizia assumeva l'incarico. Le orazioni, dette *protestatio
de iustitia*, danno ai princìpi politici della giustizia e della libertà
un significato religioso, e a tal fine gli oratori citano tanto la Bibbia e i Padri della Chiesa quanto i maestri greci e latini[24].

Bono Boni, ad esempio, nell'orazione letta nel 1461, sottolinea che vivere secondo giustizia è «conformarsi cum Dio» e che
Cristo stesso ammonisce a coltivare la giustizia affinché la nostra
casa terrena non crolli per effetto della disunione e della discor-
dia[25]. Chi osserva la giustizia diventa simile a Dio, e dopo la morte è a lui riservato un posto nel cielo dove potrà godere l'eterna
beatitudine, spiega Boni riferendosi al tema del *Somnium Scipionis* che tanta fortuna ebbe nell'Umanesimo fiorentino[26]. Donato
Acciaiuoli (1429-1478), che fu gonfaloniere di giustizia nel 1474,
sottolinea che la giustizia è una divina virtù che Iddio «ha mandato in terra nelle mani nostre et degli altri che regghono et governano». Per questa sua divina origine il suo splendore è tale
che se potessimo vederla con gli occhi essa «occuperebbe tucti e
nostri sensi et accenderebbe e nostri animi d'uno ardente amore
et desiderio inverso la sua bellezza et dignità»[27].

Anche Giannozzo Manetti parla della giustizia come virtù divina in quanto imita l'operare di Dio che punisce il male con misericordia e premia per grazia. Le città che praticano la giustizia
prosperano, e Dio stesso nella Bibbia comanda di amare la giustizia e di onorare coloro che la difendono[28]. Bernardo Canigiani
(1443-1497), che fu intimo amico di Marsilio Ficino, ammonisce
chi governa la città e chi amministra la giustizia di «fare professione di vegliare, perché gli altri dormano, d'affaticharsi perché gli altri si riposino, di mettersi a pericolo perché gli altri vivino securi»,

[24] Emilio Santini, *La protestatio de iustitia nella Firenze medicea del sec. XV*,
in «Rinascimento», X (1959), pp. 41-42.
[25] Ivi, pp. 77-79.
[26] Ivi, p. 79.
[27] *Protesto facto da Donato di Neri di Messer Donato Acciaiuoli G[onfalo-
nie]re di compagnia al dì 15 maggio 1469*, ivi, p. 50.
[28] *Protesto fatto per M. Giannozzo Manetti et recitato da altri alla excelsa Signoria et a Rectori in palazzo confortandogli amministrare giustizia*, ivi, pp. 58-59.

ed esorta a imitare il buon pastore del Vangelo che «ponit animam pro ovibus suis» (Gv., X). Per spronare a considerare i pubblici onori un servizio, cita invece san Paolo che «dimostrò col proprio exenplo essere proprio officio del superiore ministrare allo inferiore [la] lavanda de' piedi con gli apostoli». Rammenta infine che «immortali premii sono reservati a quelli e quali l'anima da Dio ricevuta pura et immaculata rendino»[29].

Quando la Repubblica si avvia a diventare di fatto principato sotto Lorenzo de' Medici, gli oratori accentuano il contenuto religioso della fede civile. Ne è prova l'orazione che Filippo Pandolfini legge nel 1475, tutta costruita attorno all'idea che l'uomo «solo per operare iustitia in questa presente vita dallo omnipotente idio è stato comandato». Pandolfini svolge il tema della giustizia come principio religioso partendo dalla premessa che Dio ha creato l'universo per amore dell'uomo, e l'uomo perché ami Dio. La «cosa creata» deve di conseguenza fare la volontà del suo creatore, perché chi idio veramente non conoscie et idio non ama, et contro alla natura vive et fa contro allo statuto et legie divina et però manifestamente si vede l'uomo essere creato solo a fine che con religione et iustitia viva». Come ha insegnato anche Platone, soltanto per mezzo della giustizia l'uomo diventa simile a Dio e vive anche dopo la morte. La giustizia accende inoltre nell'animo degli uomini «uno ardente et smisurato amore della patria» che fa pensare «al bene comune della rep[ubblica]» e dà ad essi la saggezza necessaria per istituire buoni ordini e buone leggi, e la forza per difendere la libertà comune. La stessa carità della patria che impone di governare con giustizia è principio religioso: «questa è quella cosa che sopra tutte l'altre piace all'onnipotente idio, il quale nessuna altra cosa più ci comanda, a nessuna altra cosa più ci esorta che aministrare iustitia». Per queste ragioni dobbiamo di necessità concludere, sottolinea Pandolfini, che «idio ci ha creati per operare iustitia»[30].

Alamanno Rinuccini, nell'orazione pronunciata il 15 luglio 1493, descrive la giustizia come «celeste et divina uirtu» che di-

---

[29] *Protesto fatto per Bernardo di Simone Canigiani e da llui recitato nel Palagio de' Signori di Firenze et Rectori e a tutti e Magistrati intorno all'osservanza della iustitia*, ivi, pp. 62-64.

[30] *Protesto fatto per Ser Filippo Pandolfini, exhortatio de iustitia, a rectori et a tutti i magistrati die iulii 1475 die sabbati*, ivi, pp. 69-73.

scende dal Creatore a tutte le creature, non solo nel mondo sensibile ma anche nel mondo «intelligibile, angelico et spirituale». La giustizia è uno degli attributi di Dio. Per questa ragione quando gli uomini riconoscono «madonna Iustitia», e sottomettono le sensibili, brutali e inferiori potenze alle superiori, intellettive e razionali, e governano le loro opere con «iusto imperio», si conformano al volere di Dio. La giustizia, sottolinea Rinuccini, è la virtù più di ogni altra necessaria all'«humano uiuere et maxime politico et ciuile». Chi è giusto si rende simile al sommo monarca Dio «il quale non solum giustissimamente gouerna l uniuerso», ma premia anche i giusti con grande generosità, come recita il Salmo[31]. Ad essa si ispirarono i grandi legislatori che diedero ai loro popoli sante leggi per il bene comune; per essa si sacrificarono i martiri della fede cristiana, e grazie ad essa le patrie si sono conservate libere e sono diventate grandi e potenti. Dalla giustizia nasce «la pace et la dilectione», i due beni sommamente grati a Dio e a Cristo che premiano chi opera secondo giustizia con la felicità ultima ed eterna. La giustizia permette agli uomini di eccedere la loro condizione mortale e fa le creature «simili al creatore», capaci di «smisurato amore». Grazie alla «santissima pietà» e alla «singularissima iustitia» che ci fa pensare al «comune bene», gli uomini celebrati nelle storie seppero dar vita a grandi cose[32].

La giustizia è invocata anche nel Consiglio degli Ottanta e nelle pratiche, e spesso gli oratori mettono in risalto il suo significato religioso. Rispettare la giustizia, afferma ad esempio Bernardo di Carlo da Diacceto il 28 novembre 1499, è il modo vero di rispettare Dio: «si extese in confortare la Signoria ad mettere ogni dilligentia che si observi iustitia, dicendo che dove si observa iustitia è Idio, et dove è Idio è ogni bene et ogni cosa, et dove questa iustitia mancha non può essere bene alcuno». Nella medesima pratica Cappone Capponi, per incoraggiare la Signoria a far sì che i magistrati esercitino la giustizia, cita i *Salmi* (84.11): «pax et iustitia oscula sunt», mentre Giovanni Buondel-

---

[31] *Oratio seu protestatio a Francisco Rinuccino Philippi filio edita et per eundem publice recitata in palatio publico [...] anno MCCCCLXXXXIII et die XV mensis iulii*, in Alamanno Rinuccini, *Lettere ed orazioni*, a cura di Vito R. Giustiniani, Olschki, Firenze 1953, pp. 200-203.

[32] Ivi, p. 204.

monti cita dall'*Epistola agli Ebrei* 1.9: «dilexisti iustitiam et odisti iniquitatem / propterea unxit te Deus Deus tuus oleo exultationis prae participibus tuis»[33].

Oltre alle pratiche diplomatiche, il luogo naturale dell'eloquenza politica erano i pubblici consigli[34]. Quando erano chiamati a deliberare sulle scelte politiche, i cittadini di Firenze mettevano in opera la loro eloquenza per persuadere, ammonire, esortare, evocare i pericoli, suscitare speranze. Nei discorsi che essi pronunciavano, anche in quelli più concreti e lontani dallo stile magniloquente, cercavano di far vivere i princìpi dell'etica politica repubblicana. Vero e proprio luogo comune era l'esortazione alla virtù quale fondamento necessario della libertà politica e vera via alla gloria. Un altro *topos* ricorrente, che mette ancora una volta in risalto il carattere religioso dell'*ethos* repubblicano, era l'idea che Dio è amico delle repubbliche che come Firenze difendono la giustizia anche se devono lottare contro il potere temporale del papa.

Ne è un esempio davvero illuminante il discorso che il gonfaloniere Pier Soderini tiene di fronte al Consiglio Maggiore per fare approvare la legge che imponeva al clero di Firenze il pagamento di una forte somma di denaro da usare per la difesa della città in vista dell'attacco delle truppe della Lega Santa capeggiata dal papa Giulio II. Oltre ad essere dettata dalla necessità di reperire le risorse per la difesa della città, la legge era anche una risposta all'interdetto che il papa aveva scagliato contro Firenze, rea di aver permesso l'apertura del Concilio pisano nel novembre 1511 che il re di Francia aveva istigato contro il papato.

L'interdetto vietava al clero di celebrare messa, di amministrare alcuni sacramenti, di seppellire religiosamente i morti, e dava a chiunque facoltà di avvalersi dei beni dei mercanti fiorentini ovunque essi fossero. Era un'arma potente che colpiva sia le anime sia le sostanze dei fiorentini. Per fare approvare la legge, Pier Soderini si appella non solo alla necessità suprema della difesa, ma anche alla legge divina, e sostiene che la salvezza della patria è obbligo religioso, anche se il nemico è la Chiesa:

---

[33] *Consulte e pratiche della Repubblica Fiorentina. 1498-1505*, a cura di Denis Fachard, Prefazione di Gennaro Sasso, Droz, Genève 1993, vol. I, pp. 260-61.
[34] Vedi in proposito Santini, *Firenze e i suoi 'oratori'* cit., pp. 105-106.

Né vi ritenga il timore di offendere il nome divino; perché il pericolo è sì grave e sì evidente, e sono tali i bisogni e le necessità nostre [...] che è permesso non solo l'aiutarsi con quella parte di queste entrate che non si converte in usi pii, anzi sarebbe lecito mettere mano alle cose sacre: perché la difesa è, secondo la legge della natura, comune a tutti gli uomini e approvata dal sommo Iddio e dal consentimento di tutte le nazioni; nata insieme col mondo e duratura quanto il mondo, e alla quale non possono derogare né le leggi civili né le canoniche fondate in su la volontà degli uomini, e le quali, scritte in sulle carte, non possono derogare a una legge non fatta dagli uomini ma dalla stessa natura, e scritta scolpita e infissa ne' petti e negli animi di tutta la generazione umana[35].

Il vero modo di essere cristiani e di operare in modo gradito a Dio, insiste Soderini, è difendere la libertà della città: «È conclusione comune di tutti i savi che a Dio piacciono sommamente le libertà delle città, perché in quelle più che in altra specie di governi si conserva il bene comune, amministrasi più senza distinzione la giustizia, accendonsi più gli animi de' cittadini all'opere virtuose e onorate, e si ha più rispetto e osservanza alla religione. E voi credete che gli abbia a dispiacere che per difendere cosa sì preziosa, per la quale chi sparge il proprio sangue è laudato sommamente, vi vagliate d'una piccola parte di frutti e di entrate di cose temporali?». Aiutare la patria, conclude Soderini, è la cosa «più grata e più accetta al sommo Iddio» che un cittadino possa fare[36].

Un aspetto altrettanto importante della religione civile fiorentina era la convinzione che la Repubblica dovesse la sua nascita e la sua conservazione a Dio, e dunque avesse verso Dio e verso chi annuncia il suo verbo un obbligo da rispettare anche a rischio di grandi pericoli. Questo tema emerge con particolare forza nella drammatica pratica del 14 marzo 1498 convocata per discutere come rispondere alla breve del papa che ordinava alla città di impedire a Savonarola di predicare. Mentre alcuni oratori sostengono che la città deve obbedire all'ordine del papa per timore dell'interdetto e perché egli è «Sommo Pontefice, vicario di Dio, signore de' christiani [che] ha giurisdizione su tutto il

---

[35] Francesco Guicciardini, *Storia d'Italia*, X, 6, in *Opere di Francesco Guicciardini*, a cura di Emanuella Lugnani Scarano, Utet, Torino 1981, vol. II, p. 967.
[36] Ivi, p. 968.

mondo», altri esortano a «mantenere la libertà della cictà vostra, ché s'è facto tanto per recuperarla» e sottolineano che «non pare loro che sia honore di quella contro uno servo di Dio, come è frate Hieronimo, volere fare che s'abstenga dal predicare», e altri ancora ricordano che impedire a Savonarola di predicare vorrebbe dire peccare d'ingratitudine, offendere Dio e attirare in questo modo mali ancora più gravi dell'interdetto[37].

La religione civile che viveva nelle coscienze dei fiorentini insegnava a cercare in Dio conforto per deliberare con saggezza e per agire con coraggio e fermezza nel momento del pericolo, come fa ad esempio Baldassarre Carducci, che al Consiglio degli Ottanta del 17 giugno 1512, quando la fine della Repubblica è ormai imminente, esorta a «ricorrere a Dio con prece, oratione et limosine che ne conceda gratia di pigliare tucti quegli partiti et deliberationi che sono salutari alla città»[38]. L'appello a Dio come guida per deliberare bene quando è in pericolo la libertà della città ritorna anche nel discorso che Pier Soderini tenne davanti al Consiglio Grande chiamato a decidere sull'ultimatum della Lega Santa che imponeva a Firenze di lasciar rientrare i Medici. Soderini esorta il Consiglio a rifiutare l'ultimatum e invoca l'aiuto di Dio affinché guidi le menti e i cuori dei cittadini. Il Consiglio Grande, sottolinea Soderini, è «il principe di questa città». Dalle sue deliberazioni dipende la vita della Repubblica. I cittadini hanno bisogno dell'aiuto di Dio per capire qual è la scelta che porta alla salvezza della Repubblica ed evitare quella che porta alla sua rovina: «esaminate quel che possa importare la dimanda del viceré alla vostra libertà, e Dio vi presti grazia di alluminare e di fare risolvere alla migliore parte le menti vostre»[39].

---

[37] «Ma considerato questo venerabile religioso, afferma ad esempio Lorenzo de Lenzi per gli Ufficiali del Monte, che si vorrebbe risciacquarsi la bocha quando se ne parla, // che sia preso o sostenuto pel comandamento del Pontefice d'una casa et relligione sì nobile et degna. La doctrina sua è in tucta perfectione, e' costumi migliorati, gl'oblighi della cictà sono assai con epso lui, et io ne ho ricordo; et altri, che se non fussino state le sue predicationi si vedeva ruina grande. Che bisogna dire della pace et posamento della cictà? Che se non fussi stato lui, non saremo dove noi siamo. Appresso, el benefitio del Consiglio ordinato per lui, che ha facto intra ll'altre due cose, di non far grandi et di non far novità. Et doviamo stimare più Dio che altro, perché è signore del cielo, della terra»; *Consulte e pratiche della Repubblica Fiorentina. 1498-1505* cit., pp. 45-49.

[38] Ivi, p. 304.

[39] Guicciardini, *Storia d'Italia* cit., XI, 3.

2. *Machiavelli oratore*

Da questo contesto culturale, Machiavelli trae, e mette in pratica, la convinzione che la religione civile vive della forza della parola. Come i suoi compatrioti, sa che senza una religione che insegna ad amare la libertà, e senza l'eloquenza che tocca l'animo dei cittadini, la libera repubblica non vive, per quanto sagge e bene ordinate siano le sue istituzioni politiche. Sa anche che la religione cristiana, diversamente da quella pagana, che si fondava «sopra i responsi degli oracoli e sopra la setta degli indovini e degli aruspici», vive della forza della parola. Aveva visto di persona Savonarola persuadere i fiorentini, ancorché essi non fossero affatto «rozi», ad accogliere le sue idee religiose e politiche. Riconosce che san Francesco e san Domenico persuadevano le genti con le predicazioni e con «lo esemplo della vita di Cristo»[40].

Vedeva anche l'ipocrisia e l'impostura che si celavano sotto la predicazione religiosa, in particolare quella profetica e apocalittica. Quando gli giunge voce di predicatori di tal fatta, finge con gli amici di essere rimasto terrorizzato dalle fosche profezie per mettere in ridicolo i visionari e chi crede nelle visioni. La lettera a Vettori del 19 dicembre 1513 è un documento esemplare:

E' si trova in questa nostra città, calamita di tutti i ciurmatori del mondo, un frate di S. Francesco, che è mezzo romito, el quale, per aver più credito nel predicare, fa professione di profeta, et ier mattina in Santa Croce, dove lui predica, disse multa magna et mirabilia: che avanti che passassi molto tempo, in modo che chi ha 90 anni lo potrà vedere, sarà un papa iniusto, creato contro ad un papa iusto, et arà seco falsi profeti, e farà cardinali, e dividerà la Chiesia; item che il re di Francia si aveva annichilare, et uno della casa di Raona a predominare Italia. La città nostra aveva ire a fuoco et a sacco, le chiese sarebbono abbandonate e ruinate, i preti dispersi, e tre anni si aveva a stare senza divino offizio. Moria sarebbe e fame grandissima [...]. Queste cose mi sbigottirono ieri in modo, che io aveva andare questa mattina a starmi con la Riccia, e non vi andai; ma io non so già, se io avessi auto a starmi con il Riccio, se io avessi guardato a quello. La predica non la udi' perché io non uso simili pratiche, ma la ho sentita recitare così da tutto Firenze[41].

---

[40] Niccolò Machiavelli, *Discorsi sopra la prima deca di Tito Livio*, III, 1.
[41] Niccolò Machiavelli a Francesco Vettori, 19 dicembre 1513, in *Opere di Niccolò Machiavelli*, vol. III cit., p. 431.

La stessa predicazione di Savonarola era a suo parere piena di ipocrisie, e spesso ispirata da preoccupazioni di tattica politica. Nella lettera all'antisavonaroliano Ricciardo Becchi del 9 marzo 1498, Machiavelli sottolinea che Savonarola «secondo el mio giudicio viene secondando e tempi e le sue bugie colorendo». Erano passati più di vent'anni da quella lettera e Machiavelli, scrivendo da Carpi, ricorda di nuovo il frate come uomo «versuto», e facile a volgersi, agile e pronto nel cambiare atteggiamento e posizione a seconda di quello che richiede una precisa situazione: una qualità per Machiavelli positiva in un uomo politico, meno in un religioso[42].

Nella medesima lettera Machiavelli dimostra tuttavia di essere ben consapevole di quanto bene potrebbero fare predicatori che davvero imitassero san Francesco:

eglino vorrieno un predicatore che insegnasse loro la via del paradiso, et io vorrei trovarne uno che insegnassi loro la via di andare a casa il diavolo; vorrebbono appresso che fosse uomo prudente, intero reale, et io ne vorrei trovare uno più pazzo che il Ponzo, più versuto che fra Girolamo, più ippocrito che frate Alberto, perché mi parrebbe una bella cosa, e degna della bontà di questi tempi, che tutto quello che abbiamo sperimentato in molti frati, si esperimentasse in uno; perché io credo che questo sarebbe il vero modo ad andare in paradiso: imparare la via dello inferno per fuggirla. Vedendo, oltre di questo, quanto credito ha uno tristo che sotto il mantello della religione si nasconda, si può fare sua coniettura facilmente quanto ne arebbe un buono che andasse, in verità e non in simulazione, pestando i fanghi di S. Francesco[43].

Machiavelli è consapevole che la parola, simile in questo alla passione amorosa, ammalia, tiene avvolti, incatena. Savonarola,

[42] Niccolò Machiavelli a Francesco Guicciardini, 17 maggio 1521, in *Opere di Niccolò Machiavelli*, vol. III cit., p. 520. Vedi in proposito il saggio di Mario Martelli, *Machiavelli e Savonarola*, in *Savonarola. Democrazia Tirannide Profezia*, a cura di Gian Carlo Garfagnini, Edizioni del Galluzzo, Firenze 1998, in particolare pp. 81-82.
[43] Lettera a Francesco Guicciardini da Carpi, 17 maggio 1521, in *Opere di Niccolò Machiavelli*, vol. III cit., p. 520.

scrive nel *Decennale primo*, teneva i fiorentini «involti con la sua parola»[44]. È del pari consapevole che la persuasione sa suscitare e rinnovare la fede religiosa, ma non basta da sola a fondare stati e governare popoli. La ragione, spiega nel *Principe*, è che la natura dei popoli «è varia ed è facile a persuadere loro una cosa, ma è difficile fermargli in quella persuasione: e però conviene essere ordinato in modo che, quando non credono più, si possa far credere loro per forza». Per questo Savonarola, che pur sapeva tenere i fiorentini «involti con la sua parola», «ruinò ne' sua ordini nuovi, come la moltitudine cominciò a non credergli, e lui non aveva modo a tenere fermi quelli che avevano creduto né a far credere e' discredenti». Mosè, Ciro, Teseo e Romolo, che poterono usare oltre alla forza della parola la forza delle armi, riuscirono invece a fermare i popoli nella persuasione, e dunque a «fare osservare lungamente le loro constituzioni»[45].

Questi passi tante volte citati non indicano affatto che Machiavelli considera la persuasione di poca importanza per l'agire politico. Machiavelli conosce i limiti della persuasione, ma è convinto anche che la forza della parola è indispensabile per fondare, conservare e rinnovare gli stati. I profeti disarmati rovinano; ma le armi non bastano a educare e ad emancipare i popoli. La nascita stessa delle città è stata in molti casi opera di uomini che hanno saputo usare la forza della parola. Quando gli uomini vivevano dispersi «in molte e piccole parti», spiega Machiavelli, furono «mossi o da loro medesimi, o da alcuno che sia infra loro di maggiore autorità» a unirsi per difendersi. Chi seppe muoverli a vivere insieme aveva autorità, nel senso di potere, ma sapeva anche muoverli con la forza della parola[46].

[44] Niccolò Machiavelli a Francesco Vettori, 3 agosto 1514, in *Opere di Niccolò Machiavelli*, vol. III cit., p. 328.
[45] Niccolò Machiavelli, *Il principe*, VI.
[46] Machiavelli, *Discorsi*, I, 1, in *Opere* vol. I cit., p. 199. Plutarco, probabile fonte di Machiavelli, scrive: «Scomparso Egeo, Teseo concepì un piano grandioso e ammirevole. Radunò cioè ad abitare in città tutte le genti sparse per l'Attica, e di un popolo fin'allora disunito, sordo a ogni chiamata quando si trattava di interessi comuni, anzi, spesso sceso a litigi e talora a guerre intestine, egli fece una sola città. Visitò distretto per distretto, famiglia per famiglia, a far opera di persuasione. La gente comune e povera aderí prontamente al suo invito; ai potenti promise un governo repubblicano e democratico, in cui egli sarebbe figurato solo come comandante supremo dell'esercito e custode delle

A maggior ragione seppero servirsi della forza della parola i fondatori di nuovi ordinamenti politici, in particolare i fondatori di ordinamenti repubblicani. La forza della parola è più efficace con gli uomini «rozzi» che con i popoli civili; ma anche uomini civili possono essere persuasi ad accettare «uno ordine o una opinione nuova», soprattutto se i fondatori sanno persuadere che i nuovi ordini porteranno vantaggi. Se le «ragioni evidenti» della bontà dei nuovi ordini non bastano a persuadere ad accettare i nuovi ordinamenti, i fondatori dovranno simulare che essi sono ispirati da Dio[47]. Nell'un caso e nell'altro, la fondazione dei nuovi ordinamenti politici ha bisogno della forza persuasiva della parola.

Machiavelli critica con parole sferzanti i prìncipi che pensano di conservare lo stato con l'eloquenza superficiale ed esteriore:

credevano i nostri principi italiani, prima ch'egli assaggiassero i colpi delle oltramontane guerre – scrive nell'*Arte della guerra* – che a uno principe bastasse sapere negli scrittoi pensare una acuta risposta, scrivere una bella lettera, mostrare ne' detti e nelle parole arguzia e prontezza, sapere tessere una fraude, ornarsi di gemme e d'oro, dormire e mangiare con maggiore splendore che gli altri, tenere assai lascivie intorno, governarsi co' sudditi avaramente e superbamente, marcirsi nello ozio, dare i gradi della milizia per grazia, disprezzare se alcuno avesse loro dimostro alcuna lodevole via, volere che le parole loro fussero responsi di oraculi; né si accorgevano i meschini che si preparavano ad essere preda di qualunque gli assaltava[48].

Esorta tuttavia il principe a servirsi dell'eloquenza per simulare. Il principe, ammonisce, deve sembrare «piatoso, fedele, umano, intero, religioso» e per riuscirci deve essere maestro nell'arte di usare la parola: «debbe adunque uno principe avere gran cura che non gli esca mai di bocca cosa che non sia piena delle

---

leggi, mentre per il resto tutti avrebbero goduto di uguali diritti. Alcuni rimasero convinti, altri, pur sospettosi della sua potenza, che era già grande, e della sua audacia, che era più grande ancora, preferirono lasciarsi persuadere che forzare ad accogliere il suo progetto»; Plutarco, *Vite parallele*, a cura di Carlo Carena, Einaudi, Torino 1958, vol. I, pp. 19-20.

[47] *Discorsi*, I, 11.

[48] Niccolò Machiavelli, *Dell'arte della guerra*, in *Opere*, a cura di Corrado Vivanti, Einaudi-Gallimard, Torino 1997, vol. I, p. 688.

soprascritte cinque qualità; e paia, a udirlo e vederlo, tutto pietà, tutto fede, tutto integrità, tutto umanità, tutto religione»⁴⁹.

Più ancora del principe, deve essere capace di usare la forza della parola chi comanda eserciti. Il buon capitano, spiega Machiavelli, deve saper parlare a tutto l'esercito: «a persuadere o a dissuadere a' pochi una cosa, è molto facile, perché, se non bastano le parole, tu vi puoi usare l'autorità e la forza; ma la difficultà è rimuovere da una moltitudine una sinistra opinione e che sia contraria o al bene comune o all'opinione tua; dove non si può usare se non le parole le quali conviene che sieno udite da tutti, volendo persuadergli tutti. Per questo gli eccellenti capitani conveniva che fussono oratori, perché, sanza sapere parlare a tutto l'esercito, con difficoltà si può operare cosa buona; il che al tutto in questi tempi è dismesso»⁵⁰.

Soltanto la parola infonde nell'animo dei soldati le convinzioni e le passioni necessarie ad essere buoni combattenti: «questo parlare lieva il timore, accende gli animi, cresce l'ostinazione, scuopre gl'inganni, promette premii, mostra i pericoli e la via di fuggirli, riprende, priega, minaccia, riempie di speranza, loda, vitupera, e fa tutte quelle cose per le quali le umane passioni si spengono o si accendono». Un principe o una repubblica che vogliono istituire una nuova milizia e dare reputazione all'arte militare devono dunque abituare i «soldati a udire parlare il capitano, e il capitano a sapere parlare a quegli»⁵¹.

Come gli scrittori politici dell'Umanesimo, Machiavelli considera l'eloquenza anima della vita civile, soprattutto nelle libere repubbliche⁵². Elogia la libertà di parola nell'assemblea come un ordine adatto a una repubblica di buoni cittadini. Prima che Roma si corrompesse, scrive, «poteva uno tribuno, e qualunque altro cittadino, preporre al popolo una legge, sopra la quale ogni cittadino poteva parlare o in favore o incontro, innanzi che la si deliberasse. Era questo ordine buono, quando i cittadini erano buoni: perché sempre fu bene che ciascuno che intende uno bene per il

---

⁴⁹ Machiavelli, *Il principe*, XVIII.
⁵⁰ Machiavelli, *Dell'arte della guerra*, in *Opere*, vol. I cit., p. 625.
⁵¹ Ivi, in *Opere*, vol. I cit., p. 626.
⁵² Cicerone in un passo del *De oratore* fa dire a Crasso che l'eloquenza regna in tutti i popoli liberi («in omni libero populo»); Cicerone, *De oratore*, I, 8, 30-34.

pubblico lo possa preporre; ed è bene che ciascuno sopra quello possa dire l'opinione sua, acciocché il popolo inteso ciascuno, possa poi eleggere il meglio». Biasima per contro, come un cattivo costume proprio delle repubbliche corrotte, la degenerazione della libertà di parola per tutti nella libertà di parola solo per i potenti[53].

Sa bene che l'eloquenza ha il potere di mascherare fini malvagi. Per descrivere questo aspetto della retorica, Machiavelli usa i termini «adonostare» o «colorare», ovvero dare a intenti maligni l'apparenza dell'onestà o presentarli in una luce positiva. Nella retorica classica 'colorare' o 'adonestare' indicano l'abilità dell'oratore di presentare fatti e propositi in modo favorevole[54]. Machiavelli cita esempi dell'abilità di colorare tratti sia dalla politica internazionale sia dalla politica interna. I veneziani, scrive nelle *Istorie*, sapevano di non poter iniziare una guerra contro Firenze senza prima cercare di giustificare il loro operato con qualche pretesa di giustizia[55]. Per colorare il loro piano, dissero che Firenze li aveva gravemente danneggiati e aveva reso impossibile l'amicizia fra le due repubbliche[56]. Fra gli esempi tratti dalla vita politica di Firenze c'è l'orazione di alcuni cittadini che esortano i signori ad attuare una riforma degli ordinamenti della città che ponga fine allo scontro fra le fazioni. I capi e promotori delle fazioni che stanno distruggendo la Repubblica, afferma l'oratore, «con piatoso vocabolo adonestano» i loro nefandi fini, e benché siano nemici alla libertà «quella sotto colore di stato di ottimati o di popolare defendendo, opprimono»[57]. Un altro esempio è quello di Corso Donati, nemico del governo popolare, che «pensò di adonestare con una onesta cagione la disonestà dell'animo suo» e in questo modo riuscì a persuadere molti cittadini che agiva per amore della patria[58].

---

[53] «ma diventati i cittadini cattivi, diventò tale ordine pessimo, perché solo i potenti proponevono leggi, non per la comune libertà, ma per la potenza loro; e contro a quelle non poteva parlare alcuno, per paura di quelli: talché il popolo veniva o ingannato o sforzato a diliberare la sua rovina»; Machiavelli, *Discorsi* cit., I, 18.

[54] Quintiliano, *Institutio oratoria*, XI, I, 85.

[55] «se prima con qualche colore non si giustificasse la guerra»; Machiavelli, *Istorie fiorentine*, VI, 25; «senza averne non che giusta, ma colorita cagione»; ivi, VI, 26.

[56] Machiavelli, *Istorie fiorentine* cit., VI, 25.

[57] Ivi, III, 5.

[58] Ivi, II, 21.

Machiavelli non teme l'eloquenza. Ritiene che i cittadini di una libera repubblica siano in grado di intendere la verità anche in un'assemblea in cui si confrontano uomini eloquenti: «quanto al giudicare le cose, si vede radissime volte, quando [il popolo] egli ode duo concionanti che tendino in diverse parti, quando ei sono di equale virtù, che non pigli la opinione migliore e che non sia capace di quella verità che egli ode»[59]. Quando il popolo si inganna, l'eloquenza può riportarlo sul retto sentiero: «e i desiderii dei popoli liberi rade volte sono perniziosi alla libertà, perché e' nascono o da essere oppressi, o da suspizione di avere ad essere oppressi. E quando queste opinioni fossero false, e' vi è il rimedio delle concioni, che surga qualche uomo da bene, che, orando, dimostri loro come ei s'ingannano: e li popoli, come dice Tullio, benché siano ignoranti, sono capaci della verità, e facilmente cedano, quando da uomo degno di fede è detto loro il vero»[60]. L'eloquenza di «un uomo buono», come dev'essere il vero oratore, può riportare «nella via buona» perfino un popolo «licenzioso e tumultuario»[61]. Quando la parola fallisce, decidono le armi. Contro un principe cattivo, al quale nessuno può parlare, non «vi è altro rimedio che il ferro». I conflitti sociali in Firenze, che non erano composti «disputando», erano infatti decisi con la violenza[62].

Machiavelli scrive per educare. Compone il *Il principe* per far rivivere con le sue parole un redentore simile a Mosè capace di suscitare «ostinata fede», e «pietà», e di far rinascere negli italiani «il valore antico». Mette in carta i *Discorsi sopra la prima deca di Tito Livio* per persuadere a cambiare il modo di vita, e per formare «gli animi» dei giovani affinché fuggano i tempi pieni di «ogni estrema miseria, infamia e vituperio» e imitino i tempi antichi pieni di virtù e di religione. Nell'*Arte della guerra* vuole muovere i suoi contemporanei e i posteri a «ridurre» la milizia negli ordini antichi e a riscoprire l'antica virtù. Lamenta di non poter realizzare egli stesso l'opera di redenzione e, come nei *Discorsi*, spera che altri, in un tempo nuovo, possano mettere in pratica il suo insegnamento. Crede che l'Italia sia nata «per risusci-

---

[59] Machiavelli, *Discorsi*, I, 58.
[60] Ivi, I, 4.
[61] Ivi, I, 58.
[62] Machiavelli, *Istorie fiorentine*, III, 1.

tare le cose morte», e vuole ispirare in chi legge le sue pagine la medesima fede, affinché si emancipi dalla paura e dalla diffidenza per le grandi imprese. Tutte le sue grandi opere mirano insomma a formare gli animi, a insegnare, a far rinascere modi di vita, a resuscitare idee e princìpi morti. Come gli scrittori politici umanisti, sa che l'educazione è soprattutto persuasione. Per questa ragione compone tutte le sue opere politiche e storiche seguendo le regole della retorica classica.

Sapeva usare in modo magistrale la forza della parola perché aveva tempra di scrittore e vera passione civile e perché studiò l'arte della retorica fin dalla prima educazione. In casa Machiavelli circolavano del resto i testi canonici della retorica classica. «Ricordo», scrive Bernardo Machiavelli, padre di Niccolò, «su come questo dí 16 di dicembre io ò renduto a Matteo Cartolaio la Rettorica Nuova di Tullio m'avea prestato più di fa, e più ò renduto a Zanobi Cartolaio Tullio De Oratore m'avea prestato più dí fa»[63].

Se era poco probabile che un fiorentino della fine del Quattrocento scrivesse di politica in modo non retorico, che lo facesse il segretario della seconda cancelleria era del tutto impossibile[64]. Fra i suoi compiti c'era quello di scrivere lettere e comporre orazioni politiche. Nell'un caso e nell'altro doveva dimostrare a palati esigenti di conoscere alla perfezione l'arte della retorica, per non parlare della necessità di usare bene l'eloquenza nelle missioni diplomatiche. Le istruzioni che la Signoria gli dava contenevano spesso esortazioni a trovare parole e artifici retorici efficaci a persuadere governanti e prìncipi. La commissione per la legazione a Caterina Sforza del 12 luglio 1499, ad esempio, contiene questa indicazione: «Et in questi effetti ti distenderai con efficacia di parole et con quelli migliori termini che ti occorreranno, mostrando ad sua Excellentia quanto questa città desidera li sia data occasione di beneficarla et reconoscerla delle opere

    [63] Bernardo Machiavelli, *Libro di ricordi*, a cura di Cesare Olschki, Le Monnier, Firenze 1954, p. 123.
    [64] Vedi Anthony Grafton e Lisa Jardine, *From Humanism to the Humanities: Education and the Liberal Arts in Fifteenth and Sixteenth Century Europe*, Harvard University Press, Cambridge (Mass) 1986; *Il pensiero pedagogico dell'Umanesimo*, a cura di Eugenio Garin, Sansoni, Firenze 1958; Armando Verde, *Machiavelli studente*, in «Memorie domenicane», IV (1973), pp. 404-408.

sua, la fede che abbiamo in quella et la necessità et coniunctio-
ne delli stati nostri, et con parole grate vedere di persuaderla ad
questo effecto»[65]. Quando incontra Caterina Sforza a Forlì, pochi mesi dopo essere stato nominato segretario della seconda cancelleria, Machiavelli è abile ad attenuare le responsabilità di Firenze nei confronti della contessa («Et se paressino segni con-
trarii non la avere satisfacta del servito suo [...] ne era suta cagione la impotenza, per aver auto ad provedere a quello in che
consisteva la somma della vostra città») e a magnificare per contro la disponibilità ad aiutarla («mostrai ad sua Signoria che non
fu mai vostra intentione di non condescendere a tucto quello vi
fussi possibile in satisfactione sua»)[66].
Le istruzioni della Signoria del 18 luglio 1500 per la legazione in Francia contengono addirittura l'esplicita raccomandazio-
ne di usare bene l'*amplificatio* e l'*extenuatio*, due tecniche di ridescrizione largamente trattate dai classici romani[67]. L'*extenuatio* serve quando vogliamo attenuare le nostre responsabilità su
materie o fatti che ci possono danneggiare, mentre l'*amplificatio*
serve ad accrescere i nostri meriti o il valore della causa che di-
fendiamo[68]. «Fia ancora ad proposito narrare», si legge nella lettera, «la presa del commissario, et da chi, et in che modo, et le
altre villanie et obrobrii sopportati quivi, etiam da omni minimo
omo, et fare voi quasi uno summario di tucte quelle cose delle
quali si potessi fare argumento essere stati tractati da loro più tosto da inimici che da amici, amplificando et extenuando le cose
ad beneficio nostro»[69]. Se scrivevano in questo modo, i signori
sapevano bene che Machiavelli conosceva la retorica ed era in

[65] Niccolò Machiavelli, *Lettere, legazioni e commissarie*, in *Opere* cit., vol.
II, pp. 470-71.

[66] Ivi, pp. 474-75.

[67] L'*Ad Herennium* consiglia, quando vogliamo mettere in risalto le colpe
di qualcuno, di parlare «cum amplificatione et enumeratione peccatorum», ma
se vogliamo difenderci narrare le cose in modo da attenuare il sospetto; *Ad Herennium*, II, XVII, 26. Cicerone nel *De oratore* consiglia «ut boni quod habeat
id amplectar, exornem, exaggerem, ibi commorere, ibi habitem, ibi haeream»
(*De oratore*, II, LXXII, 292). Vedi anche Quintiliano, *Institutio oratoria*, IV, I,
27: «ita quod laedit aut omnino repellere aut certe minuere ex causa».

[68] Il più grande pregio dell'eloquenza consiste per Cicerone nell'abilità di
usare l'*amplificatio* e l'*extenuatio*; cfr. *De oratore*, III, XXVI, 104.

[69] *Opere*, vol. II cit., p. 512.

grado di usarla con prudenza[70]. E infatti, quando Machiavelli e Francesco della Casa riescono a farsi ricevere dal re e dai suoi cortigiani, ingigantiscono, come avevano consigliato i signori di Firenze, le responsabilità dell'esercito francese per il fallimento dell'impresa di Pisa: «per noi prima si expose iuxta la commissione di vostre excelse Signorie come avendo auto la impresa et assedio di Pisa, con infinito danno di vostre Signorie et disonore grande dello exercito di sua Maestà, un fine tucto diverso dagli altri suoi felicissimi successi [...] et in particulare narramo tucte quelle cose ci parsono ad proposito et che nella commissione si contengono et maxime quelle parte che riguardano alla partita de' guasconi et alle avanie de' svizeri, presa del commissario, et parlamenti continui con li inimici». Diminuisce invece ad arte le mancanze dei fiorentini: «dicemo che sempre fu facto da le Signorie vostre grandissima provisione di vectovaglie, le quali mai non mancorono, nonobstante fussino saccheggiate, et con ogni spetie di villanie iniuriati et offesi chi le portava»[71].

Vera e propria sintesi di istruzioni retoriche è la commissione che Marcello Virgilio Adriani, segretario della prima cancelleria e maestro di eloquenza, scrive a Machiavelli per spiegargli come dovrà parlare con Giampagolo Baglioni tiranno di Perugia. Il suo discorso dovrà avere un esordio che renda Baglioni ben disposto e una giusta collocazione degli argomenti secondo la classica tecnica della *dispositio*[72]. Avrà poi come tema centrale i danni che causa al principe la fama di ingrato, sarà misurato nelle amplificazioni e nelle estenuazioni al fine di muovere l'interlocutore a rivelarsi. Dovrai parlare, scrive infatti l'Adriani, «disponendo in questa parte le parole tue in modo che paia che questa sia solamente la causa della tua andata»; dovrai poi «pungere» Baglioni spiegando i danni che gli deriveranno se si potrà «arguire di lui ingratitudine di tanti benefitii ricevuti poco tempo fa et mancamento di fede nel mestier suo: che sono li dua primi fondamenti et capitali che si debbono fare gli uomini»; infine «diminuendo e tagliando» i suoi

---

[70] Sulle esperienze diplomatiche vedi Eugenio Dupré-Theseider, *Niccolò Machiavelli diplomatico*, Marzorati, Como 1945.

[71] Ivi, pp. 523-24.

[72] Su Marcello Virgilio Adriani vedi Peter Godman, *From Poliziano to Machiavelli. Florentine Humanism in the High Renaissance*, Princeton University Press, Princeton 1998, *passim*.

sospetti dovrai «ridurlo in luogo dove tu possa conoscere la causa vera» dei suoi pensieri.

Il resoconto che Machiavelli invia a Firenze l'11 aprile 1505 dimostra ancora una volta che seppe magistralmente mettere in pratica gli strumenti della retorica, anche se non riuscì, com'era prevedibile, a muovere Baglioni dalle sue risoluzioni. Gli dissi, scrive Machiavelli, che la reputazione d'ingratitudine e d'infedeltà lo farà considerare come

un cavallo che 'nciampa, che non truova persona che lo cavalchi, perché non facci fiacare el collo ad chi vi è su; et che queste cose non hanno ad essere giudicate da' doctori, ma da' signori [Baglioni aveva allegato a sua difesa l'opinione di giuristi perugini], et che chi fa conto della coraza et vuolvisi onorare drento, non fa perdita veruna che li stimi tanto quanto quella della fede, et che mi pareva che ad questa volta e' se la giuocassi. Et perché li stava pure in sul potersi iustificare, io li dixi che li omini debbono fare ogni cosa per non si avere mai ad iustificare, perché la iustificatione presuppone errore o opinione d'epso [...]. Et così lo punsi per ritto et per traverso, dicendogli molte cose come ad amico et da me; et benché più volte li vedessi cambiare el viso, mai fecie col parlare segno da potere sperare che mutassi opinione[73].

3. *Creatore di miti*

Machiavelli continuava a riflettere, anche a distanza di anni, sui personaggi che aveva conosciuto e sulle loro vicende ed elabora veri e propri miti politici. Di Caterina Sforza torna a parlare nei *Discorsi* per riferire e commentare un episodio all'epoca assai noto. Alcuni congiurati forlivesi, scrive Machiavelli,

ammazzarono il conte Girolamo loro signore, presono la moglie ed i suoi figliuoli che erano piccoli; e non parendo loro potere vivere sicuri se non si insignorivano della fortezza, e non volendo il castellano darla loro, madonna Caterina (che cosí si chiamava la contessa) promise ai congiurati, che se la lasciavano entrare in quella, di farla consegnare loro, e che ritenessono a presso di loro i suoi figliuoli per

---

[73] *Opere*, vol. II cit., pp. 947-51.

istatichi [ostaggi]. Costoro, sotto questa fede, ve la lasciarono entrare; la quale come fu dentro, dalle mura rimproverò la morte del marito e minacciògli d'ogni qualità di vendetta. E per mostrare che de'
suoi figliuoli non si curava, mostrò loro le membra genitali dicendo
che aveva ancora il modo a rifarne[74].

A proposito del passo dei *Discorsi* che ho citato, e che ha dato
origine alla 'leggenda della rocca', credo sia da escludere che l'intenzione di Machiavelli nello scrivere quelle righe sia stata soltanto mettere in rilievo un esempio di nobiltà e forza d'animo femminile da contrapporre alla ferocia maschile. Se questo fosse stato il
suo intento principale, avrebbe trovato nelle fonti che aveva sot-
tomano per scrivere quel capitolo materiali più eloquenti della storia di Caterina. Poteva, ad esempio, citare la storia di Epicari dagli *Annali* di Tacito. Mentre i promotori della congiura tergiversa-
vano, scrive Tacito, «una certa Epicari, informata non si sa in che
modo (ché prima d'allora non si era mai occupata di onorevoli
azioni), si adoperava ad infiammare e a rimbrottare i congiurati;
alla fine, infastidita dalla loro lentezza, trovandosi in Campania
volse i suoi sforzi a sobillare i comandanti della flotta di Miseno e
ad obbligarli col vincolo della complicità». Questa donna «affrancata», che fino ad allora non si era distinta per azioni onorevoli,
tradita da Volusio Proculo, dà un esempio di forza e di dignità che
Tacito descrive con grande eloquenza:

Frattanto Nerone, ricordandosi la denunzia di Volusio Proculo,
per la quale Epicari era tutt'ora in carcere, e ritenendo che un corpo
di donna non avrebbe resistito alle sofferenze, ordinò che venisse tor-
turata. Ma né le sferzate, né il fuoco, né la furia dei carnefici, che più
acerbamente la straziavano per non essere giuocati da una femmina,
poterono farla desistere dal negare tutto. Così ella superò la prima
giornata di tortura. All'indomani, mentre veniva ricondotta ai medesimi tormenti sopra una sedia portatile (ché le gambe slogate non la
reggevano), Epicari si tolse la fascia che le cingeva il seno, e, fissata-
la a nodo scorsoio alla spalliera della seggiola, vi passò dentro la testa: facendo poi forza con tutto il peso del corpo, esalò il debole sof-
fio di vita rimastole. Gesto tanto più ammirabile da parte di una donna, di un'affrancata, che nel momento supremo cercava di salvare de-

---

[74] Machiavelli, *Discorsi*, III, 6.

gli estranei e quasi degli sconosciuti, mentre uomini liberi e cavalieri romani e senatori, senza neppur aver provato la tortura, tradivano ciascuno le persone più care[75].

Nonostante il suo splendore, Machiavelli non dà nessun rilievo alla figura di Epicari, che Tacito gli offriva, per così dire, su di un piatto d'argento. Si limita a scrivere che «era nella congiura pisoniana una femina chiamata Epicari, stata per lo adietro amica di Nerone, la quale giudicando che fussi a proposito mettere tra i congiurati uno capitano di alcune trireme che Nerone teneva per sua guardia, gli comunicò la congiura ma non i congiurati. Donde rompendogli quello capitano la fede ed accusandola a Nerone, rimasto confuso, non la condannò». Dà invece molto risalto al gesto di Caterina, e addirittura aggiunge del suo a racconti che già circolavano al tempo della sua legazione a Forlì[76].

La narrazione storica e la leggenda ci presentano due immagini diverse di Caterina. La prima descrive Caterina come una madre affezionata ai figli che potrebbe, per carità materna, compromettere lo stato e dunque viene lasciata dal castellano fuori dalle trattative con i congiurati; la seconda come una donna che non esita, per conservare il suo potere, a rischiare la vita dei figli e addirittura a considerarli sostituibili con altri che ella metterà al mondo. Proprio perché Machiavelli aveva conosciuto Caterina di per-

---

[75] Tacito, *Annali*, XV, 57, 1-2.

[76] Che la 'leggenda della rocca' fosse appunto una leggenda lo mise in chiaro già Desiderio Pasolini Dall'Onda, il massimo biografo di Caterina Sforza. Egli scrive: «venuto il giorno del trionfo, delle risposte del castellano e della apparizione di Caterina seminuda, si fece tutto un fascio, e così è che una risposta snaturata, un atto sconcio, rimangono oramai il fatto più caratteristico della sua storia. Ma chi comparve, chi parlò fu il castellano; Caterina non era ai merli, ma a letto; e quando ad un tratto comparve, lungi dall'essere armata, probabilmente era in camicia, e forse fu l'ultima ad accorgersene. In quel momento, la fiera contessa non era spaventevole, ma spaventata». Machiavelli «udì il racconto già rifatto» quando si recò in missione a Forlì; «lo credette, e al solito, sboccato com'era, si dilettò di consegnarlo alla storia, nella forma più sguaiata di tutte. Egli sentiva che, come a lui stesso, così ai lettori questa fiera, sfacciata natura di donna, presentava uno strano e pur piacevole contrasto col tipo puro e austero delle sue fiorentine»; Pier Desiderio Pasolini, *Caterina Sforza*, ELA, Roma 1968, vol. I, pp. 234-35. Gli storici forlivesi che furono testimoni della congiura scrivono che il castellano, temendo che la madre «intenerita d'amore e di pietà non si risolvesse a dar la Fortezza», trattò direttamente con i congiurati; *ibidem*.

sona, avrebbe dovuto credere alla storia più che alla leggenda. Durante la missione a Forlì, egli aveva infatti visto con i suoi occhi Caterina trascurare gli affari di stato perché «indisposta et in malissima contenteza per la malattia grande in che è incorso Lodovico figliolo suo et di Giovanni de' Medici»[77]. Preferisce invece raccogliere, e tramandare alla storia, la leggenda di Caterina che soffoca l'amore per i figli, ben sapendo che si trattava di una leggenda.

Perché preferisce la leggenda alla storia? E perché sceglie fra le diverse versioni del racconto quella più teatrale? Secondo gli storici forlivesi il racconto popolare aveva due varianti: nell'una si dice che Caterina rispose virilmente ai congiurati che facessero quello che volevano perché a lei non mancava modo di fare altri figli; nell'altra che «alzati i panni, facesse vedere a coloro che avea le forme da crearne altri». La narrazione dei *Discorsi* riprende palesemente la seconda e anzi ne accentua la forza espressiva: egli non si limita a dire che Caterina alzò le vesti e fece vedere le forme, ma scrive che «mostrò loro le membra genitali», un particolare che non si riscontra nelle narrazioni correnti. Nel racconto di Niccolò il gesto di sfida di Caterina ai congiurati diventa diretto: ella non alza semplicemente le vesti; mostra ai maschi i suoi genitali perché vedano il suo potere di generare vita.

L'immagine di Caterina fra i merli della rocca che si alza le vesti era già scenica quanto bastava per soddisfare le esigenze di Machiavelli. Anzi, nel contesto del ragionamento che egli sta svolgendo, sarebbe stata sufficiente la versione più tenue dell'episodio. Machiavelli vuole infatti spiegare che è pericolosissimo, dopo aver ucciso il principe per via di congiura, lasciare vivi i figli, o i fratelli o altri familiari che possano vendicarlo. Per sostenere questo argomento avrebbe potuto limitarsi a raccontare della congiura nel modo più castigato che adottò pochi anni dopo nelle *Istorie fiorentine*, dove si limitò a scrivere che Caterina, «come fu dentro, gli minacciò di morte e di ogni qualità di supplizio in vendetta del marito: e minacciando quegli di ammazzargli i figliuoli, rispose come aveva seco il modo a rifarne altri»[78].

È possibile che quando racconta nei *Discorsi* l'episodio della rocca, Machiavelli avesse in mente fonti classiche e che abbia vo-

[77] *Opere*, vol. II cit., p. 486.
[78] Machiavelli, *Istorie fiorentine*, VIII, 34.

luto immaginare Caterina come una di quelle grandi donne dell'antichità di cui parlavano i suoi storici. Una delle fonti di Machiavelli poteva essere con buona probabilità Tacito, che nelle *Storie* racconta dell'eroismo di una donna ligure contro la ferocia dei soldati di Otone:

> Ché dalla lotta non avevano ricavato alcun bottino, essendo quei contadini poverissimi e le loro armi senza valore; né si potevano catturare, veloci com'erano e pratici dei luoghi: ma l'avidità dei soldati trovò sfogo su vittime innocenti. Accrebbe l'odiosità della loro condotta, col suo splendido esempio, una donna ligure: la quale essendosi il suo figliuolo sottratto alle ricerche, mentre veniva torturata dai soldati, i quali credevano che avesse anche denaro nascosto e volevano sapere dove mai tenesse celato il figlio, mostrando il ventre rispose che si nascondeva là dentro; e nessuna minaccia e neppure la morte poté vincere la fermezza di quella straordinaria risposta[79].

È tuttavia più probabile che Machiavelli avesse in mente un passo dei *Moralia* di Plutarco sul coraggio delle donne persiane[80]. Le donne persiane, racconta Plutarco, «andarono incontro ai loro uomini che, sconfitti, cercavano rifugio nella città. Prima che essi potessero entrare, si pararono dinanzi ad essi e, alzando le vesti dissero: dove state fuggendo, codardi? Certo non potrete infilarvi da dove siete usciti». Mortificati da ciò che videro e dalle parole che sentirono, i persiani ripresero forza e tornarono indietro per affrontare i nemici che li inseguivano.

Tanto la narrazione di Tacito quanto quella di Plutarco sono tuttavia diverse da quella di Machiavelli. La donna ligure sfida i maschi mostrando il suo potere generativo, ma lo fa per proteggere il figlio nascosto: il suo è un gesto di resistenza contro la ferocia maschile, che finisce per schiacciarla. Le donne persiane non sfidano dei nemici; vogliono far vergognare i loro uomini per la loro codardia: la forza generatrice del sesso femminile non si oppone questa volta alla ferocia, ma alla puerilità. Nella narrazione dell'episodio di Caterina Sforza l'esibizione del sesso femminile incute

---

[79] Tacito, *Historiae*, I, 13.
[80] Del testo di Plutarco esisteva una traduzione latina per opera di Alamanno Rinuccini pubblicata a Venezia nel 1500 per i tipi di Bernardinus Venetus de Vitalibus, dal titolo *De claris mulieribus*.

terrore ai maschi e svela la viltà nascosta dietro la loro ferocia. Con il gesto di mostrare il sesso, le donne persiane di Plutarco redimono i loro uomini dalla viltà; Caterina nel racconto di Machiavelli svela la viltà che accompagna la ferocia maschile. La donna ligure di Tacito si oppone alla ferocia maschile, ma perde; Caterina sfida la ferocia maschile e vince. Come Tacito e Plutarco, anche Machiavelli vuole tramandare un elogio della virtù delle donne, ma la sua narrazione contiene dei significati che sono assenti nelle fonti classiche. Niccolò ha voluto costruire una sua narrazione della virtù delle donne. Caterina ha più coraggio e più «animo» dei maschi che minacciano lei e i suoi figli. Agisce come un vero principe, ma non si trasforma in maschio per essere principe. Afferma la sua virtù esibendo quel potere generativo che è proprio del suo essere donna e in questo modo conquista per sé quell'onore che l'opinione comune considerava il bene maschile per eccellenza[81]. Nella 'leggenda della rocca', Machiavelli usa insomma l'invenzione retorica nel significato classico. Trova fra molte narrazioni disponibili elementi che gli permettono di raccontare con particolare forza espressiva una storia che capovolge il luogo comune del suo tempo che identificava la virtù e l'onore come qualità maschili, e in questo modo presenta Caterina Sforza come un grande esempio di virtù principesca[82].

---

[81] Machiavelli presenta Caterina Sforza come esempio della virtù che rifulge contro la ferocia dei maschi anche nell'*Arte della guerra*, che completa qualche anno dopo i *Discorsi*. Il riferimento a Caterina è inserito quasi a forza nel testo, nell'ambito di una riflessione di carattere squisitamente militare sull'utilità delle fortezze. Dopo aver spiegato in che modo Cesare Borgia, con l'esercito del re di Francia, si impadronì nel gennaio del 1500 della rocca di Forlì, Machiavelli racconta: «fece dunque, la mala edificata fortezza e la poca prudenza di chi la difendeva, vergogna alla magnanima impresa della contessa; la quale aveva avuto animo ad aspettare uno esercito, il quale né il re di Napoli né il duca di Milano aveva aspettato. E benché gli suoi sforzi non avessero buono fine, nondimeno ne riportò quello onore che aveva meritata la sua virtù. Il che fu testificato da molti epigrammi in quegli tempi in sua lode fatti»; Machiavelli, *Dell'arte della guerra*, in *Opere* vol. I cit., pp. 670-71.

[82] Vedi in proposito il saggio di Frédérique Verrier, *À propos d'un anàsurma machiavélien*, in «La Cultura», XL (2002), pp. 397-422. Su Caterina Sforza e Machiavelli vedi anche Francesco Bausi, *Machiavelli e Caterina Sforza*, in «Archivio Storico Italiano», CXLIX (1991), pp. 887-92; Julia L. Hairston, *Skirting the Issue: Machiavelli's Caterina Sforza*, in «Renaissance Quarterly», LIII (2000), pp. 687-712.

L'esempio più noto dell'abilità di Machiavelli nel trasformare in miti personaggi che conobbe durante le missioni diplomatiche è tuttavia la sua descrizione di Cesare Borgia. Nei dispacci che invia alla Signoria, Machiavelli dà un rilievo straordinario alla figura del duca. Invece di usare il discorso indiretto, come fa di solito per riassumere i colloqui diplomatici, lo fa parlare in prima persona per essere certo che i Dieci di Libertà e di Balia avvertano la forza delle sue parole. Nella lettera del 26 giugno 1502, ad esempio, cita direttamente queste parole del duca: «Io voglio intendere prima con chi io ho ad tractare la nostra compositione, dipoi ne voglio avere da voi buona securtà, et se questo si fa, mi arete sempre ad tucti e' vostri propositi; se non si fa, io sarò costrecto seguitare la 'mpresa et adsicurarmi ad ogni modo di voi per non restare io in periculo. Ché troppo bene conosco che la città vostra non ha buono animo verso di me, anzi mi lacera come un assassino; et hanno cerco darmi grandissimi carichi et con el papa et con el re di Francia». Dopo aver riferito che lui e Francesco Soderini negarono e confutarono l'ultima parte delle affermazioni del duca e gli chiesero di essere più esplicito nel suo giudizio su Firenze, dà di nuovo la parola al duca affinché il governo della Repubblica ascolti la terribile minaccia: «Io so bene siate prudente et m'intendete, pure ve lo ridirò in breve parole: questo governo non mi piace et non mi posso fidare di lui; bisogna lo mutiate et mi facciate cauto della observantia di quello mi promettessi; altrimenti voi intenderete presto che io non voglio vivere ad questo modo. Et se non mi vorrete amico, mi proverrete inimico»[83].

Gli inviati fiorentini nella loro risposta difendono l'onore della Repubblica e cercano di persuadere il duca a mettere da parte i suoi minacciosi propositi ricorrendo al luogo comune di Firenze città che ha sempre rispettato i patti, anche con oneri gravi: «Risposesi che la città aveva migliore governo che la potessi trovare, et, satisfaciendosene lei, se ne possevano satisfare etiam li amici suoi. Et quanto alla observantia della fede, non credeva lei che in Italia fussi chi ne potessi monstrare migliori documenti, anzi che ne avessi tanto patito quanto lei; et che sua Excel-

[83] Machiavelli, *Lettere, legazioni e commissarie*, in *Opere*, vol. II cit., pp. 623-24. Vedi in proposito Jean-Jacques Marchand, *L'évolution de la figure de César Borgia dans la pensée de Machiavel*, in «Revue Suisse d'Histoire», XIX (1969), pp. 327-55.

lentia deliberassi una volta essere quello buono amico che diceva et che ne troverrebbe buon riscontro»[84].

Non potevano trovare parole più adatte, ma il duca «non si mosse» dalle sue posizioni. Risponde anzi, ridendo, con parole ancora più sprezzanti: «Et che credevate voi per vostra fé, che io volessi da voi altro che iustificarmi?». Machiavelli e Soderini si appellano alla magnanimità, una delle virtù che i trattati di retorica celebrano come propria dei prìncipi e insistono sulla fedeltà di Firenze e sull'interesse: «Dicemoli che, atteso la grandezza dello animo suo et giudicando noi che la amicizia et l'observantia vostra facessi per lui, aspectavamo volessi cominciare ad farvi qualche grande benefitio quale conosciavamo essere in sua potestà, maxime essendo el signore Vitellozzo suo uomo». Il duca risponde che Firenze non ha meritato alcun beneficio, anzi, lo ha demeritato. L'ultima risorsa dei due oratori fiorentini è l'appello alla giustizia: «Che cagione vi aviamo noi dato che' vostri condottieri et vostre genti ci abbino ad offendere?». A quest'argomento il duca ribatte attribuendo tutta la responsabilità degli attacchi al dominio fiorentino a Vitellozzo, poi ribadisce che vuole Firenze o nemica o amica: «risolvetevi presto perché qui [Urbino] non posso io tenere el mio exercito, sedo questo luogo di montagna, che troppo sarebbe danneggiato; et tra voi et me non ha ad essere mezo: o bisogna mi siate amici, o nimici»[85].

Dal racconto di Machiavelli emerge un duca maestro nell'arte retorica di colorare le azioni e di cambiare i nomi delle cose. Vuole privare Firenze di parte del dominio e dice agli emissari fiorentini che «non pensava di torvi niente del vostro»; vuole far-

---

[84] Ivi, p. 624. Il luogo classico della retorica politica fiorentina sulla fedeltà e sul rispetto dei patti è la *Laudatio florentinae urbis* di Leonardo Bruni: «A questa beneficenza e liberalità è congiunta l'ammirevole fedeltà che questa Repubblica ha sempre conservato inviolata con una straordinaria costanza. Sempre essa ha pensato che prima di promettere bisogna riflettere a fondo; ma una volta fatta promessa in nessun modo si deve ritrattare. Avendo badato a questo fin da principio e avendo stimato che è giusto così, mai per nessuna specie di vantaggio ha potuto essere indotta a violare patti, accordi, trattati, giuramenti, promesse. A suo giudizio alla dignità di uno Stato niente conviene di più che mantenere fermezza in tutte le parole e in tutti i fatti; niente le è più contrario che non conservare le promesse»; Leonardo Bruni, *Laudatio florentinae urbis*, in *Opere politiche e letterarie*, a cura di Paolo Viti, Utet, Torino 1996, pp. 619-21.

[85] *Opere*, vol. II cit., p. 624.

si signore di un largo stato nell'Italia centrale e afferma che suo scopo non era «tiranneggiare», ma «spegnere i tiranni». Ma anche Machiavelli conosce la retorica, e si accorge subito quando il duca sta colorando la realtà per giustificare le sue azioni e ne scrive prontamente ai Dieci: «La quali terre questo Signore non accepta per sé, né vuole capitulare con loro, ma le rimette ad Roma, dicendo volere che tornino alla Chiesa et spegnere le parte di quelle et trarne li tiranni. Et per dare più colore ad questa cosa, non ha permesso infino ad ora che li fuoriusciti di Perugia vi rientrino, et pare che alli 'mbasciatori perugini che vennono ad Gualdo e' promettessi che non vi rientrerebbono, dicendo sua intenzione non essere cacciare uno tiranno et rimetterne dieci»[86].

Abile a colorare e a cambiare i nomi delle cose, il duca sa usare con efficacia il silenzio e il segreto. Machiavelli non manca di notare anche questo aspetto: «Et come io ho più volte scripto alle Signorie vostre, questo signore è secretissimo: né credo quello si abbi ad fare lo sappi altro che lui; et questi suoi primi secretari mi hanno più volte attestato che non comunica mai cosa alcuna, se non quando e' la commette; et commettela quando la necessità strigne et in sul facto et non altrimenti». Machiavelli prova con i modi più efficaci che conosce a far parlare il duca, ma non riesce. «Nonostante che io gli entrassi sotto per trarre da lui qualche particolare, sempre girò largo, né potei mai averne altro che quello ho scritto», scrive a Firenze il 7-8 ottobre; e ancora il 20 novembre: «né per parole che io usassi ne pote' trarre altro»[87]. Per intendere l'animo del duca cerca di interpretare il significato dei suoi gesti, come l'esecuzione spettacolare di Ramirro de Orco. Nella sua lettera da Cesena del 26 dicembre 1502 informa infatti che «Messer Rimirro questa mattina è stato trovato in dua pezi in su la piaza dove è ancora; et tucto questo populo lo ha possuto vedere; non si sa bene la cagione della sua morte, se non che li è piaciuto cosí al principe, el quale mostra di sapere fare et disfare li uomini ad sua posta, secondo e' meriti loro»[88].

---

[86] Ivi, p. 790.

[87] Ivi, pp. 774 e 721.

[88] Ivi, p. 774. Nel *Principe* Machiavelli interpreta l'esecuzione di Ramiro come un gesto dettato dall'esigenza di placare il popolo: «E perché [il duca] conosceva le rigorosità passate avergli generato qualche odio, per purgare li animi di quelli populi e guadagnarseli in tutto, volse mostrare che, se crudeltà

Con le sue azioni e con le sue parole, il duca dà a Machiavelli preziose lezioni sull'arte dello stato. Gli insegna che quando la necessità lo stringe, un principe può usare ogni mezzo per conservare lo stato, e che Dio lo perdonerà per le sue azioni. Glielo dice apertamente a Urbino: «voleva essere scusato con Dio et con li uomini, se cercassi adsicurarsi dello stato vostro per qualunque modo e' possessi»; glielo ripete pochi mesi dopo ad Assisi: «li 'ncresceva avere ad offendere altri, ma che se ne scusava con Dio, con li uomini et con loro, come colui che era vinto da la necessità»[89]. Sono parole che rimangono impresse nella mente di Machiavelli. Dieci anni più tardi, quando scrive *Il principe*, le ripete a proposito delle crudeltà bene usate «che si fanno a un tratto per la necessità dello assicurarsi». Coloro che agiscono in questo modo, scrive, «possono con Dio e con li uomini avere qualche rimedio»[90]. Così deve essere il vero principe: maestro dell'arte di colorare e simulare con le parole, sicuro di poter contare sul perdono di Dio e simile a Dio per la grandezza dell'animo e per la certezza di poter vincere ogni ostacolo: «si vede in costui una fortuna inaudita, uno animo et una speranza più che umana di potere conseguire ogni suo desiderio»[91].

Machiavelli dimostra di padroneggiare assai bene i canoni dell'*ars dicendi* anche nelle orazioni che compone negli anni del segretariato. Ne è un esempio l'orazione dal titolo *Parole da dirle sopra la provisione del denaio, facto un poco di proemio et di scusa* che scrive, probabilmente per il gonfaloniere a vita Pier Soderini nel marzo 1503, perché la pronunciasse davanti a qualche consulta o pratica, o davanti al Consiglio Maggiore o al Consiglio degli Ottanta[92]. Il fine specifico dell'orazione è di fare ap-

alcuna era seguita, non era causata da lui ma da la acerba natura del ministro. E presa sopra a questo occasione, lo fece, a Cesena, una mattina mettere in dua pezzi in su la piazza, con un pezzo di legne e uno coltello sanguinoso accanto: la ferocità del quale spettaculo fece quegli popoli in uno tempo rimanere satisfatti e stupidi»; *Il principe*, VII.

[89] Ivi, pp. 623 e 791.
[90] *Il principe*, VIII.
[91] Machiavelli, *Lettere, legazioni e commissarie*, in *Opere*, vol. II cit., pp. 790-91.
[92] In questo testo, ha osservato Jean-Jacques Marchand, scritto per essere pronunciato da un altro «sarebbe sbagliato immaginare che Machiavelli esprima idee contrarie a quelle del governo; si può anzi congetturare che il suo compito

provare una nuova tassa affinché Firenze possa difendersi dagli attacchi dei suoi nemici e al tempo stesso avere migliore reputazione con gli alleati.

Per far capire ai membri del Consiglio la necessità di metter mano alla borsa, Machiavelli enuncia un principio generale che, valendo per la sicurezza di tutti gli stati, vale anche per Firenze: «Tucte le città, la quali mai per alcun tempo si son governate per principe soluto, per optimati, o per populo, come si governa questa, hanno auto per defensione loro le forze mescolate con la prudentia: perché questa non basta sola et quelle, o non conducono le cose, o conducte non le mantengano. Sono dunque queste due cose el nervo di tucte le signorie che furno o che saranno mai al mondo; et chi ha observato le mutationi de' regni, le ruine delle provincie et delle città, non le ha vedute causare da altro che dal mancamento delle armi o del senno»[93]. Dopo essersi data con il gonfaloniere perpetuo un'istituzione che garantiva maggior prudenza nelle decisioni politiche, Firenze doveva senza indugio dotarsi delle forze militari necessarie alla difesa.

Enunciata la proposta, Machiavelli passa, ancora in ossequio alle regole dell'arte retorica, a confutare l'opinione dei cittadini di Firenze che si opponevano alla provvisione del denaro con l'argomento che in caso di pericolo il re di Francia correrebbe a soccorso della città. Per allontanare i fiorentini da questa opinione assai comoda e ben radicata, Machiavelli ricorre a un altro principio generale di saggezza politica corroborato dalla storia: «ogni città, ogni stato, debbe reputare inimici tucti coloro che possono sperare di poterle occupare el suo e da chi lei non si può di-

---

sia stato invece di mettere in forma oratoria e argomentativa le idee politiche dei dirigenti vicini al Gonfaloniere, per ottenere il maggiore consenso possibile dei rappresentanti di varie correnti o di vari interessi (ottimati, popolani, savonaroliani, medicei, repubblicani, artigiani, banchieri o grandi commercianti) all'interno dei consigli. Tuttavia, la tecnica di argomentazione, per quella originalità che abbiamo sottolineato [la struttura dilemmatica], va tutta attribuita a Machiavelli»; in Niccolò Machiavelli, *L'Arte della guerra. Scritti politici minori*, Edizione Nazionale delle Opere di Niccolò Machiavelli, vol. III, a cura di Jean-Jacques Marchand, Denis Fachard e Giorgio Masi, Salerno Editrice, Roma 2001, p. 401. Vedi anche di Jean-Jacques Marchand *Niccolò Machiavelli: i primi scritti politici (1499-1512). Nascita di un pensiero e di uno stile*, Antenore, Padova 1975.

[93] Niccolò Machiavelli, *Parole da dirle sopra la provisione del denaio, facto un poco di proemio et di scusa*, in *Opere*, vol. I cit., p. 12.

fendere. Né fu mai né signore né repubblica savia che volessi tenere lo stato suo ad discretione d'altri o che, tenendolo, gliene
paressi aver securo»[94]. Per rendere il medesimo concetto più visibile e persuasivo ricorre a un'immagine: «né sempre si può metter mano in su la spada d'altri; et però è bene averla a llato et ci-
gnersela quando el nemico è discosto, ché altri non è poi a tempo et non truova rimedio».

Consapevole che i fiorentini corrono il serio pericolo di perdere la libertà, Machiavelli cerca di vincere la loro avarizia con
la paura della morte. A tal fine narra un esempio storico terrifi-
cante che i suoi concittadini conoscevano bene:

> E' si debbe molti di voi ricordare quando Gostantinopoli fu preso
> dal turco. Quello imperadore previde la sua ruina, chiamò e' suoi cit-
> tadini, non potendo con le sue entrate ordinarie provedersi; expose lo-
> ro e' periculi, monstrò loro e' rimedi: e' se ne feciono beffe. La obse-
> dione venne. Quelli cittadini che aveno prima poco stimato e' ricordi
> del loro signore, come sentirno sonare le artiglierie nelle lor mura et fre-
> mere lo exercito de' nimici, corsono piangiendo allo 'mperadore co'
> grembi pieni di danari; e' quali lui cacciò via, dicendo: 'Andate ad mo-
> rire con cotesti danari, poiché voi non avete voluto vivere sanza epsi'[95].

Infine, ligio alle regole della retorica politica, conclude l'orazione con una esortazione. Sa bene che nei suoi concittadini l'orgoglio della libertà è molto radicato. Cerca pertanto di far leva
su questo sentimento per spingerli a prendere quelle decisioni
che si impongono a un popolo che ha sempre amato la sua libertà: «Il che io non posso credere che sia, veggiendovi fiorentini liberi et essere nelle mani vostre la vostra libertà: alla quale
credo che voi arete quelli respetti che ha auto sempre chi è nato
libero et desidera viver libero»[96].

Machiavelli usa la forza dell'eloquenza non soltanto per sostenere l'amore della libertà, ma anche per cercare di rimuovere
dall'animo dei fiorentini la cattiva mentalità religiosa che insegna
ad affidarsi nei pericoli all'aiuto di Dio anziché cercare il rimedio nella saggezza e nella forza, come avvenne quando il Valen-

[94] Ivi, p. 13.
[95] Ivi, pp. 14-15.
[96] Ivi, p. 16.

tino uscì da Roma con gli eserciti «et ciascun pregava Dio che ci dessi tempo». Mette davanti agli occhi dei suoi concittadini l'immagine di un Dio che non soccorre affatto, ma punisce chi, potendo, non vuol vedere e non vuole intendere: «Vedendo che voi potete intendere et vedere, et che voi non intendete né vedete quello di che, non ch'altro, si maravigliano e' nimici vostri, mi persuado che Iddio non ci abbi ancora gastigati ad suo modo et che ci riserbi ad maggior fragello». E ammonisce, nell'esortazione finale, che «e' cieli» non «vogliono o possono sostenere una cosa che voglia ruinare ad ogni modo»[97].

Come gli autori delle *protestatio* di giustizia che ho citato, Machiavelli propone un Dio che è amico di chi è saggio e forte, mette in rilievo il significato religioso alla virtù della giustizia e vuole fare della religione cristiana l'alleata della libertà. Nell'*Allocuzione ad un magistrato*, che compone attorno al 1519-1520, ricorre a una parabola: «gli uomini erano nella prima età tanto buoni, che gli idei non si vergognorno di descendere di cielo et venire insieme con loro ad abitare la terra. Dipoi, mancando le virtù et surgendo i vitii, cominciorno a poco a poco a ritornarsene in cielo et l'ultimo che si partì di terra fu la Iustitia»[98]. Da allora la Giustizia non è più tornata fra gli uomini, eccetto alcune fortunate città che grazie a lei sono diventate pacifiche e unite. Essa genera «nelli stati et ne' regni unione; la unione potenza et mantenimento di quelli; questa difende i poveri et gli impotenti, reprime i richi et i potenti, umilia i superbi et gli audaci, frena i rapaci et gli avari, castiga gli insolenti, et i violenti disperge; questa genera neli stati quella equalità, che, ad volerli mantenere, è in uno stato desiderabile». Per questa ragione la giustizia è la virtù che «in fra tucte le altre piace a Dio». Nella chiusa dell'orazione, citando «gli aurei et divini» versi di Dante, ribadisce un'altra volta che «Idio ama la iustitia et la pietà»[99].

Il legame di Machiavelli con la retorica della religione civile emerge anche nel *Discursus florentinarum rerum post mortem iunioris Laurentii Medices* (novembre 1520-febbraio 1521). In que-

[97] Ivi, pp. 12, 15 e 16.
[98] Niccolò Machiavelli, *Allocuzione ad un magistrato*, in *Opere*, vol. I cit., p. 713.
[99] Ivi, p. 714.

sto scritto egli riafferma con particolare forza che Dio ama e premia coloro che hanno amato e servito la patria: «Io credo che il maggiore onore che possono avere gli uomini sia quello che voluntariamente è loro dato dalla loro patria: credo che il maggiore bene che si faccia e il più grato a Dio sia quello che si fa alla sua patria»[100]. È vero che qui Machiavelli scrive per persuadere il cardinale Giulio de' Medici a restaurare un regime repubblicano a Firenze, ma il *topos* che Dio ama chi serve la patria è un artificio retorico che Machiavelli usa in altri scritti.

Il suo scopo è persuadere a riaprire la sala del Consiglio Grande e ripristinare il regime repubblicano, e per questa ragione ricorre all'immagine convenzionale di Dio che ama chi vuole il bene della patria. Invocare il nome «dello omnipotente Iddio et della sua gloriosa madre sempre vergine, et di sancto Giovanni Baptista et di qualunque altro advocato et protectore della città di Firenze» all'inizio della *Minuta di provvisione per la riforma dello stato di Firenze*, come fa Machiavelli nel 1522, è semplice consuetudine rituale. Non è invece semplice consuetudine rituale invocare Dio che ama chi riforma le repubbliche per dare ad esse libero e pacifico vivere. Senza quel Dio gli uomini non sanno o non possono essere creatori di grandi cose politiche. Per questo lo chiama in causa nelle sue esortazioni: «considerando i nostri Magnifici et Excelsi Signori come niuna legge et niuno ordine è più laudabile apresso ad gli uomini o più accepto apresso a Dio che quello mediante il quale si ordina una vera, unita et sancta republica, nella quale liberamente si consigli, prudentemente si deliberi et fedelmente si exequisca»[101].

4. *La sua orazione più bella*

La più importante delle sue orazioni politiche è *Il principe*. Machiavelli compone l'opera per dimostrare la sua competenza

---

[100] Niccolò Machiavelli, *Discursus florentinarum rerum post mortem iunioris Laurentii Medices*, in *Opere*, vol. I cit., p. 744.
[101] Niccolò Machiavelli, *Minuta di provvisione per la riforma dello stato di Firenze l'anno 1522*, in *Opere*, vol. I cit., p. 746.

nell'arte dello stato, ma non scrive come un esperto distaccato. Sente per l'arte dello stato una venerazione religiosa. Lo lascia intendere quando parla dell'arte di fondare e reggere stati come di «quel cibo, che solum è mio, e che io nacqui per lui»[102]. Dopo averlo tratto dai grandi dell'antichità e dalla sua diretta esperienza in Palazzo Vecchio e nelle corti, Machiavelli vuole donare quel cibo a chi saprà gustarlo davvero e tradurlo in opera di creazione e di redenzione politica. Vuole persuadere e motivare, e a tal fine compone tutta l'opera, dalla prima pagina all'ultima, secondo le regole dell'*ars retorica*[103].

Per capire la struttura retorica del *Principe* è sufficiente fermare l'attenzione sull'*Exhortatio*. Molti interpreti l'hanno giudicata inutile, dannosa, mal riuscita e mal connessa al resto dell'opera[104]. Essa è invece la perfetta chiusura del testo. Le regole della retorica classica prescrivono infatti che l'orazione politica, per essere persuasiva, deve chiudersi, dopo un breve riassunto delle tesi pro-

[102] Lettera a Francesco Vettori del 10 dicembre 1513, in *Opere di Niccolò Machiavelli*, vol. III cit., p. 426.

[103] I migliori studi sull'impianto retorico del *Principe* sono quelli di John F. Tinkler, *Praise and Advice: Rhetorical Approaches in More's 'Utopia' and Machiavelli's 'Prince'*, in «Sixteenth Century Journal», XIX (1988), pp. 187-207 e Virginia Cox, *Machiavelli and the 'Rhetorica ad Herennium': Deliberative Rhetoric in 'The Prince'*, in «Sixteenth Century Journal», XXVIII (1997), pp. 1109-41. Vedi anche John F. Tinkler, *Renaissance Humanism and the Genera Eloquentiae*, in «Rhetorica», V (1987), pp. 278-309 e John W. O'Malley, *Praise and Blame in Renaissance Rome: Rhetoric, Doctrine, and Reform of the Sacred Orators of the Papal Court, c. 1450-1421*, Duke University Press, Durham (N.C.) 1979, in particolare le pp. 36-51, Victoria Kahn, *Machiavellian Rhetoric from the Counter Reformation to Milton*, Princeton University Press, Princeton 1994, in particolare pp. 18-43.

[104] Federico Chabod, fin dall'Introduzione al *Principe* del 1924, ritiene che l'opera contenga venticinque capitoli «rigidamente logici» e un capitolo, il XXVI, «che è espressione del sentimento, della passione, dell'immaginazione dell'autore»; Federico Chabod, *Scritti su Machiavelli*, Einaudi, Torino 1964, p. 18. A commento dell'invettiva contro i tiranni nel capitolo 10 del libro I dei *Discorsi*, Luigi Russo ha scritto che «noi leggiamo un po' stupiti questa pagina, che non ha la sobrietà e la analiticità scientifica, sempre propria al pensiero e allo stile di Machiavelli. C'è in essa un *raptus* oratorio e letterario, che va al di là del sentire scientifico dello scrittore»; Luigi Russo, *Machiavelli*, 3a ed., Laterza, Bari 1949, p. 224. Fredi Chiappelli scrive che «Machiavelli è infatti un trattatista speciale, trattatista e artista ad un tempo»; Fredi Chiappelli, *Studi sul linguaggio del Machiavelli*, Le Monnier, Firenze 1952, p. 9. Vedi anche Id., *Nuovi studi sul linguaggio del Machiavelli*, Le Monnier, Firenze 1969.

poste, con una *peroratio* o *exhortatio* in cui l'oratore tocca le passioni degli ascoltatori, o dei lettori, affinché deliberino o operino secondo i suoi consigli. A tal fine l'oratore deve usare soprattutto l'*indignatio*, per muovere allo sdegno, e la *conquestio*, per suscitare compassione[105]. Nel primo caso deve sottolineare che il fatto è tetro, crudele, nefario, e tirannico[106]; nel secondo deve insistere soprattutto sull'innocenza della vittima ed enfatizzare la sua debolezza[107]. Da buon oratore qual è, Machiavelli mette diligentemente in pratica gli insegnamenti dei maestri classici. Il capitolo conclusivo dell'opera è infatti un'esortazione vera e propria: costruita secondo la tecnica dell'*indignatio* e della *conquestio*. Per muovere allo sdegno un possibile redentore sottolinea le «crudeltà et insolenzie barbare»; per suscitare compassione descrive l'Italia «più stiava che li ebrei, più serva ch'e' persi, più dispersa che gli ateniesi: sanza capo, sanza ordine, battuta, spogliata, lacera, corsa» che ha sopportato «d'ogni sorte ruina».

Senza l'*Exhortatio*, *Il principe* sarebbe stato privo di uno degli artifici più efficaci per muovere le giuste passioni, e quindi inetto a raggiungere gli scopi per i quali Machiavelli l'ha scritto, primo fra tutti muovere un redentore a tentare l'opera di emancipare l'Italia. Fra questi artifici c'è anche il riferimento a Dio che ama la giustizia e il vivere civile ed è amico di chi vuole fondare e riformare stati e redimere popoli. Machiavelli scrive infatti che coloro che tentarono di redimere l'Italia e fallirono sembrava fossero, ma in realtà non erano, ordinati «da Dio per la sua redenzione». Quegli uomini che invece riuscirono nella loro opera di redenzione, come Ciro, Teseo, e soprattutto Mosè, erano davvero ordinati da Dio. Dio fu «amico loro», come sarebbe amico di altri che volessero davvero far risorgere l'Italia. I segni dell'amicizia di Dio furono evidenti, soprattutto nel caso di Mosè: «qui si veggono estraordinari sanza esempio, condotti da Dio: el mare si è aperto; una nube vi ha scorto il cammino; la pietra ha versato acque; qui è piovuto la manna». L'alleanza fra religione ed eloquenza chiude la sua maggiore orazione politica.

---

[105] Sulla perorazione come strumento per calmare o eccitare le passioni vedi Quentin Skinner, *Reason and Rhetoric in the Philosophy of Hobbes*, Cambridge University Press, Cambridge 1996, p. 121.

[106] Cicerone, *De inventione*, I, LII, 102.

[107] Ivi, I, LV, 109.

La struttura retorica dell'opera si rivela del resto anche dalla lettera dedicatoria a Lorenzo. Essa funge da esordio e come tale ha il fine di rendere il lettore benevolo, docile e ben disposto. Per ottenere questo risultato, dal quale dipende il buon esito dell'intero discorso, Machiavelli sottolinea, come consigliavano i classici della retorica, le sue buone qualità, la sua esperienza, la sua conoscenza nelle cose di stato, i sacrifici che ha sopportato per ottenere quell'esperienza e quella conoscenza, e la cattiva fortuna che lo perseguita e impedisce che i suoi meriti siano adeguatamente riconosciuti. Scrive infatti che egli ha condensato nell'opera «la cognizione delle azioni delli uomini grandi» ottenuta «con una lunga esperienza delle cose moderne e una continua lezione delle antiche» conseguita «in tanti anni» e con tanti «disagi e periculi».

Per rendere il lettore ben disposto ad accettare i suoi consigli e le sue esortazioni, Machiavelli deve inoltre rimuovere i dubbi o le opinioni ostili circa la sua persona e la sua autorevolezza nel dare consigli politici: primo fra tutti il pregiudizio, ben presente nella Firenze del suo tempo, che un uomo del popolo non può dare consigli in materia di stato, e che tale privilegio spetta esclusivamente ai grandi. Per rimuovere questo pregiudizio, descrive il suo stato di uomo popolare come una condizione che gli permette di vedere le cose politiche meglio dei grandi: «a conoscere bene la natura de' populi bisogna essere principe, e, a conoscere bene quella de' principi conviene essere populare».

Ex segretario della Repubblica di Soderini, imprigionato pochi mesi prima sotto l'accusa di cospirazione, Machiavelli non può mancare di esprimere lealtà alla casa dei Medici: «pigli adunque vostra Magnificenzia questo piccolo dono con quello animo che io 'l mando; il quale se da quella fia diligentemente considerato e letto, vi conoscerà dentro uno estremo mio desiderio che lei pervenga a quella grandezza che la fortuna e l'altre sua qualità le promettono». Né lascia da parte il buon insegnamento dei classici di fare presente che soffre senza colpa e che i suoi meriti non sono riconosciuti: «e se vostra Magnificenzia da lo apice della sua altezza qualche volta volgerà li occhi in questi luoghi bassi, conoscerà quanto io indegnamente sopporti una grande e continua malignità della fortuna»[108].

[108] Machiavelli, *Il principe*, in *Opere*, vol. I cit., pp. 117-18.

Promette, e mantiene la promessa, di non ornare né riempire la sua opera «di clausule ample o di parole ampullose e magnifiche o di qualunque altro lenocinio e ornamento estrinseco», come molti altri scrittori politici fanno. Ritiene che «o veruna cosa la onori o che solamente la verietà della materia e la gravità del subietto la facci grata». Questa sua scelta di stile non è un ripudio della retorica, bensì il risultato della perfetta conoscenza delle regole dell'arte, in particolare delle regole che governano la scelta dello stile e l'uso degli ornamenti («ornamenta»)[109]. I maestri romani avevano infatti spiegato che un'orazione del genere deliberativo deve essere in stile semplice e grave («simplex et gravis»), perché la materia trattata ha già in sé magnificenza e splendore[110].

Lo stile semplice e grave non esclude tuttavia gli ornamenti che rendono il discorso dell'oratore chiaro e persuasivo. Fra i diversi ornamenti sono particolarmente efficaci gli esempi tratti dalla storia. La storia, aveva scritto Cicerone, è «testimone delle generazioni, luce di verità, conservatrice delle memorie, maestra di vita, messaggera di antichità»[111]. Quintiliano nell'*Institutio* aveva spiegato che la storia sembra ripetersi e l'esperienza del passato è valido aiuto alla ragione. Le orazioni pronunciate davanti al popolo e le opinioni discusse in senato offrono preziosi esempi di persuasione e dissuasione[112]. La storia ha inoltre il potere di suscitare l'amore della virtù con la narrazione dei grandi esempi dell'antichità, e per questa ragione è molto più efficace della filosofia[113].

La convinzione che la storia e gli esempi storici fossero la migliore fonte di saggezza politica era un luogo comune nella cultura fiorentina del Trecento e del Quattrocento. La storia, scrive

[109] A giudizio di Stella Larosa, *Il principe* «si offre invece come opera intenzionalmente priva di ornamenti retorici»; Stella Larosa, *Autobiografia e tradizione letteraria nella «giornata» di Niccolò Machiavelli*, in «Interpres», XXII (2003), p. 267.

[110] «Tota autem oratio simplex et gravis et sententiis debet ornatior esse quam verbis»; Cicerone, *De partitione oratoriae*, XXVII, 97; «ita cum verba rebus aptentur, ipso materiae nitore clarescunt»; Quintiliano, *Institutio oratoria*, III, VIII, 60-65.

[111] Cicerone, *De oratore*, II.IX.36.

[112] Quintiliano, *Institutio oratoria*, III, VIII, 66-67.

[113] Ivi, XIII, II, 29-31.

Salutati, ci insegna ciò che dobbiamo fare sia nella vita privata sia nella vita politica. Un consiglio politico fondato su esempi storici è molto più persuasivo di un consiglio fondato su princìpi astratti. I fatti umani si ripetono, e gli uomini non cambiano nel tempo, così come non cambiano le leggi del mondo. Grazie alla conoscenza storica è dunque possibile intendere il presente e far congettura del futuro[114]. Gli storici fiorentini del Quattrocento erano del medesimo avviso. Nella Prefazione alla sua storia del popolo fiorentino Leonardo Bruni sottolinea che scrivere di storia è cosa «utilissima» perché la storia ci permette di conoscere le azioni e le deliberazioni dei popoli antichi in diverse epoche («partiti presi») e dunque ci insegna la prudenza («fare prudenti»)[115]. Inoltre, ponendo davanti ai nostri occhi gli esempi degli uomini eccellenti, la storia ci sprona a perseguire la virtù[116]. Iacopo Bracciolini, nel Proemio alla traduzione italiana della *Istoria Fiorentina* di suo padre Poggio, osserva:

Di che si può comprendere quanta utilità essa [la storia] arrechi alla generazione humana, e quanto, volendo essere grata, gli sia obbligata; sendo sola custodia fedelissima dell'opere nostre, e quella, che sempre faccia presenti, e col suo mezzo riducendoci a memoria l'opere degli huomini singulari ci inviti a operare di farci immortali, e pe' progressi d'altri ci mostri la vita di ciascuno: e consigli nel deliberare, e partiti presi, e costumi delle republiche, e varietà grandi della fortuna, e varii eventi delle guerre, acciò che con l'esempio d'altri possiamo eleggere quello sia utile a noi, e alla patria[117].

Machiavelli, ancora una volta, segue nel *Principe* l'insegnamento dei classici e degli storici fiorentini. Considera la storia fonte di saggezza politica perché ritiene che «in tutte le città ed in tutti i popoli sono quegli medesimi desiderii e quelli medesi-

---

[114] *Epistolario* cit., vol. II, pp. 289-302; vedi anche Cesare Vasoli, *Coluccio Salutati e la storia*, Atti del Convegno su Coluccio Salutati, Buggiano Castello, giugno 1980, Buggiano 1981, pp. 27-46.

[115] Leonardo Aretino, *Istoria Fiorentina*, tradotta in volgare da Donato Acciajuoli, Le Monnier, Firenze 1861, pp. 3-4.

[116] «e per l'esempio degli uomini eccellenti accendere l'animo alla esercitazione della virtù»; ivi, p. 4.

[117] Iacopo Bracciolini, *Istoria di M. Poggio Fiorentino: tradotta di latino in volgare da Iacopo suo figliuolo*, Filippo Giunti, Firenze 1598, pp. 1-2.

mi omori, e come vi furono sempre»[118]. Sostiene tutti i suoi consigli politici con esempi storici, e ne spiega la ragione:

non si meravigli alcuno se, nel parlare che io farò de' principati al tutto nuovi, e di principe e di stato, io addurrò grandissimi esempli. Perché, camminando gli uomini sempre per le vie battute da altri e procedendo nelle azioni loro con le imitazioni, né si potendo le vie d'altri al tutto tenere né alla virtù di quegli che tu imiti aggiugnere, debbe uno uomo prudente entrare sempre per le vie battute da uomini grandi, e quegli che sono stati eccellentissimi imitare: acciò che, se la sua virtù non vi arriva, almeno ne renda qualche odore; e fare come gli arcieri prudenti, a' quali parendo el luogo dove desegnano ferire troppo lontano, e conoscendo fino a quanto va la virtù del loro arco, pongono la mira assai più alta che il luogo destinato, non per aggiugnere con la loro freccia a tanta altezza, ma per potere con lo aiuto di sì alta mira pervenire al disegno loro[119].

Quelli di Machiavelli non sono dunque esempi da scienziato ma da oratore. Non hanno lo scopo di esibire la validità empirica di una legge scientifica, ma di rendere più persuasivo un consiglio politico e di stimolare il desiderio di imitare un particolare modo di agire[120].

---

[118] Machiavelli, *Discorsi*, I, 39; vedi anche III, 43.

[119] Machiavelli, *Il principe*, VI. Machiavelli ricorre all'esempio storico anche in un altro testo esemplare del suo modo di usare la tecnica del genere deliberativo, *Del modo di trattare i popoli della Valdichiana ribellati*, scritto fra il luglio e l'agosto del 1503. Per convincere i reggitori di Firenze ad abbandonare la nefasta pratica delle vie di mezzo nei confronti delle città ribelli, ricorre infatti all'esempio storico: «Io ho sentito dire che le istorie sono la maestra delle actioni nostre, et maxime de' principi, et il mondo fu sempre ad un modo abitato da uomini che hanno avute sempre le medexime passioni; et sempre fu chi serve et chi comanda, et chi serve malvolentieri et chi serve volentieri, et chi si ribella et è ripreso». Se i fiorentini, come affermavano ripetutamente nei pubblici consigli, accettavano questo principio, dovevano anche accettare di imparare da quei Romani «che sono stati padroni del mondo». Da saggio oratore quale era Machiavelli lascia parlare Livio e si limita a mettere in risalto l'analogia fra i casi che Livio descrive e quelli che i fiorentini devono affrontare e a spiegare che i rimedi romani sono ancora validi; Niccolò Machiavelli, *Del modo di trattare i popoli della Valdichiana ribellati*, in *Opere*, vol. I cit., pp. 22-26.

[120] Sull'uso degli esempi vedi Barbara Spackman, *Machiavelli and Maxims*, «Yale French Studies», 77 (1990), p. 152; John D. Lyons, *Exemplum. The Rhetoric of Example in Early Modern France and Italy*, Princeton University Press, Princeton 1989, in particolare pp. 35-36, 49 e 63-65. Vedi anche Skinner, *Reason and Rhetoric in the Philosophy of Hobbes* cit., pp. 49-51.

Il metodo migliore di spiegare un concetto, insegnavano i classici della retorica, è di renderlo visibile agli ascoltatori per mezzo di similitudini, immagini e metafore. Machiavelli anche in questo caso è discepolo fedele. Quando vuole fare intendere che un principe nuovo deve saper usare sia la forza sia la frode, ricorre alle immagini della volpe e del leone: «sendo dunque necessitato uno principe sapere bene usare la bestia debbe di quelle pigliare la golpe e il lione: perché el lione non si difende da' lacci, la golpe non si difende da' lupi; bisogna adunque essere golpe a conoscere e' lacci, e lione a sbigottire e' lupi»[121].

Per spiegare che un principe non deve mai affidare la sua difesa agli eserciti di un altro principe, si affida a una 'figura' del Vecchio Testamento: «Offerendosi Davit a Saul d'andare a combattere con Golia provocatore filisteo, Saul per dargli animo lo armò dell'arme sua: le quali Davit, come l'ebbe indosso, recusò, dicendo con quelle non si potere bene valere di sé stesso; e però voleva trovare el nemico con la sua fromba e con il suo coltello»[122]. Machiavelli legge la Bibbia «sensatamente»[123]. Non gli interessa cogliere il significato autentico delle storie, ma estrarre da esse «il senso» e il «sapore che le hanno in sé», ovvero insegnamenti che entrano dentro e muovono il desiderio di operare e di imitare[124]. Il gesto di Saul che dona a David le sue armi è stato interpretato come una delle più belle testimonianze di amicizia in ambito biblico: «lo scambio delle vesti e delle armi tra i due contraenti esprime il dono di ciò che c'è di più intimo nell'uomo e vuol dimostrare che all'amico bisogna essere disposti a donare tutto»[125]. Ma a Ma-

---

[121] Machiavelli, *Il principe*, XVIII.

[122] Ivi, XIII.

[123] «E chi legge la Bibbia sensatamente, vedrà Moisè»; Machiavelli, *Discorsi* cit., III, 30. Vedi anche I, 23: «E chi leggerà sensatamente tutte le istorie»; e il Proemio al libro I: «quanto dal non avere vera cognizione delle storie, per non trarne, leggendole, quel senso né gustare di loro quel sapore che le hanno in sé». Dal *Libro di ricordi* sappiamo che Bernardo nel 1480 restituisce a Domenico Lippi la Bibbia che aveva preso a prestito; Machiavelli, *Libro di ricordi* cit. Vedi anche Josef Macek, *La jeunesse de Machiavel*, in «Historica», XII (1966), pp. 45-70.

[124] Che la Bibbia si debba leggere allegoricamente lo aveva insegnato Savonarola nelle sue prediche. Cfr. Pasquale Villari, *La storia di Girolamo Savonarola e de' suoi tempi*, 2 voll., nuova edizione, Le Monnier, Firenze 1887-88, vol. I, p. 123.

[125] Cfr. Luigi Pizzolato, *L'idea di amicizia nel mondo antico classico e cristiano*, Einaudi, Torino 1993, p. 222.

chiavelli, questa volta, non interessa l'amicizia. La sua immaginazione non si ferma sul gesto di Saul che dona le sue armi a David, ma sul gesto di David che si toglie di dosso le armi che Saul gli ha donato. Questa figura insegna, a suo giudizio, che «le armi di altri o le ti caggiono di dosso o le ti pesano o le ti stringono».

Machiavelli usa con piena confidenza anche la tecnica dell'ironia come mezzo per deridere. Come avevano insegnato i classici, descrive infatti persone e azioni con la massima serietà ma intende esattamente il contrario[126]. Un esempio è il capitolo sui principati ecclesiastici dove scrive che quegli Stati si mantengono senza virtù e senza fortuna «perché sono sustentati da li ordini antiquati nella religione, quali sono stati tanto potenti e di qualità ch'e' tengono e loro principi in stato in qualunque modo si procedino e vivino. Costoro soli hanno stati e non li governano. E gli stati, per essere indifesi, non sono loro tolti; ed e' sudditi, per non essere governati non se ne curano, né pensano né possono alienarsi da loro. Solo adunque questi principati sono sicuri e felici; ma essendo quelli retti da cagione superiori, alle quali mente umana non aggiugne, lascerò il parlarne: perché essendo esaltati e mantenuti da Dio, sarebbe officio di uomo presuntuoso e temerario discorrerne»[127]. Il suo vero pensiero è invece che i prìncipi ecclesiastici per il modo in cui vivono e governano meritano di perdere i loro stati e li perderanno anche se proclamano di derivare il loro potere da Dio[128].

Machiavelli rispetta anche le regole della retorica classica che vertono sulla suddivisione dell'orazione. Come Cicerone aveva insegnato, dopo l'esordio ci deve essere la *partitio*, in cui l'oratore deve spiegare in modo chiaro e breve il tema del discorso che si accinge a tenere[129]. Prima di chiudere con la *peroratio* o con la *exhortatio* deve poi riassumere i punti principali e sottolineare che ha in effetti dimostrato quanto aveva promesso quando ha cominciato l'orazione. All'inizio del *Principe* scrive infatti: «io lascerò indretro il ragionare delle republiche, perché altra

---

[126] Cicerone *De oratore*, II, LXVII, 269.

[127] Machiavelli, *Il principe*, XI.

[128] Vedi ad esempio quello che Machiavelli afferma, seriamente, in *Parole da dirle sopra la provisione del danaio facto un poco di proemio et di scusa*, in *Opere*, vol. I cit., p. 13 e in *Discorsi*, I. 27.

[129] Cicerone, *De inventione*, I, XXII, 31.

volta ne ragionai a lungo. Volterommi solo al principato e andrò ritessendo gli orditi soprascritti, e disputerò come questi principati si possono governare e mantenere»[130]. Avviandosi alla chiusa osserva poi, per ribadire di aver rispettato quanto promesso, che «le cose soprascritte, osservate prudentemente, fanno parere antico uno principe nuovo, e lo rendono subito più sicuro e più fermo nello stato, che s'e' vi fussi antiquato dentro»[131].

Se teniamo presente la retorica classica possiamo capire non solo la forma, ma anche il contenuto del *Principe*, ovvero il fine che Machiavelli vuole ottenere con i suoi consigli. Su questo punto le posizioni dei classici sono diverse. Per Cicerone l'orazione politica deve avere per fine sia l'onestà che l'utile[132]. Oneste sono le azioni che rispettano la virtù della giustizia, della saggezza, della fortezza e della temperanza; utili quelle che mirano alla sicurezza, alla libertà e alla grandezza della repubblica. Per Quintiliano l'oratoria deliberativa deve avere per fine ciò che è onesto («quod honestum»)[133]. L'oratore, tuttavia, deve parlare spesso di fronte a un uditorio ignorante composto da persone non in grado di riconoscere che ciò che è onesto non può essere in contrasto con ciò che è utile. In questi casi egli deve distinguere ciò che è utile e ciò che è onesto, e adattare il proprio discorso all'opinione comune[134]. Il fine dell'orazione deliberativa deve essere dunque sia l'onestà sia l'utilità. Per l'autore dell'*Ad Herennium* il fine che l'oratore deve proporsi quando offre consiglio nelle deliberazioni politiche («in civili consultatione») deve essere soltanto l'interesse. Aggiunge però, e si tratta di una specificazione importante, che l'interesse («utilitas») si compone di due parti: la sicurezza («tuta») e l'onestà («honestas»)[135]. Suddivide poi la sicurezza in forza e inganno («vim et dolum»). La forza riguarda «eserciti, flotte, armi, macchine belliche, chiamate in mas-

---

[130] Machiavelli, *Il principe*, II.
[131] Ivi, XXIV.
[132] «in deliberationibus, ut nos arbitramur, quid honestum sit et quid utile»; Cicerone, *De inventione*, II, IV, 12; «In deliberativo autem Aristoteli placet utilitatem, nobis et honestatem et utilitatem»; ivi, II, LI, 156.
[133] Ivi, II, LII, 159.
[134] Quintiliano, *Institutio oratoria*, III, VIII, 2-4.
[135] «Utilitas in duas partes in civili consultatione dividitur: tutam, honestam»; *Ad Herennium*, III, II, 3.

sa alle armi»; l'inganno «si esplica in denaro, promessa, stratagemma, celerità, menzogna»[136]. L'onestà si suddivide nella rettitudine e nel lodevole («rectum et laudabile»). La rettitudine «è
ciò che si compie con virtù e con dovere e si suddivide in prudenza, giustizia, fortezza, temperanza. Il lodevole è ciò «che procura onorevole memoria e presente e futura»[137].

I maestri romani dell'eloquenza erano consapevoli che nelle
deliberazioni politiche l'utilità contrasta spesso con l'onestà, e
consigliavano all'oratore diversi modi per affrontare il problema[138]. Nel *De inventione* Cicerone sottolinea che il vero oratore
deve porre al primo posto l'onestà, al secondo la sicurezza, al terzo l'interesse. Aggiunge tuttavia che nei casi in cui la sicurezza
dello stato è davvero in pericolo, l'oratore può modificare l'ordine e porre la sicurezza al primo posto, soprattutto se l'onestà
può essere recuperata in un secondo momento con coraggio e diligenza[139]. Egli può anche difendere una decisione politica che
viola i princìpi dell'onestà sostenendo che essa è necessaria per
la sicurezza dello stato[140]. Può inoltre affermare che senza la sicurezza non è possibile neppure ottenere l'onestà[141].

Un altro modo per affrontare il contrasto fra sicurezza e onestà è quello dell'*Ad Herennium*. Anche se l'oratore non deve proporre di abbandonare la virtù, può tuttavia sostenere che in determinate circostanze la virtù non consiste in quelle azioni che
normalmente consideriamo virtuose, e può descrivere in modo
diverso l'azione che sta consigliando. Può, ad esempio, affermare che le azioni che altri giudicano coraggiose sono in realtà vili[142]. Può soprattutto sostenere che «niente è più utile della salvezza»; che nessuno potrà valersi delle virtù se non ha pensato

[136] *Ibidem.*
[137] *Ad Herennium*, III, II, 3 e III, IV, 7.
[138] «persaepe evenit ut utilitas cum honestate certet»; Cicerone, *De partitione oratoriae*, 25. 89-90.
[139] Cicerone, *De inventione*, II, LVIII, 174.
[140] «Hoc genus in deliberationibus maxime versabitur, cum aliquid quod
contra dicatur, aequum esse concedimus, sed id quod nos defendimus necessarium esse demostramus»; ivi, I, LI, 96.
[141] «vere poterimus dicere nos honestatis rationem habere, quoniam sine
incolumitate eam nullo tempore possumus adipisci»; ivi, II, LVIII, 74.
[142] *Ad Herennium*, III, III, 6. Sulle tecniche di ridescrizione vedi Skinner,
Reason and Rhetoric in the Philosophy of Hobbes cit., pp. 138-80.

prima alla sicurezza; che neppure gli dèi sono di aiuto a quelli che si mettono sconsideratamente nel pericolo; che non si può giudicare onesto un modo di agire che non garantisce la sicurezza[143]. Il suggerimento di Quintiliano va nella medesima direzione: se l'oratore deve porre l'interesse al di sopra dell'onestà, non deve ammettere apertamente che il suo consiglio è disonesto («inhonestum»), ma cambiare i nomi delle cose[144].

Nel contesto intellettuale fiorentino vi erano sostenitori convinti della priorità dell'onestà sull'interesse che non si preoccupavano affatto di esporre il loro punto di vista nei pubblici dibattiti su questioni politiche della massima gravità. Piero Aldobrandini, intervenendo in una discussione sulla politica estera, sottolinea che «sia bene non manchare della fede promessa al Christianissimo [il re di Francia], perché è stato sempre instituto antichissimo di questa Repubblica non ne manchare a persona». Nel medesimo dibattito Bono Boni esorta i Dieci di Libertà a mantenere la parola data «perché, questa cictá non ne manchò mai a persona, et volere più tosto morire seco che mancharli della fede, perché, sarebbe morte generosa»[145]. Un altro oratore ribadisce il medesimo ragionamento: «Quegli miei padri [...] sempre sono stati d'una medesima volontá, che la fede promessa non si debba violare, etiam, quando si potessi, incorrere pericolo; dalla quale sententia non voglono in alcun modo spiccarsi, perché l'onestà precede all'utile, se già la necessità che non ha leggie non ricerchassi altro»[146].

C'era anche chi sosteneva con la medesima convinzione che a volte l'utile viene prima dell'onesto. Un fedele seguace di Cicerone quale era Matteo Palmieri scrive ad esempio: «la verità approvata dai sommi ingegni e dall'auctorità de' filosofi severi e gravi in alcuno modo non seiunge né divide l'onesto dall'utile, anzi insie-

---

[143] «honestum nihil oportere existimari, quod non salutem pariat»; *Ad Herennium*, III, V, 8.
[144] «Sed neque hic plane concedendum est esse id inhonestum»; Quintiliano, *Institutio oratoria*, III, VIII, 31. «Haec autem, quae tantum inter se pugnant, plerumque nominibus deflecti solent»; ivi, III, VIII, 32.
[145] Vedi *Consulte e pratiche 1505-1512*, a cura di Denis Fachard, Droz, Genève 1988, pp. 320-25.
[146] Ivi, p. 353.

me gli coniungono; e vogliono che ciò che è onesto, sia utile e ciò ch'è utile sia honesto, né in alcuno modo patiscono essere divisi: la sentenzia de' quali certo è approvata e vera. Ma altrimenti si iudica quando in disputatione s'assottiglia la verità propria, e altrimenti s'adattano le parole alla commune opinione della maggiore moltitudine. A noi, che al presente parliamo in vulgare, è cosa conveniente accomodare le parole secondo la consuetudine de' vulgari, et lasciare la limata sottigliezza dell'absoluta verità. Et come dai più si dice, così noi diremo, alle volti essere utile quello che non è onesto, et essere onesto quello che non è utile»[147].

Quando tratta del rapporto fra utile e onesto, più che i trattati di consigli al principe, che conosceva poco e non considerava di grande importanza, Machiavelli ha probabilmente presente i dibattiti politici nei consigli pubblici fiorentini[148]. Nelle pagine centrali della sua orazione segue da vicino l'*Ad Herennium* e rifiuta la dottrina ciceroniana che ciò che è utile è anche onesto e ciò che è onesto è anche utile[149]. Il fine dei suoi consigli è l'utilità, ma per utilità intende sia la sicurezza (intesa come forza e *dolus*) sia l'onestà (ciò che è lodevole e ciò che è conforme alla virtù)[150]. Egli

---

[147] Matteo Palmieri, *Della vita civile*, a cura di Felice Battaglia, Zanichelli, Bologna 1944, pp. 127-28.

[148] L'importanza del contesto delle pratiche e dei dibattiti nei consigli per la comprensione della retorica del *Principe* è stata messa bene in rilievo da Virginia Cox, *Machiavelli and the 'Rhetorica ad Herennium': Deliberative Rhetoric in 'The Prince'* cit., in particolare p. 1136. Per la poca conoscenza e il poco interesse che Machiavelli aveva per i trattati umanistici di consigli al principe rinvio alla mia Introduzione a Machiavelli, *The Prince*, Oxford University Press, Oxford 2005, pp. XXXV-XXXVI.

[149] Cicerone, *De Officiis*, II, VII, 34-VIII-35.

[150] Per John F. Tinkler, ogni serio dibattito politico che ha per fine di consigliare un'azione politica deve essere pratico e quindi avere per fine l'interesse, come insegnano sia la *Rhetorica ad Herennium* sia il *De inventione*, i due testi sulla retorica più importanti nel Medioevo e nel Rinascimento; Tinkler, *Praise and Advice: Rhetorical Approaches in More's 'Utopia' and Machiavelli's 'Prince'* cit., p. 198. Per Skinner Machiavelli sostiene la «subversive suggestion» che «the question of what is *utile* in such matters of statecraft may have no connection with what is onesto at all»; Skinner, *Reason and Rhetoric in the Philosophy of Hobbes* cit., p. 44. Virginia Cox, che giustamente mette in luce l'importanza dell'*Ad Herennium* per capire la struttura del *Principe*, sostiene invece che Machiavelli vuole mostrare che «the advantages of security vastly outweight the advantages of a good reputation and, indeed, that the pursuit of security may in fact be the best way in the long run to ensure a lasting good repute»; Cox, *Machiavelli and the 'Rhetorica Ad Herennium'* cit., p. 1128.

afferma infatti che «l'intenzione mia» è stata di «scrivere cosa che sia utile a chi la intende». Nel capitolo XXIV, tuttavia, fa esplicitamente riferimento alla sicurezza quale fine dei suoi consigli. Nel capitolo XVIII insiste sull'onore e sulla lode: «facci dunque uno principe di vincere e mantenere lo stato: e' mezzi sempre fieno iudicati onorevoli e da ciascuno saranno laudati». Nel capitolo XV afferma esplicitamente che il suo consiglio è conforme alla virtù anche se pare vizio. Consiglia esplicitamente ciò che è giusto nell'*Exhortatio*: «la impresa loro non fu più iusta di questa, né più facile [...]. Qui è iustizia grande: iustum enim est bellum quibus necessarium».

Se poi analizziamo in modo più dettagliato la disposizione dei temi, vediamo che tratta, giusto lo schema dell'*Ad Herennium*, di «vim et dolum», ovvero di armi, di danaro, delle promesse, della simulazione e della dissimulazione; di «rectum et laudabile», ovvero delle azioni per le quali i prìncipi sono lodati o biasimati, e dell'onestà[151]. In particolare, Machiavelli discute del contrasto fra ciò che è onesto e ciò che è utile in quattro capitoli che occupano la parte centrale del *Principe*: «Di quelle cose che li òmini e spezialmente principi sono laudati o biasimati» (XV); «Della liberalità e della parsimonia» (XVI); «Della crudeltà e pietà, e s'elli è meglio essere amato che temuto o più tosto temuto che amato» (XVII); «In che modo i principi abbiano a mantenere la fede» (XVIII).

Per risolvere il contrasto fra sicurezza e onestà, Machiavelli ricorre sia all'argomento della necessità per posporre le considerazioni dell'onestà alla sicurezza, sia alla tecnica della ridescrizione. Usa ad esempio l'argomento della necessità nel capitolo XV: «Onde è necessario, volendosi uno principe mantenere, imparare a potere essere non buono e usarlo e non usarlo secondo la necessità», e nel capitolo XVIII che chiude la discussione sulle azioni per le quali i prìncipi sono lodati o biasimati: «E hassi a intendere questo, che uno principe e massime uno principe nuovo non può osservare tutte quelle cose per le quali gli uomini sono chiamati buoni, sendo spesso necessitato, per mantenere lo stato, operare contro alla fede, contro alla carità, contro alla umanità, contro alla religione. E però bisogna che egli abbia uno animo disposto a vol-

---

[151] *Ad Herennium*, III, II, 3.

gersi secondo che e' venti della fortuna e la variazione delle cose
gli comandano; e, come di sopra dissi, non partirsi dal bene, potendo, ma sapere entrare nel male, necessitato». Consiglia la tecnica della ridescrizione delle azioni nel capitolo XV: «ed etiam non
si curi di incorrere nella infamia di quelli vizi, sanza e' quali possa
difficilmente salvare lo stato; perché, se si considera bene tutto, si
troverrà qualche cosa che parrà virtù, e seguendola sarebbe la ruina sua: e qualcuna altra che parrà vizio, e seguendola ne nasce la
sicurtà e il bene essere suo»[152].

La trama nascosta del *Principe* è l'*Ad Herennium*. Machiavelli insegna infatti l'utile in tutte le sue componenti perché consiglia al principe non solo di dotarsi di buone armi e di saper simulare, ma anche la vera virtù e il vero modo di ottenere lode e
gloria. Nella sua opera considerata a torto più scientifica, Machiavelli insegna al principe nuovo la vera virtù che non si ferma
di fronte al male né si arresta in esso e permette di fondare e conservare lo stato. Spiega che entrare nel male è necessario, e che
non è vizio ma virtù, e promette a chi saprà farlo per emancipare l'Italia addirittura l'amicizia di Dio. Nella sua migliore orazione Machiavelli mette in pratica gli insegnamenti dalla retorica classica e trova e usa l'immagine del Dio amico dei fondatori
di stati che viveva nel contesto religioso fiorentino.

5. *Eloquenza e saggezza repubblicana*

Il contesto della retorica classica ci permette di capire non solo l'arcano del *Principe*, ma anche, a maggior ragione, i *Discorsi*.
Un'opera come i *Discorsi*, scrive nel Proemio, richiede virtù, giudizio ed eloquenza («discorso»), per liberare gli uomini dagli errori e far sì che essi sappiano «gustare» delle storie antiche «quel
sapore che le hanno in sé»[153]. «Gustare di loro quel sapore»: Ma-

---

[152] Machiavelli enuncia il principio che l'onestà deve essere posposta alla
sicurezza anche nei *Discorsi*: «dove si dilibera al tutto della salute della patria,
non vi debbe cadere alcuna considerazione né di giusto né d'ingiusto, né di
piatoso né di crudele, né di laudabile né d'ignominioso; anzi, posposto ogni altro rispetto, seguire al tutto quel partito che le salvi la vita e mantenghile la libertà»; Machiavelli, *Discorsi*, III, 41.
[153] Ivi, I, Proemio.

chiavelli usa di nuovo la metafora del cibo, come aveva fatto nella lettera a Vettori («quel cibo che solum è mio»), per far capire che vuole insegnare qualcosa che entri nell'animo, lo nutra e dia ad esso nuova forza e nuova vita. Nel *Principe* vuole muovere un fondatore di stati; nei *Discorsi* vuole muovere gli animi dei giovani a imitare la virtù degli antichi e a fuggire la corruzione dei moderni. L'una e l'altra sono opere di educazione, non di fredda precettistica.

Il fine che Machiavelli persegue nei *Discorsi* è ancora più ambizioso di quello che persegue nel *Principe*. Questa volta si propone di emancipare l'animo di molti dalla cattiva educazione morale e dalla cattiva religione. «Gli è offizio di uomo buono», scrive nel Proemio al libro II, «quel bene che per la malignità de' tempi e della fortuna tu non hai potuto operare, insegnarlo ad altri, acciocché sendone molti capaci, alcuno di quelli più amato dal cielo possa operarlo»[154]. Ma l'uomo buono era appunto secondo i classici romani il vero oratore[155]. Solo il vero oratore può educare uomini che riescano a fondare nuovi ordini politici liberi, se sono amati dal cielo. Machiavelli vuole insegnare ai giovani la saggezza politica repubblicana e la conoscenza delle istituzioni politiche e militari. Ma vuole anche rinnovare gli animi infondendo con la forza della parola l'amore del vivere libero, l'odio della tirannide e il desiderio di vera gloria perché è convinto che solo un uomo che abbia nell'animo queste passioni potrà sperare di essere amato da Dio e dunque realizzare grandi cose.

Machiavelli impiega con mano sicura gli artifici della retorica, in primo luogo la tecnica del genere laudativo per la lode di uomini, istituzioni e tempi. Cicerone e Quintiliano avevano spiegato che quando vogliamo lodare una persona, è bene insistere soprattutto sulle virtù che recano beneficio agli altri[156]. Aurelio 'Lippo' Brandolini (1454-1497) nel suo *De ratione scribendi libri tres*, completato attorno al 1485, aveva messo in evidenza che parte importante del genere laudativo riguarda l'elogio dei gran-

---

[154] Ivi, II, Proemio.
[155] «Eum qui sit orator, virum bonum esse oportere, sed ne futurum quidem oratorem nisi virum bonum»; Quintiliano, *Institutio oratoria*, XII, I, 3.
[156] Cicerone, *De oratore*, II, 85, 346; Quintiliano *Institutio oratoria* III, 7, 16.

di uomini, soprattutto quelli che seppero distinguersi per la loro virtù in tempi corrotti[157]. Machiavelli apre i *Discorsi* con una considerazione sugli uomini che meritano vera lode e quelli che meritano biasimo. Nella lettera dedicatoria a Zanobi Buondelmonti scrive infatti che mentre gli scrittori spesso «laudano quello [il principe] di tutte le virtuose qualitadi, quando da ogni vituperevole parte doverebbono biasimarlo», egli ha scelto invece di dedicare il suo scritto a un uomo che per le sue qualità meriterebbe di essere principe[158]. Nell'*Arte della guerra*, per lodare nel miglior modo possibile Cosimo Rucellai scrive che aveva tutte le virtù che si possono desiderare «in uno buono amico degli amici» e «in uno cittadino della sua patria»[159]. L'esempio più chiaro della sua maestria della tecnica della lode e del biasimo lo offre tuttavia nel Proemio al libro II: «laudano sempre gli uomini, ma non sempre ragionevolmente, gli antichi tempi, e gli presenti accusano, ed in modo sono delle cose passate partigiani che non solamente celebrano quelle etadi che da loro sono state, per la memoria che ne hanno lasciata gli scrittori conosciute, ma quelle ancora che, sendo già vecchi, si ricordano nella loro giovinezza avere vedute». Ma chi nei tempi presenti sia nato in Italia «ha ragione di biasimare i tempi suoi e laudare gli altri» perché, spiega, «in quelli vi sono assai cose che gli fanno maravigliosi, in questi non è cosa che li ricomperi da ogni estrema miseria, infamia e vituperio». E il primo vizio dei tempi che Machiavelli biasima è il declino della religione: «dove non è osservanza di religione»[160].

Per muovere chiunque sia «nato d'uomo» a spaventarsi «da ogni imitazione de' tempi cattivi» e accendersi «d'uno immenso desiderio di seguire i buoni» ricorre alla tecnica di trasformare i lettori in spettatori ponendo di fronte ai loro occhi delle immagini forti («ante oculos ponere»). Su questa essenziale tecnica retorica avevano insistito molto i classici romani. Cicerone aveva

---

[157] Aurelio Brandolini, *De ratione scribendi libri tres*, A. Birckmannus, Colonia 1573, p. 125. Vedi in proposito O'Malley, *Praise and Blame in Renaissance Rome. Rhetoric, Doctrine, and Reform in the Sacred Orators of the Papal Court*, c. 1450-1521, cit., *passim*.

[158] Machiavelli, *Discorsi*, in *Opere*, vol. I cit., pp. 195-96.

[159] Machiavelli, *Dell'arte della guerra*, in *Opere*, vol. I cit., p. 532.

[160] Machiavelli, *Discorsi*, in *Opere*, vol. I cit., pp. 324-26.

raccomandato di parlare in modo che gli ascoltatori vedano gli eventi con gli occhi dell'immaginazione[161]. Quintiliano a sua volta aveva sottolineato che una delle massime qualità dell'oratore à di narrare gli eventi come se le parole dipingessero[162]. Con esplicito riferimento alla celebre frase di Orazio «ut pictura poesis», i teorici dell'eloquenza e gli scrittori politici del Quattrocento ribadirono con molta insistenza il concetto che il vero oratore è simile al pittore, e che il modo più efficace di amplificare argomenti, e di descrivere uomini al fine di eccitare il desiderio di imitarli, è rappresentarli come in un quadro[163].

Machiavelli nel *Principe* ammette esplicitamente di considerare la sua opera simile a quella del pittore: «Né voglio sia imputata prosunzione se uno uomo di basso e infimo stato ardisce discorrere e regolare e' governi de' principi; perché così come coloro che disegnano e' paesi si pongono bassi nel piano a considerare la natura de'monti e de' luoghi alti e, per considerare quella de' luoghi bassi, si pongono alto sopra a' monti, similmente, a conoscere bene la natura de' populi, bisogna essere principe, e, a conoscere bene quella de' principi, conviene essere populare»[164].

Ho già mostrato come Machiavelli disegna la figura del principe con metafore e similitudini. Nei *Discorsi* usa la medesima tecnica per muovere i lettori a fuggire la tirannide e a imitare i prìncipi buoni. Nel capitolo X del libro I, ad esempio, scrive:

Pongasi, adunque innanzi, un principe i tempi da Nerva a Marco, e conferiscagli con quelli che erano stati prima e che furono poi; e dipoi elegga in quali volesse essere nato, o a quali volesse essere preposto. Perché in quelli governati da' buoni vedrà un principe sicuro in mezzo de' suoi sicuri cittadini, ripieno di pace e di giustizia il mondo: vedrà il senato con la sua autorità, i magistrati co' suoi onori, godersi i cittadi-

---

[161] Cicerone, *De inventione*, I, LIV, 104; *De oratore*, III, LIII, 202.

[162] Quintiliano, *Institutio oratoria*, VIII, III, 62 e VIII, III, 81.

[163] Vedi ad esempio Brandolini, *De ratione scribendi* cit., p. 70; Poliziano, *Praefatio in Suetonii expositionem*, in *Opera*, N. Episcopius, Basilea 1553, p. 499. Vedi in proposito Wesley Trimpi, *The Meaning of Horace's 'Ut Pictura Poesis'*, in «Journal of the Warburg and Courtauld Institutes», 36 (1973), pp. 1-34; Michael Baxandall, *Giotto and the Orators. Humanists Observers of Painting in Italy and the Discovery of Pictorial Composition*, Clarendon Press, Oxford 1971.

[164] Machiavelli, *Il principe*, in *Opere*, vol. I cit., p. 118.

ni ricchi le loro ricchezze, la nobilità e la virtù esaltata, vedrà ogni quiete ed ogni bene; e, dall'altra parte, ogni rancore, ogni licenza, corruzione e ambizione spenta: vedrà i tempi aurei, dove ciascuno può tenere e difendere quella opinione che vuole. Vedrà, in fine, trionfare il mondo, pieno di riverenza e di gloria il principe, d'amore e sicurtà i popoli. Se considererà dipoi tritamente i tempi degli altri imperadori, gli vedrà atroci per le guerre, discordi per le sedizioni, nella pace e nella guerra crudeli: tanti principi morti col ferro, tante guerre civili, tante esterne; l'Italia afflitta, e piena di nuovi infortunii; rovinate e saccheggiate le cittadi di quella. Vedrà Roma arsa, il Campidoglio da' suoi cittadini disfatto, desolati gli antichi templi, corrotte le cerimonie, ripiene le città di adulterii: vedrà il mare pieno di esilii, gli scogli pieni di sangue. Vedrà in Roma seguire innumerabili crudeltadi e la nobilità, le ricchezze, i passati onori, e sopra tutto la virtù, essere imputate a peccato capitale. Vedrà premiare gli calunniatori, essere corrotti i servi contro al signore, i liberti contro al padrone; e quelli a chi fussero mancati inimici, essere oppressi dagli amici. E conoscerà allora benissimo quanti oblighi Roma, l'Italia, e il mondo, abbia con Cesare[165].

Anche nei *Discorsi* Machiavelli usa i luoghi comuni dell'utile inteso come sicurezza e onore. Per esempio quando discute dove sia meglio porre la guardia della libertà («Dove più sicuramente si ponga la guardia della libertà, o nel popolo o ne' grandi; e quali hanno maggiore cagione di tumultuare, o chi vuole acquistare o chi vuole temere»), svolge tutto il suo argomento dal punto di vista della sicurezza. Quando tratta invece il problema se sia preferibile una repubblica aristocratica o una repubblica popolare, conclude il suo argomento facendo appello all'onore: «bisogna nello ordinare la republica, pensare alla parte più onorevole»[166].

Infine, per non moltiplicare gli esempi, nel capitolo in cui offre il suo consiglio sul modo migliore di espandere il territorio, ricorre all'utile, alla sicurezza, al lodevole e alla virtù. Descrive infatti l'espansione per mezzo della semplice conquista «inutile nelle repubbliche armate» e «inutilissimo» nelle repubbliche disarmate, e conclude indicando quale esempio da seguire, perché sicuro, lodevole e causa di buoni costumi, il modo seguito dagli antichi toscani: «e quando la imitazione de' romani paresse difficile, non do-

---

[165] Machiavelli, *Discorsi*, I,10.
[166] Ivi, I, 6.

verrebbe parere così quella degli antichi toscani, massime a' presenti toscani. Perché, se quelli non poterono, per le cagioni dette, fare uno imperio simile a quel di Roma, poterono acquistare in Italia quella potenza che quel modo del procedere concesse loro. Il che fu, per un gran tempo, sicuro, con somma gloria d'imperio e d'arme, e massime laude di costumi e di religione»[167].

Oltre a spiegare quali siano le istituzioni e le deliberazioni davvero utili per le repubbliche, Machiavelli vuole fare rinascere nei moderni quell'amore della libertà che le storie narrano fosse fortissimo negli antichi popoli italiani. Per ottenere questo risultato amplifica il contrasto fra la bellezza del vivere libero e la miseria del vivere servo:

E facil cosa è conoscere donde nasca ne' popoli questa affezione del vivere libero; perché si vede per esperienza, le cittadi non avere mai ampliato né di dominio né di ricchezza, se non mentre sono state in libertà. E veramente maravigliosa cosa è a considerare, a quanta grandezza venne Atene per spazio di cento anni, poiché la si liberò dalla tirannide di Pisistrato. Ma sopra tutto maravigliosissima è a considerare a quanta grandezza venne Roma, poiché la si liberò dai suoi re. La ragione è facile a intendere; perché non il bene particulare, ma il bene comune è quello che fa grandi le città. E senza dubbio, questo bene comune non è osservato se non nelle republiche; perché tutto quello che fa a proposito suo, si esequisce; e quantunque e' torni in danno di questo o di quello privato, e' sono tanti quegli per chi detto bene fa, che lo possono tirare innanzi contro alla disposizione di quegli pochi che ne fussono oppressi. Al contrario interviene quando vi è uno principe: dove il più delle volte quello che fa per lui, offende la città; e quello che fa per la città, offende lui. Dimodoché subito che nasce una tirannide sopra uno vivere libero, il manco male che ne resulti a quelle città è non andare più innanzi, né crescere più in potenza o in ricchezze; ma il più delle volte, anzi sempre, interviene loro, che le tornano indietro[168].

Più oltre, sempre per ispirare l'amore del vivere libero e il disprezzo del vivere servo, ribadisce con parole altrettanto forti il medesimo contrasto:

---

[167] Ivi, II, 4.
[168] Ivi, II, 2.

E facil cosa è considerare donde nasceva quello ordine, e donde proceda questo disordine; perché tutto viene dal vivere libero allora, ed ora dal vivere servo. Perché tutte le terre e le provincie che vivono libere in ogni parte, come di sopra dissi, fanno profitti grandissimi. Perché quivi si vede maggiori popoli, per essere e' connubi più liberi, più desiderabili dagli uomini: perché ciascuno procrea volentieri quegli figliuoli che crede potere nutrire, non dubitando che il patrimonio gli sia tolto; e ch'ei conosce non solamente che nascono liberi e non schiavi, ma ch'ei possono mediante la virtù loro diventare principi. Veggonvisi le ricchezze multiplicare in maggiore numero, e quelle che vengono dalla cultura, e quelle che vengono dalle arti. Perché ciascuno volentieri multiplica in quella cosa, e cerca di acquistare quei beni, che crede, acquistati, potersi godere. Onde ne nasce che gli uomini a gara pensono a' privati e publici commodi; e l'uno e l'altro viene maravigliosamente a crescere. Il contrario di tutte queste cose segue in quegli paesi che vivono servi; e tanto più scemono dal consueto bene, quanto più è dura la servitù[169].

Nell'*Arte della guerra* Machiavelli usa la retorica per insegnare la saggezza politica e militare degli antichi e per far nascere una nuova disposizione d'animo nei giovani. «E io mi dolgo della natura, la quale, o ella non mi dovea fare conoscitore di questo, o ella mi doveva dare facultà a poterlo eseguire. Né penso oggimai, essendo vecchio, poterne avere alcuna occasione; e per questo io ne sono stato con voi liberale, che, essendo giovani e qualificati, potrete, quando le cose dette da me vi piacciano, ai tempi debiti, in favore de' vostri principi, aiutarle e consigliarle». Vuole veder rinascere non solo l'antica disciplina militare, ma una nuova vita morale: «onorare e premiare la virtù, non dispregiare la povertà, stimare i modi e gli ordini della disciplina militare, costringere i cittadini ad amare l'uno l'altro, a vivere senza sètte, a stimare meno il privato che il publico, e altre simili cose che facilmente si potrebbono con questi tempi accompagnare». Crede che il suo sforzo possa avere successo perché è convinto di insegnare la verità: «I quali modi non sono difficili da persuadere, quando vi si pensa assai ed entrasi per li debiti mezzi, perché in essi appare tanto la verità, che ogni comunale ingegno ne puote essere capace; la quale cosa chi ordina, pianta arbori sotto l'ombra de' quali si dimora più felice e più lieto che sotto questa»[170].

---

[169] *Ibidem*.
[170] Machiavelli, *Dell'arte della guerra*, in *Opere*, vol. I cit., p. 536.

Machiavelli mette a frutto gli insegnamenti della retorica classica anche nelle commedie, quando vuole muovere al riso. Come avevano insegnato Aristotele e Cicerone, materia del riso sono le persone o le azioni che hanno una certa imperfezione o turpitudine ma non sono eccessive o gravi, né causa di dolore e di danno. Per questa ragione non si deve ridere di malvagità enormi o criminose che suscitano odio, né di gravi miserie o mali che suscitano sentimenti di pietà, ma dei vizi comuni, in particolare la vanagloria, l'avarizia, l'ambizione, l'astuzia e la follia degli innamorati[171]. Quando scrive commedie «per giovare e per dilettare alli spettatori», Machiavelli fa tesoro di questi insegnamenti e mette in burla «l'avarizia d'uno vecchio, il furore d'uno innamorato, l'inganni d'uno servo, la gola d'uno parassito, la miseria d'uno povero, l'ambizione di uno ricco, le lusinghe d'una meretrice, la poca fede di tutti gli uomini». Nicia, nella *Mandragola*, fa ridere perché passa il segno per la sua avarizia e la sua vanagloria, ma né l'una né l'altra causano vero e proprio dolore o danno e non sono vizi gravi. Machiavelli ride anche di se stesso, e si mette in commedia davanti a tutti. Il Nicomaco della *Clizia* è un po' come il povero Niccolò Machiavelli che avviato alla sessantina si invaghisce della giovane Barbara Salutati. Nicomaco merita di essere deriso perché passa il segno, ma merita anche qualche umana comprensione perché fino ad allora era stato uomo e cittadino irreprensibile[172].

Per muovere gli spettatori al riso lascia da parte «il parlare grave e severo» e riempie le commedie di parole «o schiocche, o malediche o innamorate»[173]. Diverso lo stile rispetto alle opere politiche, ma identico il fine, che è quello di insegnare una saggezza utile alla vita:

[171] Aristotele, *Poetica*, 1449a. 30-35; Cicerone, *De oratore*, II, LVIII, 235-238.

[172] Vedi in proposito Luigi Blasucci, Introduzione alle *Opere di Niccolò Machiavelli*, vol. IV cit, pp. 19-20. A giudizio di Quentin Skinner, ridere di se stessi era per gli scrittori del Rinascimento del tutto inconcepibile perché lo giudicavano un puro e semplice perdere la faccia; cfr. Quentin Skinner, *Hobbes and the Classical Theory of Laughter*, in Id., *Visions of Politics*, vol. III, *Hobbes and Civil Science*, Cambridge University Press, Cambridge 2002, p. 164; da vedere anche, sul riso nella tradizione medievale e rinascimentale, Michail Bachtin, *L'opera di Rabelais e la cultura popolare. Riso, carnevale e festa nella tradizione medievale e rinascimentale*, Einaudi, Torino 1979, in particolare p. 66.

[173] Niccolò Machiavelli, *Clizia*, Prologo, in *Opere di Niccolò Machiavelli*, vol. IV cit., pp. 178-79.

ancora che il fine d'una comedia sia proporre uno specchio d'una vita privata, nondimeno il suo modo del farlo è con certa urbanità e termini che muovino riso, acciò che gli uomini, correndo a quella delettazione, gustino poi l'esempio utile che vi è sotto. E perciò le persone con chi la trattano difficilmente possano essere persone gravi: perché non può esser gravità in un servo fraudolente, in un vecchio deriso, in un giovane impazzato d'amore, in una puttana lusinghiera, in un parasito goloso; ma ben ne risulta di questa composizione d'uomini effetti gravi e utili a la vita nostra[174].

Nei *Discorsi* condanna con parole gravi la religione che rende gli uomini irreligiosi e cattivi; nella *Mandragola* la deride usando ancora una volta la tecnica dell'ironia. Descrive fra Timoteo con un linguaggio serio, come se fosse persona degna di rispetto. Quando una nobildonna rivela (con malcelata nostalgia) quello che l'«importuno» marito la costringeva a subire, fra Timoteo risponde impassibile: «Non dubitate, la clemenza di Dio è grande». Anche alla proposta di Ligurio di coprire uno scandalo favorendo un aborto, il frate risponde con parole piene di pietà: «Sia col nome di Dio. Faccisi ciò che volete, e per Dio e per carità, sia fatto ogni cosa. Ditemi el munistero, datemi la pozione, e se vi pare cotesti danari, da potere cominciare a fare qualche bene»[175].

Fra Timoteo è addirittura un fustigatore della decadenza della religione:

Io non ho potuto questa notte chiudere occhio, tanto è il desiderio che io ho d'intendere come Callimaco e gli altri l'abbino fatta. Ed ho atteso a consumare el tempo in varie cose: io dissi matutino, lessi una vita de' Santi Padri, andai in chiesa ed accesi una lampada che era spenta, mutai uno velo ad una Nostra Donna che fa miracoli. Quante volte ho io detto a questi frati che la tenghino pulita! E si maravigliano poi se la divozione manca. Io mi ricordo esservi cinquecento imagine, e non ve ne sono oggi venti; questo nasce da noi, che non le abbiamo saputa mantenere la reputazione. Noi vi solavamo ogni sera doppo la compieta andare a processione, e farvi cantare ogni sabato le laude. Botavànci noi sempre quivi, perché vi si vedessi delle imagine fresche;

---

[174] Niccolò Machiavelli, *Discorso o dialogo intorno alla nostra lingua*, in *Opere di Niccolò Machiavelli*, vol. IV cit., pp. 274-75.
[175] Niccolò Machiavelli, *Mandragola*, Atto III, Scena III e IV, in *Opere di Niccolò Machiavelli* cit., vol. IV, pp. 137 e 140.

confortavamo nelle confessioni gli uomini e le donne a botarvisi. Ora non si fa nulla di queste cose, e po' ci maravigliamo se le cose vanno fredde! Oh quanto poco cervello è in questi mia frati![176]

Di fronte a tanta 'devozione' di un frate «mal vissuto» si può solo ridere. Ma il sorriso di chi crede, come Machiavelli, che la religione debba insegnare ad essere davvero buoni e forti nell'animo è un sorriso pieno di amarezza. Così come fa ridere la bontà di Lucrezia che prima si lascia condurre docilmente dal frate, dalla madre e dal marito, poi, quando scopre le qualità dell'amante che le hanno messo nel letto, proclama addirittura di non poter resistere a ciò che il cielo ha voluto: «Poi che l'astuzia tua, la sciocchezza del mio marito, la semplicità di mia madre e la tristizia del mio confessoro mi hanno condotta a fare quello che mai per me medesima arei fatto, io voglio iudicare che e' venga da una celeste disposizione che abbi voluto così, e non sono sufficiente a recusare quello che 'l cielo vuole che io accetti»[177].

Machiavelli usa la narrazione comica e burlesca anche per mettere in ridicolo la religione che instilla la paura dell'inferno e dei diavoli. Nella novella *Belfagor* un uomo pio che se ne sta «abstracto nelle sue orazioni» crede che molti di quelli che «nella disgratia di Dio morivano» andavano all'inferno per colpa delle mogli. A siffatti uomini pii Machiavelli spiega nella sua favola che i diavoli sono uomini dabbene, primo fra tutti Plutone, re degli inferi. Le parole che rivolge ai suoi infernali consiglieri, e il suo modo di trattare la spinosa questione sono degne del migliore dei prìncipi:

Anchora che io, dilettissimi miei, per celeste disposizione e fatale sorte al tutto irrevocabile possegga questo regno, et che per questo io non possa essere obligato ad alcuno iudicio o celeste o mondano, nondimeno, perché gli è maggiore prudenza di quelli che possono più, sottomettersi più alle leggi e più stimare l'altrui iudizio, ho deliberato essere consigliato da voi come, in uno caso, il quale potrebbe seguire con qualche infamia del nostro imperio, io mi debba governa-

---

[176] Machiavelli, *Mandragola*, Atto V, Scena I, in *Opere di Niccolò Machiavelli*, vol. IV cit., p. 159.
[177] Ivi, Atto V, Scena IV, in *Opere di Niccolò Machiavelli*, vol. IV cit., p. 163.

re. Perché, dicendo tutte l'anime degli uomini, che vengono nel nostro regno, esserne stato cagione la moglie, e parendoci questo impossibile, dubitiamo che, dando iuditio sopra questa relatione, ne possiamo essere calunniati come troppo creduli, e, non ne dando, come manco severi et poco amatori della iustizia. E perché l'uno peccato è da uomini leggieri, e l'altro da ingiusti, e volendo fuggire quegli carichi, che da l'uno e l'altro potrebbono dependere, e non trovandone il modo, vi abbiamo chiamati, acciò che, consiglandone ci aiutiate et siate cagione che questo regno, come per lo passato è vivuto sanza infamia, così per lo avvenire viva.

Veri diavoli sono piuttosto le donne come Onesta, che sotto il colore della virtù, non hanno alcun ritegno a rovinare un uomo per pura ambizione e sfrenato amore delle ricchezze; o gli uomini come quel frate che «si haveva tenuta una femmina vestita ad uso di fraticino più di quattro anni nella sua cella»; o come Gianmatteo del Brica, lavoratore di Giovanni del Bene, che «ne seppe più che il diavolo». I diavoli, scrive Machiavelli, furono scacciati dal cielo per la loro superbia[178]. Ma si affretta ad aggiungere che «chi vede il diavol dadovvero, lo vede con men corna e manco nero»[179].

Anche se non era solito ascoltare prediche, Machiavelli conosceva la tecnica retorica di composizione dei sermoni tematici. Secondo le regole dell'*ars praedicandi* il sermone doveva iniziare con una citazione dalle Scritture detta 'tema'. Dopo il tema il predicatore doveva collocare una breve sezione che aveva lo scopo di catturare l'attenzione dell'uditorio evocando argomenti atti a suscitare meraviglia o paura. Doveva poi suddividere il sermone in tre parti e svilupparle con appropriati esempi, riferimenti alle autorità e amplificazioni. Infine, era consigliabile chiudere con un riassunto o un'ammonizione[180].

L'*Esortazione alla penitenza* segue fedelmente lo schema canonico. Inizia con una citazione dai *Salmi* (CXXIX, 1-2): «De profundis clamavi te, Domine; Domine exaudi vocem meam».

---

[178] Niccolò Machiavelli, *Canto di diavoli scacciati di cielo*, in *Opere di Niccolò Machiavelli*, vol. IV cit., p. 401.
[179] Niccolò Machiavelli, *Canto dei romiti*, in *Opere di Niccolò Machiavelli*, vol. IV cit., p. 407.
[180] Murphy, *Rhetoric in the Middle Ages* cit., p. 316.

Prosegue con parole che spiegano il tema e attirano l'attenzione degli ascoltatori evocando la paura del peccato e l'ammirazione per la misericordia divina:

Avendo io questa sera, onorandi padri e maggiori frategli, a parlare alle carità vostre per ubbidire alli miei maggiori (a parlare), qualche cosa della penitenza, mi è parso cominciare la esortazione mia con le parole del lettore dello Spirito Santo, Davit profeta, acciò che quelli che con lui hanno peccato, con le parole sue sperino di potere dallo altissimo e clementissimo Iddio misericordia ricevere; né di poterla ottenere, avendolo quella ottenuta si sbigottischino, perché da quello esempio né maggiore errore, né maggiore penitenzia in uno uomo si può comprendere, né in Dio maggiore liberalità al perdonare si può trovare.

Svolge poi il tema amplificando i doni di Dio all'uomo e citando Paolo, Matteo, san Francesco e san Girolamo e chiude con l'ammonizione: «Perciò conviene, a uscirne [dai lacci del peccato], ricorrere alla penitenza e gridar con Davit: – *Miserere mei, Deus*! – e con san Piero piagnere amaramente, e di tutti i falli commessi vergognarsi 'e pentersi e cognoscer chiaramente / che quanto piace al mondo è breve sogno' [Petrarca]»[181].

Nelle *Istorie fiorentine*, la sua ultima grande opera, usa l'eloquenza per insegnare ancora una volta la saggezza politica e per ispirare l'amore della libertà. Come i classici e gli umanisti, conosce bene il potere persuasivo della storia: «se ogni esempio di republica muove, quelli che si leggono della propria muovono molto più e molto più sono utili»[182]. Anche se non può magnificare esempi di virtù, e deve invece raccontare vicende di corruzione e insipienza politica, la storia di Firenze conserva intatto il suo valore: «E se nel descrivere le cose seguite in questo guasto

[181] Niccolò Machiavelli, *Esortazione alla penitenza*, in *Opere di Niccolò Machiavelli*, vol. IV cit., pp. 283-86.
[182] Machiavelli, *Istorie fiorentine*, Proemio. Cfr. Franco Gaeta, *Machiavelli storico*, in AA.VV., *Machiavelli nel quinto centenario della nascita*, Bologna 1973, pp. 137-53; Nicolai Rubinstein, *Machiavelli storico*, in «Annali della Scuola Normale Superiore di Pisa», Classe di Lettere e Filosofia, s. III, XVII (1987), pp. 695-733; Mario Martelli, *Machiavelli e la storiografia umanistica*, in «Interpres», X (1990), pp. 244-57; Andrea Matucci, *Machiavelli nella storiografia fiorentina. Per la storia di un genere letterario*, Olschki, Firenze 1991.

mondo non si narrerà o fortezza di soldati o virtù di capitano o amore verso la patria di cittadino, si vedrà con quali inganni, con quali astuzie e arti i principi, i soldati, i capi delle republiche, per mantenersi quella reputazione che non avevono meritata, si governavano. Il che sarà forse non meno utile che sieno le antiche cose a cognoscere, perché, se quelle i liberali animi a seguitarle accendono, queste a fuggirle e spegnerle gli accenderanno»[183]. La storia di tempi di declino è più utile dei ragionamenti filosofici non solo perché sa muovere le passioni, ma anche perché entra nei particolari e dunque è più atta a insegnare la vera saggezza politica. Nel caso specifico di Firenze, spiega Machiavelli, la narrazione storica permette di descrivere in modo dettagliato il grave problema delle discordie civili e delle lotte di fazioni: «Se niuna cosa diletta o insegna nella istoria, è quella che particularmente si descrive; se niuna lezione è utile a' cittadini che governono le republiche, è quella che dimostra le cagione degli odi e delle divisioni della città, acciò che possino, con il pericolo d'altri diventati savi, mantenersi uniti»[184].

Nelle *Istorie* Machiavelli fa parlare direttamente i protagonisti e usa orazioni fittizie per persuadere o dissuadere. In questo modo fa toccare con mano la retorica deliberativa in azione, può far parlare i fiorentini del passato ai fiorentini dei suoi tempi e dei tempi che verranno, per esortarli a non ripetere gli errori che causarono il declino della città. I loro argomenti si basano quasi sempre sui *tòpoi* dell'utile, dell'onesto o della necessità[185]. Un esempio di orazione politica costruita attorno al tema dell'interesse è il discorso che un membro della Signoria pronuncia di fronte al duca di Atene per persuaderlo ad abbandonare l'ambizione di farsi tiranno della città. Non è nostra intenzione, sottolinea l'oratore, «con alcuna forza opporci ai disegni vostri», ma solo «dimostrarvi quanto sia per esservi grave il peso che voi arrecate addosso e pericoloso il partito che voi pigliate; acciò che sempre vi possiate ricordare de' consigli nostri e di quelli di coloro i quali altrimenti, non per vostra utilità, ma per sfogare la

---

[183] Machiavelli, *Istorie fiorentine*, V, 1.
[184] Ivi, Proemio.
[185] Vedi in proposito Brian Richardson, *Notes on Machiavelli's Sources and His Treatment of the Rhetorical Tradition*, in «Italian Studies», XXVI (1971), pp. 24-28.

rabbia loro, vi consigliono». Dopo aver cercato di attenuare l'ostilità del duca mettendo in evidenza che il loro scopo è di suggerirgli un modo di operare che meglio risponde al suo interesse, l'oratore continua il suo discorso sottolineando che sarebbe difficile, anzi impossibile imporre la tirannide in una città come Firenze che ha una lunga tradizione di libertà. Chi volesse farsi tiranno in Firenze dovrebbe fronteggiare l'ostilità dell'intera città e «negli universali odi non si trova mai sicurtà alcuna, perché tu non sai donde ha a nascere il male, e chi teme di ogni uomo non si può assicurare di persona, e se pure tenti di farlo ti aggravi ne' pericoli, perché quelli che rimangono si accendono più nello odio e sono più parati alla vendetta». È dunque molto più sicuro non cercare di diventare tiranno di Firenze, ma vivere contento di «quella autorità che noi vi abbiamo data» perché «quello dominio solo è durabile che è voluntario; né vogliate, accecato da un poco di ambizione, condurvi in luogo dove non potendo stare né più alto salire, siate con massimo danno vostro e nostro di cadere necessitato»[186].

La replica del duca è un esempio della tecnica retorica di argomentare da una parte e dall'altra («in contrarias partes»)[187]. Il duca di Atene afferma infatti che sua intenzione non è di togliere a Firenze la sua libertà, ma restituirla distruggendo le sette e le fazioni. In merito ai pericoli che l'oratore della Signoria aveva messo in risalto, risponde che «non gli stimava, perché gli era uffizio di uomo non buono per timore del male lasciare il bene, e di pusillanime per uno fine dubbio non seguire una gloriosa impresa»[188]. Neppure le parole del duca furono persuasive, non perché i signori avessero un animo indurito, ma perché esse non erano altro che un povero tentativo di coprire malvagie intenzioni. A risolvere il contrasto furono allora le armi, a dimostrazione del principio che quando le parole sono inefficaci il solo rimedio è la forza[189].

[186] Machiavelli, *Istorie fiorentine*, II, 34.
[187] Cicerone, *De oratore*, I, XXXIV, 158; vedi anche Quintiliano, *Istitutio oratoria*, XII, I, 35.
[188] Machiavelli, *Istorie fiorentine*, II, 35.
[189] «Però che a un popolo licenzioso e tumultuario, gli può da uomo buono essere parlato, e facilmente può essere ridotto nella via buona; a un principe cattivo non è alcuno che possa parlare né vi è altro rimedio che il ferro»; Machiavelli, *Discorsi*, I, 58.

Esempio di orazione costruita sui luoghi comuni dell'umanità, dell'onestà e dell'amore della patria è il discorso del gonfaloniere Luigi Guicciardini in nome della Signoria. «Se noi avessimo creduto che, ne' tempi del nostro magistrato, la nostra città, o per contrapporci a voi o per compiacervi, avessi a rovinare, noi aremmo con la fuga o con lo esilio fuggito questi onori; ma sperando avere a convenire con uomini che avessero in loro qualche umanità, e alla loro patria qualche amore, prendemmo il magistrato volentieri, credendo, con la nostra umanità, vincere in ogni modo l'ambizione vostra.»[190]

Dopo l'appello all'umanità e all'amore della patria, Machiavelli mette in bocca al magistrato una forte dissuasione costruita secondo la figura retorica dell'*interrogatio*, ovvero una domanda posta non allo scopo di ottenere informazioni ma di dare più forza persuasiva al discorso[191].

Che fine avranno queste vostre domande, o quanto tempo userete voi male la liberalità nostra? Non vedete voi che noi sopportiamo con più pazienza lo essere vinti, che voi la vittoria? A che condurranno queste vostre disunioni questa vostra città? Non vi ricordate voi, che quando l'è stata disunita, Castruccio, un vile cittadino lucchese, l'ha battuta? uno duca di Atene, privato condottiere vostro, l'ha subiugata? Ma quando la è stata unita, non l'ha potuta superare uno arcivescovo di Milano e uno Papa; i quali dopo tanti anni di guerra, sono rimasi con vergogna. Perché volete voi adunque che le vostre discordie quella città nella pace faccino serva, la quale tanti nimici potenti hanno nella guerra lasciata libera? Che trarrete voi delle disunioni vostre, altro che servitù? o de' beni che voi ci avete rubati o rubasse, altro che povertà? perché sono quelli che con le industrie nostre nutriscono tutta la città; de' quali sendone spogliati, non potreno nutrirla; e quegli che gli aranno occupati, come cosa male acquistata, non gli sapranno perservare: donde ne seguirà la fame e la povertà della città[192].

In perfetta coerenza con il modello classico, l'orazione del gonfaloniere si chiude con un'esortazione costruita attorno ai

---

[190] Machiavelli, *Istorie fiorentine*, III, 11.
[191] Quintiliano, *Institutio oratoria*, IX, II, 7-8.
[192] Machiavelli, *Istorie fiorentine*, III, 11.

princìpi del decoro e della moderazione: «Io e questi Signori vi comandiamo, e, se la onestà lo consente, vi preghiamo, che voi fermiate una volta lo animo; e siate contenti stare quieti a quelle cose che per noi si sono ordinate; e quando pure ne volesse alcuna di nuovo, vogliate civilmente, e non con tumulto e con le armi, domandarle, perché, quando le sieno oneste, sempre ne sarete compiaciuti, e non darete occasione a malvagi uomini con vostro carico e danno, sotto le spalle vostre, di rovinare la patria vostra»[193]. L'orazione di Luigi Guicciardini è un modello del discorso che un «buon cittadino» dovrebbe pronunciare per calmare le maligne passioni. Le parole del gonfaloniere, perché «erano vere», «commossero assai gli animi di quegli cittadini»[194]. Per il modo in cui seppe parlare, nota Machiavelli, Luigi Guicciardini agì non solo come un «buono cittadino», ma come un «buon signore», due espressioni che rivelano in Machiavelli la presenza del vecchio linguaggio delle teorie preumanistiche dell'autogoverno repubblicano[195].

Oltre all'orazione rivolta al duca di Atene, Machiavelli presenta nelle *Istorie* altri esempi di parole che non riescono a persuadere. Fra queste merita di essere citata la descrizione della cospirazione contro Maso degli Albizzi che aveva istituito un regime odioso perfino ai cittadini che appartenevano alla sua fazione[196]. Un gruppo di cittadini banditi da Maso decise di entrare segretamente in Firenze, uccidere Maso, chiamare il popolo alla rivolta e istituire un governo libero. I cospiratori «con voce alta gli uomini a pigliare le armi e uscire di quella servitù che loro avevano cotanto odiata confortavano affermando che i rammarichi de' mali contenti della città, più che le ingiurie proprie, gli avevano a volergli liberare mossi». Le loro parole, commenta Machiavelli, «ancora che vere, non mossono in alcuna parte la mol-

[193] *Ibidem.*

[194] «Queste parole, perché erano vere, commossero assai gli animi di quelli cittadini, e umanamente ringraziarono il Gonfaloniere di aver fatto l'ufficio con loro di buon signore e con la città di buon cittadino»; *ibidem.*

[195] Vedi Quentin Skinner, *Machiavelli's 'Discorsi' and the Pre-humanist Origins of Republican Ideas*, in *Machiavelli and Republicanism*, a cura di Gisela Bock, Quentin Skinner e Maurizio Viroli, Cambridge University Press, Cambridge 1990, pp. 121-41.

[196] Machiavelli, *Istorie fiorentine*, III, 26.

titudine»: o per timore o perché le uccisioni che i cospiratori avevano perpetrato li aveva resi odiosi[197]. In ogni caso l'esempio confermava la validità della massima che è molto pericoloso «voler far libero un popolo che voglia in ogni modo esser servo»[198].

Le *Istorie* offrono anche esempi di orazioni costruite attorno al tema della compassione e del timore di Dio, come il discorso che i cittadini di Seravezza pronunciano di fronte ai Dieci della guerra di Firenze. Per protestare contro il saccheggio della loro città perpetrato dal commissario fiorentino Astorre Gianni, e per chiedere risarcimento, i cittadini di Seravezza si appellano al senso di giustizia: «Noi siamo certi, magnifici Signori, che le nostre parole troveranno fede e compassione appresso le Signorie vostre, quando voi saprete in che modo occupasse il paese nostro il commissario vostro, e in quale maniera di poi siamo stati trattati da quello». Raccontano poi con parole commoventi le atrocità subite e concludono la loro supplica con un appello al timor di Dio: «E quando non vi muovino gli infiniti mali nostri, vi muova la paura dell'ira di Dio, il quale ha veduto i suoi templi saccheggiati e arsi, e il popolo nostro tradito nel grembo suo». L'orazione ottenne lo scopo, commenta Machiavelli, perché «l'atrocità della cosa, saputa prima, e di poi dalle vive voci di quelli che la avevano sopportata intesa, commosse il magistrato; e sanza differire si fece tornare Astorre, e di poi fu condannato e ammunito»[199].

Una tipica orazione fondata sul tema della necessità è quella dell'anonimo lavoratore che parla ai suoi compagni durante il tumulto dei Ciompi per esortarli a continuare e a moltiplicare le violenze. Dopo un breve Proemio, l'oratore tocca il punto essenziale: «perché le armi sono prese e molti mali sono fatti, e' mi pare che si abbia a ragionare come quelle non si abbiano a lasciare e come de' mali commessi ci possiamo assicurare. Io credo certamente che, quando altri non ci insegnasse, che la necessità ci insegni»[200]. Per vincere il senso di inferiorità che molti suoi compagni di lotta avvertono nei confronti dei nobili, l'oratore fa appello all'ugua-

---

[197] «Le quali parole, ancorché vere, non mossero in alcuna parte la moltitudine, o per timore, o perché la morte di quelli due avesse fatti gli ucciditori odiosi»; ivi, III, 27.

[198] Ivi, III, 27.

[199] Ivi, IV, 21.

[200] Ivi, III, 13.

II. La forza della parola

glianza naturale degli uomini: «perché tutti gli uomini, avendo avuto uno medesimo principio, sono ugualmente antichi, e dalla natura sono stati fatti a uno modo. Spogliateci tutti ignudi, voi ci vederete simili; rivestite noi delle veste loro ed eglino delle nostre: noi sanza dubbio nobili ed eglino ignobili parranno; perché solo la povertà e le ricchezze ci disagguagliano»[201].

Cerca poi di vincere i loro scrupoli morali spiegando che la vittoria, in qualsiasi modo ottenuta, non porta mai vergogna e che non è il caso di prendere troppo sul serio la voce della coscienza perché «né conscienza né infamia vi debba sbigottire; perché coloro che vincono, in qualunque modo vincono, mai non ne riportono vergogna. E della conscienza noi non dobbiamo tenere conto; perché dove è, come è in noi, la paura della fame e delle carcere, non può né debbe quella dello inferno capere». Chiude infine il discorso riprendendo il concetto di necessità: «Io confesso questo partito essere audace e pericoloso; ma dove la necessità strigne è l'audacia giudicata prudenza, e del pericolo nelle cose grandi gli uomini animosi non tennono mai conto»[202]. Questa orazione, commenta Machiavelli, fu efficace. L'oratore seppe infiammare gli spiriti e li persuase a impugnare di nuovo le armi. A rendere persuasiva l'orazione fu proprio l'appello alla necessità, il motivo più potente di ogni altro a spingere gli uomini a intraprendere azioni pericolose[203].

Come nei *Discorsi*, anche nelle *Istorie* Machiavelli ricorre alla tecnica del contrasto per muovere gli animi a fuggire i cattivi esempi e a imitare i buoni. Esemplare è il paragone fra i conflitti sociali nella Roma antica e quelli di Firenze:

Le gravi e naturali nimicizie che sono intra gli uomini popolari e i nobili, causate da il volere questi comandare e quelli non ubbidire, sono cagione di tutti i mali che nascano nelle città; perché da questa

---

[201] *Ibidem.*
[202] *Ibidem.*
[203] «Altre volte abbiamo discorso quanto sia utile alle umane azioni la necessità, ad a quale gloria siano sute condutte da quella, e come da alcuni morali filosofi è stato scritto, le mani e la lingua degli uomini, duoi nobilissimi instrumenti a nobilitarlo, non arebbero operato perfettamente né condotte le opere umane a quella altezza si veggono condotte, se dalla necessità non fussoro spinte»; Machiavelli, *Discorsi*, III, 12.

diversità di umori tutte l'altre cose che perturbano le republiche prendono il nutrimento loro. Questo tenne disunita Roma; questo, se gli
è lecito le cose piccole alle grandi agguagliare, ha tenuto divisa Firenze; avvenga che nell'una e nell'altra città diversi effetti partorisse-
ro; perché le nimicizie che furono nel principio in Roma intra il popolo e i nobili, disputando; quelle di Firenze combattendo si difini-
vano, quelle di Roma con una legge, quelle di Firenze con lo esilio e
con la morte di molti cittadini terminavano; quelle di Roma sempre
la virtù militare accrebbono, quelle di Firenze al tutto la spensono;
quelle di Roma da una ugualità di cittadini in una disagguaglianza
grandissima quella città condussono, quelle di Firenze da una disagguaglianza ad una mirabile ugualità l'hanno ridutta[204].

Machiavelli menziona Dio in molte narrazioni degli eventi storici. Ne parla in uno dei primi capitoli quando racconta degli
sconvolgimenti che le invasioni barbariche e i contrasti religiosi
provocarono ai tempi di Onorio e Arcadio. L'esigenza di traccia-
re un quadro storico generale per poter trattare delle origini di
Firenze non gli imponeva di fermarsi sul «variare della religione»
e sui contrasti fra le chiese e fra le sette. Eppure Machiavelli inserisce una considerazione sul potere consolatorio della religione:

Ma, intra tante variazioni, non fu di minore momento il variare
della religione: perché, combattendo la consuetudine della antica fede con i miracoli della nuova, si generavono tumulti e discordie gra-
vissime intra gli uomini; e se pure la cristiana religione fussi stata unita, ne sarebbe seguiti minori disordini; ma, combattendo la chiesa greca, la romana e la ravennate insieme, e di più le sètte eretiche con le
cattoliche, in molti modi contristavano il mondo. Di che ne è testimone l'Affrica, la quale sopportò molti più affanni mediante la setta
arriana, creduta dai Vandali, che per alcuna loro avarizia o naturale
crudeltà. Vivendo adunque gli uomini intra tante persecuzioni, portavano descritto negli occhi lo spavento dello animo loro, perché, oltre agli infiniti mali che sopportavano, mancava buona parte di loro
di potere rifuggire allo aiuto di Dio, nel quale tutti i miseri sogliono
sperare; perché, sendo la maggiore parte di loro incerti a quale Iddio
dovessero ricorrere, mancando di ogni aiuto e d'ogni speranza, miseramente morivano[205].

[204] Machiavelli, *Istorie fiorentine*, III, 1.
[205] Ivi, I, 5.

Quando la materia glielo permette, Machiavelli ribadisce il concetto che aveva già espresso nei *Discorsi*, ovvero che senza religione e senza timor di Dio le repubbliche si corrompono. Uno dei segni più evidenti della «comune corruzione di tutte le città di Italia», afferma un anonimo oratore, è che «in tutti la religione e il timore di Dio è spento, il giuramento e la fede data tanto basta quanto l'utile»[206]. A Dio si appellano invece i cittadini che amano la libertà: «Né ti voglio dire altro, se non che Dio guardi questa città che alcuno suo cittadino ne diventi principe di Firenze». È un Dio che nelle circostanze estreme aiuta la città: «Ma Iddio, che sempre in simili estremità ha di quella avuta particulare cura, fece nascere uno accidente insperato, il quale dette al Re, al Papa e a' Viniziani maggiori pensieri che quelli di Toscana». L'aiuto di Dio, a volte, si manifesta per mezzo di sconfitte e tragedie che costringono la città a riscoprire la virtù: «Ma poi che Iddio aveva voluto che le genti fussero state rotte, la perdita sarebbe più grave quanto più altri si abbandonassi; ma se si mostrava il viso alla fortuna, e si facevano quelli rimedi si potevano, né loro sentirebbono la perdita, né il duca la vittoria». Altre volte Dio impedisce a una città di espandere il dominio, anche se in questo modo reca grande dispiacere ai cittadini: «Iddio e gli uomini non avieno voluto che i Lucchesi venissero sotto lo imperio loro».

Machiavelli fa dire spesso ai protagonisti degli eventi che Dio è nemico degli uomini malvagi. Ai cittadini di Milano disperati per il tradimento di Francesco Sforza mette in bocca queste parole:

E quando pure l'ambizione ti accecassi, il mondo tutto, testimone della iniquità tua, ti farà aprire gli occhi; faratteli aprire Iddio, se i pergiuri, se la violata fede, se i tradimenti gli dispiacciono, e se sempre, come in fino ad ora per qualunche occulto bene ha fatto, ei non vorrà essere de' malvagi uomini amico. Non ti promettere adunque la vittoria certa, perché la ti fia dalla giusta ira di Dio impedita; e noi siamo disposti con la morte perdere la libertà nostra, la quale quando pure non potessimo difendere, ad ogni altro principe, prima che a te, la sottoporremo; e se pure i peccati nostri fussino tali che contro a ogni nostra voglia ti venissimo in mano, abbi ferma fede che quel

[206] Ivi, III, 5.

regno che sarà da te cominciato con inganno e infamia finirà, in te o ne' tuoi figliuoli, con vituperio e danno[207].

A queste parole Francesco Sforza ribatte che «Il che se fusse vero o no, lo dimosterrebbe, con il fine di quella guerra, quello Iddio ch'eglino chiamavano per vendicatore delle loro ingiurie; mediante il quale vedranno quale di loro sarà più suo amico, e quale con maggiore giustizia arà combattuto»[208]. In quella circostanza Dio fu amico di un uomo malvagio: Francesco Sforza entrò infatti «in Milano come principe, a' 26 di febbraio, nel 1450», e «fu con somma e maravigliosa letizia ricevuto da coloro che non molto tempo innanzi lo avieno con tanto odio infamato»[209]. Al tempo della guerra degli Otto Santi, Dio aiutò invece i fiorentini, che combattevano per la giustizia, contro il papa: «Ma se Dio era giusto, se a Lui le violenzie dispiacevono, gli dovevono quelle di questo suo vicario dispiacere; ed essere contento che gli uomini offesi, non trovando presso a quello luogo, ricorressero a Lui»[210].

Machiavelli interpreta gli eventi straordinari come castighi o moniti di Dio agli uomini. A proposito dell'incendio della chiesa di Santo Spirito durante la visita del duca di Milano nel 1471, cita, senza prendere le distanze, l'opinione popolare che interpretava l'evento come una punizione di Dio per i corrotti costumi di quella corte:

Dove si vide, cosa in quel tempo nella nostra città ancora non veduta, che sendo il tempo quadragesimale, nel quale la Chiesa comanda che sanza mangiare carne si digiuni, quella sua corte, sanza rispetto della Chiesa o di Dio, tutta di carne si cibava. E perché si feciono molti spettaculi per onorarlo, intra i quali nel tempio di Santo

[207] Ivi, VI, 20; Machiavelli cita diversi esempi di uso strumentale di Dio per coprire le azioni più nefande: «eglino usorono mezzano Iddio a opprimere molti altri che sotto la fede data erano rimasi nella città; e come nelle pubbliche e sacre cerimonie e solenni supplicazioni, acciò che Iddio de' loro tradimenti fusse partecipe, furono molti cittadini incarcerati e morti: cosa di uno impio e nefando esempio»; ivi, VII, 19; «e perché Iddio paressi partecipe di quella impresa, feciono publiche processioni e solenni uffici per ringraziare quello de' riassunti onori»; ivi, VII, 4.
[208] Ivi, VI, 21.
[209] Ivi, VI, 24.
[210] Ivi, VIII, 11.

Spirito si rappresentò la concessione dello Spirito Santo agli apostoli, e perché per i molti fuochi che in simili solennità si fanno quel tempio tutto arse, fu creduto da molti Dio indegnato contro di noi avere voluto della sua ira dimostrare quel segno[211].

Considerazioni simili svolge quando narra di una tempesta eccezionale che sconvolse la Toscana:

Donde che, posate l'armi dagli uomini, parve che Iddio le volessi
prendere Egli, tanta fu grande una tempesta di venti che allora seguì,
la quale in Toscana fece inauditi per lo addietro e a chi per lo avvenire
lo intenderà, maravigliosi e memorabili effetti. [...] Volle senza dubio
Iddio piuttosto minacciare che gastigare la Toscana; perché se tanta
tempesta fusse entrata in una città, infra le case e gli abitatori assai e
spessi, come l'entrò fra querce e arbori e case poche e rade, sanza dubio faceva quella rovina e fragello che si può con la mente coniettura-
re maggiore. Ma Iddio volle, per allora, che bastasse questo poco di
esempio a rinfrescare intra gli uomini la memoria della potenzia sua[212].

Con il suo commento Machiavelli vuole ricordare agli uomini che il cielo non è affatto disarmato, come insegna la religione
cattolica, ma è invece abitato da un Dio che minaccia e castiga.
Riporta nel cielo il Dio armato e fa intervenire Dio nelle vicende
degli uomini perché vuole combattere una cattiva educazione
morale e religiosa per sostituire ad essa un modo di vivere fondato sull'amore della libertà e della virtù. Anche se gli amici, per
burla, gli dicono che è «il maggior profeta che avessino mai li
Ebrei o altra generazione»[213], non sa e non vuole essere profeta,
né armato né disarmato, ma usa la forza della parola per far rivivere la religione di cui le repubbliche hanno bisogno.

---

[211] Ivi, VII, 28.
[212] Ivi, VI, 34.
[213] Filippo Casavecchia a Niccolò Machiavelli, 17 giugno 1509, in *Opere di
Niccolò Machiavelli*, vol. III cit., pp. 308-309.

Capitolo terzo

LA REPUBBLICA E LA SUA RELIGIONE

Per Machiavelli la repubblica è una costituzione politica che si fonda sul governo della legge e sul bene comune, e un modo di vita conforme a quei princìpi: un «vivere libero», come ama scrivere. Nella repubblica il sovrano è il popolo, anche se nelle repubbliche del suo tempo, compresa la Repubblica di Firenze, molti erano esclusi dai diritti politici, e il governo era privilegio di un'esigua minoranza. Al popolo spetta il potere di approvare le leggi e di scegliere i magistrati che governano. La repubblica nasce grazie alla virtù straordinaria dei fondatori; vive se ha buoni ordini, buone leggi e buoni costumi e rinasce, quando rinasce, per la virtù dei redentori. Tanto la virtù straordinaria dei fondatori e dei redentori, quanto i costumi dei cittadini hanno bisogno di una religione che esorta a cercare la gloria del mondo, infonde coraggio, insegna a servire la patria e ad amare la libertà. Senza questa religione le repubbliche non possono nascere, non sanno resistere né all'aggressione esterna né al male della corruzione; non hanno la forza morale per rinascere e ritrovare i princìpi della giustizia. La religione della virtù non è accessorio bensì anima del vivere libero. Per questo Machiavelli pone i fondatori delle religioni al di sopra dei fondatori di stati nella gerarchia degli uomini eccellenti, e colloca al primo posto fra gli uomini detestabili coloro che le dissipano.

1. *Governo repubblicano e religione*

L'idea della repubblica come comunità politica che si autogoverna, fondata sul governo della legge e sul bene comune, ha una lunga storia nel contesto intellettuale e politico di Machiavelli. Secondo il pensiero politico repubblicano, sono libere le città che si governano da sole («proprio regimine»). Una città libera è una città che non riconosce alcun potere superiore («civitas quem superiorem non recognoscit»)[1]. Il potere di approvare le leggi e di scegliere i magistrati appartiene ai cittadini in base al principio del diritto romano che «ciò che riguarda i molti deve essere deciso dall'intero corpo sovrano dei cittadini che agisce nel rispetto della legge e delle procedure stabilite dagli statuti», come scrive Leonardo Bruni. Solo una repubblica che si autogoverna promuove leggi che mirano al bene comune e può dunque godere della vera vita civile e della vera libertà[2].

La più importante conseguenza di questo modo di intendere la libertà politica è che l'eguaglianza di fronte alla legge deve essere accompagnata dall'uguale libertà di partecipare al governo della repubblica. Lo afferma con molta chiarezza Poggio Bracciolini in una lettera al duca di Milano del 1438: «la nostra repubblica non è governata né da alcuni cittadini, né dagli aristocratici, ma tutto il popolo è ammesso con eguale diritto alle cariche pubbliche; questo fa sí che i cittadini grandi e i cittadini semplici, i nobili e i non nobili sono uniti nel servire la libertà e per difenderla non cercano di evitare le spese né temono fatiche»[3].

---

[1] Vedi Joseph Canning, *The Political Thought of Baldus De Ubaldis*, Cambridge University Press, Cambridge 1987, p. 96; vedi anche Diego Quaglioni, *Civilis sapientia: dottrine giuridiche e dottrine politiche fra medioevo e età moderna*, Maggioli, Rimini 1989.

[2] «Sed neque omnium rerum decernendarum hec tria collegia habent potestatem; sed pleraque, cum ab illis approbata sunt, ad populare consilium communeque referuntur. Quod enim ad multos attinet, id non aliter quam multorum sententia decerni consentaneum iuri rationique iudicavit. Hoc modo et libertas viget et iustitia sanctissime in civitate servatur, cum nihil ex unius aut alterius libidine contra tot hominum sententiam possit constitui»; Leonardo Bruni, *Laudatio Florentinae Urbis*, in *Opere letterarie e politiche di Leonardo Bruni*, a cura di Paolo Viti, Utet, Torino 1996, pp. 636-37. Fonte di questo principio è il *Corpus iuris civilis, Codex* 5, 59, 5, 2: «Quod omnes similiter tangit, ab omnibus comprobetur». Il principio era citato nelle discussioni politiche fiorentine. Vedi *Le Consulte della Repubblica Fiorentina*, a cura di Alessandro Gherardi, Firenze 1969, vol. I, p. 175: «quae tangunt omnes debent ab omnibus approbari».

[3] Nel testo latino Poggio Bracciolini, usa il termine «aequo iure» anziché «aequa libertas». *Epistolae*, a cura di Thomas de' Tonelli, Firenze 1859, vol. II, p. 183. Vedi Nicolai Rubinstein, *Florentine Constitutionalism and Medici Ascendancy in the Fifteenth Century*, in *Florentine Studies*, a cura di Nicolai Rubinstein, London 1968, p. 448, n. 4.

Per i teorici repubblicani il diritto di partecipare alle deliberazioni sovrane e di essere eletti a ricoprire cariche pubbliche è un
aspetto fondamentale della libertà. Essi sottolineano che questa libertà è particolarmente cara ai cittadini delle repubbliche perché
dà ad essi la possibilità di soddisfare le loro legittime ambizioni e
di affinare le loro migliori qualità morali e intellettuali[4]. Una repubblica bene ordinata deve dunque incoraggiare la partecipazione dei cittadini premiando la virtù e affidando le cariche pubbliche alle persone che hanno dimostrato di sapere servire il bene comune. Come recita la dichiarazione che fa da preambolo alla legge che introduceva l'elezione per sorteggio nel 1458, i cittadini che
hanno dimostrato prudenza e rettitudine devono essere gradual-
mente promossi a ricoprire le più alte cariche pubbliche, mentre
coloro «che vivono in modo da non essere degni degli onori pubblici non devono essere scelti per responsabilità di governo»[5]. Se
vuole rimanere libera, ammoniscono i teorici politici repubblicani, la repubblica deve avere una gerarchia di onori fondata esclusivamente sulla virtù.

Per garantire che la partecipazione alle deliberazioni pubbliche sia un vero esercizio di libertà politica, i cittadini devono poter esprimere le loro idee senza paura. La libertà di parola nei
consigli deliberativi, afferma uno dei partecipanti ai dibattiti sulla riforma degli statuti della città nel novembre 1458, è il bene
più prezioso. Un altro sottolinea che la differenza di opinioni che
ha luogo nei consigli non deve essere considerata segno di di-
scordia civile, bensì il modo migliore per scoprire la verità[6]. Una
repubblica non può dirsi libera, scrive Alamanno Rinuccini nel
suo *Dialogus de libertate*, se per paura, o per corruzione, o per
qualsiasi altra causa, i cittadini cono costretti a non dire apertamente e liberamente quello che pensano[7]. Il preambolo al pro-

---

[4] «È davvero meraviglioso quanto queste facoltà di raggiungere onori e la
possibilità di conseguirli, offerte ad un popolo libero, siano capaci di eccitare
l'impegno dei cittadini»; Leonardo Bruni, *Oratio in funere Iohannis Strozzi*, in
Opere letterarie e politiche cit., pp. 716-19.

[5] *Delizie degli eruditi toscani*, a cura di Idelfonso di San Luigi Cambiagi,
Firenze 1779, vol. XII, p. 288.

[6] Cfr. Rubinstein, *Florentine Constitutionalism* cit., p. 458, n. 1.

[7] Alamanno Rinuccini, *Dialogus de libertate*, Atti e memorie dell'Accademia Toscana di Scienze e Lettere 'La Colombaria', XXII (1957), p. 283.

getto di riforma costituzionale del 23 dicembre 1494 che istituisce il nuovo governo repubblicano dopo l'espulsione dei Medici
documenta in modo preciso che i fiorentini consideravano la libertà di parola nei pubblici consigli, e la giusta distribuzione degli onori, due requisiti fondamentali della libertà politica: il «bene publico et universale» consiste «nel consigliare, provedere et
ordinare liberamente ne' casi publici et privati et nella institutione delle optime et bene considerate provisioni et leggi et nella giusta distributione degli honori et de' pesi che recha seco una
bene instituta republica»[8].

Insieme all'autogoverno, principio fondamentale della repubblica è il governo della legge. Per i teorici politici umanisti e preu-
manisti, la repubblica, o *civitas*, è un'associazione di individui legati da norme condivise di giustizia[9]. Gli uomini istituirono comunità civili, scrive Brunetto Latini nel suo influente *Tresor*, per
vivere in pace e sicuri sotto la protezione delle leggi. Una comunità civile («cité») è dunque, come ha detto Cicerone, un'associazione di uomini che vivono secondo la medesima legge[10]. Dopo la traduzione in latino della *Politica* di Aristotele, attorno al
1260, gli scrittori politici usano il concetto di 'vita civile' come
sinonimo di 'vita politica'. Egidio Romano nel *De Regimine Principum Libri III*, ultimato nel 1280, parla di comunità politica o
civitas («communitatem politicam sivi civitatem») e la descrive
come la condizione necessaria per vivere bene, ovvero per vivere secondo la virtù. Anche nella versione neo-aristotelica il carattere fondamentale della vita politica è il governo della legge.
Vivere politicamente («vivere politicum»), scrive Egidio, significa vivere secondo buone leggi e buoni statuti[11].

Il governo della legge segna il confine fra vivere civile o politico e tirannide. Poiché il tiranno non accetta il freno delle leggi, il

---

[8] *Provvisioni concernenti l'ordinamento della Repubblica Fiorentina 1494-
1512*, a cura di Giorgio Cadoni, Istituto Storico Italiano per il Medio Evo, Roma 1994, vol. I, p. 40.

[9] Vedi Macrobio, *Commento al Somnium Scipionis*, a cura di Mario Regali, Giardini, Pisa 1983.

[10] «Por ce dist Tuilles ke cités est un assemblemens de gens a abiter un lieu
et vivre a une loi»; Brunetto Latini, *Li livres dou Tresor*, a cura di Francis J.
Carmody, Berkeley-Los Angeles 1948, III, 73, 3.

[11] «secundum aliquas leges et secundum aliquas laudabiles ordinationes»;
Egidio Romano, *De Regimine Principum Libri III*, Roma 1607, III, I, 2, p. 404.

suo dominio viola il requisito fondamentale del vivere civile o politico. Mentre il governo monarchico può ancora essere definito un governo politico, scrive Coluccio Salutati nel *De Tyranno*, la tirannide non può esserlo perché il «principatus politicus» è solo quello in cui il potere sovrano è limitato dalle leggi[12]. Trent'anni dopo, attorno al 1430, Giovanni Cavalcanti descrive il costume di prendere le più importanti decisioni politiche nelle case dei cittadini potenti anziché nei palazzi pubblici, una pratica propria di un «tirannesco e non politico viver»[13].

Anche i giuristi del XIII e del XIV secolo diedero un contributo importante, anche se spesso trascurato, allo sviluppo della teoria dell'autogoverno repubblicano. Essi definiscono l'uomo politico come l'uomo che vive in una comunità civile, e sottolineano che vivere politicamente o in modo civile significa vivere secondo le regole del diritto civile e della giustizia[14]. La vita civile o politica è cosa diversa dal regime politico, ovvero dal governo repubblicano. Egidio Romano sostiene ad esempio che la forma di governo più consona alla vita politica è la monarchia ereditaria. Tolomeo da Lucca scrive invece che la forma di governo più atta a realizzare e a conservare la vita politica è il governo di magistrati eletti dai cittadini per periodi di tempo limitati. Il governo repubblicano, («politia» o «principatus politicus»), spiega Tolomeo, è il regime appropriato per le comunità civili («civitates») e specifica che per regime repubblicano intende la forma di governo in cui i cittadini eleggono governanti che sono soggetti alle leggi e agli statuti della città[15].

I teorici politici repubblicani del Quattrocento identificavano la vita civile o politica con il governo misto, inteso come quella forma di governo che combina saggiamente le virtù del governo popolare, dell'aristocrazia e della monarchia. L'argomento che il governo misto è il mezzo più adeguato per promuovere la vera vita politica è presente soprattutto negli scritti dei teorici e degli storici che

[12] Coluccio Salutati, *De Tyranno*, I, 6, a cura di Francesco Ercole, Walther Rothschild, Berlin-Leipzig 1914, p. XIII.
[13] Giovanni Cavalcanti, *Istorie fiorentine*, a cura di Guido di Pino, Aldo Martello, Milano 1944, II, 1; vedi anche Claudio Varese, *Storia e politica nella prosa del Quattrocento*, Einaudi, Torino 1961, pp. 93-129.
[14] Vedi Canning, *The Political Thought of Baldus De Ubaldis* cit., pp. 159-69.
[15] Tolomeo da Lucca, *De Regimine Principum ad Regem Cypri*, II.8.

indicavano nella costituzione della Repubblica di Venezia il modello da imitare. Lo storico Lorenzo de' Monaci sintetizzava la concezione prevalente ai suoi tempi scrivendo che la migliore costituzione politica è quella in cui le leggi sono sovrane e che il modo migliore per garantire il governo della legge è istituire un governo misto sull'esempio di Venezia[16]. In una pubblica orazione pronunciata nel 1493, che forse Machiavelli udì, Alamanno Rinuccini sottolinea, citando Cicerone, che la giustizia e le buone leggi sono il fondamento di ogni «humano vivere et maxime politico et civile»[17].

Meno di un anno dopo, in quel *Trattato circa el reggimento della città di Firenze* che servì come base teorica e politica del governo repubblicano che avrebbe chiamato Machiavelli a ricoprire la carica di segretario, Girolamo Savonarola spiega in modo dettagliato che il vero governo civile è il governo «per tutto il popolo», e che come tale esso è il più sicuro scudo contro la tirannide[18].

Prima di esaminare le pagine di Machiavelli, è necessario analizzare la relazione fra vita civile e libertà della città e dei cittadini: tema questo di grande rilievo nel pensiero politico del Rinascimento. Per i giuristi e i filosofi politici del Trecento, l'elemento essenziale della libertà politica è l'indipendenza. Essi intendono l'indipendenza come il potere di una città di darsi statuti e leggi; il suo opposto è l'essere dipendenti dalla volontà dell'imperatore e quindi ricevere da lui statuti e leggi o dover perlomeno richiedere la sua approvazione. Come la libertà della città, così la libertà del cittadino consiste nell'indipendenza dalla volontà di un altro individuo. Essa può esistere soltanto se le leggi governano sugli uomini e non gli uomini sulle leggi. L'esistenza di una vera vita politica e civile in una città libera è dunque la condizione necessaria della libertà del cittadino[19].

---

[16] «Ubi vero leges principantur, est vera politia, et politicum est nisi quod bonum est»; Lorenzo de' Monaci, *Chronicon de rebus Venetiis*, in Ludovico Antonio Muratori, *Rerum Italicarum Scriptores*, VIII, Venezia 1758, pp. 276-77.

[17] Alamanno Rinuccini, *Lettere ed orazioni*, a cura di Vito R. Giustiniani, Olschki, Firenze 1953, pp. 202 e 191.

[18] Girolamo Savonarola, *Trattato circa el reggimento e governo della città di Firenze*, in *Prediche sopra Aggeo con il Trattato circa el reggimento e governo della città di Firenze*, a cura di Luigi Firpo, Belardetti, Roma 1965, p. 442. Vedi in proposito Donald Weinstein, *Savonarola and Florence. Prophecy and Patriotism in the Renaissance*, Princeton University Press, Princeton 1970, pp. 289-315.

[19] Sulla teoria del governo repubblicano nel Trecento vedi Quentin Skin-

La fonte che i giuristi usano per interpretare la libertà politica come assenza di dipendenza personale è il diritto romano, in particolare quei luoghi in cui lo status di una persona libera è definito come lo status di chi non è soggetto al dominio («dominium») di un'altra persona. Il contrario della condizione libera è la condizione servile, ovvero la condizione dell'individuo che dipende dalla volontà di un'altro[20]. Come la città o il popolo sono liberi fin quando vivono sotto le proprie leggi, così l'individuo è libero se non è soggetto alla volontà di un altro individuo («sui iuris»)[21]. Da questo principio gli scrittori politici romani ricavano il corollario che se un popolo riceve le leggi da un re esso non è libero ma servo: non vive in stato di libertà, ma in stato servile, ovvero in una condizione simile a quella dello schiavo rispetto al padrone[22]. Mentre la monarchia in senso proprio, ovvero nel senso di monarchia assoluta, è simile al dominio, la repubblica è la forma di governo e il modo di vivere di un popolo libero.

Una conseguenza importante della libertà politica intesa come la condizione di un popolo indipendente che vive secondo le proprie leggi è che la libertà comporta restrizioni o freni alle azioni degli individui. Questa interpretazione della libertà politica è descritta in modo eloquente in tre testi classici che diventarono il nucleo centrale del repubblicanesimo moderno. Il primo è l'affermazione di Livio che la libertà che i Romani conquistarono dopo l'espulsione dei re consiste in primo luogo nel fatto che le leggi erano più potenti degli uomini[23]. Il secondo è il discorso, riportato da Sallustio, in cui Emilio Lepido proclama che il popolo romano è libero perché non obbedisce ad alcuno se non al-

---

ner, *Visions of Politics*, Cambridge University Press, Cambridge 2002, vol. II, in particolare pp. 10-117.

[20] Le espressioni latine che descrivono lo stato di un uomo libero e di uno schiavo sono rispettivamente «persona sui iuris» e «alieni iuris»; vedi Chaim Wirszubski, *Libertas as a Political Idea at Rome during the Late Republic and the Early Principate*, Cambridge University Press, Cambridge 1950, pp. 1-15; vedi anche Quentin Skinner, *Liberty before Liberalism*, Cambridge University Press, Cambridge 1998; Philip Pettit, *Republicanism: A Theory of Freedom and Government* cit.

[21] Cfr. Livio, XXXVII, 54, 26: «Carthago libera cum suis legibus est»; e XXXIII, 32, 5: «Liberos, immunes, suis legibus esse iubent Corinthios».

[22] «Non in regno populum Romanum sed in libertate esse»; Livio, II, 15, 3.

[23] «Liberi iam hinc populi Romani res pace belloque gestas, annuos magistratus, imperiaque legum potentiora quam hominum peragam»; Livio, II, I, 1.

le leggi[24]. Il terzo è un passo della *Pro Cluentio* di Cicerone: «legum [...] idcirco omnes servi sumus ut liberi esse possimus»[25].

Questi aspetti della saggezza politica romana vennero ripresi e riformulati dall'umanesimo civile fiorentino. La libertà, scrive Coluccio Salutati, è un «dolce freno» («dulce libertatis frenum») che la legge impone a tutti i cittadini[26]. La vera libertà, Leonardo Bruni ribadisce, consiste nell'eguaglianza garantita dalle leggi e si conserva fin quando le leggi sono più potenti dei cittadini[27]. Nella seconda metà del Quattrocento, sono soprattutto gli oppositori dei Medici ad ammonire che il fondamento della libertà civile è il governo della legge. Una repubblica che desidera «vivere in libertà», scrive Alamanno Rinuccini nei suoi *Ricordi*, non deve permettere che un cittadino «possa più che le leggi»[28]. Pochi anni più tardi, nel *Dialogus de libertate* ripete il concetto con le parole di Cicerone: «legibus parere summa Libertas est»[29].

Le vere leggi hanno per gli umanisti un carattere divino. Il fine delle leggi è infatti la direzione delle cose umane e il loro oggetto è il bene, e non un bene qualunque, ma quel divinissimo bene che è il bene comune»[30]. Poiché il governo repubblicano è più atto de-

---

[24] «Nam quid a Pyrro, Hannibale, Philippoque et Antiocho defensum est aliud quam libertas et suae cuique sedes, neu cui nisi legibus pareremus?»; Sallustio, *Orationes et epistulae excertae de historiis*, 4.

[25] Cicerone, *Pro Cluentio*, 146.

[26] Lettera a Niccolodio Bartolomei, aprile 1369, in *Epistolario di Coluccio Salutati*, 4 voll., a cura di Francesco Novati, Istituto Storico Italiano, Roma 1891-1911, vol. I, p. 90.

[27] Cfr. Rubinstein, *Florentine Constitutionalism* cit., pp. 442-61, in particolare p. 445 e Leonardo Bruni, *Historiarum Florentini populi libri XII*, a cura di Emilio Santini e Carmine di Pierro, in *Rerum Italicarum Scriptores*, vol. XIX, pt.3, S. Lapi, Città di Castello, p. 82; vedi anche Bruni, *Laudatio Florentinae Urbis* cit., in *Opere letterarie e politiche* cit.: «Et iuris quidem gratia magistratus sunt constituti, iisque imperium datum est et in facinorosos homines animadversio, maximeque ut provideant ne cuius potentia plus valeat in civitate quam leges», pp. 634-35; «Nec est locus ullus in terris in quo ius magis equum sit omnibus. Nusquam enim viget tanta Libertas et maiorum cum minoribus exequata condicio», pp. 642-43.

[28] Vedi *Ricordi storici di Filippo di Cino Rinuccini dal 1282 al 1460 colla continuazione di Alamanno e Neri suoi figli*, a cura di Giuseppe Aiazzi, Firenze 1840, p. 103.

[29] Rinuccini, *Dialogus de libertate* cit., pp. 267-303.

[30] Coluccio Salutati, *De nobilitate legum et medicinae*, a cura di Eugenio Garin, Vallecchi, Firenze 1947, cap. V.

gli altri a promuovere il bene comune e la libertà, Dio lo privilegia sopra ogni altro[31]. Con tutta coerenza rispetto a questi princìpi, gli umanisti del Quattrocento sostenevano che la religione cristiana insegna la vera morale del cittadino. Matteo Palmieri, nella *Vita civile*, spiega che l'«umana generazione» è sottoposta a due leggi: quella «quasi divina e della natura» e quelle, simili alle prime, scritte e approvate dagli uomini. La religione, con le sue cerimonie e il culto divino, procede dalle leggi divine e della natura. Gli uomini si riconoscono nella religione e la tengono in vita perché nei loro animi vive «una superna essenzia in divina unione eternalmente perfetta», ed essa comanda loro di vivere i doveri verso la repubblica e verso l'umanità come doveri verso Dio[32].

Per infondere e mantenere vivo nei cittadini il sentimento dei doveri sociali come obbligo verso Dio, sottolinea Palmieri, la repubblica deve curare con grande diligenza il culto religioso ed educare ad amare la giustizia e la patria con l'insegnamento di buoni e venerati sacerdoti e con le cerimonie che colpiscono e muovono il sentimento delle moltitudini[33]. Palmieri elabora ulteriormente le sue idee sulla repubblica e la religione nel *Libro del poema chiamato Città di Vita* che scrive fra il 1455 e il 1464. L'opera ebbe vita tormentata per i forti sospetti di eresia che si accentuarono subito dopo la sua morte nel 1475[34]. Per Palmieri la religione è la compagna inseparabile della giustizia e la virtù più di ogni altra necessaria alla vita civile[35]. Per Palmieri una città che vivesse

---

[31] Eugenio Garin, *I cancellieri umanisti della Repubblica Fiorentina da Coluccio Salutati a Bartolomeo Scala*, in Id., *La cultura filosofica del Rinascimento italiano*, Sansoni, Firenze 1961, pp. 10-11 e 14-15.

[32] Matteo Palmieri, *Della vita civile*, a cura di Felice Battaglia, Zanichelli, Bologna 1944, p. 93.

[33] Ivi, p. 93.

[34] *Libro del poema chiamato Città di Vita composto da Matteo Palmieri Fiorentino*, a cura di Margaret Rooke, in *Smith College Sudies in Modern Languages*, VIII e IX, 1927-1928, vol. VIII, pp. VII-IX.

[35] «Quel che far debbe vuole innanzi senta / misuri lantenzion ove ha la mente / accio non segua el mal che fa si penta. / Questa e colei che ogni ben consente / ferma el dover nell anima che sale / al monte eterno con la sancta gente. / Volgela ad dio & volta tanto tanto vale / ingiuria alcuna col pensier non vede / ne pensar puote di voler far male. / Et e tale el fervor della sua fede / quasi contenta per la via se stessa sperando quel che disiando crede. / Comunche ed questo grado si appressa / guidar si lascia ad quel concepto sancto / idio del tutto giudicar confessa. / Questa credenza la corregge tanto / fer-

secondo questa religione sarebbe perfetta repubblica, come quella che Platone volle immaginare. Poiché la corruzione umana non permette tanta perfezione, la saggezza civile consiglia di cercare di realizzare in terra non tanto la repubblica di Platone, ma quella che Cicerone dipinse «come in terra dar si può più netta». Anche nella repubblica terrena gli uomini possono vivere e governare secondo giustizia e per chi vive secondo giustizia, assicura Palmieri, il premio è la città eterna[36].

Come altri scrittori politici dell'umanesimo civile avevano fatto prima di lui, Palmieri insiste sulla convinzione che Dio ama la vita onesta e vuole che sia conservata («La vita honesta più che l'altra piace / difender & voler che sia servata / pel sommo ben che ad tutto il mondo face»). Senza il freno della religione non è possibile la vita onesta: «Religion di tutta gente nata / timor & fren pel ben che fa s observi / con fare ad dio l'humana gente grata. / Et non potendo in tutto provedervi / per più che e può non lasci s'affatichi / & con ben fare cura havervi. / Fra reputati facti degli antichi / questa e l operation che piu s appruovi / & di se che ben maggior si dichi». Dio, infine, premia come opera umana eccellente «per ben di molti sterminar tyranni» e «governi stabilir giusti & di pace»[37].

Del medesimo avviso è anche Bartolomeo Sacchi, detto il Platina (1421-1481), che nel *De optimo cive*, un testo esemplare del pensiero civile fiorentino del Quattrocento, ribadisce che la religione è necessaria per conservare le repubbliche, e che la religione cristiana è fra tutte la più idonea a educare buoni e forti cittadini. Platina parte dal presupposto che il fine ultimo delle repubbliche, come insegna Aristotele, è permettere ai cittadini di vivere bene. Nessun uomo è in grado di governare una realtà tanto grande e tanto importante come la repubblica se non ha Dio per sua guida[38]. Poiché la religione è il vero fondamento della repubblica,

---

ma si guarda dal non far dovere / & cosa consentir che rechi pianto. / Questa giustitia si la fa temere / che mai non esce del cammin diricto / pel giudicio eternal che debbe havere. / Serva la fede sanza farne scripto / senza giurare attien quel che promecte / quel chella debbe o ferma pur col dicto»; Palmieri, *Città di Vita* cit., III, XXII, vv. 26-35.

[36] «Qui saper basti insino al cielo trovoro / esser saliti que che vixon giusti / & con giustitia in terra governoro»; ivi, vv. 49-50.

[37] Ivi, vv. 6-10.

[38] «ut Aristoteli placet, eorum qui in civitate degunt institutio, cuiusque fi-

il reggitore deve adoperarsi affinché nella città si osservi piamente e santamente il culto del Dio della religione cristiana[39]. Del resto, quanto sia grande la forza della religione e della pietà verso Dio, lo prova il fatto che i popoli che conservano la religione e rispettano il culto divino, come fece il popolo romano grazie agli ordinamenti che Numa introdusse, hanno realizzato mirabili progressi. Se questo è vero per la falsa religione degli antichi, lo è ancora di più per la santa e casta religione cristiana[40].

La nostra religione, spiega il Platina, ci esorta a perseguire la giustizia, la fortezza e la modestia; insegna il senso del pudore, la vergogna, il rispetto della parola data, la costanza e l'onestà, comanda di fuggire la violenza carnale, la frode, le azioni scellerate, il furore, la turpitudine, la libidine, l'ingiustizia, la lussuria, l'ignavia e la temerarietà. Molto più dell'antica religione dei pagani, fondata su favole, la nostra religione, comprovata dal sangue di infiniti martiri e dall'opinione degli uomini più dotti che la Chiesa onora, è atta a sostenere la vita della repubblica. Dovere di chi governa è dunque incoraggiare con ogni cura il culto della religione cristiana e fuggire la superstizione, ovvero il culto dei falsi dèi. A tal fine il principe deve guardarsi dagli ipocriti e dai simulatori che non hanno fede alcuna e si studiano in mille modi di apparire religiosissimi[41].

L'amore della patria è un dovere secondo soltanto ai doveri verso Dio, e i buoni governanti debbono dedicare all'amore della patria la medesima cura che dedicano al culto religioso. In quanto espressione della carità («charitatem patriae»), sottolinea il Platina, l'amore della patria è non soltanto del tutto coerente con l'insegnamento etico e civile della religione cristiana, ma ne è parte necessaria[42]. Sull'amore della patria non esiste nessuna rottura intellettuale fra il pensiero repubblicano romano e l'etica cristiana e non c'è dunque alcun bisogno di ritornare al paganesimo per trovare quella religione che insegna l'amore della patria necessario alle repubbliche.

---

nis est bene vivere»; Bartolomeo Sacchi (il Platina), *De optimo cive*, a cura di Felice Battaglia, Zanichelli, Bologna 1944, p. 185.

[39] «reipublicae singulare fundamentum religio est»; ivi, pp. 186-87.
[40] Ivi, pp. 187-88.
[41] Ivi, pp. 189-90.
[42] Vedi la parafrasi delle parole di Cicerone nel *De Officiis*, alle pp. 190-91.

L'idea che la repubblica ha bisogno della religione cristiana quale sua essenza morale e regola dei costumi trovò alla fine del Quattrocento la più convinta, ma anche estrema, elaborazione nelle prediche di Girolamo Savonarola e nel suo *Trattato circa el reggimento e governo della città di Firenze* scritto nel 1494 a istanza della Signoria. Savonarola auspicava che il governo repubblicano istituito per suo consiglio dopo la cacciata dei Medici operasse con devozione per fare di Firenze la nuova Zion che vive unita nell'amore di Dio e nell'amore reciproco dei cittadini, e diventa forza ispiratrice della riforma morale e religiosa dell'Italia e del mondo[43]. Firenze, esortava, deve darsi Cristo quale suo re: non solo perché essendo re Cristo nessun altro può farsi principe della città, ma anche perché darsi Cristo quale re significava assumere l'impegno solenne di vivere secondo la legge divina.

Savonarola ribadì più volte che egli predicava la riforma religiosa e l'istituzione del governo civile per volontà di Dio. Il nuovo governo repubblicano che Firenze si era data era parte del disegno di Dio per salvare la città. I suoi princìpi e le sue istituzioni erano del tutto concordi con la legge naturale e con l'insegnamento della Chiesa[44]. Tanto la legge naturale quanto la dottrina cristiana concordano nel condannare la tirannide come nemica della vera religione e come sommo male politico e morale. Il tiranno simula pietà e religiosità ma coltiva soltanto gli aspetti superficiali del rito, premia i cattivi prelati, allontana i buoni e in questo modo distrugge il sincero sentimento religioso[45]. Il vero governo civile guida invece la città a quella beatitudine che

---

[43] Savonarola, *Prediche sopra Aggeo*, in *Prediche sopra Aggeo con il Trattato circa el reggimento e governo della città di Firenze* cit., pp. 422-23.

[44] «Perché, avendo io predicato molti anni per volontà di Dio in questa vostra città, e sempre prosequitate quattro materie: cioè, sforzatomi con ogni mio ingegno di provare la fede essere vera; e di dimostrare la simplicità della vita cristiana essere somma sapienzia; e denunziare le cose future, delle quali alcune sono venute e le altre di corto hanno a venire; e, ultimo, di questo nuovo governo della vostra città: e avendo già posto in scritto le tre prime, delle quali però non abbiamo ancora pubblicato il terzo libro, intitolato *Della verità profetica*, resta che noi scriviamo ancora della quarta materia, acciò che tutto el mondo veda che noi predichiamo scienzia sana e concorde alla ragione naturale e alla dottrina della Chiesa»; Savonarola, *Trattato circa el reggimento e governo della città di Firenze*, in *Prediche sopra Aggeo con il Trattato circa el reggimento e governo della città di Firenze* cit., p. 436.

[45] Ivi, pp. 456-66.

Cristo ha promesso agli uomini, incoraggia il ben vivere e sostiene la religione intesa non quale insieme di pratiche esteriori del culto ma come verità sentita e vissuta con sincera fede grazie all'insegnamento dei buoni ministri[46].

Il governo civile o repubblicano procede da Dio e riceve da Dio ogni bene. La religiosità e i buoni costumi dei cittadini rendono perfetto il governo della città, sia perché fanno scendere su di esso il favore divino, sia perché i cittadini chiamati a governare saranno in grado di dare, grazie ancora all'illuminazione di Dio, buoni consigli[47]. Al tempo stesso, Savonarola non manca di sottolineare che il primo dovere del buon governo, e il più sicuro baluardo contro la tirannide, è la vera religione. La tirannide offende tutte le città, ma più delle altre le città in cui i cittadini coltivano con affetto sincero la pietà cristiana. Firenze è profondamente cristiana, e se la tirannide sarà finalmente rimossa, essa potrà diventare perfetta città cristiana; ma fin quando la tirannide dominerà la città o potrà minacciarla, Firenze non potrà vivere secondo la vera religione. L'ammonimento che Savonarola lancia dalle pagine del _Trattato circa el reggimento e governo della città di Firenze_, e dal pulpito, è perentorio: o vera religione, o tirannide[48].

Savonarola raccomanda quattro princìpi per il buon governo: il timor di Dio, l'amore del bene comune, la pace e l'amore reciproco fra i cittadini, il rispetto della giustizia[49]. Vuole che i cittadini di Firenze guardino al Consiglio Maggiore, l'anima della Repubblica, come un dono speciale di Dio, e dunque con profonda devozione. Essi devono sentire il dovere di rendere il governo repubblicano sempre più perfetto e giusto come un obbligo che ciascuno di essi ha con Dio:

Ciascun cittadino fiorentino, che vuole essere buon membro della sua città e aiutarla, come ognun debbe volere, bisogna prima che creda questo Consiglio e civile governo essere stato mandato da Dio, come è in verità, non solamente perché ogni buono governo procede

---

[46] Vedi in proposito Weinstein, _Savonarola and Florence_ cit., pp. 289-316.

[47] Savonarola, _Trattato circa el reggimento e governo della città di Firenze_, in _Prediche sopra Aggeo con il Trattato circa el reggimento e governo della città di Firenze_ cit., pp. 467-68.

[48] Ivi, pp. 469-70.

[49] Ivi, pp. 477-79.

da lui, ma *etiam* per speziale providenzia, che ha Dio al presente della città di Firenze: della qual cosa, chi in essa è stato in questi tre anni passati e non è cieco e totalmente senza iudicio, è chiaro che, se non fusse stato la mano di Dio, non si serìa mai fatto tale governo in tante e sì potente contradizioni, né si serìa potuto mantenere insino a questo giorno tra tanti insidiatori e pochi adiutori.

Dio vuole che i cittadini usino l'intelletto e il libero arbitrio, che Dio ha dato loro, per rendere perfetto il governo civile[50].

Se Firenze sarà giusta, assicura Savonarola, sarà anche grande e potente perché i popoli accettano felicemente di essere governati da una repubblica giusta che vive cristianamente. Roma non era cristiana, ma era giusta, e Dio, che vuole che i popoli siano governati con giustizia, diede ad essa il dominio del mondo. Firenze può seguire, se vuole, l'esempio di Roma. Dal governo civile vengono i più preziosi beni: la vera libertà, la sicurezza dei beni e della persona, l'onore delle donne e dei figli, il progredire delle arti e dei commerci, la prosperità, i liberi matrimoni, il desiderio di procreare figli. La conclusione del *Trattato* merita di essere citata perché compendia l'idea che Savonarola aveva del valore divino della repubblica:

Essendo dunque (come abbiamo provato) felice e simile a Dio chi regge bene, e infelice e simile al diavolo chi regge male, debbe ogni cittadino lassare li peccati e le proprie affezioni, e sforzarsi di reggere bene, e conservare e augumentare e fare perfetto questo governo civile, per onore di Dio e salute delle anime, massime essendo dato specialmente da lui per lo amore che porta a questa città, acciò che sia felice e in questo mondo e nell'altro, per grazia del nostro salvatore Iesù Cristo, re de' re e signore de' signori, el quale col Padre e Spirito Santo vive e regna in *saecula saeculorum. Amen*[51].

La prosa di Savonarola lascia il dubbio se sia la buona religione a creare il buon governo civile o se sia necessario avere il buon governo civile prima di poter vedere fiorire nella città la buona religione[52]. Questo sarebbe un problema per un filosofo,

---

[50] Ivi, pp. 476-77.
[51] Ivi, p. 487.
[52] Weinstein, *Savonarola and Florence* cit., pp. 302-303.

non per un predicatore e un profeta quale fu Savonarola, in pieno diritto, come tale, di dire ora che la religione esige il buon governo civile e aiuta a mantenerlo in vita, ora che il buon governo favorisce la buona religione. Diversamente dai filosofi, i predicatori e i profeti mirano all'efficacia e non si curano della coerenza dottrinale. Da un punto di vista più propriamente teoretico, il rapporto fra istituzioni repubblicane e religiosità concerne il rapporto fra ordini politici e costumi. La religione è parte del costume e al tempo stesso forza che può cambiarlo: nel bene (quando nutre l'ostilità al governo tirannico e principesco); nel male (quando giustifica la corruzione).

La repubblica deve cacciare i cattivi preti e promuovere e mantenere incorrotto il culto religioso, deve anzi istituire «uno perfettissimo culto» e un «ottimo vivere cristiano»[53]. In questo modo Firenze farà risorgere il modo di vivere degli antichi cristiani; diventerà la Nuova Gerusalemme, specchio di vera religione nel mondo, «uno paradiso terrestre» che vive «in giubilo e in canti», dove i bambini saranno come angeli. Sostenuto dal vivere cristiano, il governo civile diventerà più celeste che terreno[54].

Nella visione millenaristica di Savonarola, repubblica e religione sono due aspetti della medesima realtà. La città nel suo insieme, le sue istituzioni e il suo modo di vivere diventano una Chiesa vera e si pongono al servizio del ben vivere cristiano; al tempo stesso la Chiesa si realizza pienamente nella repubblica in cui riversa il suo patrimonio spirituale. L'unione della religione e della re-

---

[53] Savonarola, *Prediche sopra Aggeo*, in *Prediche sopra Aggeo con il Trattato circa el reggimento e governo della città di Firenze* cit., pp. 336-37. Vedi anche Pasquale Villari, *La storia di Girolamo Savonarola e de' suoi tempi*, 2 voll., nuova edizione, Le Monnier, Firenze 1887-88, vol. I, Appendice, p. XIV, *Saggio di sommarii autografi delle Lezioni fatte in San Marco ai suoi frati*, dove Savonarola scrive: «Lex est ordinatio rationis ad bonum comune, ab eo qui curam comunitatis habet promulgata», p. XIII e istituisce il parallelo fra la legge umana o civile e la legge eterna «promulgata ab eo qui habet curam comunitatis, idest a Deo, qui universa gubernat ad bonum comune, id est ad se ipsum qui est ome bonum, iuxta Ex., 333 *Ostendat tibi omne bonum*». Savonarola riteneva che la riforma politica e religiosa di Firenze fosse un ritorno al vivere antico. Vedi Felix Gilbert, *Florentine Political Assumptions in the Period of Savonarola and Soderini*, in «Journal of the Warburg and Courtauld Institutes», XX (1957), p. 211.

[54] Savonarola, *Trattato circa el reggimento e governo della città di Firenze*, in *Prediche sopra Aggeo con il Trattato circa el reggimento e governo della città di Firenze* cit., pp. 469-70, 466-69 e 481-87.

pubblica sancisce la vittoria del disegno divino nel mondo e la fine del contrasto fra cielo e terra, fra l'umano e il divino. Il problema della libertà degli altri popoli e delle altre città che Firenze domina non tocca Savonarola. La sua vera preoccupazione è che i fiorentini si dedichino con tutto il cuore alla riforma politica e religiosa. Non cerca soltanto un nuovo leader repubblicano, ma un redentore, un politico che realizzi la riforma religiosa e morale, e sia egli stesso profeta. Per questo condanna il detto attribuito a Cosimo de' Medici che gli stati non si tengono con i paternostri come esempio del cinismo irreligioso che distrugge il vivere civile e il vivere cristiano. Per la medesima ragione sottolinea che la repubblica è tanto più forte quanto più è spirituale e che i governanti sono veri reggitori politici quanto più obbediscono alla morale cristiana[55]. Specifica tuttavia che eleggere ai pubblici uffici uomini buoni ma sciocchi vuol dire far mancare «l'onore di Dio, il bene commune e l'onore e la reputazione» della città[56].

L'élite politica fiorentina condivideva soltanto in parte la visione millenaristica di Firenze quale Nuova Gerusalemme. Accoglieva invece, quasi senza eccezioni, l'idea che la costituzione repubblicana del 1494 era un dono divino, che Dio aveva per Firenze un amore particolare, e che il rispetto della legge di Dio e il culto religioso assicuravano alla città l'amicizia di Dio. Quando i più rispettati e influenti cittadini di Firenze prendevano la parola nelle pratiche e nelle consulte per dare il loro meditato consiglio sui problemi di politica interna e di politica internazionale, mettevano in risalto che Firenze era una repubblica religiosa e aveva bisogno della religione.

Per i fiorentini Dio è onnipotente e interviene quando vuole nelle cose umane. La fortuna è spesso maligna, ma Dio «può mutare fortuna», spiega un oratore nella pratica del 19 agosto 1505[57]. A Dio bisogna dunque ricorrere per avere saggio consiglio. Nei momenti di grave pericolo è necessario che i sacerdoti organizzino processioni, che la Repubblica aumenti le elemosine ai poveri

---

[55] Savonarola, *Prediche sopra Aggeo*, in *Prediche sopra Aggeo con il Trattato circa el reggimento e governo della città di Firenze* cit., pp. 134-35.

[56] Savonarola, *Prediche italiane ai Fiorentini*, La Nuova Italia, Perugia 1930, vol. II, p. 390.

[57] Vedi Gilbert, *Florentine Political Assumptions in the Period of Savonarola and Soderini* cit., p. 207.

e che l'immagine miracolosa della Madonna dell'Impruneta venga solennemente portata in città. Durante la crisi della primavera del 1512 che causò la dissoluzione del regime repubblicano, alcuni componenti della pratica proposero di posporre di un giorno tutte le deliberazioni per raccogliersi in preghiera[58].

I fiorentini ritenevano che governare per il bene pubblico fosse un dovere religioso, nel senso preciso di un dovere verso Dio. Mancare a tale dovere comportava una punizione divina. Quando qualcuno opera per una causa giusta, invece, «Dio lo doverrà favorire»[59]. Anche quando la difesa della repubblica è affidata a uomini che hanno errato per i loro peccati, Dio saprà essere al loro fianco. Per i savonaroliani era necessario nelle pubbliche deliberazioni porre sempre i princìpi cristiani al di sopra di quelli dettati dalla ragione umana[60]. Essi chiamavano il Consiglio Grande l'«anima» e «la vita della cictà nostra»[61]. Poiché era dono di Dio e caro a Dio, il Consiglio Grande aveva saputo resistere agli attacchi dei nemici del vivere libero[62]. La convinzione che le istituzioni repubblicane e il vivere civile fossero dono di Dio aveva quale conseguenza politica la persuasione che quelle istituzioni fossero perfette e che il solo modo di riformarle fosse riportarle ai princìpi originari.

Un documento significativo della religione repubblicana nella Firenze di Machiavelli è il discorso di Lamberto del Nero Cambi in favore della legge che imponeva la decima sulle rendite dei preti. La sua orazione è tutta ispirata dalla religione della patria, intesa non come alternativa alla religione cristiana, ma come vera e retta interpretazione di essa. Dopo un breve esordio, Lamberto del Nero spiega che

le republiche e i regni, e generalmente tutti gli stati come s'acquistano, così si mantengono, o per forza mediante le armi o per amore mediante la religione, o coll'una cosa e coll'altra insieme: ed io per me quando

[58] *Ibidem.*

[59] *Ibidem.*

[60] «referendovi sempre piutosto al consiglio christiano che philosophico perché è più secondo Iddio», 17 luglio 1512; ivi, p. 208.

[61] Ivi, p. 210.

[62] «Nos debere maximas immortali Dio gratias et agere et haberi qui ad vere civilem nos vitam perducere dignatus sit. Et idem debere nos quod dei beneficio accepimus munus inviolatum et integrum velle conservare nec quicquam minuere ex dominanti auctoritate ac dignitate»; *ibidem.*

dell'una s'avesse a mancare di queste due, eleggerei che più tosto dell'armi, che della religione mancare si dovesse, giudicando non solamente più pio, ma eziandio più sicuro 'l confidarsi nella volontà di Dio, che il rimettersi nella potestà degli uomini. Vera cosa è, che così la religione, come l'armi, ha bisogno, anzi più tosto necessità, non tanto di buone leggi le quali non mancano, quanto d'uomini buoni, i quali pongono mano ad esse, e le facciano giustamente e inviolabilmente così da una parte come dall'altra osservare ed eseguire.

Per dare più forza al suo argomento, cita i Romani ed esorta a seguire il loro esempio:

se i Gentili riverivano tanto, come si vede nella republica romana, meglio ordinata di tutte l'altre, la religion loro, la quale era manifestamente falsa, che dovemo far noi Cristiani nella nostra, la quale è indubitatamente vera? E se essi punivano sì agramente coloro, i quali o violavano, o avvilivano le loro cerimonie, qual gastigo si può dare che non sia piccolo, a chi viola o avvilisce le nostre? A me pare d'aver osservato in leggendo l'antiche storie, che gli uomini quanto sono stati non pur migliori, ma maggiori e più prudenti, tanto abbiano maggiormente messo innanzi e favorito sempre le cose della religione; né credo che sia o maggior segno, o miglior argomento che una qualche città e regione debba tostamente o mutarsi o rovinare, che il vedere in quella o cangiarsi o dispregiarsi il culto divino.

Avviandosi alla conclusione lancia contro il papato l'accusa di aver corrotto la religione cristiana:

coloro che dicono, i papi essere stati assolutamente ed essere la principalissima cagione delle rovine e miserie nostre, e della servitù d'Italia, non dicono vero; perciò che non i papi, ma l'ambizione de' papi, ma l'avarizia de' papi, ma l'infinita lussuria e crudeltà de' papi, hanno tutti i nostri mali cagionato e cagionano. Le loro enormi cupidigie ed incredibili scellerità, non i papi, hanno annichilata e quasi spenta la Fede cristiana, la quale come è per sé santa e buona, così è ancora fuori d'ogni dubbio utilissima, anzi necessarissima, non solo al vivere beatamente nell'altro mondo, ma a vivere sicuramente eziandio in questo.

Infine, nella perorazione, si appella alla tradizione del cristianesimo repubblicano fiorentino: «Leggete le storie vostre, e troverete che otto uomini, i quali in quei tempi più religiosi e più cattolici che questi sono, avendo avuto maggior rispetto al ben comune di tutti che all'utile privato di pochi sacerdoti, s'acquistarono tanta grazia nel popolo, e cotal benevolenza appresso l'universale, che furono chiamati generalmente e sono ancora oggi, quando di loro si ragiona, gli Otto Santi»[63].

Quando alla fine del terzo decennio del Cinquecento l'esperienza repubblicana fiorentina volge alla fine, si incrina anche la fede nel Dio che ama le repubbliche. Ne sono prova le riflessioni di Guicciardini nelle *Cose fiorentine* (1528). In questo scritto Guicciardini riporta l'opinione che Dio ama la libertà dei popoli come convinzione diffusa a Firenze, ma si guarda bene dal farla propria[64]. Non biasima né il confidare in Dio né il ringraziarlo, ma esorta piuttosto ad essere saggi e a sperare nel suo aiuto quale premio per la propria saggezza piuttosto che rimedio alla insipienza e alla pazzia: «È bene conveniente collocare la speranza sua in Dio, raccomandarsi con le orazione e con le buone opere, ma di poi pigliare e' partiti con la ragione e sperare che Dio v'aiuti se vi governerete da savi, non fare il male perché venga bene, e governandosi secondo el debito della ragione, rimettersi del resto a Dio; altrimenti faccendo non lo placate, ma lo irritate e gli date ragione di voltare la sua misericordia in giusto sdegno»[65]. Sono parole che esprimono una critica severa della re-

---

[63] Benedetto Varchi, *Storia fiorentina*, X. 9.

[64] «La morte di Gian Galeazo, in quello tempo che da' Fiorentini era manco aspectata e più desiderata, mutò la conditione delle cose d'Italia, perché restorono in pericolo di perdere lo Stato quegli che credevano di soctoporre gl'altri, et, pel contrario, superiori coloro che avevano pocha speranza di potere difendere sé medesimi. Raccontavano e' più vecchi due altre volte la morte degli inimici essere stata molto opportuna alla salute di Firenze: prima, quando Herrico imperadore, che invano era stato [...] alle mura de la cictà, ritornava con grandi apparati et con animo molto obstinato alla destructione sua; l'altra, quando Castruccio, signore di Pisa e di Lucca, huomo peritissimo nella arte militare et riputatissimo per molte victorie, recuperata Pistoia et appoggiato dalle forze de' ghibellini, che allora per la venuta del Bavero et altri accidenti erano grandissime in Italia, era tucto intento alla nostra debellatione; Dio amatore delle repubbliche havere voluto con questi rimedii non aspectati dimostrare quanto gli piaceva la libertà de' popoli. La quale gratia essendo bene ricognosciuta, furono facte molte procissione devotamente et segni di ringratiare Dio»; Francesco Guicciardini, *Le cose fiorentine*, a cura di Roberto Ridolfi, Olschki, Firenze 1945, p. 124.

[65] Francesco Guicciardini, *Ragioni che consigliano la Signoria di Firenze ad accordarsi con Clemente VII*, in *Scritti politici*, a cura di Roberto Palmarocchi, Laterza, Bari 1933, pp. 218-19.

ligione dell'ozio e ci fanno capire che anche un uomo di stretta osservanza cattolica e di schietto realismo quale era Guicciardini avvertiva il legame fra repubblica e religione civile.

2. *La religione del vivere libero*

Anche la teoria repubblicana di Machiavelli, come quella degli umanisti, si fonda sull'ideale del «vivere politico e civile»[66]. Qualsiasi forma di governo, compreso il governo repubblicano o popolare, che non soddisfa i requisiti della vita civile è o una tirannide o una repubblica corrotta. In pieno accordo con la tradizione di pensiero politico che ho sintetizzato, Machiavelli considera il governo della legge principio fondamentale della vita civile. Nei *Discorsi* contrasta infatti il «vivere politico» con la tirannide intesa come «autorità assoluta»[67]. In altri luoghi separa la vita politica e la corruzione: «dove sono da considerare due cose: l'una che per altri modi si ha a cercare gloria in una città corrotta che in una che ancora viva politicamente»[68]. In una città corrotta, spiega, «le leggi bene ordinate non giovano»[69] e «non si truovano né leggi né ordini che bastino a frenare una universale corruzione»[70].

Quando parla di governo della legge, Machiavelli intende sempre il governo di leggi giuste e di statuti che tendono al bene comune. In completo accordo con la dottrina ciceroniana e con l'interpretazione che di essa diedero gli umanisti, Machiavelli sostiene che una legge è un comando legittimo che rispetta i princìpi dell'equità. Come spiega eloquentemente un anonimo

---

[66] Su Machiavelli e la tradizione repubblicana vedi Nicolai Rubinstein, *Machiavelli and Florentine Republican Experience*, in *Machiavelli and Republicanism*, a cura di Gisela Bock, Quentin Skinner e Maurizio Viroli, Cambridge University Press, Cambridge 1990, pp. 3-11; Quentin Skinner, *The Foundations of Modern Political Thought*, Cambridge University Press, Cambridge 1978, vol. I, *The Renaissance*; Id., *Machiavelli*, Oxford University Press, Oxford 1981; Giovanni Silvano, *'Vivere civile' e 'governo misto' a Firenze nel primo Cinquecento*, Pàtron, Bologna 1985.
[67] Niccolò Machiavelli, *Discorsi sopra la prima deca di Tito Livio*, I, 25.
[68] Ivi, III, 8.
[69] Ivi, I, 17.
[70] Ivi, I, 18.

oratore nelle *Istorie fiorentine*, per restaurare il «vero vivere libero e civile» Firenze ha bisogno di nuove leggi e di nuovi statuti che proteggano il bene comune contro il dominio delle fazioni e sostituiscano le leggi e gli statuti ordinati «non secondo il viver libero, ma secondo l'ambizione di quella parte che è rimasta superiore»[71]. Il medesimo oratore, ma è Machiavelli che parla, afferma anche che le leggi contro il bene comune erano uno degli effetti della cattiva mentalità religiosa. Per contrasto, le buone leggi e i buoni ordini dei Romani nascevano dall'amore del bene comune che la loro religione instillava.

Poiché il governo della legge e il bene comune sono i caratteri essenziali della vita civile, il miglior governo è quello più atto a garantire questi due beni. Un «vivere politico» può essere realizzato o per mezzo di un governo repubblicano o per mezzo di un governo monarchico, a condizione che il potere sovrano sia, nell'un caso e nell'altro, regolato dalle leggi: «un principe che può fare ciò ch'ei vuole è pazzo; un popolo che può fare ciò che vuole non è savio»[72]. Fra un popolo «incatenato» dalle leggi e un principe anch'egli «obbligato dalle leggi», Machiavelli ritiene che il primo sia migliore del secondo perché più atto a selezionare migliori governanti e a tutelare il bene comune. Nella sua difesa della superiorità del governo repubblicano sulla monarchia, Machiavelli ricorre al classico argomento secondo il quale se le deliberazioni su questioni di interesse generale sono affidate ai molti, è più facile che il bene comune prevalga sugli interessi particolari. «E sanza dubbio», scrive, «questo bene comune non è osservato se non nelle republiche: perché tutto quello che fa a proposito suo si esequisce; e quantunque e' torni in danno di questo o di quello privato, e' sono tanti quegli per chi detto bene fa, che lo possono tirare innanzi contro alla disposizione di quegli pochi che ne fussono oppressi»[73].

Anche quando discute di «dove più sicuramente si ponga la guardia della libertà, o nel popolo o ne' grandi» – ovvero l'istituzione di una specifica magistratura incaricata di verificare la legalità delle decisioni politiche –, la sua preoccupazione princi-

---

[71] Niccolò Machiavelli, *Istorie fiorentine*, III, 5.
[72] Machiavelli, *Discorsi*, I, 58.
[73] Ivi, II, 2.

pale è la difesa del governo della legge[74]. Se consideriamo i fini della nobiltà e quelli dei cittadini ordinari, scrive, è evidente che la nobiltà desidera comandare, mentre i popolani desiderano solo non essere dominati, e dunque vivere liberi: «talché, essendo i popolari preposti a guardia d'una libertà, è ragionevole ne abbiano più cura; e non la potendo occupare loro, non permettino che altri la occupino». Presenta poi le ragioni dei sostenitori del governo aristocratico, i quali affermano che è più sicuro affidare alla nobiltà un ruolo prevalente nelle istituzioni pubbliche perché in questo modo i nobili sono soddisfatti e non hanno motivo di agitarsi contro la repubblica. Dopo aver concesso che «chi discorressi bene l'una cosa e l'altra, potrebbe stare dubbio, quale da lui fusse eletto per guardia di tale libertà», conclude il ragionamento chiedendosi se in una repubblica sono più pericolosi coloro che desiderano avere di più di quello che hanno o coloro i quali temono di perdere le ricchezze e gli onori che già possiedono. Gli uni e gli altri, commenta Machiavelli, possono provocare gravi disordini, ma i nobili che temono di perdere i loro onori e le loro ricchezze sono più pericolosi perché «non pare agli uomini possedere sicuramente quello che l'uomo ha, se non si acquista di nuovo dell'altro. E di più vi è, che, possedendo molto, possono con maggiore potenza e maggiore moto fare alterazione». Se si soppesano attentamente gli argomenti a favore dell'una e dell'altra tesi, è dunque più saggio affidare il ruolo di guardiano della libertà al popolo anziché alla nobiltà[75].

L'aspetto del repubblicanesimo di Machiavelli che rivela in maniera particolarmente chiara il suo debito con la tradizione romana è la sua analisi della libertà politica. Come gli scrittori politici romani, e con un linguaggio vicino a quello dei giuristi, egli definisce «uomini liberi» gli uomini che non «dependono da altri»[76], e mette in contrasto lo status del cittadino libero con quello dello schiavo: «nascono liberi e non schiavi»[77]. Analogamen-

---

[74] Sulla guardia della libertà, e più in generale sul tema della legalità nella tradizione repubblicana, vedi il saggio di Riccardo Ferrante, *La difesa della legalità: I sindacatori della repubblica di Genova*, Giappichelli, Torino 1995, pp. 279-343.

[75] Machiavelli, *Discorsi*, I, 5.

[76] Ivi, I, 1.

[77] Ivi, II, 1.

te, chiama stati liberi gli stati «consueti a vivere con le loro legge et in libertà»[78]. Come gli scrittori politici repubblicani, ritiene che i cittadini possano godere sicuramente della loro libertà
solo in una repubblica indipendente dove la vita politica è adeguatamente protetta. Se sarà ripristinato il governo della legge, e
se le leggi che proteggono l'interesse delle fazioni verranno so-
stituite con leggi e statuti che mirano al bene comune, afferma
nelle *Istorie* un cittadino animato da amore della patria, Firenze
riavrà un «vero vivere civile e libero»[79]. Per contro, una città non
può essere libera se c'è un cittadino «temuto dai magistrati»[80].

Come spiega nelle *Istorie*, una città «si può chiamar libera» solo se ha buone leggi e buoni ordinamenti costituzionali capaci di
moderare tanto i cattivi umori dei nobili che quelli della plebe, ovvero l'insolenza dei primi e la licenza dei secondi[81]. Le libere repubbliche devono essere in grado di moderare le passioni e i desideri dei cittadini in modo che questi non violino i confini della vita civile. Un esempio è la Repubblica romana, dove il popolo «non
serví mai umilmente ne mai dominò superbamente; anzi tenne con
li suoi ordini e magistrati il suo grado onorevolmente»[82]. Un altro
esempio, in epoca moderna, sono le libere città tedesche, che «in
modo osservono le loro leggi che nessuno di fuori né di dentro ardisce occuparle»[83]. In un altro capitolo dei *Discorsi* ribadisce la
connessione necessaria fra diritto e libertà con parole che non hanno bisogno di commento: la dissoluzione della repubblica comincia quando «e' si comincia a corrompere una legge la quale è il nervo e la vita del vivere libero»[84].

Un monarca o un principe possono soddisfare il desiderio degli individui di vivere sicuri se introducono leggi e ordinamenti
costituzionali che tutelano sia il loro potere sia la tranquillità dei
sudditi, e se rispettano le leggi e non permettono ad altri di vio-
larle. Se un principe fa questo il popolo si sente sicuro e contento, come in Francia, dove i re sono «obligati a infinite leggi,

[78] Ivi, I, 5; Niccolò Machiavelli, *Il principe*, V.
[79] Machiavelli, *Istorie fiorentine*, III, 5.
[80] Machiavelli, *Discorsi*, I, 29.
[81] Machiavelli, *Istorie fiorentine*, IV, 1.
[82] Machiavelli, *Discorsi*, I, 58.
[83] Ivi, I, 55.
[84] Ivi, I, 33.

nelle quali si comprende la sicurtà di tutti i suoi popoli»[85]. La libertà politica, tuttavia, è sicura e i cittadini possono goderla pienamente soltanto in una repubblica, a condizione che la repubblica non sia corrotta. Nei *Discorsi* egli parla della «comune utilità che dal vivere libero si trae», e la descrive come «potere godere liberamente le cose sue sanza alcuno sospetto, non dubitare dell'onore delle donne, di quel de' figliuoli, non temere di sé»[86]. Oltre alla sicurezza, una buona repubblica permette ai cittadini di godere di una libertà che i sudditi di un monarca non possono avere, ovvero la libertà di partecipare alle deliberazioni sovrane, la libertà di essere chiamati a ricoprire incarichi pubblici, e perfino di ottenere i massimi onori. In una repubblica, scrive nei *Discorsi*, i cittadini «possono mediante la virtù loro diventare principi»; nel principato questa possibilità è ad essi preclusa poiché il principe «non può onorare nessuno di quegli cittadini che siano valenti e buoni che egli tiranneggia, non volendo avere ad avere sospetto di loro»[87]. Il vivere libero «prepone onori e premii mediante alcune oneste e determinate cagioni, e fuora di quelle non premia né onora alcuno»[88]. Un principe concede invece facilmente onori a uomini corrotti[89].

In una repubblica bene ordinata i cittadini poveri devono avere le medesime possibilità degli altri di ottenere gli onori pubblici; in Roma, scrive Machiavelli, «per la povertà non ti era impedita la via a qualunque grado ed a qualunque onore, e come e' si andava a trovare la virtù in qualunque casa l'abitasse»[90]. Se sono i cittadini, nei loro consigli, a eleggere liberamente i magistrati, è più probabile che essi scelgano uomini probi e capaci, come esige il vero ordine politico[91]. Infine, Machiavelli accetta senza riserve un altro principio politico che i teorici romani e i loro discepoli moderni avevano indicato come uno dei caratteri distintivi di una città li-

---

[85] Ivi, I, 16.
[86] Ivi, I, 16.
[87] Ivi, II, 2.
[88] Ivi, I, 16.
[89] Ivi, I, 58.
[90] Ivi, III, 25.
[91] Niccolò Machiavelli, *Discursus florentinarum rerum post mortem iunioris Laurentii Medice*s, in *Opere*, a cura di Corrado Vivanti, Einaudi-Gallimard, Torino 1997, vol. I, p. 269. Vedi anche Machiavelli, *Discorsi*, I, 58.

bera, ovvero la possibilità di esprimere liberamente il proprio pensiero nei consigli pubblici. Quale esempio Machiavelli cita la Repubblica romana, dove «poteva uno tribuno, e qualunque altro cittadino, preporre al popolo una legge, sopra la quale ogni cittadino poteva parlare o in favore o incontro, innanzi che la si deliberasse». È una cosa buona, commenta, che «ciascuno che intende uno bene per il publico lo possa preporre; ed è bene che ciascuno sopra quello possa dire l'opinione sua, acciocché il popolo, inteso ciascuno, possa poi eleggere il meglio»[92].

Poiché la repubblica rende possibile il godimento sicuro di tutti gli aspetti della libertà politica, Machiavelli identifica repubblica e libertà e contrasta la repubblica non solo con la tirannide, e la licenza, ma anche con la monarchia e il principato. Nel ben noto inizio del *Principe* egli scrive infatti: «tutti gli stati, tutti e' dominii che hanno avuto e hanno imperio sopra gli uomini, sono stati e sono o republiche o principati». Poche righe più oltre ribadisce la medesima distinzione sostituendo però il termine 'repubblica' con «essere liberi»: «o consueti a vivere sotto uno principe o usi a essere liberi»[93]. Nel V capitolo scrive che «quando le città o le provincie sono use a vivere sotto uno principe e quello sangue sia spento, sendo da uno canto usi a ubbidire, da l'altro non avendo il principe vecchio, farne uno in fra loro non si accordano, vivere liberi non sanno». Nel capitolo VIII menziona tre possibilità mutualmente esclusive: «o principato o libertà o licenzia».

Nei *Discorsi* gli esempi di identificazione fra governo repubblicano e libertà sono ovviamente più numerosi. Una moltitudine, scrive, si può governare «o per via di libertà o per via di principato»[94]. Nel libro III, capitolo XII, parlando delle città di terraferma sottoposte al dominio veneziano, osserva che esse sono «use a vivere sotto uno principe», «non libere» e «consueti a servire». Vivere sotto un monarca o sotto un principe, come mostra il passo che ho citato, significa non essere liberi non solo nel senso che i sudditi sono esclusi dalle deliberazioni sovrane e dalle cariche pubbliche, ma anche essere dipendenti dalla volontà di un uomo

---

[92] Machiavelli, *Discorsi*, I,18.
[93] Machiavelli, *Il principe*, I.
[94] Machiavelli, *Discorsi*, I, 2; vedi anche ivi, II, 2.

e quindi non essere un popolo libero. Sotto un monarca, se il monarca è giusto, i sudditi possono godere di una certa sicurezza che è tuttavia precaria perché essi sono pur sempre dipendenti dalla sua volontà. Poiché essi non hanno alcun potere di impedire che il monarca imponga leggi che favoriscono il suo interesse o altri interessi particolari, essi possono essere in ogni momento oppressi.

Il repubblicanesimo di Machiavelli si ispira all'ideale di un governo popolare bene ordinato. Per governo popolare bene ordinato intende, seguendo la concezione ciceroniana dell'ordine come moderazione e giusta collocazione delle parti nel tutto, una repubblica in cui ogni componente sociale ha il proprio ruolo[95]. Quale esempio, egli cita Sparta, dove Licurgo «ordinò in modo le sue leggi in Sparta, che, dando le parti sue ai Re, agli Ottimati e al Popolo, fece uno stato che durò più che ottocento anni, con somma laude sua e quiete di quella città»; e Roma, che divenne una «repubblica perfetta» solo quando, con l'istituzione dei tribuni della plebe «tutte le tre qualità di governo» avevano «la parte sua»[96]. Quale esempio di repubblica male ordinata Machiavelli indica Firenze, che non ebbe mai una costituzione politica che riconoscesse ad ogni gruppo sociale il proprio ruolo, e per questa ragione oscillò sempre, nel corso della sua storia, fra governi che erano o troppo popolari o troppo aristocratici. I governi troppo popolari impedivano ai nobili di accedere ai pubblici onori, e di conseguenza la città diventava sempre più umile e abietta; nei governi troppo aristocratici «il popolo non vi aveva dentro la parte sua», e la Repubblica era quindi scossa da una permanente instabilità[97].

La religione è un aspetto essenziale del repubblicanesimo di Machiavelli. Anche se alcuni fondatori, come Romolo, non dovettero ricorrere all'«autorità di Dio» per istituire i nuovi ordini civili e militari, molti altri, «come Numa, Licurgo e Solone», per fare accettare al popolo le leggi straordinarie ricorsero «a Dio». Numa, in particolare «simulò» di «avere dimestichezza con una ninfa, la quale lo consigliava di quello ch'egli avesse a consigliare il popolo», e grazie alla simulazione riuscì a persuadere i Ro-

[95] Cicerone, *De Officiis*, I, 142.
[96] Machiavelli, *Discorsi*, I, 2.
[97] Machiavelli, *Discursus florentinarum rerum*, in *Opere*, vol. I cit., p. 734.

mani ad accettare le nuove leggi. Savonarola riuscì a fare approvare ai cittadini di Firenze, che non erano né ignoranti né rozzi, i nuovi ordinamenti repubblicani del 1494 perché li persuase che «parlava con Dio».

I fondatori come Mosè, Ciro, Teseo e Romolo ottengono l'amicizia di Dio grazie alla loro straordinaria virtù, e riescono con l'aiuto divino nell'opera difficilissima della fondazione dello stato. I legislatori hanno successo nell'opera quasi altrettanto difficile di introdurre nuovi ordinamenti perché hanno anch'essi qualità straordinarie – «la bontà e la prudenza di Numa»; «la vita, la dottrina» di Savonarola») – e grazie alle loro qualità sono creduti quando affermano di essere ispirati da Dio. Anche altri uomini potrebbero fare ciò che fecero Numa e Savonarola, se avessero simili qualità: «non sia pertanto nessuno che si sbigottisca di non potere conseguire quel che è stato conseguito da altri, perché gli uomini, come nella prefazione nostra si disse, nacquero, vissero e morirono sempre con uno medesimo ordine»[98]. Il fondatore che per le sue virtù persuade il popolo di essere ispirato da Dio, e per questo riesce nella sua opera, non è per Machiavelli un mito antico, ma una possibilità della politica moderna, realizzabile a condizione che gli uomini, o almeno alcuni fra loro, si liberino della convinzione sbagliata che sia impossibile imitare i grandi politici.

Per Machiavelli tanto i fondatori quanto i legislatori sono simili a Dio o mandati direttamente da Dio, come nel caso di Numa. Nella sua narrazione Livio scrive che «udito il nome di Numa, i senatori, sebbene fosse evidente che il potere sarebbe passato in prevalenza ai Sabini se il re si fosse scelto tra loro, pure, non osando alcuno preferire a quel personaggio [Numa] o sé stesso o altri del proprio ceto e nemmeno alcun altro dei senatori o dei cittadini, risolsero unanimi che il regno si conferisse a Numa Pompilio». Giunto a Roma, Numa volle che si consultassero gli dèi, ma Livio non parla affatto di ispirazione divina[99]. Machiavelli, pone invece in rilievo l'influsso divino nella decisione del senato: furono «i cieli», scrive, a ispirare «nel petto del se-

[98] Machiavelli, *Discorsi*, I, 11.
[99] Tito Livio, *Ab urbe condita*, I, 21; trad. it. *Storia di Roma*, a cura di Carlo Vitali, Zanichelli, Bologna 1967.

nato romano» il saggio consiglio che portò infiniti beni a Roma, di eleggere Numa per successore a Romolo «acciocché quelle cose che da lui fossero state lasciate indietro, fossero da Numa ordinate». Poiché è opera di uomini amici di Dio o di uomini ispirati o inviati da Dio, la nascita e l'ordinamento degli stati ha carattere religioso e suscita reverenza e venerazione. Tutti gli stati, annota infatti Machiavelli, «nel principio hanno qualche riverenzia», e i fondatori di stati che riescono «a fare osservare lungamente le loro costituzioni», ottengono «venerazione»[100].

3. *Costumi e religione*

Anche i migliori ordini politici istituiti dai più saggi legislatori non sono in grado di proteggere il vivere libero, se i costumi sono corrotti: «così come gli buoni costumi, per mantenersi, hanno bisogno delle leggi; così le leggi, per osservarsi hanno bisogno de' buoni costumi»[101]. I giuristi del XIII e del XIV secolo avevano sottolineato nei loro trattati che il fine delle leggi è modellare il costume per rendere gli uomini atti al vivere civile («viventem civiliter»), e forgiare individui che sappiano mantenere in vita una repubblica[102]. Coluccio Salutati nel *De nobilitate legum et medicinae* sottolinea che il fine dei legislatori «è di rendere i cittadini buoni ed obbedienti alle leggi»; e più oltre: «mira la politica alla conservazione della società umana; al medesimo scopo mira la legge. La politica vuole il buon cittadino, e che altro vogliono i legislatori con i loro istituti?»[103].

Machiavelli conosce questa tradizione di pensiero e ne accetta il principio fondamentale. Nei *Discorsi* accoglie l'opinione diffusa che «la fame e la povertà fa gli uomini industriosi, e le leggi gli fanno buoni», ovvero disposti a obbedire alle leggi e ad assolvere i loro doveri civici. Compito della legge è dunque correggere il costume: «dove una cosa per se medesima sanza la leg-

---

[100] Machiavelli, *Discorsi*, I, 2.
[101] Ivi, I, 18.
[102] Mi permetto di rinviare al mio *From Politics to Reason of State*, Cambridge University Press, Cambridge 1992, pp. 56-59.
[103] Salutati, *De nobilitate legum et medicinae* cit., pp. 104-105 e 170-71.

ge opera bene, non è necessaria la legge; ma quando quella buona consuetudine manca, è subito la legge necessaria»[104].

Machiavelli, sulla scia degli scrittori politici dell'Umanesimo,
ribadisce che la religione è più efficace delle leggi a moderare i costumi di un popolo. Chi considera bene la storia romana vedrà,
ammonisce nei *Discorsi*, quanto era utile la religione «a mantenere gli uomini buoni». Le leggi «fanno» gli uomini buoni con il timore della sanzione, o la speranza del premio umani; la religione
li mantiene buoni con il timore della sanzione o la speranza del premio divini. I buoni costumi sostenuti dalla religione restano vivi
anche quando le leggi e gli ordini perdono il loro vigore. La religione è dunque più forte delle leggi e della stessa virtù dei reggitori, e per questo è «cosa al tutto necessaria a volere mantenere una
civiltà», che si tratti di un regno oppure di una repubblica[105].

Il popolo sovrano delle repubbliche ha, quando non è corrotto, una saggezza particolare che lo rende simile a Dio: «un popolo è più prudente, più stabile e di migliore giudizio che un
principe. E non sanza cagione si assomiglia la voce d'un popolo
a quella di Dio: perché si vede una opinione universale fare effetti maravigliosi ne' pronostichi suoi; talché pare che per occulta virtù ei prevegga il suo male ed il suo bene»[106]. Attraverso il
popolo sovrano parla occultamente la voce di Dio affinché nel
mondo si realizzi il bene comune e si affermi il vivere libero. Machiavelli riconosce nel popolo sovrano della libera repubblica
un'aurea divina che non attribuisce mai al principe. Toglie divinità al principe per darla al popolo sovrano e apre così la via a
sviluppi intellettuali e politici di grande importanza nella storia
del pensiero politico repubblicano.

La religione è più necessaria nelle repubbliche che nelle monarchie perché in quelle il popolo è signore delle leggi e quindi
manca il timore del principe a frenare gli uomini dalla loro naturale insolenza: «e come la osservanza del culto divino è cagione della grandezza delle republiche, cosí il dispregio di quello è
cagione della rovina d'esse. Perché, dove manca il timore di Dio,
conviene o che quel regno rovini, o che sia sostenuto dal timore

---

[104] Machiavelli, *Discorsi*, I, 3.
[105] Ivi, I, 11.
[106] Ivi, I, 58.

d'uno principe che sopperisca a' difetti della religione»[107]. Timore che si spegnerebbe comunque con la morte del principe virtuoso, mentre il timore di Dio resta vivo indipendentemente dal principe. Per fare sì che la repubblica viva a lungo, è più saggio confidare nella religione che nel timore che un principe virtuoso sa infondere. Un popolo che non ha vera e buona religione può soltanto vivere sotto un principe o sotto un tiranno. Vedremo quale deve essere il contenuto morale della religione di cui le repubbliche hanno bisogno, ma che il vivere libero non possa esistere senza sostrato religioso è per Machiavelli fuori di dubbio.

Tutti i popoli liberi che Machiavelli addita quali esempi sono profondamente religiosi. Il primo è il popolo romano, dove per più secoli «non fu mai tanto timore di Dio quanto in quella republica; il che facilitò qualunque impresa che il senato o quelli grandi uomini romani disegnassero fare»[108]. Un altro sono gli Etruschi, uno dei «popoli liberissimi» dell'antichità, che visse «per un gran tempo sicuro, con somma gloria d'imperio e d'ar-

---

[107] Ivi, I, 11.
[108] *Ibidem*. La fonte di Machiavelli sulla religione dei Romani, oltre a Livio, è Polibio: «A mio parere lo stato romano si distingue in meglio soprattutto nella concezione degli dèi. Credo anzi che a mantenere unito lo stato romano sia proprio un aspetto biasimato presso gli altri popoli, ovvero la superstizione: presso di loro, infatti, essa è stata introdotta con tanta enfasi sia nella vita privata, sia negli affari pubblici della città, che non sarebbe possibile fare di più. Ciò può sembrare a molti sorprendente, ma io credo che abbiano agito così pensando alla massa. Se fosse possibile creare uno stato composto di uomini saggi, infatti, probabilmente un simile comportamento non sarebbe affatto necessario, ma poiché ogni massa è volubile e preda di appetiti senza legge, di un'ira irrazionale, di passioni violente, non resta che trattenerla con paure oscure e con tutto questo teatro. Credo perciò che non fu per caso e in modo avventato che gli antichi fecero circolare fra le masse le idee relative agli dèi e le concezioni sull'Ade, e che siano semmai i contemporanei ad agire a caso e avventatamente quando eliminano queste cose. Pertanto, a parte il resto, fra i Greci chi amministra la cosa pubblica, anche se gli viene affidato soltanto un talento, con dieci revisori, altrettanti sigilli e un numero doppio di testimoni, non riesce a mantener fede alla parola data, mentre a Roma, pur maneggiando forti somme di denaro come magistrati o come legati, rispettano il loro dovere semplicemente in forza della parola data nel giuramento. E mentre presso gli altri popoli è raro trovare un uomo che si astenga dal toccare il denaro pubblico e si conservi puro a questo riguardo, fra i Romani è raro che qualcuno sia sorpreso in un'azione del genere»; Polibio, *Storie*, VI, 56, a cura di Domenico Musti, Rizzoli, Milano 2002, vol. III, pp. 387-91.

me, e massima laude di costumi e di religione»[109]. Un altro ancora sono i Sanniti, anch'essi popolo libero dell'antichità, i quali «ricorsero alla religione» quale ultimo «rimedio a potere pigliare speranza di ricuperare la perduta virtù», a riprova di «quanta confidenza si possa avere mediante la religione bene usata»[110]. Fra gli esempi moderni ci sono le libere città della Germania: «vedesi bene nella provincia della Magna questa bontà e questa religione ancora in quelli popoli essere grande; la quale fa che molte republiche vi vivono libere ed in modo osservano le loro leggi che nessuno di fuori né di dentro ardisce occuparle».

I popoli senza religione, per contro, sono corrotti e servi. Gli italiani, diventati grazie alla Chiesa di Roma «sanza religione e cattivi», sono il popolo più corrotto e più servo[111]. Il secondo esempio sono i francesi e gli spagnoli, cattolici anch'essi, ma senza quella religione e quella bontà degli antichi Romani e dei moderni tedeschi. Per questo essi vivono servi in quanto sudditi di re, e sono corrotti, anche se meno degli italiani, non tanto per la loro bontà «la quale in buona parte è mancata», quanto perché hanno «uno re che gli mantiene uniti, non solamente per la virtú sua, ma per l'ordini di quegli regni, che ancora non sono guasti»[112].

Chi è religioso può vivere libero; chi non è religioso può solo vivere servo. Per intendere bene il significato di questa alternativa bisogna tuttavia tenere presente che Machiavelli elogia come fondamento della libertà politica la religione che educa alla virtù e condanna l'ozio:

> Creder che senza te per te contrasti
> Dio, standoti ozioso e ginocchioni,
> ha molti regni e molti stati guasti.
> E' son ben necessarie l'orazioni;
> e matto al tutto è quel ch'al popol vieta
> le cerimonie e le sue devozioni;
> perché da quelle in ver par che si mieta
> unione e buono ordine; e da quello

---

[109] Machiavelli, *Discorsi*, II, 2.
[110] Machiavelli, *Discorsi*, I, 15.
[111] Ivi, I, 12.
[112] Ivi, I, 55.

buona fortuna poi dipende e lieta.
Ma non sia alcun di sì poco cervello,
che creda, se la sua casa ruina,
che Dio la salvi sanz'altro puntello;
perché e' morrà sotto quella ruina[113].

Machiavelli vuole una religione che educhi alla vera bontà d'animo. Cosa intenda per 'bontà' lo spiega con due esempi tratti dalla storia dei popoli che egli ammira per la loro religiosità e per i loro buoni costumi, i Romani e i tedeschi. L'esempio romano si riferisce a un episodio della guerra contro gli abitanti di Veio. La preda di guerra, destinata in parte ad Apolline, cadde invece nelle mani della plebe romana. Per recuperare il bottino il senato emise un editto con il quale ordinava a tutti coloro che se ne erano impadroniti di restituirne la decima parte. Quell'editto dimostra che il senato aveva piena fiducia nella plebe, ed era convinto che nessuno avrebbe rifiutato di consegnare quanto dovuto. La restituzione non ebbe luogo anche perché la plebe si ribellò all'editto con «aperte indignazioni». Quell'opporsi a viso aperto, e quel rifiuto della frode, dimostrano per Machiavelli «quanta bontà e quanta religione fusse in quel popolo e quanto bene fusse da sperare da lui»[114].

L'esempio dei popoli della Germania è ancora più eloquente perché prova che in essi viveva ancora «quell'antica bontà» e perché la loro bontà «è tanto da ammirare in questi tempi, quanto ella è più rada: anzi si vede essere rimasta solo in quella provincia».

---

[113] *L'Asino*, 115-123, in *Opere di Niccolò Machiavelli*, vol. IV, *Scritti letterari*, a cura di Luigi Blasucci, con la collaborazione di Alberto Casadei, Utet, Torino 1989, p. 383. Di quanto fosse radicata la religione dell'ozio che Machiavelli tanto strenuamente combatte è prova la lettera di Vettori a Machiavelli del 5 agosto 1526: «Noi qua [a Roma] abbiamo molto triste ricolte, et intendiamo che altrove sonovi peggiori; in modo stimiamo che l'anno abbi a essere pessimo, e per guerra e per peste e per fame, e perché nelle tribulazione si ricorre a Dio, intendendo ancora che li santi per fare orazioni e processioni hanno vinto, abbiamo cerco di ottenere uno jubileo da Nostro Signore per mezo agosto, il quale si piglierà senza danari, e basterà a pigliarlo digiuni, confessioni et orazione»; in *Opere di Niccolò Machiavelli*, vol. III, *Lettere*, a cura di Franco Gaeta, Utet, Torino 1984, p. 602.

[114] Machiavelli, *Discorsi*, I, 55.

Usono quelle republiche – scrive Machiavelli – quando gli occorre loro bisogno di avere a spendere alcuna quantità di danari per conto publico, che quegli magistrati o consigli che ne hanno autorità ponghino a tutti gli abitanti della città uno per cento o due di quello che ciascuno ha di valsente. E fatta tale diliberazione secondo l'ordine della terra si rappresenta ciascuno dinanzi agli riscotitori di tale imposta, e preso prima il giuramento di pagare la conveniente somma, getta in una cassa a ciò diputata quello che secondo la conscienza sua gli pare dovere pagare: del quale pagamento non è testimone alcuno se non quello che paga.

La storia dimostra per Machiavelli che nei popoli della Germania vi era ancora tanta «bontà» e tanta «religione»[115]. Assolvere i doveri secondo «la conscienzia», evitare la «fraude»; avere senso di responsabilità individuale: questa è la bontà che la religione cristiana non corrotta insegna e che Machiavelli ritiene necessaria per il vivere libero. Per trovarla non ha bisogno di andare indietro nel tempo fino al paganesimo antico, e ancora meno sognare di resuscitarlo. Quei cittadini delle libere repubbliche tedesche erano cristiani, non pagani. Eppure in essi viveva l'*ethos* civile della religione. Il medesimo *ethos* viveva anche, seppur di vita stentata, nella sua Firenze. Ciò che Machiavelli lamenta è che la bontà antica non sia rimasta viva nei princìpi della religione cristiana: «la quale religione [dei Romani]», scrive in un passo importante dei *Discorsi* «se ne' principii della republica cristiana si fusse mantenuta secondo che dal datore d'esse ne fu ordinato, sarebbero gli stati e le republiche cristiane più unite, più felici assai che le non sono»[116].

Il cristianesimo fece invece di tutto per distruggere non solo la religione pagana, ma anche la memoria di essa: «quando e' surge una setta nuova, cioè una religione nuova, il primo studio suo è, per darsi riputazione, estinguere la vecchia; e quando gli occorre che gli ordinatori della nuova setta siano di lingua diversa, la spengono facilmente. La quale cosa si conosce considerando e' modi che ha tenuti la setta cristiana contro alla gentile: la quale ha cancellati tutti gli ordini, tutte le cerimonie di quella, e spenta ogni me-

[115] *Ibidem.*
[116] Accolgo la proposta esegetica di Emanuele Cutinelli-Rèndina, *Chiesa e religione in Machiavelli*, Istituti editoriali e poligrafici, Pisa 1998, pp. 180-84.

moria di quella antica teologia»[117]. Insieme agli ordini, alle cerimonie e alla teologia spense anche, ed è questo ciò che Machiavelli lamenta, la virtù civile che quella religione teneva in vita.

La religione che è necessaria al vivere libero è quella che rende gli uomini buoni e fa «vergognare i rei». Machiavelli riprende qui un altro tema caro agli umanisti. Salutati aveva scritto in proposito che bisogna distinguere la vergogna che invade gli uomini prima della colpa, e li sospinge «ad agire nascostamente», dalla vergogna che «fa avere in orrore gli atti viziosi e disonorevoli». Mentre la prima incoraggia i rei ad agire nascostamente e a «cercare le tenebre per la turpitudine che si commette», la seconda allontana dal male e deve essere pertanto considerata una virtù[118]. La vergogna che spinge ad astenerci dal male è l'obbligo davanti alla coscienza che «ci accusa, ci convince, ci giudica»; sentimento interiore del dovere che il vero cristiano deve sentire più forte degli altri, come san Paolo insegna quando scrive che «la gioia nostra è la testimonianza della nostra coscienza»[119].

Quando parla della vergogna che la religione riesce a fare entrare nell'animo dei rei, e dunque aiuta le leggi, anche Machiavelli non intende la paura della riprovazione degli uomini o della pena, ma il sentimento interiore che nasce dalla consapevolezza di aver violato i doveri che la coscienza e Dio impongono. Machiavelli loda la religione che sa entrare nell'interiorità degli uomini e mantenere vivo nella coscienza il sentimento del dovere, come il paganesimo dei Romani antichi e il cristianesimo dei tedeschi moderni. L'accusa che muove alla religione cattolica di aver reso gli italiani cattivi va interpretata insieme al suo elogio della religione che rende gli uomini buoni. Cattivi non sono soltanto gli uomini che violano le leggi con l'inganno più ancora che con la forza, ma soprattutto gli uomini che non hanno più coscienza morale in senso proprio.

Per poter insegnare agli uomini ad essere buoni, e aiutare in modo efficace il vivere civile, la religione deve rimanere lontana dal potere politico e non farsi serva dei potenti. Machiavelli ricava questo insegnamento dalla religione dei Romani.

[117] Machiavelli, *Discorsi*, II, 5.
[118] Coluccio Salutati, *De verecundia*, a cura di Eugenio Garin, Vallecchi, Firenze 1947, pp. 309-11.
[119] II Cor. I, 12.

La vita della religione gentile – osserva – era fondata sopra i responsi degli oracoli e sopra la setta degli indovini e degli aruspici: tutte le altre loro cerimonie, sacrifici e riti, dependevano da queste perché
loro facilmente credevono che quello Iddio che ti poteva predire il tuo
futuro bene o il tuo futuro male, te lo potessi ancora concedere. Di qui
nascevano i templi, di qui i sacrifici, di qui le supplicazioni, ed ogni altra cerimonia in venerarli: per che l'oracolo di Delo, il tempio di Giove Ammone, ed altri celebri oracoli, i quali riempivano il mondo di ammirazione e divozione. Come costoro cominciarono dipoi a parlare a
modo de' potenti, e che questa falsità si fu scoperta ne' popoli, diventarono gli uomini increduli, ed atti a perturbare ogni ordine buono[120].

La storia della Chiesa conferma il medesimo insegnamento.
Nei primi secoli del cristianesimo, spiega Machiavelli, i pontefici avevano autorità e venerazione «per la santità della vita e per
i miracoli» e per «la reverenza de' loro costumi e della loro dottrina»[121]. Quando diventarono potenti per l'indebolimento del-
l'imperatore e dei re barbari in Italia, e grazie alle armi, alle censure e alle indulgenze, furono «terribili e venerandi», ma perse-
ro l'autorità morale. Nei secoli successivi videro indebolirsi anche il loro potere temporale e si ridussero, dopo aver reso gli italiani increduli e senza religione, «a discrezione d'altri»[122].
Machiavelli, come altri prima di lui, vorrebbe vedere la fine
del potere temporale dei papi. Ne è prova fra le tante il suo racconto della fallita congiura di Stefano Porcari che cercò di liberare Roma dalle «mani de' prelati» e ridurla «nello antico vivere». Anche se Porcari fallì, commenta Machiavelli, e sta scrivendo un'opera commissionata da papa Clemente VII, la sua intenzione può essere da qualcuno lodata[123].
Il desiderio di Machiavelli di vedere puniti papi e prelati corrotti affiora anche nel racconto della visita di Giulio II a Perugia. Giunto presso la città con il proposito di cacciare Giovanpagolo Baglioni, racconta Machiavelli, Giulio II «non aspettò di
entrare in quella città con lo esercito suo, che lo guardasse, ma

---

[120] Machiavelli, *Discorsi*, I, 12.
[121] Machiavelli, *Istorie fiorentine*, I, 9.
[122] *Ibidem*.
[123] Machiavelli, *Istorie fiorentine*, VI, 29.

vi entrò disarmato, non ostante vi fusse drento Giovanpagolo con gente assai, quale per difesa di sé aveva ragunata». Giovanpagolo, nonostante fosse uomo capace di ogni nefandezza, non approfittò dell'errore del papa. Se l'avesse fatto, osserva Machiavelli, tutti avrebbero «ammirato l'animo suo» e avrebbe «di sé lasciato memoria eterna, sendo il primo che avesse dimostro a' prelati, quanto sia da stimare poco chi vive e regna come loro ed avessi fatto una cosa, la cui grandezza avesse superato ogni infamia, ogni pericolo, che da quella potesse dependere»[124].

Machiavelli loda i prìncipi e i capitani che usavano riti e auspici come ritenevano opportuno, allo stesso modo dei Romani, i qua-

---

[124] Machiavelli, *Discorsi* cit., I, 27. Guicciardini è ancora più severo di Machiavelli nella condanna del potere temporale e della corruzione della Chiesa: «Con questi fondamenti e con questi mezzi esaltati alla potenza terrena, deposta a poco a poco la memoria della salute dell'anime e de' precetti divini, e voltati tutti i pensieri loro alla grandezza mondana, né usando più l'autorità spirituale se non per instrumento e ministerio della temporale, cominciorono a parere più tosto prìncipi secolari che pontefici. Cominciorono a essere le cure e i negozi loro non più la santità della vita, non più l'augumento della religione, non più il zelo e la carità verso il prossimo, ma eserciti, ma guerre contro a' cristiani, trattando co' pensieri e con le mani sanguinose i sacrifici, ma accumulazione di tesoro, nuove leggi nuove arti nuove insidie per raccorre da ogni parte danari; usare a questo fine senza rispetto l'armi spirituali, vendere a questo fine senza vergogna le cose sacre e le profane. Le ricchezze diffuse in loro e in tutta la corte seguitorono le pompe il lusso e i costumi inonesti, le libidini e i piaceri abominevoli, nessuna cura a' successori, nessuno pensiero della maestà perpetua del pontificato, ma, in luogo di questo, desiderio ambizioso e pestifero di esaltare non solamente a ricchezze immoderate ma a principati, a regni, i figliuoli i nipoti e congiunti loro; non distribuendo più le degnità e gli emolumenti negli uomini benemeriti e virtuosi, ma, quasi sempre, o vendendosi al prezzo maggiore o dissipandosi in persone opportune all'ambizione all'avarizia o alle vergognose voluttà. Per le quali operazioni perduta del tutto ne' cuori degli uomini la riverenza pontificale, si sostenta nondimeno in parte l'autorità per il nome e per la maestà, tanto potente ed efficace, della religione, e aiutata molto dalla facoltà che hanno di gratificare a' prìncipi grandi e a quegli che sono potenti appresso a loro, per mezzo delle degnità e delle altre concessioni ecclesiastiche. Donde, conoscendosi essere in sommo rispetto degli uomini, e che a chi piglia l'armi contro a loro risulta grave infamia e spesso opposizione di altri prìncipi e in ogni evento, piccolo guadagno, e che vincitori esercitano la vittoria ad arbitrio loro, vinti conseguiscono che condizione vogliono, e stimolandogli la cupidità di sollevare i congiunti suoi di gradi privati a principati, sono stati da molto tempo in qua spessissime volte lo instrumento di suscitare guerre e incendi nuovi in Italia»; Francesco Guicciardini, *Storia d'Italia*, IV, 12, in *Opere di Francesco Guicciardini*, a cura di Emanuella Lugnani Scarano, Utet, Torino 1981, vol. II, pp. 471-72.

li «interpretavano gli auspizi secondo la necessità, e con la prudenza mostravano di osservare la religione, quando forzati non la osservavano; e se alcuno temerariamente la dispregiava, punivano»[125]. Non accetta invece che siano i pontefici a umiliare i re. Un uomo privato, scrive nelle *Istorie fiorentine*, si sarebbe vergognato di sottoporsi alle condizioni che Alessandro III impose al re d'Inghilterra[126]. A Machiavelli non interessa se la Chiesa si regge come una repubblica o come una monarchia. Ciò che conta è se i prelati sono buoni e mantengono vivo il sentimento religioso. I prìncipi e le repubbliche, a loro volta, devono mantenere «i fondamenti della religione che loro tengono», e sostenere «tutte le cose» che favoriscono la religione anche se le giudicano false[127]. Machiavelli non vuole una religiosità che si riduce soltanto alle pratiche esteriori del culto e assolve chi fa male, come fra' Timoteo, che si preoccupa delle processioni e delle statue ed è falso, avaro, meschino e senza alcuna vergogna. Non vuole neppure la religione che ispira la reverenza dei vili che non sanno «essere onorevolmente cattivi, o perfettamente buoni» e non sanno fare quel male nobile e generoso che è necessario per il successo delle grandi imprese politiche[128]. Vuole insomma una religione fatta di fede e di timor di Dio, che infonde sincera devozione, penetra nell'animo, educa al senso del dovere, insegna ad amare il vivere libero e aiuta gli uomini a trovare dentro se stessi la forza morale per difenderlo. Del rito, delle forme del culto e dell'organizzazione interna della Chiesa lascia che siano altri a preoccuparsi.

4. *Religione, guerra e conflitti sociali*

Oltre a rafforzare e a mantenere viva la virtù civile, la religione è necessaria per avere buoni eserciti: «perché dove è religione, facilmente si possono introdurre l'armi e dove sono l'armi e non re-

---

[125] Machiavelli, *Discorsi*, I, 14.
[126] «Le quali cose furono tutte da Elrico accettate, e sottomessesi a quello iudizio un tanto re che oggi uno privato si vergognerebbe a sottomettervisi»; Machiavelli, *Istorie fiorentine*, I, 19.
[127] Machiavelli, *Discorsi*, I, 12.
[128] «e come una malizia ha in sé grandezza o è in alcuna parte generosa, e' non vi sanno entrare»; ivi, I, 27.

ligione, con difficoltà si può introdurre quella», come la storia di Roma insegna[129]. I buoni eserciti sono per Machiavelli il fondamento necessario di qualsiasi stato. «E' principali fondamenti che abbino tutti gli stati, così nuovi come vecchi o misti, sono le buone legge e le buone arme: e perché e' non può essere buone legge dove non sono buone arme e dove sono buone arme conviene sieno buone legge, io lascerò indietro el ragionare delle legge e parlerò delle arme»[130]. Nell'*Arte della guerra* ribadisce il medesimo convincimento: «perché tutte l'arti che si ordinano in una civiltà per cagione del bene comune degli uomini, tutti gli ordini fatti in quella per vivere con timore delle leggi e d'Iddio, sarebbono vani, se non fussono preparate le difese loro; le quali, bene ordinate mantengono quegli, ancora che non bene ordinati»[131]. Poiché la religione serve a istituire e a conservare le buone armi necessarie alla vita degli stati, senza religione, o con una cattiva religione, gli stati non possono vivere. Anche per questa ragione Machiavelli pone sul gradino più elevato degli uomini laudati i «capi e ordinatori delle religioni», e sotto di essi «quelli che hanno fondato o republiche o regni», e ritiene che Roma debba la sua fortuna più a Numa che introdusse gli ordini religiosi che a Romolo che introdusse gli ordini politici e militari.

La religione è necessaria per avere buoni eserciti soprattutto perché essa rende sacro il giuramento dei soldati prima della battaglia: «Valeva assai, nel tenere disposti gli soldati antichi, la religione e il giuramento che si dava loro quando si conducevano a militare; perché in ogni loro errore si minacciavano non solamente di quelli mali che potessono temere dagli uomini, ma di quegli che da Dio potessono aspettare. La quale cosa, mescolata con altri modi religiosi, fece molte volte facile a' capitani antichi ogni impresa, e farebbe sempre, dove la religione si temesse e osservasse»[132]. In Italia, per contrasto, dove gli uomini non hanno religione, e sono «corrotti» e «non usi ad alcuna onesta ubbi-

---

[129] Ivi, I, 11.
[130] Machiavelli, *Il principe*, XII.
[131] Niccolò Machiavelli, *Dell'arte della guerra*, in *Opere*, vol. I cit., pp. 529-530.
[132] Ivi, p. 626. Sul giuramento vedi Paolo Prodi, *Il sacramento del potere. Il giuramento politico nella storia costituzionale dell'Occidente*, Il Mulino, Bologna 1992, pp. 234-37.

dienza», il giuramento dei soldati non ha alcun valore ed è di conseguenza impossibile istituire un buon esercito.

Machiavelli riteneva il giuramento dei soldati un aspetto essenziale della buona disciplina militare. Quando era segretario, aveva inserito nella *Provisione della ordinanza* che istituiva la milizia (1506) una descrizione dettagliata della cerimonia solenne del giuramento:

El quale commissario, o altro deputato come di sopra, debba la mattina sequente, che saranno il dì dinanzi convenuti insieme, far dire una messa solenne dello Spirito Sancto in luogo che tutti i ragunati la possino udire. E doppo la detta messa, el deputato debba far loro quelle parole che in simile cerimonia si convengono; dipoi leggere loro quello et quanto per loro si debba observare, et darne loro solemne giuramento, faccendo ad uno ad uno tocare con mano el libro de' sacri Evangeli. Et debba leggere loro innanzi a tale giuramento tutte le pene capitali a che sono sottoposti, et tutti quelli admonimenti che saranno ordinati da detti uficiali in conservatione et fermeza della unione et fede loro; aggravando el giuramento con tutte quelle parole obligatorie dell'anima e del corpo che si potranno trovare più efficaci; et fatto questo, sieno licentiati et ritornino tutti alle case loro[133].

I soldati della milizia che Machiavelli aveva con grandi sforzi istituito fuggirono terrorizzati di fronte all'attacco delle fanterie spagnole contro Prato, nel 1512, e morirono senza onore. A poco valse il giuramento solenne che avevano prestato di difendere con la vita la libertà della Repubblica. Quindici anni dopo, nelle parole che fa dire a Fabrizio Colonna nell'*Arte della guerra* c'è tutta la disperazione di un uomo che, ormai vicino alla fine della sua vita, capisce quanto male abbia fatto all'Italia la cattiva religione che ha tolto ogni valore al giuramento: «Per quale Iddio, o per quali santi gli ho io a fare giurare? Per quei ch'egli adorano, o per quei che bestemmiano? Che ne adorino non so io alcuno, ma so bene che li bestemmiano tutti. Come ho io a credere ch'egli osservino le promesse a coloro che ad ogni ora essi dispregiano? Come possono coloro che dispregiano Iddio, riverire gli uomini?»[134].

[133] Niccolò Machiavelli, *Provisione della ordinanza*, in *Opere*, vol. I cit., p. 39.
[134] Machiavelli, *Dell'arte della guerra*, in *Opere*, vol. I cit., p. 687.

La religione sentita profondamente come obbligo con Dio aiuta i popoli a trovare le energie morali per reagire alle sconfitte militari che mettono in pericolo la libertà e la vita di tutti. «Dopo la rotta che Annibale aveva dato ai romani», scrive Machiavelli, «molti cittadini si erano adunati insieme e, sbigottiti della patria, si erano convenuti abbandonare la Italia e girsene in Sicilia; il che sentendo Scipione, gli andò a trovare, e col ferro ignudo in mano li costrinse a giurare di non abbandonare la patria»[135]. Livio mette in rilievo il terrore che Scipione ispirò ai cittadini che volevano abbandonare la patria: «sbigottiti non meno che se si vedessero innanzi Annibale vincitore, tutti giurarono, e si consegnarono in custodia a Scipione»[136]. Machiavelli insiste piuttosto sull'importanza della religione di fronte al pericolo estremo, quando le leggi, e l'amore della patria, pur fortissimo come era quello dei Romani, non sono più in grado di vincere la paura e mantenere viva la determinazione di difendere la libertà anche a costo della vita: «E così quelli cittadini i quali lo amore della patria, le leggi di quella non ritenevano in Italia, vi furono ritenuti da un giuramento che furono forzati a pigliare». Anche nella narrazione di un altro episodio della storia di Roma, quello di Lucio Manlio salvato dal figlio, Livio sottolinea che il tribuno della plebe Marco Pomponio decise di lasciar cadere l'accusa contro Lucio Manlio per paura del figlio che andò ad affrontarlo con un coltello in mano[137]. Machiavelli interpreta invece questo episodio come prova ulteriore della forza della religione: «Il che non nacque da altro che da quella religione che Numa aveva introdotta in quella città»[138].

Quando parla di armi Machiavelli intende sempre armi sotto le leggi della repubblica. Le repubbliche che educano i cittadini alla disciplina militare senza mai permettere loro di esercitare la

---

[135] Machiavelli, *Discorsi*, I, 11.
[136] Livio, *Ab urbe condita*, XXII, 53.
[137] «Spaventatissimo il tribuno che aveva sotto gli occhi il lampeggiare dell'arma e si vedeva solo e inerme contro quel robusto giovane e tanto più temibile in quanto brutalmente feroce nelle sue forze, prestò il giuramento nei termini richiesti. E dichiarò poi che aveva rinunciato alla sua iniziativa costretto da quella violenza»; ivi, VII, 5, trad. it. cit., p. 15.
[138] Machiavelli, *Discorsi*, I, 11.

guerra come arte riescono a tenere lontana la corruzione. Fin quando Roma «visse immacolata», scrive Machiavelli, «mai alcuno cittadino grande non presunse, mediante tale esercizio, valersi nella pace, rompendo le leggi, spogliando le provincie, usurpando e tiranneggiando la patria e in ogni modo prevalendosi; né alcuno d'infima fortuna pensò di violare il sacramento, aderirsi agli uomini privati, non temere il senato, o seguire alcuno tirannico insulto»[139]. Una repubblica bene ordinata deve dunque «volere che questo studio di guerra si usi ne' tempi di pace per esercizio e ne' tempi di guerra per necessità e per gloria»[140]. Se l'esercizio dell'arte della guerra è fermamente sotto il controllo delle leggi, la repubblica non deve affatto temere che i cittadini armati diventino sediziosi. I suoi cittadini in armi sono al contrario il fondamento più sicuro della libertà[141].

La religione è necessaria per educare i soldati a provare vergogna nel fare il male. Per Machiavelli gli uomini senza vergogna sono cattivi soldati: «Di che gli ho a fare vergognare, che sono nati e allevati sanza vergogna?», lamenta Fabrizio Colonna nell'*Arte della guerra*. Per quanto il comandante sia venerabile e sappia farsi amare, non riuscirà a infondere nei soldati il senso della vergogna, se essi non sono religiosi. Di quali orrori siano capaci soldati senza religione e dunque senza disciplina e senza vergogna Machiavelli lo dice a chiare lettere, e non ha paura di citare esempi di crimini perpetrati da milizie al soldo di Firenze[142]. Anche i soldati romani saccheggiavano, nota Machiavelli nei *Discorsi*, ma «essendo ripieni di religione», si fermavano davanti ai templi, e quando entravano lo facevano «senza tumulto, tutti devoti e pieni di riverenza»[143].

La religione cristiana è un freno alle guerre ingiuste e un monito a cercare la pace. Giusta e approvata da Dio è solo la guer-

---

[139] Machiavelli, *Dell'arte della guerra*, in *Opere*, vol. I cit., p. 539.
[140] Ivi, p. 540.
[141] «L'arme in dosso a' suoi cittadini o sudditi, date dalle leggi, e dall'ordine, non fecero mai danno, anzi sempre fanno utile e mantengonsi le città più tempo immaculate mediante queste armi che sanza»; ivi, p. 549. Sulla milizia vedi Gennaro Sasso, *Machiavelli, Cesare Borgia, don Micheletto e la questione della milizia*, in *Machiavelli e gli antichi e altri saggi*, Ricciardi, Milano-Napoli 1988, vol. II, pp. 57-117.
[142] Machiavelli, *Istorie fiorentine*, IV, 20.
[143] Machiavelli, *Discorsi*, I, 12.

ra necessaria[144]. A Dio dispiacciono le guerre combattute «per lieve cagion», come scrive nella canzone *Gli spiriti beati*, composta probabilmente all'epoca della guerra fra Francesco I e Carlo V per il predominio sull'Italia (1521-1523). Machiavelli spiega anche in questa canzone che «al Signor nostro al tutto piace» che gli uomini «ponghin giù l'arme e stieno in pace»[145]. Benché dispiacciano a Dio, le guerre sono un flagello costante: «Sempre, mentre che io ho di ricordo o e' si fece guerra o e' se ne ragionò; ora se ne ragiona, di qui a un poco si farà, e quando la sarà finita, se ne ragionerà di nuovo», scrive a Guicciardini il 3 gennaio 1526. Le cause della guerra sono o l'ambizione che spinge prìncipi e popoli a conquistare e a espandere il loro dominio, o la necessità, «quando uno popolo intero con tutte le sue famiglie si lieva d'uno luogo, necessitato o dalla fame o dalla guerra, e va a cercare nuova sede e nuova provincia, non per comandarla, come quegli di sopra, ma per possederla tutta particularmente, e cacciarne o ammazzare gli abitatori antichi di quella»[146]. Quale sia la causa, la guerra non si tiene lontana invocando la pace: «io credo al frate che diceva: 'Pax, pax, et non erit pax'», scrive in una lettera a Francesco Vettori del 26 agosto 1513[147]. Per tenere lontana la guerra, o farla finire il prima possibile, sono necessarie l'iniziativa diplomatica e le buone armi. Bisogna insomma, come afferma Fabrizio Colonna nell'*Arte della guerra*, «amare la pace e saper fare la guerra». Ma a saper fare la guerra aiuta una buona religione che educa gli uomini ad essere forti e al tempo stesso rispettosi delle leggi del vivere civile e delle leggi di Dio.

Per Machiavelli la pace è sempre da preferire alla guerra, a meno che il prezzo della pace non sia la libertà[148]. La brama di conquista per il mero desiderio di accrescere il proprio potere è un vizio pernicioso che non porta alla grandezza, bensì alla rovina degli stati. La causa della caduta di tante repubbliche e di tanti regni, scrive nell'*Asino*, è che «i potenti di lor potenza non son

---

[144] Machiavelli, *Il principe*, XXVI.
[145] Machiavelli, *Canto degli spiriti beati*, 5-10, In *Opere di Niccolò Machiavelli*, vol. IV cit., p. 404.
[146] Machiavelli, *Discorsi*, II, 8.
[147]*Opere di Niccolò Machiavelli*, vol. III cit., p. 415.
[148] Machiavelli, *Discorsi*, III, 44.

mai satolli». Il desiderio di conquista «gli stati distrugge»; e anche se tutti sono consapevoli di questo errore, «nessun lo fugge». Mentre Venezia, Sparta e Atene caddero per aver conquistato troppo, in Germania ogni libera città «vive sicura per aver manco di sei miglia intorno»[149].

Gli stati devono potersi espandere per rimanere liberi, ma la conquista e l'espansionismo rapaci portano alla rovina. In tutti i suoi scritti sull'argomento Machiavelli condanna la politica di espansione per mezzo della conquista e della sottomissione dei popoli vinti. Tale politica, scrive, è «al tutto inutile» e per le repubbliche che non hanno armi proprie, come era appunto il caso di Firenze, «inutilissimo». Condanna l'espansionismo di Firenze verso Pisa, Siena e Lucca ed elogia la politica protettrice nei confronti di Pistoia: quella fece sì che pisani, senesi e lucchesi «hanno fatto e fanno ogni forza» per resistere ai fiorentini; questa ebbe come risultato che «i pistolesi sono corsi volontari sotto lo imperio loro». Le parole che chiudono il capitolo non hanno bisogno di commento: «e sanza dubbio se i fiorentini o per vie di leghe o di aiuti avessero dimesticati e non inselvatichiti i suoi vicini, a questa ora sanza dubbio e' sarebbero signori di Toscana. Non è per questo che io giudichi che non si abbia adoperare l'armi e le forze, ma si debbono riservare in ultimo luogo, dove e quando gli altri modi non bastino»[150]. Nelle *Istorie fiorentine*, infine, Machiavelli elogia la deliberazione dei fiorentini di riprendere il controllo di Arezzo offrendo alla città la propria protezione[151]. Imprudente e causa di infiniti mali fu invece la politica, tante volte seguita dai fiorentini, di voler espandere il loro dominio senza offrire ai popoli adeguata protezione contro gli aggressori esterni e i malfattori[152].

---

[149] Machiavelli, *L'Asino* 37-62, in *Opere di Niccolò Machiavelli*, vol. IV cit., pp. 380-81.

[150] Machiavelli, *Discorsi*, II, 21.

[151] Machiavelli, *Istorie fiorentine*, II, 38.

[152] «Non ci inganniamo a partito, scrive, examiniamo un poco, bene, e' casi nostri; et cominciamo ad guardarci in seno: voi vi troverrete disarmati, vedrete e' subditi vostri sanza fede, et ne avete, pochi mesi sono, facto la experienza; et è ragionevole che sia cosí, perché gli uomini non possono et non debbono essere fedeli servi di quello signore, da el quale e' non possono essere né

L'esempio da seguire nel cercare l'espansione è quello dei Romani che stringevano alleanze riservandosi però «il grado del comandare, la sedia dello imperio ed il titolo delle imprese», ma concedevano la cittadinanza romana ai loro «compagni» («i quali in di molte cose con equali leggi vivevano seco»). Machiavelli loda l'espansionismo dei Romani anche perché «lasciavano quelle terre, che non disfacevano, vivere con le leggi loro, eziandio quelle che non come compagne, ma come suggette si arrendevano loro, ed in esse non lasciavano alcuno segno d'imperio per il popolo romano, ma le obbligavano a alcune condizioni, le quali osservando, le mantenevano nello stato e dignità loro». Loda del pari il metodo di espansione degli Etruschi basato sulle leghe di libere città. Gli Etruschi, scrive, ottennero una notevole «grandezza» non per mezzo della conquista militare, bensì formando leghe in cui le diverse repubbliche avevano tutte pari diritti e autorità. Consapevole che è impossibile per Firenze seguire l'esempio dei Romani, raccomanda ai fiorentini di seguire l'esempio degli Etruschi: «E quando la imitazione de' romani paresse difficile, non doverrebbe parere così quella degli antichi toscani, massime a' presenti toscani. Perché se quelli non poterono, per le cagioni dette, fare uno imperio simile a quel di Roma, poterono acquistare in Italia quella potenza che quel modo del procedere concesse loro»[153].

Quando compone orazioni al fine di convincere i fiorentini a dotarsi di buone armi, Machiavelli non sollecita i loro appetiti di conquista e di espansione, e non evoca neppure il luogo comune del diritto di Firenze a dominare le altre città della Toscana[154]. Usa invece tutta la sua abilità retorica per persuadere i suoi concittadini che la repubblica ha bisogno di buone armi per proteggere efficacemente la propria libertà[155]. Nessun regno, nessuna repubblica pru-

difesi, né corretti. Come voi gli avete possuti o possete correggiere, lo sa Pistoia, Romagna, Barga, e' quali luoghi sono diventati nidi et receptaculi d'ogni qualità di latrocinij. Come voi gli avete possuti defendere, lo sanno tucti quegli luoghi che sono stati assaltati»; Niccolò Machiavelli, *Parole da dirle sopra la provisione del danaio, facto un poco di proemio et di scusa*, in *Opere*, vol. I cit., p. 13. Vedi anche Niccolò Machiavelli, *La cagione dell'ordinanza dove la si truovi et quel che bisogni fare*, ivi, p. 26.

[153] Machiavelli, *Discorsi*, II, 4.

[154] Mi permetto di rinviare al mio *Machiavelli*, Oxford University Press, Oxford 1998, pp. 139-43.

[155] «Che riavere Pisa sia necessario ad volere mantenere la libertà, perché

denti, spiega, ha mai messo la propria indipendenza a discrezione
di altri stati o si è considerato sicuro quando ha dovuto contare sulla protezione di altri potenti: «Perché ogni città, ogni stato», scrive,
«debbe reputare inimici tucti coloro che possono sperare di poterle occupare el suo et da chi lei non si può difendere. Né fu mai né
signore né repubblica savia che volessi tenere lo stato suo ad discretione d'altri o che, tenendolo, gliene paressi haver securo»[156].
Se una repubblica vuole tutelare la propria libertà, deve conseguire quella grandezza territoriale che le permette di difendersi per
mezzo di adeguate alleanze e federazioni, proteggendo e trattando
con giustizia le città e i popoli soggetti e ricorrendo alla guerra solo
come ultima risorsa. Così consiglia la saggezza politica; così comanda Dio, che giudica pie solo le guerre necessarie mentre non
aiuta quei popoli in cui è «spento di pietate il zelo»[157]; così dovrebbe pensare ogni buon cittadino che ama la libertà.

Chi sono i buoni di Machiavelli? Non sono certo gli uomini do-
cili, ma i cittadini, come i Romani antichi, che non vogliono «né superbamente dominare né umilmente servire». Quel popolo, «mentre durò la republica incorrotta, non servì mai umilmente né mai
dominò superbamente, anzi con li suoi ordini e magistrati tenne il
suo grado onorevolmente. E quando era necessario commuoversi
contro a un potente, lo faceva; come si vide in Manlio, ne' dieci ed
in altri che cercorono opprimerla: e quando era necessario ubbi-

---

nessuno ne dubita, non mi pare da mostrarlo con altre ragioni che quelle, le
quali per voi medesimi intendete»; Niccolò Machiavelli, *Discorso sopra Pisa*, in
Opere, vol. I cit., p. 3. Nella *Provvisione della ordinanza* che istituisce la milizia fiorentina Machiavelli insiste sulla necessità delle armi «per potersi difendere dalli inimici» e per «raffrenare et correggere i subditi»; *Opere*, vol. I cit.,
p. 31. Anche la perorazione che chiude le *Parole da dirle sopra la provisione del
danaio, facto un poco di proemio et di scusa* insiste sulle armi come mezzo per
difendere la libertà: «Il che io non posso credere che sia, veggiendovi fiorentini liberi et essere nelle mani vostre la vostra libertà: alla quale credo che voi
arete quelli respetti che ha auto sempre chi è nato libero et desidera viver libero»; *Opere*, vol. I cit., p. 16. Vedi infine la conclusione del *Decennale primo*:
«pur si confida nel nocchier accorto, / ne' remi, nelle vele e nelle sarte, / ma
sarebbe il cammin facile e corto / se voi il tempio riaprissi a Marte»; *Opere*,
vol. I cit., pp. 106-107.

[156] Machiavelli, *Parole da dirle sopra la provisione del danaio, facto un poco
di proemio et di scusa*, in *Opere*, vol. I cit., p. 13.

[157] Machiavelli, *Canto degli spiriti beati*, 45, in *Opere di Niccolò Machiavelli*, vol. IV cit., p. 405.

dire a' dittatori ed a' consoli per la salute publica, lo faceva[158]. La religione che Machiavelli ammira fa «vergognare i rei» ma è anche efficace ad «animare la plebe», ovvero a dare al popolo il coraggio di resistere ai potenti che vogliono opprimere senza voler diventare a sua volta oppressore. Machiavelli disprezza invece la religione cristiana corrotta che pone il sommo bene «nella umiltà» e nell'«abiezione» e che «se richiede che tu abbia in te fortezza, vuole che tu sia atto a patire più che a fare una cosa forte»[159].

La bontà che la religione insegnava ai Romani fece sì che i conflitti sociali rafforzassero la libertà e la potenza di quella repubblica, mentre la cattiveria che la religione corrotta aveva instillato negli animi dei fiorentini contribuì a rendere Firenze serva e umile. In Roma antica, sottolinea Machiavelli, i conflitti fra la plebe e il senato non violavano mai, o molto di rado, i confini della vita civile e venivano risolti «disputando»; a Firenze venivano risolti «combattendo»[160]. Machiavelli condanna i conflitti sociali che degenerano in scontri armati e si concludono con l'imposizione dell'interesse di un gruppo o di una fazione a danno di altri, come avveniva in Firenze. Loda soltanto quelli che si concludono con leggi che incorporano le richieste dei diversi gruppi e dunque promuovono il bene comune, come avveniva nella Roma repubblicana. I conflitti sociali servono dunque a sostenere la libertà comune se non violano i requisiti fondamentali della vita civile, e questo è possibile se il popolo, grazie alla buona religione, non è né docile né superbo.

Machiavelli critica severamente l'arroganza della nobiltà; ma denuncia con uguale fermezza anche l'ambizione dei popolani. Non soddisfatto di aver rafforzato la propria posizione rispetto ai nobili, osserva Machiavelli, il popolo romano «cominciò a combattere per ambizione, e volere con la nobiltà dividere gli onori e le sustanze»[161]. L'eccessiva ambizione del popolo portò ai conflitti sulla legge agraria e alla dissoluzione della repubblica[162]. L'ambizione dei nobili avrebbe causato la rovina della repubblica molto prima, se il popolo non li avesse tenuti a freno per tre-

---

[158] Machiavelli, *Discorsi*, I, 58.
[159] Ivi, II, 2.
[160] Machiavelli, *Istorie fiorentine*, I, 1.
[161] Machiavelli, *Discorsi*, I, 37.
[162] *Ibidem*.

cento anni. In molti casi, tuttavia, fu necessario moderare anche le pretese dei tribuni del popolo, poiché essi erano diventati pericolosi per il bene comune e per la sicurezza della patria[163].

Ancora più eloquente è l'esempio di Firenze, dove il popolo voleva escludere completamente la nobiltà per «essere solo nel governo». Mentre il desiderio del popolo romano di condividere con i nobili le cariche pubbliche era ragionevole, quello del popolo di Firenze era «ingiurioso e ingiusto»[164]. Con le loro richieste esagerate, i popolani di Firenze costrinsero la nobiltà a resistere con tutte le sue forze, e di conseguenza i conflitti sociali degenerarono in scontri armati e in guerre civili. Fino a quando i popolani condividevano con i nobili le massime cariche pubbliche, essi acquistavano quelle virtù che erano proprie della nobiltà; ma quando la nobiltà venne esclusa dal governo, Firenze divenne sempre più umile e abietta[165].

Proprio perché repubblicano, Machiavelli non sostiene alcuna forma di conflitto sociale che mira a imporre un interesse di parte, quale che sia la parte, contro il governo della legge e contro il bene comune. A questo proposito è bene commentare un testo che a prima vista porta acqua alla tesi del Machiavelli populista[166]. Mi riferisco alla narrazione del tumulto dei Ciompi nelle *Istorie fiorentine*. In questo scritto Machiavelli mette in rilievo che la causa di quel tumulto era l'ingiustizia con cui l'infima plebe, senza una propria arte, era trattata. Dall'ingiustizia nasceva infatti l'«odio che il popolo minuto aveva con i cittadini ricchi e pìncipi delle Ar-

[163] «Essendo pertanto divenuta l'autorità tribunizia insolente e formidabile alla nobiltà e a tutta Roma, e' ne sarebbe nato qualche inconveniente dannoso alla libertà romana»; Machiavelli, *Discorsi*, III, 11.

[164] Machiavelli, *Istorie fiorentine*, III, 1.

[165] Le città scrive «e quelle massimamente che non sono bene ordinate, le quali sotto il nome di repubblica si amministrano, variano spesso i governi e gli stati loro, non mediante la libertà e la servitù, come molti credono, ma mediante la servitù e la licenza». L'una e l'altra sono ugualmente maligne: «la tirannide non piace agli uomini buoni; la licenza dispiace ai savi; l'una può fare male facilmente, l'altro con difficoltà può far bene; nell'uno hanno troppa autorità gli uomini insolenti, nell'altro gli sciocchi». Machiavelli chiama i «popolani» «ministri della licenza», e i nobili «quelli della servitù»; Machiavelli, *Istorie fiorentine*, IV, 1.

[166] Cfr. John McCormick, *Machiavelli against Republicanism: On the Cambridge School's 'Guicciardinian Moments'*, in «Political Theory», 31 (2003), pp. 615-43.

ti, non parendo loro essere sodisfatti delle loro fatiche secondo che giustamente credevano meritare»[167].

Dopo questa considerazione generale, Machiavelli fa parlare un anonimo capo del tumulto, e gli fa pronunciare un'invettiva contro la diseguaglianza sociale che si conclude con l'esortazione a moltiplicare le violenze per opprimere la Signoria e i magistrati e diventare «al tutto principi della città»[168]. Questo testo è una critica radicale al populismo in nome del principio repubblicano del bene comune. L'orazione dell'anonimo plebeo, scrive Machiavelli, eccitò «i già per loro medesimi riscaldati animi al male». Perché al «male»? Perché la rivolta plebea non aveva quale fine il bene comune, ma la vittoria di una parte; non si proponeva l'emancipazione dal dominio, ma l'imposizione di un diverso dominio: «Ora è tempo, non solamente da liberarsi da loro, ma da diventare in tanto loro superiori, ch'eglino abbiano più a dolersi e temere di voi che voi di loro». Il regime plebeo che culmina con il gonfalonierato di Michele di Lando fu un governo iniquo, come fu iniquo il regime oligarchico che seguì: «Né fu questo stato meno ingiurioso verso i suoi cittadini, né meno grave ne' suoi principii, che si fusse stato quello della plebe»[169]. La plebe che Machiavelli condanna perché impone un governo contro il bene comune, è importante tenere presente questo aspetto, è una plebe che ha messo da parte la coscienza che li avrebbe fatti pentire delle violenze commesse e «astenere» dal commetterne altre ancora più gravi.

Il male di Firenze è che i suoi conflitti sociali non portano all'affermazione di un buon regime repubblicano, ma all'alternarsi di servitù e licenza: «Le città, e quelle massimamente che non sono bene ordinate, le quali sotto nome di republica si amministrano, variano spesso i governi e stati loro, non mediante la libertà e la servitù, come molti credono, ma mediante la servitù e la licenza.

---

[167] Machiavelli, *Istorie fiorentine*, III, 12.
[168] Ivi, III, 13. Vedi in proposito Gabriele Pedullà, *Il divieto di Platone. Machiavelli e il discorso dell'anonimo plebeo*, in AA.VV., *Storiografia repubblicana fiorentina (1494-1570)*, a cura di Jean-Jacques Marchand e Jean-Claude Zancarini, Firenze 2003, pp. 209-66.
[169] Ivi, III, 22. Di Michele di Lando Machiavelli scrive tuttavia che «merita di essere annoverato intra i pochi che abbino beneficata la patria loro»; ivi, III, 17.

Perché della libertà solamente il nome dai ministri della licenza, che sono i popolani, e da quegli della servitù, che sono i nobili, è celebrato, desiderando qualunque di costoro non essere né alle leggi né agli uomini sottoposto»[170]. Circolo maligno che può essere fermato soltanto da un uomo saggio e potente che restringa gli umori tanto della plebe che dei grandi: «un savio, buono e potente cittadino, da il quale si ordinino leggi per le quali questi umori de' nobili e de' popolani si quietino, o in modo si ristringhino che male operare non possino, allora è che quella città si può chiamare libera, e quello stato si può stabile e fermo giudicare»[171].

La plebe licenziosa porta al principato. Il tumulto dei Ciompi rafforzò infatti il potere di Salvestro de' Medici, e da Salvestro de' Medici venne Cosimo de' Medici, fondatore di un regime che era di fatto un principato sotto l'apparenza della repubblica, così come i tumulti che a Roma scoppiarono per la legge agraria portarono al principato di Cesare, «il quale fu primo tiranno in Roma»[172]. Severo nel condannare i conflitti sociali che mirano a imporre il dominio di una parte sull'altra, Machiavelli diventa severissimo quando tratta dei conflitti fra le sette. Il governo delle sette è l'opposto del governo libero, come Machiavelli fa dire a un buon cittadino che parla mosso dall'amore della patria[173]. Mentre il conflitto fra umori può avere risultati benefici per la repubblica, il conflitto fra sette è sempre pernicioso perché è per sua natura contrario al bene comune: «Vera cosa è che alcune divisioni nuocono alle republiche, e alcune giovano. Quelle nuocono che sono dalle sètte e da partigiani accompagnate; quelle giovano che sanza sètte e sanza partigiani si mantengono. Non potendo adunque provvedere uno fondatore di una republica che non sieno inimicizie in quella, ha a provvedere almeno che non vi sieno sètte»[174].

Come impedire la formazione delle sette e dei partigiani, e il conflitto distruttivo che ne deriva? Le cause principali delle sette sono la paura e la corruzione. Della paura Machiavelli parla soprattutto nel capitolo dei *Discorsi* che ha per titolo *Quanto siano in una republica necessarie le accuse a mantenerla in libertade.*

---

[170] Ivi, IV, 1.
[171] Ivi, IV, 1.
[172] Machiavelli, *Discorsi*, I, 37.
[173] Ivi, II, 5.
[174] Ivi, VII, 1.

Dopo aver lodato il fatto che i tribuni della plebe sottrassero Coriolano al linciaggio chiamandolo a difendersi in tribunale, Machiavelli osserva: «ciascuno consideri, quanto male saria alla republica romana se tumultuariamente ei fusse stato morto: perché ne nasceva offesa da privati a privati, la quale offesa genera paura, la paura cerca difesa, per la difesa si procacciano partigiani, da' partigiani nascono le parti nelle cittadi, dalle parti la rovina di quelle»[175].

Della corruzione quale causa delle sette e dei partigiani tratta anche nelle *Istorie* quando distingue le «vie publiche» e i «modi privati» di ottenere reputazione in una città:

E però è da sapere come in due modi acquistono riputazione i cittadini nelle città: o per vie publiche, o per modi privati. Publicamente si acquista, vincendo una giornata, acquistando una terra, faccendo una legazione con sollecitudine e con prudenza, consigliando la republica saviamente e felicemente; per modi privati si acquista, benificando questo e quell'altro cittadino, defendendolo da' magistrati, suvvenendolo di danari, tirandolo immeritatamente agli onori, e con giochi e doni publici gratificandosi la plebe. Da questo modo di procedere nascono le sètte e i partigiani; e quanto questa reputazione così guadagnata offende, tanto quella giova quando ella non è con le sètte mescolata, perché la è fondata sopra un bene comune, non sopra un bene privato[176].

Il rimedio contro le offese private, e contro la paura che esse generano, è la difesa intransigente del governo della legge. Il rimedio contro i «modi privati» di acquistare reputazione, è o impedire che nella città esistano uomini tanto ricchi da poter comprare molti partigiani o far sì che i cittadini siano così virtuosi da non essere disponibili a servire gli uomini potenti. L'uno e l'altro rimedio sono difficilissimi da mettere in pratica. Con l'ovvia conseguenza che le repubbliche, spesso, muoiono o per debolezza, perché sono incapaci di assicurare il governo della legge e di proteggere i cittadini dalle private ingiurie, o per corruzione, perché premiano gli uomini che cercano il proprio interesse.

[175] Ivi, I, 7.
[176] Machiavelli, *Istorie fiorentine*, VII, 1.

C'è ovviamente l'alternativa del principato che impone la pace civile. Ma il principato non è altro che una setta che diventa molto più potente rispetto alle altre. Cesare, che diventò capo di quella che era stata la parte di Mario, «rimase superiore» e divenne «primo tiranno della città»; Cosimo de' Medici «superò ogni altro de' tempi suoi d'autorità e di ricchezze» e divenne di fatto signore di Firenze. Ma né Cesare né Cosimo sono eroi di Machiavelli. Egli raccomanda invece di istituire buoni ordini politici che sappiano ripristinare il bene comune e il governo della legge. Ma sa anche che, per sradicare fino in fondo il male delle sette e impedire che i conflitti sociali distruggano la libertà, è necessario che rinascano nell'animo del popolo la religione e la bontà. La «comune corruzione» di tutte le città d'Italia prospera e si diffonde perché, oltre alle cause politiche, «in tutti la religione e il timore di Dio è spento, il giuramento e la fede data tanto basta quanto l'utile». Soltanto la rinascita di una religione civile potrebbe davvero liberare le repubbliche dal male che le distrugge e aiutarle a ritrovare la vera vita civile[177].

5. *La riforma degli ordini e la riforma dei costumi*

La via che Machiavelli addita ai contemporanei, e ai posteri, per far rinascere la libertà repubblicana, è la riforma politica. Per debellare il morbo della corruzione, è infatti necessario annullare «quegli ordini che sono delle sètte nutritori» e porre al loro posto ordini conformi al «vero vivere libero e civile». Ribadisce il medesimo concetto anche nel capitolo dei *Discorsi* in cui tratta della possibilità di conservare o ordinare uno «stato libero» nelle città corrotte. Per frenare la corruzione a Roma, spiega, bisognava cancellare le leggi che i potenti avevano imposto «non per la comune libertà, ma per la potenza loro», ed «era necessario, pertanto, a volere che Roma nella corruzione si mantenesse libera, che, così come aveva nel processo del vivere suo fatto nuove leggi, l'avesse fatto nuovi ordini: perché altri ordini e modi di vivere si debbe ordinare in uno suggetto cattivo, che in uno buono; né può essere la forma simile in una materia al tutto contraria»[178].

[177] Ivi, III, 5.
[178] Machiavelli, *Discorsi*, I, 18.

Nuovi ordini politici e nuove leggi che ripristinino la vita civile possono essere istituiti con mezzi pacifici e legali o con la violenza e il potere assoluto. Contrariamente a una lunga tradizione interpretativa, il consiglio di Machiavelli è di tentare la prima via piuttosto che la seconda. Per restaurare il vivere civile in una città corrotta con mezzi straordinari, è necessario un uomo di eccezionale virtù capace di conquistare un potere assoluto che gli permetta di disporre della città «a suo modo». Riordinare una città al vivere politico presuppone dunque un «uomo buono», ma per conquistare un potere assoluto in una città corrotta è necessario «uno uomo cattivo». Rarissime volte accade, ammonisce Machiavelli, «che uno buono, per vie cattive, ancora che il fine suo fusse buono, voglia diventare principe; e che uno reo, divenuto principe voglia operare bene, e che gli caggia mai nello animo usare quella autorità bene che gli ha male acquistata». La riforma potrebbe essere invece realizzata pacificamente da un cittadino saggio e autorevole che vede i difetti delle istituzioni esistenti e riesce a persuadere i suoi concittadini della necessità di cambiarle. Una simile opera è tuttavia difficilissima perché gli uomini «usi a vivere in un modo non lo vogliono variare»[179].

Proprio perché difficile, la restaurazione del governo della legge è opera più di ogni altra gloriosa. Le due celebrazioni di possibili redentori che Machiavelli compone a conclusione del *Principe* e del *Discursus florentinarum rerum* sono in proposito eloquenti. La guerra e le armi, scrive nel *Principe* citando Livio, sono giuste quando sono necessarie e diventano sante quando non vi è speranza al di fuori di esse. Aggiunge, e si tratta di una specificazione importante, che «veruna cosa fa tanto onore a uno uomo che di nuovo surga, quanto fa le nuove leggi ed e' nuovi ordini trovati da lui; queste cose, quando sono bene fondate e abbino in loro grandezza, lo fanno reverendo e mirabile»: reverendo e mirabile perché la sua opera è simile a quella di Dio[180].

Nella perorazione che chiude il *Discursus* Machiavelli esprime il medesimo concetto con parole ancora più eloquenti: «non è esaltato alcuno uomo tanto in alcuna sua azione, quanto sono quegli che hanno con leggi e con istituti reformato le repubbliche e i re-

[179] Ivi, I, 18.
[180] Machiavelli, *Il principe*, XXVI.

gni: questi sono, dopo quegli che sono stati iddii, i primi laudati. E perché e' sono stati pochi che abbino avuto occasione di farlo, e pochissimi quelli che lo abbino saputo fare, sono piccolo numero quelli che lo abbino fatto: ed è stata stimata tanto questa gloria dagli uomini che non hanno mai atteso ad altro che a gloria, che non avendo possuto fare una repubblica in atto, l'hanno fatta in iscritto; come Aristotile, Platone e molti altri, e' quali hanno voluto mostrare al mondo che se, come Solone e Licurgo, non hanno potuto fondare un vivere civile, non è mancato dalla ignoranza loro, ma dalla impotenza di metterlo in atto»[181].

Poiché lo considera fondamento necessario del vivere civile, e la più alta espressione della divinità dell'uomo, Machiavelli esorta a rispettare l'ordine legale con la massima intransigenza. Una volta promulgate, le leggi devono essere imposte senza tollerare né privilegi né discriminazioni, e i crimini devono essere puniti senza tenere in considerazione i meriti pubblici o privati del colpevole. Nessuna «republica bene ordinata», scrive, «non mai cancellò i demeriti con gli meriti de' suoi cittadini; ma avendo ordinati i premii a una buona opera e le pene a una cattiva, ed avendo premiato uno per avere bene operato, se quel medesimo opera dipoi male, lo gastiga, sanza avere riguardo alcuno alle sue buone opere». Se questo principio di giustizia civile è violato, egli conclude, e sono parole significative, «si risolverà ogni civilità»[182].

Anche se il colpevole è il più malvagio degli uomini e ha perpetrato i peggiori crimini contro la repubblica, i suoi diritti civili stabiliti dalle leggi devono essere rispettati. Machiavelli spiega questo aspetto fondamentale della sua teoria della repubblica quando commenta la morte di Appio Claudio, il capo dei decemviri che imposero una tirannide in Roma, al quale fu negato il diritto di appellarsi al popolo («appellatio ad populum»). Per la gravità dei suoi crimini, Appio meritava il più severo dei castighi; tuttavia, scrive Machiavelli, e le parole che egli usa sono anche in questo caso importanti, «fu cosa poco civile» violare le leggi, «e tanto più quella che era fatta allora»[183].

Chi governa deve vigilare affinché le punizioni siano sempre in-

---

[181] Machiavelli, *Discursus florentinarum rerum*, in *Opere*, vol. I cit., p. 744.
[182] Machiavelli, *Discorsi*, I, 24.
[183] Ivi, I, 45.

flitte nel rispetto delle leggi dalle autorità pubbliche e mai da privati cittadini, se vuole impedire che la repubblica si corrompa. I tribuni della plebe, leggiamo nei *Discorsi*, salvarono dalla furia della folla e trascinarono in giudizio Coriolano, reo di aver cercato di diminuire il potere della plebe con mezzi illeciti. Se la folla avesse linciato Coriolano, commenta Machiavelli, la sua morte sarebbe stata un'«offesa da privati a privati» che avrebbe generato nei cittadini sfiducia sull'efficacia della legge. Essi si sarebbero di conseguenza riuniti in fazioni per proteggersi, con grave danno per la Repubblica[184]. Poiché la questione fu risolta dalle autorità pubbliche nel pieno rispetto della legalità, la Repubblica non ne soffrì. «Se ordinariamente uno cittadino è oppresso», spiega Machiavelli, «ancora che li fusse fatto torto, ne séguita o poco o nessuno disordine in la republica; perché la esecuzione si fa sanza forze private e sanza forze forestieri, che sono quelle che rovinano il vivere libero; ma si fa con forze ed ordini pubblici, che hanno i termini loro particulari, né trascendono a cosa che rovini la republica»[185].

Per proteggere la città dalla corruzione, i magistrati devono essere inflessibili nel difendere la legalità, soprattutto quando a minacciarla sono cittadini potenti ed eminenti. Le sentenze capitali eseguite contro uomini come Bruto, i decemviri, Melio, Manlio Capitolino, le azioni legali contro Papirio Cursore e contro Fabio, e le accuse contro gli Scipioni, commenta Machiavelli, furono così notevoli e vicine l'una all'altra nel tempo, che mantennero viva nel popolo la paura della pena e lo indussero a rispettare le leggi. Quando tali memorabili esecuzioni divennero meno frequenti, gli uomini cominciarono a violare le leggi e a «corrompersi». È quindi utile, sottolinea Machiavelli, ricordare e imitare la severità di Giunio Bruto, il padre della libertà romana, che non solo sedette nella giuria che condannò i suoi stessi figli a morte per aver cospirato contro la Repubblica, ma assistette al supplizio[186]. Per proteggersi dalla onnipresente minaccia della corruzione, la repubblica deve affidare le magistrature a cittadini che amano solo il «bene comune» e non hanno alcun rispetto per l'«ambizione privata»[187].

---

[184] Ivi, I, 7.
[185] *Ibidem.*
[186] Ivi, III, 3.
[187] Ivi, III, 22.

Machiavelli esprime la sua convinzione che la legalità è la base dell'ordine civile anche quando giudica importanti episodi che avvennero nella Firenze del suo tempo, dove le leggi erano spesso violate per mezzo di statuti o di provvedimenti che proteggevano il potere e gli interessi di gruppi particolari, o per mezzo di discriminazioni e privilegi. Per giustificare le deroghe alle leggi, i governanti, assistiti dai giuristi, ricorrevano quasi sempre all'argomento della necessità o dello stato d'eccezione. Nel 1501, ad esempio, il notaio Domenico Bonsi, un savonaroliano moderato, consiglia la Signoria di non essere troppo rigorosa nel rispetto delle leggi, e sottolinea che «il volere certezza di ogni cosa è impossibile et che bisogna governarsi secondo li accidenti et non volere la città ruini per volere stare in sulla observanza delle leggi»[188].

Un esempio significativo dell'atteggiamento dell'élite politica fiorentina in materia di legalità fu il processo a Paolo Vitelli, il condottiero assoldato dai fiorentini per la guerra contro Pisa. Accusato di tradimento, Vitelli fu processato e condannato a morte nell'ottobre del 1499. Niccolò Altoviti, dottore in diritto civile e canonico, sintetizzò l'orientamento della giuria affermando che non si poteva in alcun modo salvare la vita di Paolo Vitelli perché egli non aveva negato di avere avuto contatti con i pisani; perché egli poteva, per il suo rango e per la sua autorità, danneggiare molto la Repubblica; e soprattutto perché «cosí non si suole nelle cose delli stati»[189].

Il dibattito più importante su questioni di legalità che si svolse a Firenze ai tempi di Machiavelli fu tuttavia quello che avvenne in occasione del processo e della successiva condanna a morte di cinque eminenti cittadini – Bernardo del Nero, Niccolò Ridolfi, Lorenzo Tornabuoni, Giannozzo Pucci e Giovanni Cambi – accusati nell'agosto del 1497 di cospirare per restaurare il regime dei Medici. In base a una legge ispirata da Savonarola, e approvata nel marzo del 1495, ogni cittadino condannato a morte, all'esilio, o al pagamento di una multa superiore ai trecento fiorini larghi, aveva il diritto di appellarsi alla Signoria e la Signoria aveva l'obbligo di presentare l'appello davanti al Consiglio. I giu-

---

[188] Lauro Martines, *Lawyers and Statecraft in Renaissance Florence*, Princeton University Press, Princeton 1968, p. 426.
[189] Ivi, p. 434.

risti che sostennero la decisione di non dare corso all'appello invocarono tutti lo stato di necessità[190].

Non abbiamo documenti che ci permettano di conoscere bene il giudizio di Machiavelli sul caso Vitelli. In una lettera a un cancelliere di Lucca dei primi di ottobre del 1500, egli sostiene apertamente la decisione della Repubblica e scrive che il comportamento di Vitelli merita «infinito castigo»[191]. Pochi anni più tardi, nel 1504, commenta la morte di Vitelli con questi versi: «poco dipoi del ricevuto inganno / vi vendicasti assai, dando la morte / a quel che fu cagione di tanto danno». Sono parole ambigue. Parla di vendetta dura contro un inganno, non di giustizia. Sapeva bene, e lo sapevano anche i fiorentini che leggevano i suoi versi, che una cosa è la vendetta, un'altra è la giustizia[192]. Di più, però, non dice. Come segretario ha il dovere del silenzio, e lo rispetta scrupolosamente.

Conosciamo invece la sua opinione sulla condanna dei cinque cittadini fiorentini mandati a morte nel 1497. Contro la decisione delle autorità della Repubblica, e contro l'opinione di eminenti giuristi, egli valuta la questione nello stesso modo in cui giudica il comportamento della Repubblica romana nel caso di Appio, ovvero come un cattivo esempio. Non credo, scrive, «che sia cosa di più cattivo esemplo»[193]. Sia nel caso di Appio sia in quello dei cinque cittadini fiorentini, Machiavelli prende posizione in favore della legalità, anche se le condanne a morte vennero inflitte a nemici della libertà repubblicana per proteggere l'interesse dello stato («per conto di stato»). I giuristi elaborarono raffinati argomenti per giustificare la deroga alla legge in nome della sicurezza dello stato; Machiavelli, il supposto sostenitore della priorità della politica sul diritto, prende posizione in difesa della legalità.

Se non si danno ordinamenti costituzionali che permettono di affrontare con successo situazioni di emergenza, quando sono necessarie decisioni rapide e misure eccezionali, le repubbliche hanno vita breve. Esse sono costrette o a rispettare la costituzione e

[190] Ivi, pp. 441-45.
[191] Niccolò Machiavelli a un cancelliere di Lucca, in *Opere di Niccolò Machiavelli*, vol. III cit., pp. 84-86.
[192] Niccolò Machiavelli, *Decennale primo*, 229-31, in *Opere di Niccolò Machiavelli*, vol. IV cit., p. 303.
[193] Machiavelli, *Discorsi*, I, 45.

perire; o, per vivere, a violare la costituzione. Machiavelli non raccomanda affatto di confidare in un redentore capace di salvare la repubblica con la sua eccezionale virtù, con la violenza e la crudeltà. Esorta invece le repubbliche a dotarsi di procedure costituzionali che le permettano di affrontare efficacemente gli stati di emergenza: «in una repubblica non vorrebbe mai accadere cosa che con modi straordinari si avesse a governare. Perché, ancora che il modo straordinario per allora facesse bene, nondimeno lo esemplo fa male; perché si mette una usanza di rompere gli ordini per bene, che poi sotto quel colore, si rompono per male»[194]. Ma se una repubblica non ha «con le leggi sue provisto a tutto», i suoi governanti devono essere capaci di assumersi la responsabilità di violare le leggi e usare mezzi straordinari. Il comportamento del gonfaloniere della Repubblica fiorentina sotto la quale Machiavelli servì dal 1498 al 1512, Pier Soderini, che rifiutò di usare mezzi straordinari e di violare le leggi per sconfiggere le trame dei partigiani dei Medici, fu certo, scrive Machiavelli «savio e buono»; ma le conseguenze della sua scelta furono disastrose per lui e per la Repubblica: «tanto che per non sapere somigliare a Bruto, e' perdé insieme con la patria sua lo stato e la reputazione»[195].

Diverso è il caso in cui le leggi e gli ordini sono buoni, ma la repubblica non ha la forza per imporne il rispetto. Se i costumi sono corrotti, spiega Machiavelli, le «leggi bene ordinate non giovano», a meno che «non sono mosse da uno che con una estrema forza le faccia osservare»[196]. Per conservare ordinamenti repubblicani in una città corrotta, chiarisce successivamente, sarebbe necessario ridurre la repubblica «più verso lo stato regio che verso lo stato popolare; acciocché quegli uomini i quali dalle leggi, per la loro insolenzia, non possono essere corretti, fussero da una potestà quasi regia in qualche modo frenati»[197].

Queste esortazioni a ridurre la repubblica più verso lo stato regio che verso lo stato popolare, e a frenare l'insolenza con una «potestà quasi regia» non devono essere intese come un abbandono dei princìpi repubblicani per abbracciare quelli del princi-

---

[194] Ivi, I, 34.
[195] Ivi, III, 3; vedi anche ivi, III, 9 e III, 30.
[196] Ivi, I, 17.
[197] Ivi, I, 18.

pato o della monarchia. Sono piuttosto un consiglio a dare temporaneamente maggiore peso all'elemento monarchico del governo misto rispetto alla componente popolare[198]. Come ho già messo in rilievo, il repubblicanesimo di Machiavelli è una teoria del vivere civile da realizzarsi per mezzo di un governo misto che comprende anche un elemento *quasi* monarchico, come Machiavelli ha sempre cura di precisare, nella persona di un gonfaloniere a vita o di un doge. Il magistrato supremo della repubblica ha la facoltà, per combattere la corruzione, di ricorrere a mezzi straordinari: nel rispetto degli statuti, se gli statuti lo permettono; al di fuori degli statuti, se necessario.

Il rimedio più radicale, ma anche più efficace, che Machiavelli raccomanda per combattere la corruzione non è istituire il principato o la monarchia, ma rinnovare la repubblica ritirandola verso i suoi princìpi:

Egli è cosa verissima come tutte le cose del mondo hanno il termine della vita loro; ma quelle vanno tutto il corso che è loro ordinato dal cielo generalmente, che non disordinano il corpo loro, ma tengonlo in modo ordinato, o che non altera, o, s'egli altera, è a salute e non a danno suo. E perché io parlo de' corpi misti, come sono le republiche e le sètte, dico che quelle alterazioni sono a salute che le riducano inverso i principii loro. E però quelle sono meglio ordinate ed hanno più lunga vita, che mediante gli ordini suoi si possono spesso rinnovare; ovvero che per qualche accidente fuori di detto ordine vengono a detta rinnovazione. Ed è cosa più chiara che la luce, che, non si rinnovando, questi corpi non durano. Il modo del rinnovargli, è, come è detto, ridurgli verso e' principii suoi. Perché tutti e' principii delle sètte, e delle republiche e de' regni, conviene che abbiano in sé qualche bontà, mediante la quale ripiglino la prima riputazione ed il primo augumento loro. E perché nel processo del tempo quella bontà si corrompe, se non interviene cosa che la riduca al segno, ammazza di necessità quel corpo[199].

Il salutare e necessario rinnovamento delle repubbliche può avvenire grazie alla virtù d'un uomo o per la virtù di buoni ordinamenti che hanno tuttavia bisogno «di essere fatti vivi dalla virtù d'u-

---

[198] Ivi, I, 18; vedi anche ivi, I, 34 e I, 55.
[199] Ivi, III, 1.

no cittadino, il quale animosamente concorre ad esequirli contro alla potenza di quegli che gli trapassano». La «semplice virtù» d'un uomo che non dipende «da alcuna legge» non si sostituisce al governo della legge né annulla gli ordini repubblicani. Possiamo intendere il significato storico della teoria repubblicana di Machiavelli solo se teniamo presente che la virtù degli uomini e il governo della legge si integrano a vicenda. La virtù dell'«uomo buono» è necessaria quando il governo della legge non esiste ancora o è stato annullato dalla corruzione. Una volta restaurato, il governo della legge ha bisogno ancora di virtù e di bontà, questa volta la virtù e la bontà dei molti.

La via per «ripigliare nuova vita e nuova virtù» che Machiavelli propone per le repubbliche è ritornare all'«osservanza della giustizia e della religione». A Roma, spiega sulla base del testo di Livio, la religione e la giustizia «cominciavano a macularsi»: non si osservavano più le cerimonie religiose; non si punivano più i responsabili di crimini gravi, come i tre Fabii che avevano violato lo «ius gentium» combattendo contro i Galli e furono addirittura premiati con il tribunato. I Romani seppero reagire alla corruzione e vincerla perché ridiedero vita a tutti i buoni ordini politici che furono istituiti da Romolo, e «da quegli altri principi prudenti», e capirono che era necessario non solamente «mantenere la religione e la giustizia ma ancora stimare i suoi buoni cittadini», e fare più conto della loro virtù che degli interessi privati e personali. Furono capaci di rinascere perché esaminarono il loro modo di vita e seppero ritornare ai princìpi dai quali si erano allontanati.

Il modo di rinascere che Machiavelli consiglia è una riforma al tempo stesso politica, perché ripristina i buoni ordinamenti deteriorati dalla corruzione, e morale, perché cambia il modo di giudicare degli uomini. Ma è soprattutto una riforma religiosa non solo in quanto ridà vita al culto, ma anche perché fa riscoprire al popolo quella «reverenzia» che «tutti gli stati nel principio hanno» e quella «bontà» che dà agli stati «la prima reputazione ed il primo augumento loro». La rinascita delle repubbliche ha la medesima fisionomia della rinascita delle religioni. L'una e l'altra risorgono per mezzo di una riforma che riporta in vita nella mente degli uomini i princìpi originari[200].

[200] *Ibidem.*

Machiavelli capisce che la rinascita del vivere libero ha bisogno sia della riforma politica sia della riforma morale e religiosa. L'una non può riuscire senza l'altra. Una riforma politica senza una riforma religiosa darebbe vita a buoni ordinamenti e a buone leggi ma non riuscirebbe a modellare i costumi, e avrebbe di necessità vita breve e stentata. Una riforma religiosa senza una riforma politica non riuscirebbe a dare forza ai princìpi morali diffusi con la predicazione e l'esempio. Nel primo caso il redentore non sarebbe profeta; nel secondo sarebbe un profeta disarmato. Senza una riforma morale e religiosa resta come sola alternativa il principato, in cui il timore del principe «sopperisca a' difetti della religione». Proprio perché non si rassegna né al principato né alla repubblica corrotta, Machiavelli indica la via di una riforma religiosa che sappia fare rinascere nella mente degli italiani una religione in grado di insegnare ad amare la libertà e a punire i rei, non una religione che, come quella di san Francesco e san Domenico, predica che «è male dir male del male», che è bene vivere in obbedienza ai prelati disonesti, e che se essi errano è bene «lasciarli gastigare a Dio», cosicché quelli «fanno il peggio che possono, perché non temono quella punizione che non veggono e non credono»[201].

Come i teorici della *reformatio* religiosa del Trecento e del Quattrocento, Machiavelli intende per princìpi non le origini in senso temporale, ma la retta forma o «segno»: «nel processo del tempo quella bontà si corrompe, se non interviene qualcosa che la riduca al segno». Quando Sofronia in *Clizia* esorta il marito Nicomaco a «ritornare al segno», non vuol dire solo che deve ritornare ad essere «quel Nicomaco» che era «un anno indietro», ma che deve ritornare ad essere un marito, un padre e un cittadino come si deve[202]. In un passo di difficile interpretazione Machiavelli sembra dire che nell'insegnamento di Cristo si era mantenuto il buono che c'era nella religione dei Romani, e che quel buono si perse poi nei prìncipi o nei princìpi della respublica cristiana, e si perse soprattutto nella Chiesa romana[203]. In un altro

---

[201] *Ibidem*.
[202] Machiavelli, *Clizia*, Atto V, Scena 3.
[203] «La quale religione se ne' principi della republica cristiana si fusse mantenuta secondo che dal datore d'essa ne fu ordinato, sarebbero gli stati e le republiche cristiane piú unite, piú felici assai che le non sono»; Machiavelli, *Discorsi*, I, 12.

passo, che non pone alcun problema esegetico, sostiene invece che è possibile sostituire le interpretazioni «false» della «nostra religione secondo l'ozio» con un'altra interpretazione, vera, secondo la virtù: «Perché se considerassono come la [religione cristiana] ci permette la esaltazione e la difesa della patria, vedrebbono come la [religione cristiana] vuole che noi l'amiamo ed onoriamo, e prepariamoci a essere tali che noi la possiamo difendere». Mentre le false interpretazioni della religione cristiana e l'educazione fondata su di esse hanno reso il mondo debole e dunque hanno fatto sì che nel mondo moderno non si vedano «tante repubbliche quante si vedeva anticamente; né, per consequente, si vede ne' popoli tanto amore della libertà quanto allora», una rinnovata religione della virtù renderebbe di nuovo il mondo forte, buono, capace di ritrovare l'amore della libertà[204].

Riformare la religione cristiana vuol dire, come ho messo in risalto nel I capitolo, riportarla ai suoi veri princìpi, far sì che essa viva nell'animo degli uomini nel modo giusto e perfetto, ovvero secondo la virtù, la carità e la giustizia. La riforma di Machiavelli non si riferisce a un tempo determinato nel passato e non ha un contenuto teologico specifico. Indica un contenuto morale e un modo di vita. In questo, ma solo in questo, è simile alla riforma di san Francesco e san Domenico, che rinnovarono e diedero nuova vita alla religione cristiana, non perché bandirono una teologia ma perché vissero in povertà e seguirono «lo esemplo della vita di Cristo». Machiavelli vorrebbe veder rinascere la religione che insegna ad amare la patria più dell'anima, a servire con spirito di carità il bene comune, a difendere con tutte le forze il vivere libero che era pur stata viva nel sentimento religioso dell'Umanesimo fiorentino e italiano. Anche grazie ai suoi scritti, quella religione continuò a vivere nella storia italiana come aspirazione di chi voleva vivere libero.

[204] Ivi, II, 2.

Capitolo quarto

MACHIAVELLI E LA RIFORMA RELIGIOSA
E MORALE D'ITALIA

Francesco De Sanctis scrive nella *Storia della letteratura italiana* che negli anni in cui Lutero diede al mondo una nuova teologia, in Italia una riforma religiosa non era più possibile. Troppo colta, troppo avvezza a ridere della corruzione che aveva mosso a indignazione il mondo tedesco, l'Italia aveva già oltrepassato «l'età teologica», credeva solo alla scienza, e considerava Lutero e Calvino come dei «nuovi scolastici». Per questa ragione, conclude De Sanctis, la Riforma «non poté attecchire fra noi e rimase estranea alla nostra coltura, che si sviluppava con mezzi suoi propri. Affrancata già dalla teologia, e abbracciando in un solo amplesso tutte le religioni e tutta la coltura, l'Italia del Pico e del Pomponazzo, assisa sulle rovine del medio evo, non potea chiedere la base del nuovo edificio alla teologia, ma alla scienza. E il suo Lutero fu Nicolò Machiavelli»[1].

Federico Chabod ha sviluppato questa intuizione di De Sanctis proponendo un parallelismo fra l'esigenza della riforma religiosa e l'esigenza della riforma politica. Scrive Chabod:

[Nella crisi del Cinquecento] Protesta politica e protesta religiosa nascevano così ad un parto: differentissime, anzi antitetiche nel fine e nei mezzi e nel tono, e non pertanto nutrite di un identico spirito di reazione contro l'immediato passato, sbocciate in un identico clima di generale angoscia, di dubbio e di sconforto; destinate l'una e l'altra al fallimento, almeno pratico e momentaneo, e ad esser se-

---

[1] Francesco De Sanctis, *Storia della letteratura italiana*, a cura di Nicolò Gallo, Einaudi-Gallimard, Torino 1996, p. 412.

guite, anziché dal riscatto d'Italia ad opera del principe di grande virtù, dal definitivo stabilirsi del dominio spagnuolo, la prima, anziché dalla sconfitta della Chiesa e dello spirito 'umano' della curia, dalla Controriforma vittoriosa, la seconda; accomunate, quindi, e dall'origine, in uno stato d'animo di ribellione e dallo sbocco nell'insuccesso. Il 'ritorno ai principi' non s'effettuò né in un campo né nell'altro: al Machiavelli successero gli Ammirato e i Botero, ben lieti che in tanta parte d'Italia dominasse Sua Maestà Cattolica; al Valdés e all'Ochino e agli altri riformatori successero i sinodi diocesani della Controriforma[2].

Delio Cantimori è andato ancora più a fondo, e ha individuato, più che un parallelismo, una compenetrazione o un intersecarsi fra Machiavelli e il variegato mondo dei riformatori italiani:

I temi proposti dal Machiavelli diventano elementi essenziali della vita culturale di tutto il secolo XVI e oltre il secolo XVI, fino al secolo scorso, quando Francesco De Sanctis, in un empito di lirismo storiografico, ebbe a dichiarare che Niccolò Machiavelli era il Lutero italiano. Questo slancio oratorio del De Sanctis può apparire, anche a chi abbia un orecchio in qualche modo esercitato ad ascoltare le voci che vengono dagli uomini dei secoli trascorsi, un po' grosso, retorico, provinciale, antiquato. Ma, se si sta ai fatti, una continuità c'è stata, sia pure una continuità letteraria [...]: e lo storico la deve registrare. Basterebbe rammentare simbolicamente che il nome di battaglia preferito dal Mazzini come cospiratore fu proprio quello di Filippo Strozzi: eroe sì, di una tragedia del Niccolini, ma amico del Machiavelli. Con questi nomi di De Sanctis e di Mazzini un ciclo si chiude. Fatto si è che il ciclo c'è stato, e che esso si apre, per quanto riguarda la nostra parte di storici, con la tematica proposta nell'opera del Machiavelli.

Del resto, nota Cantimori, «saranno italiani in esilio per ragioni di religione che tradurranno e stamperanno o faranno stampare in latino il *Principe*»[3].

---

[2] Federico Chabod, *Per la storia religiosa dello Stato di Milano durante il dominio di Carlo V*, in «Annuario del R. Istituto Storico Italiano per l'età moderna e contemporanea», II-III (1936-1937), p. 85.

[3] Delio Cantimori, *Niccolò Machiavelli: il politico e lo storico*, in *Storia della letteratura italiana*, a cura di Emilio Cecchi e Natalino Sapegno, vol. IV, *Il Cinquecento*, Garzanti, Milano 1966, pp. 49-50.

Le riflessioni di De Sanctis, Chabod e Cantimori lasciano intravedere il ruolo di Machiavelli nella lunga e affascinante storia delle idee di riforma religiosa e morale dell'Italia. In molti casi la presenza di Machiavelli all'interno di questa storia è marginale e nasce o da esigenze contingenti di polemica anticattolica o dall'interesse per aspetti specifici della sua opera[4]. Tuttavia l'attenzione dei riformatori, degli eretici e dei dissidenti italiani per le riflessioni di Machiavelli in materia di religione è troppo ampia e rimane viva troppo a lungo nel tempo per essere considerata una convergenza marginale fra idee e propositi che avevano motivazioni e finalità fra loro lontane. Il comune terreno ideale fu l'esigenza della *reformatio* propria dell'Umanesimo, ovvero l'aspirazione alla riforma religiosa nel senso di riforma morale, più che progetto di riforma delle istituzioni ecclesiastiche o addirittura ambizione di revisione dogmatica. I pensatori che a partire dal XVI secolo avvertirono queste esigenze di riforma sentirono Machiavelli come un compagno e una guida.

Machiavelli non aveva proposto un nuovo sistema dogmatico né delineato la struttura di una nuova Chiesa. Aveva però indicato l'esigenza di riformare la religione cristiana riportandola ai princìpi originali e aveva del pari esortato a reinterpretare il contenuto morale della religione cristiana secondo la virtù. Aveva insomma invocato una religione capace di infondere il senso del dovere, la forza dell'animo, l'amore della patria e del bene comune. La sua riflessione in materia di religione faceva tutt'uno con il suo insegnamento politico inteso a far nascere o rinascere l'amore della libertà repubblicana e l'aspirazione alla nascita dello stato nazionale. Presentava rinascita religiosa e rinascita politica come due processi che avevano la medesima forma e necessitavano l'uno dell'altro. Per questa ragione le sue opere in-

---

[4] «Il desiderio di riforma della chiesa di Roma», ha scritto Federico Chabod, «nasceva in lui da ben altri motivi che non fossero quelli da cui erano mossi i dissidenti e i riformatori del tempo»; Federico Chabod, *Scritti su Machiavelli*, Einaudi, Torino 1964, p. 80, n. 4. Vedi anche a p. 87: «Gli rimane sempre oscuro come, per far giurare davvero i soldati, sia necessaria una religione ch'egli non offre loro, come, prima di esigere il sacrificio, sia necessario creare una comune coscienza almeno regionale, e una commozione politica, che derivi dall'avvertire, sia pure in modo confuso, la passione del governo indissolubilmente legata alla passione de' sudditi».

fluenzarono sia chi sentiva il bisogno della riforma religiosa sia chi avvertiva la necessità della riforma politica, e soprattutto chi si rese conto che in Italia non ci sarebbe mai stata vera libertà politica e vera vita civile senza una riforma religiosa che facesse nascere e mettere radici a una nuova vita morale.

La presenza di Machiavelli nella storia della riforma religiosa e morale ci permette di capire il problema che l'Italia si trascina da secoli: quella mancanza di una coscienza morale profonda e forte che ci ha impedito e ci impedisce tutt'ora di essere un vero popolo libero. La vicenda ideale che inizia con l'umanesimo civile, e ha in Machiavelli uno dei più convinti sostenitori, non si chiude con Mazzini e De Sanctis, come riteneva Cantimori. Continua fino ai giorni nostri nel modo di pensare e di sentire di chi non si rassegna a vivere in un paese che ride della corruzione e non conosce la vergogna. Nonostante i pochi, o i molti, che non si rassegnano, la riforma morale dell'Italia resterà probabilmente un'aspirazione che non si realizzerà mai, neppure parzialmente. Ma la storia di quell'aspirazione, e del ruolo che Machiavelli ha svolto, merita ugualmente di essere raccontata, se non altro per non dimenticarla.

1. *Eresia e aspirazioni di riforma religiosa*

Machiavelli cominciò assai presto ad aver fama di ateo. Uno dei primi a definirlo tale fu Paolo Giovio nei suoi *Elogia* scritti fra il 1545 e il 1546: «semper inops, uti irrisor et atheos»[5]. Quando era ancora in vita ebbe anche fama di eretico, se possiamo prestar fede alla lettera di Giovanbattista Busini a Benedetto Varchi del 1549: «ai piagnoni pareva che e' fosse eretico, ai buoni disonesto, ai tristi più tristo e più valente di loro; talché ognun l'odiava»[6]. Che proprio i piagnoni, che avevano visto il loro capo Savonarola messo a morte dalla Chiesa e bruciato come eretico, accusassero Machiavelli di eresia suona strano. Potrebbe trattarsi di una testimo-

---

[5] Paolo Giovio, *Elogia veris clarorum virorum imaginibus apposita*, a cura di Carlo Caruso, Sellerio, Palermo 1999, pp. 194-99.

[6] *Lettere di Giovanbattista Busini a Benedetto Varchi sopra l'assedio di Firenze*, a cura di Gaetano Milanesi, Le Monnier, Firenze 1865, pp. 84-85.

nianza imprecisa, ma potrebbe essere anche una traccia preziosa che ci fa capire che a Firenze c'era chi aveva colto nelle pagine di Machiavelli idee eretiche in contrasto con la dottrina della Chiesa e lontane tuttavia anche da quelle di Savonarola.

Ancora più seria è l'accusa di eresia che muove a Machiavelli Antonio Caracciolo, autore della *Vita et gesti di Giovan Pietro Carafa cioè di Paolo IIII Pontefice Massimo*. In Italia, scrive Caracciolo, e si riferisce all'epoca del processo contro Piero Carnesecchi (1566-1567), «non vi era quasi alcuna città principale, che non havesse qualche macchia d'heresia. Talché non solo le cofinanti con gl'Oltramontani, ma anche l'altre Mediterranee, e Roma stessa erano infirmissime in questa parte». E aggiunge che il «bono et savio vecchio S.r Pietr'Antonio Bandini, padre del presente Cardinal Bandini, che prima del Cardinal Theatino e della sua Inquisizione, in molte città d'Italia, e particolarmente in Firenze, ove furono que' Machiavelli e Carnesecchi, non vi era hormai quasi straccio di Fede Cattolica, il che m'hanno confermato più ampiamente molti Cardinale e Prelati vecchi, e particolarmente i Cardinali Monreale, Camerino e Arrigone»[7]. Benché la Chiesa avesse posto i suoi libri all'Indice, Machiavelli continuò ad essere letto in ambienti eretici[8]. Alessandro Strozzi scriveva ad esempio al fratello Carlo a Candia: «Il Carnevale si passa qui

---

[7] Vedi *Vita et gesti di Giovan Pietro Carafa cioè di Paolo IIII Pontefice Massimo*, Manoscritto originale autografo conservato presso la Biblioteca Casanatense in Roma (ms. 349), f. 194r. Cito da Paolo Simoncelli, *Preludi e primi echi di Lutero a Firenze*, in «Storia e Politica», XXII (1983), pp. 674-744, uno studio dal quale ho tratto grande profitto. Ringrazio sinceramente l'autore per l'estratto; su Piero Carnesecchi vedi la voce di Antonio Rotondò, in *Dizionario Biografico degli Italiani*, Istituto dell'Enciclopedia Italiana, Roma 1977, vol. 20, pp. 466-76. Sui processi d'eresia del tempo vedi anche Massimo Firpo, *Il Processo Inquisitoriale del Cardinal Giovanni Morone*, vol. I, *Il 'Compendium'*, Roma 1981; Massimo Firpo e Paolo Simoncelli, *I processi inquisitoriali contro Savonarola (1558) e Carnesecchi (1566-1567): una proposta d'interpretazione*, in «Rivista di Storia e Letteratura Religiosa», XVIII (1982), pp. 200-52; Luigi Passerini, *Il primo processo per la Riforma Luterana in Firenze*, in «Archivio Storico Italiano», serie IV, III (1879), pp. 337-45; John W. O'Malley, *Rome and the Renaissance. Studies in Culture and Religion*, London 1981, e Id., *Praise and Blame in Renaissance Rome. Rhetoric, Doctrine, and Reform in Sacred Orators of the Papal Court, c. 1450-1521*, Duke University Press, Durham (N.C.) 1979.

[8] Vedi in proposito, Giuliano Procacci, *Machiavelli nella cultura europea dell'età moderna*, Laterza, Roma-Bari 1995, pp. 37-41.

all'ordinario con soliti calci e maschere e veglie, e la sera vo di quando in quando a veglia dal sig. Bernardo da Castiglione dove sono molti galant'huomini, e si legge qualche bel libro et passa il tempo virtuosamente; e'n particolare habbiamo havuto licentia di leggere il Machiavello e lo tiriamo giù alla distesa»[9].

Chi conosceva bene Machiavelli, come Luigi Guicciardini (1478-1551), lo descrive come una persona che «con difficultà credessi le cose da credere, non che quelle da ridersene». Luigi scrive queste parole al fratello Francesco in data 30 maggio 1533 per spiegare che il Niccolò che compare nel dialogo *Del libero arbitrio dell'Huomo* era proprio Niccolò Machiavelli[10]. Benché non sia uno dei protagonisti principali, il Niccolò del dialogo è un convinto assertore del dubbio quale punto di partenza per la ricerca del vero: «Se io non dubitassi non harei intellecto: ne meriterei più nel creder di poi el vero, che coloro che non mai ci pensarono: Non sai tu, che sedando, & quiescendo, si fa l'huomo prudente?»[11]. Luigi Guicciardini attribuisce al Niccolò del dialogo pensieri che Niccolò Machiavelli rifiutava, a giudicare dalle sue opere. È tuttavia rivelatore che scegliesse Machiavelli quale interlocutore in una disputa su un argomento di significato teologico e religioso[12].

Nel tardo Cinquecento Machiavelli fu ricordato come un miscredente fustigatore dei preti e dei frati. In una lettera della fi-

---

[9] Cit. in Simoncelli, *Preludi e primi echi di Lutero a Firenze* cit., p. 685.

[10] Luciana Pieraccini, *Alcuni aspetti della fortuna di Machiavelli a Firenze nel secolo XVI*, in *Studi e ricerche*, Istituto di Storia, Facoltà di Lettere e Filosofia, Università degli studi di Firenze, vol. I, Firenze 1981, p. 227.

[11] Ivi, p. 228.

[12] Nel dialogo Luigi Guicciardini lo presenta quale avversario della tesi secondo cui i cieli influenzano il corpo ma non l'animo degli uomini: «Operando adunque come voi poco fa prudente ffermasti el cielo la forza sua ne corpi humani et infundendo sempre diversamente, per il vario lume et moto suo li influssi suoi in questi et in quelli corpi humani, non mi posso persuadere come la Justitia, la Castità, la Liberalità et molte altre mirabili virtu, quali in molti famosi huomini (oltre alli prenominati da voi) si sono comprese, non dependino dal cielo. Et similmente la Superbia, la Crudeltà, la Luxuria, la Avaritia et li altri vituperosi vitii. Onde così essendo (come da valentissimi philosophi et da moderni teologi non è negato) non veggo ne conosso cosi facilmente (come voi affermate) la libertà del operare nostro». Cfr. Felix Gilbert, *Machiavelli in an Unknown Contemporary Dialogue*, in «Journal of the Warburg and Courtauld Institutes», I (1937), p. 164. Machiavelli aveva usato l'espressione 'libero arbitrio' nell'*Exhortatio ad capessendam Italiam*.

ne del 1571 o degli inizi del 1572, il filologo e letterato Vincenzo Borghini scrive a Ludovico Martelli:

il Machiavelli non credo fosse mai inquisito, e forse gli nocque non meno il nome che il fatto, ché burlava assai e liberamente e l'avea con certi frati, i quali assassinò in quella sua *Mandragola* e in quella novella del diavolo, per che gli furon poi sempre acerbissimi nemici, e lo perseguitarono in fin alla morte, ma non credo per via d'inquisizione. Pure io nol so. Le cose in que' tempi erano più larghe nel fare e più libere nel dire; non si poneva così mente ad ogni minuzia, che è cagione che molti non si guardaron di dire certe cose nelle quali non era malizia, che oggi se ne guarderebbono; e allora, in Firenze, come potete avere inteso, si burlavan piacevolmente l'un l'altro e tre erano a chi si dava il titolo del peccadiglio; e questo nome e compagnia per avventura gli ha fatta poi tutta la guerra[13].

Il 'peccadiglio' era il 'peccatuccio' della miscredenza, con allusione all'aneddoto dello spagnolo che dopo essersi confessato tornò dal confessore per dirgli che si era dimenticato d'un 'peccadiglio': che non credeva in Dio[14]. Non credere in Dio, o dire di non credere, nell'Italia della Controriforma era colpa seria, soprattutto se ad essa si aggiungeva la fama di essere accusatore severo delle responsabilità della Chiesa di Roma per la decadenza morale e politica d'Italia. La Chiesa manifestò presto la sua ostilità nei confronti di quest'aspetto della critica di Machiavelli. L'editore romano Blado, sensibile agli umori della corte di Clemente VII, purgò la sua edizione dei *Discorsi* proprio dei passi in cui Machiavelli scrive che «per gli esempi rei di quella corte, questa provincia ha perduto ogni devozione e ogni religione» e che abbiamo «con la Chiesa e con i preti noi italiani questo primo obligo di essere diventati senza religione e cattivi». Al posto dei passi emendati si legge: «Et perché alcuni sono d'opinione che 'l benessere de le cose d'Italia dipende de la Chiesa di Roma, forse si potrà dire il contrario, havendo rispetto però a quelli, che in essa Chiesa Romana non servano tutti quelli precetti, che debbano

---

[13] Pieraccini, *Alcuni aspetti della fortuna di Machiavelli a Firenze nel secolo XVI* cit., pp. 248-49 e n. 99.
[14] *Ibidem.*

servare, anzi vengono ad adulterare li santi, et catolici instituti, li quali sono stati osservati»[15].

Sorte analoga toccò alle *Istorie fiorentine* per opera di Giuliano de' Ricci, nipote di Machiavelli, che sperava in tal modo di ottenere dalla Chiesa il permesso di pubblicare l'opera, posta, come le altre, all'Indice. Anche Giuliano de' Ricci giudicò particolarmente indigesti alle autorità pontificie i passi in cui Machiavelli accusa la Chiesa di essere causa dei mali d'Italia e cancella le righe in cui si legge che «tutte le guerre che, dopo a questi tempi, furono da' barbari fatte in Italia furono in maggior parte dai Pontefici causate; e tutti i barbari che quella inundavano furono il più delle volte da quegli chiamati. Il quale modo di procedere dura ancora in questi nostri tempi; il che ha tenuto e tiene l'Italia disunita e inferma»[16]. Altrettanto pericolosi sono a suo avviso i passi in cui Machiavelli esalta la virtù antica rispetto ai costumi presenti. Dove Machiavelli scrive «donde molte parti del mondo, e massime in Italia, sono diventate, rispetto agli antichi tempi, diserte, e tutto è seguito e segue per non essere ne' principi alcun appetito di vera gloria, e nelle repubbliche ordine che meriti di essere lodato», Giuliano de' Ricci propone di sostituire l'ultima riga con: «per non essere molte volte in alcuni principi alcun appetito di vera gloria, et nelle Repubbliche moderne quest'ordine che tanto meriti di essere lodato»[17]. Infine, nel passo in cui Machiavelli loda il comportamento di Biagio del Melano che rifiuta di arrendersi ai nemici, Giuliano toglie interamente queste righe: «esemplo veramente degno di quella tanto lodata antichità! E tanto più mirabile di quelli quanto è più rado»[18].

Giuliano de' Ricci è particolarmente severo verso i passi in cui Machiavelli presenta e approva esempi di condotta ispirata a una morale che non accetta l'umiltà e la rassegnazione che la Chiesa insegnava. Dalla nota orazione di uno dei capi del tumulto dei Ciompi, Giuliano de' Ricci espunge infatti sia il passo in cui si legge «E della conscienza noi non dobbiamo tener conto; perché

---

[15] *Discorsi di Nicolo Machiavelli sopra la prima deca di T. Livio a Zanobi Buondelmonti, et Cosimo Rucellai*, Antonio Blado d'Asola, Roma 1531, I. 12.
[16] Procacci, *Machiavelli nella cultura europea dell'età moderna* cit., p. 440.
[17] Ivi, p. 446.
[18] Ivi, p. 448.

dove è, come in noi, la paura della fame e delle carcere, non può né debbe quella dello inferno capere»; sia quello in cui l'anonimo oratore afferma

E quelli i quali o per poca prudenza o per troppa sciocchezza, fuggono questi modi, nella servitù sempre e nella povertà affogono; perché i fedeli servi sono sempre servi, e gli uomini buoni sempre sono poveri; né mai escono di servitù se non gli infedeli e gli audaci, e di povertà se non i rapaci e frodolenti. Perché Iddio e la natura ha posto tutte le fortune degli uomini loro in mezzo; le quali più alle rapine che alla industria, e alle cattive che alle buone arti sono esposte: di qui nasce che gli uomini mangiano l'uno l'altro e vanne sempre col peggio chi può meno[19].

A Giuliano de' Ricci non sembrò opportuno lasciare neppure il passo in cui Machiavelli esalta i magistrati fiorentini che amavano la patria più dell'anima ed erano per questo esempi di una religiosità che insegnava i doveri civili. Egli depenna infatti il passo in cui si legge: «ed erano chiamati Santi, ancora che eglino avessero stimato poco le censure, e le chiese de' beni loro spogliate; e sforzato il clero a celebrare gli uffizi; tanto quelli cittadini stimavano allora più la patria che l'anima. E dimostrorono alla Chiesa come prima, suoi amici, la avevano difesa, così, suoi nimici, la potevano affliggere»[20].

Negli stessi anni in cui metteva radici la convinzione che Machiavelli fosse eretico e nemico della Chiesa, ci sono anche tracce di una presenza delle sue idee nelle riflessioni di chi prova un profondo disgusto per la corruzione della Chiesa di Roma e dei prelati. Attorno al 1523, quando il suo sodalizio con Machiavelli era particolarmente stretto, Francesco Guicciardini scrive nei suoi *Ricordi*: «Io ho sempre desiderato naturalmente la ruina dello stato ecclesiastico, e la fortuna ha voluto che sono stati dua pontefici tali, che sono stato sforzato desiderare e affaticarmi per la grandezza loro. Se non fussi questo rispetto, amerei più Martino Luther che me medesimo, perché spererei che la sua setta potessi ruinare o almanco tarpare le ale a questa scelerata tiran-

[19] Ivi, p. 447.
[20] Ivi, p. 446.

nide de' preti»[21]. Come Machiavelli, Guicciardini insiste sulla corruzione dello «stato ecclesiastico» e ne auspica o la dissoluzione o una qualche riforma che metta un freno alla corruzione morale del clero. Nell'ultima redazione del ricordo (1530), scrive infatti: «arei amato Martino Luther quanto me medesimo [...] per vedere ridurre questa caterva di scelerati a' termini debiti, cioè a restare o sanza vizi o sanza autorità»[22].

Guicciardini denuncia nei preti una commistione di vizi che rare volte si riscontra nella pur ricca varietà della malignità umana ed è particolarmente detestabile in uomini che proclamano di vivere secondo la legge di Dio[23]. Non pone tuttavia sotto accusa l'interpretazione cattolica della religione cristiana e neppure l'educazione morale che ne deriva. Si affretta anzi a precisare che egli non ama affatto Lutero per liberarsi «dalle leggi indotte dalla religione cristiana nel modo che è interpretata e intesa comunemente», ma soltanto per poter vedere la fine della tirannide dei preti. Una forma di tirannide, spiega, doppiamente violenta «perché [i preti] ci sforzano con le arme temporale e con le spirituale»[24]. Condivide con Machiavelli la critica agli stati retti dal papa e dai preti, che chiama anch'egli «ecclesiastici», ma non raccoglie la sua idea di una riforma religiosa da realizzare tornando ai princìpi. Nel 1530, quando a Roma ha l'opportunità di leggere e commentare il manoscritto dei *Discorsi*, le sue *Considerazioni*, pur se incomplete, si fermano sulle pagine di contenuto politico. In più di un'occasione attenua molto il giudizio dell'amico sull'importanza della religione per la nascita e la conservazione

---

[21] Francesco Guicciardini, *Ricordi*, B 124, in *Opere di Francesco Guicciardini*, a cura di Emanuella Lugnani Scarano, Utet, Torino 1983, vol. I, p. 829. Vedi anche ivi, C 28, in *Opere*, vol. I cit., pp. 735-36. Cfr. anche l'edizione critica a cura di Raffaele Spongano, Sansoni, Firenze 1951, p. 33. Guicciardini sapeva di Lutero fin dal 1520, quando era governatore di Modena e Reggio; Simoncelli, *Preludi e primi echi di Lutero a Firenze* cit., pp. 690-91.

[22] Guicciardini, *Ricordi*, B 124, in *Opere di Francesco Guicciardini*, vol. I cit., p. 829.

[23] «Io non so a chi dispiaccia più che a me la ambizione, la avarizia e la mollizie de' preti: sì perché ciascuno e tutti insieme si convengono poco a chi fa professione di vita dipendente da Dio, e ancora perché sono vizi sì contrari che non possono stare insieme se non in uno subietto molto strano»; ivi, p. 735.

[24] Ivi, p. 742. In una versione precedente (B 95) Guicciardini aveva scritto che la violenza dei preti è doppia «perché a tenerci sotto usano le arme temporali e le spirituali»; ivi, p. 821.

delle repubbliche. Nelle considerazioni in margine al capitolo X del libro I, ad esempio, non rileva che Machiavelli pone al primo posto fra gli uomini «laudatissimi», i «capi et ordinatori delle religioni»[25]. E ancora, sull'opinione di Machiavelli che Roma dovette a Numa più che a Romolo la sua buona fortuna, Guicciardini obbietta che «se el primo re di Roma fussi stato Numa e non Romulo, certo la città era ne' suoi principi oppressa da' vicini, né lasciava Numa a Romulo quel luogo di mettervi le arme che lasciò Romulo a Numa di mettervi la religione»[26].

Se leggiamo la serie dei *Ricordi* scritti appena due anni prima, nel 1528, le tracce delle riflessioni di Machiavelli sulla religione sono ancora più evidenti. «Fu detto veramente che la troppa religione guasta el mondo», scrive Guicciardini, «perché effemmina gli animi, aviluppa gli uomini in mille errori e divertiscegli da molte imprese generose e virile». Non è possibile stabilirlo con certezza, ma è molto probabile che Guicciardini avesse in mente quel passo dei *Discorsi* (II, 2) in cui Machiavelli accusa la religione cristiana di aver reso il mondo «effeminato» e «debole» e di aver negato il valore della «grandezza dello animo» che spinge gli uomini alle imprese forti e generose.

Dopo aver parlato del mondo reso debole dalla religione cristiana, Machiavelli aveva accennato alla possibilità di una interpretazione di quella medesima religione non «secondo l'ozio» ma «secondo la virtù» che insegni «la esaltazione e la difesa della patria» ed esorti gli uomini ad amarla, a onorarla e a prepararsi nell'animo e nel corpo ad «essere tali che noi la possiamo difendere». Anche Guicciardini punta il dito contro la religione cristiana quale causa della debolezza del mondo, ma propone soltanto un generico rinnovamento: «né voglio per questo derogare alla fede cristiana e al culto divino, anzi, confermarlo e augumentarlo, discernendo el troppo da quello che basta e eccitando gli ingegni a bene considerare quello di che si debbe tenere conto e quello che sicuramente si può sprezzare»[27].

---

[25] Il titolo del capitolo recita *Quanto sono laudabili i fondatori d'una repubblica o d'uno regno, tanto quegli d'una tyrannide sono vituperabili.*

[26] Francesco Guicciardini, *Considerazioni sui 'Discorsi' del Machiavelli*, in *Opere di Francesco Guicciardini*, vol. I cit., pp. 625-29.

[27] Guicciardini, *Ricordi*, B 32, in *Opere di Francesco Guicciardini*, vol. I cit., p. 803.

Guicciardini condanna la Riforma di Lutero, che pur aveva confessato di essere disposto ad amare per vedere la fine del dominio dei preti[28]. Dietro alla Riforma e al libero esame della Bibbia non vede un ritorno ai princìpi della fede cristiana, ma la caduta in un modo di vivere licenzioso. Non crede nella possibilità di una riforma religiosa che riporti in vita i princìpi autentici del cristianesimo e faccia rinascere l'amore della libertà. Giudica l'Italia troppo corrotta per essere riformata. A differenza di Machiavelli, la propensione alla riforma di Guicciardini è soltanto un vago pensiero, o forse soltanto uno sfogo[29]. Si limita a un accenno sull'opportunità di emendare e riformare la fede e il culto per fare sì che il cristianesimo non sia più causa della debolezza del mondo ma incoraggi piuttosto gli uomini alle opere generose e forti. Quell'accenno, per quanto tenue, compare tuttavia in un testo in cui possiamo avvertire chiara l'eco di Machiavelli.

Un'eco ben più forte si avverte negli scritti dei sostenitori dell'ultima Repubblica fiorentina (1527-1530). Donato Giannotti (1492-1573), che fu come Machiavelli segretario dei Dieci di Libertà e di Pace, invoca la religione della virtù che insegna che Dio aiuta solo i popoli che sanno combattere per difendere la loro libertà. In nome della medesima religione, e della necessità di proteggere il governo repubblicano, Giannotti denuncia i cattivi co-

---

[28] Il frate tedesco, annota Guicciardini nella *Storia d'Italia*, «non solo fu troppo immoderato contro alla potestà de' pontefici e autorità della Chiesa romana; ma trascorrendo ancora negli errori de' boemi, cominciò in progresso di tempo a levare le immagini delle chiese, a spogliare i luoghi ecclesiastichi de' beni, permettere a' monachi e alle monache professe il matrimonio, convalidando questa opinione non solo con l'autorità e con gli argomenti ma eziandio con l'esempio di se medesimo, negare la potestà del papa distendersi fuora dello episcopato di Roma, e ogn'altro episcopo avere nella diocesi sua quella medesima autorità che aveva il papa nella romana; disprezzare tutte le cose determinate ne' concili, tutte le cose scritte da quegli che si chiamano i dottori della Chiesa, tutte le leggi canoniche e i decreti de' pontefici, riducendosi solo al Testamento Vecchio al libro degli Evangeli agli Atti degli Apostoli e a tutto quello che si comprende sotto il nome del Testamento Nuovo e alle epistole di san Paolo, ma dando a tutte queste nuovi e sospetti sensi e inaudite interpretazioni»; Francesco Guicciardini, *Storia d'Italia*, XIII, 15, in *Opere di Francesco Guicciardini*, a cura di Emanuella Lugnani Scarano, Utet, Torino 1981, vol. III, pp. 1325-26.

[29] Si veda in proposito quanto scrive Gennaro Maria Barbuto, *La politica dopo la tempesta: ordine e crisi nel pensiero di Francesco Guicciardini*, Liguori, Napoli 2002, pp. 79-109.

stumi dei giovani e l'ipocrisia e la corruzione dei frati. Per rendere la Repubblica fiorentina perfetta, scrive, è necessario che i giovani siano «temperati, gravi, riverenti a' vecchi, amatori de' buoni, nimici de' malvagi, studiosi del bene pubblico, osservatori delle leggi, timorosi di Dio, ed in ogni loro azione lieti e giocondi»[30].

Anche Bartolomeo Cavalcanti, quando parla alla ricostituita
milizia fiorentina, il 3 febbraio 1530, ripete concetti e idee di Machiavelli:

> Ma non vedete voi, come ancor quelli antichi sapienti, e di regni, e
> di repubblica ordinatori vollon, che le loro armi dal freno della religio-
> ne fussero rette, e governate? Vedete Numa, che subito preso il regno
> di Roma ad altro non intese che a riempiere di religione i troppo effe-
> rati animi di quel bellicoso popolo, come quello, che bene conoscea,
> che quella armata ferocia priva di religione non poteva dare salute a
> quella città, né alla felicità condurla. La qual voi sapete, come di poi in
> tutte le pubbliche cose, e massimamente nelle militari fu della religio-
> ne cotanto diligente osservatrice, che i disprezzatori degli augurj e del-
> le sacre belliche leggi, e cerimonie furono da quella severissimamente
> puniti, e le loro azioni, quantunque buon fine sortissero, riprovate; co-
> me quelli, che di maggior momento giudicavano alla salute della città
> la osservanza della religione che il vincere gl'inimici[31].

Cavalcanti riprende un tema tipico del cristianesimo repubblicano quando sottolinea la necessità della religione per avere
buone armi:

> Altro da voi non vuole il vostro Re [Cristo], se non che li animi
> vostri del suo amore infiammati, siano intra voi, co'l santissimo vin-
> colo et indissolubil nodo della carità congiunti insieme e legati. Que-
> sta è quella religione la quale se in te regnerà, o popol fiorentino, sa-
> rai da quello [Cristo] come suo devoto et fedel servo non solo dife-
> so sempre et liberato dalli tuoi inimici, ma vittorioso e trionfante so-
> pra li altri popoli esaltato: altrimenti non sia di noi chi nella propria
> virtù confidi et speri cosa alcuna poterli succedere felicemente; per-

---

[30] Donato Giannotti, *Della Repubblica Fiorentina*, in *Opere politiche e letterarie di Donato Giannotti*, a cura di F.L. Polidori, Le Monnier, Firenze 1850,
2 voll, vol. I, p. 229.
[31] *Orazioni politiche del Cinquecento*, a cura di Manlio Fancelli, Bologna
1941, p. 18.

ché l'opere nostre torte fieno, se dalla luce della divina religione, che per dritto cammino ci guida, sarem privi; l'ardir fia temerario, se dalla confidenza non del divino aiuto, ma del nostro valore dipenderà; le forze saran deboli se dall'immensa potentia del nostro Re sostenute non fieno; vana finalmente ogni speranza che in quello che l'universo regge non si fonderà[32].

In un'altra orazione Cavalcanti insiste sulla libertà repubblicana come dono di Dio: «perché in tal dì de 16 di Maggio 1527 se n'andarono il tiranno de' Medici sanza essere chacciati, per timore et paura che messe loro Iddio per adenpiere la profezia fatta per il profeta frate Girolamo, che diceva: A quest'altra volta che riarete la liberà, la riarete da Dio, e non per vostro ingiegnio e forza, acciò ché cittadini non si glorino di tale libertà, come fecion la prima volta l'anno 1494 che non la voleono riconoscere da Dio, come fu; e perciò la perderono»[33].

Esempio ancora più eloquente della religione repubblicana è l'orazione che Francesco Carducci pronuncia quando assume nel 1529 la carica di gonfaloniere. Fin dall'esordio Carducci riprende in modo esplicito non solo i concetti, ma anche le espressioni di Machiavelli: «La repubblica romana, dalla quale è discesa la fiorentina, mentre si mantenne incorrotta, non da i nomi aver distinto gli uomini, ma da i fatti, e infino tra i bifolchi e tra gli aratori essere andati a trovare e onorare le virtù». In completa armonia con la tradizione del cristianesimo repubblicano, il gonfaloniere insiste poi sul concetto di Dio che ama la libertà e sul dovere che gli uomini hanno di operare con tutte le loro forze per difenderla: «Opera di Dio fu cacciare la tirannia di questa città fuori dell'opinione di molti, e opera di Dio sarà il tenerla fuori contro la volontà di non pochi: né perciò è da dire che noi possiamo o dobbiamo star sicuri e colle mani a cintola».

Nella chiusa dell'orazione collega magistralmente l'idea di Dio che ama più degli altri uomini coloro che operano bene per la patria, e l'idea che l'uomo, operando per la patria, si fa simile a Dio e conquista gloria perenne sulla terra e beatitudine eterna

---

[32] Ivi, pp. 17-18. Vedi in proposito Simoncelli, *Preludi e primi echi di Lutero a Firenze* cit., pp. 727-30.
[33] Ivi, p. 18.

nei cieli: «Io per me non so cosa né più accetta a Dio né più desiderevole agli uomini, che operare sì, che coloro che le storie scrivono, abbiano a porre ne' loro libri i nostri nomi, e le cose, o con prudenza o con valore da noi fatte, con chiari inchiostri e perpetui celebrare; perché questo non è altro, che un tôrsi alla morte, e serbarsi lunghissimo tempo in vita; anzi pure un non morir mai, e vivere eternalmente per gloria. Egli non è del tutto fuora di ragione, né affatto dalla verissima e santissima religione nostra lontano, quello che scrissero i filosofi e teologi Gentili, che le anime di coloro che hanno bene e lealmente le repubbliche amministrato, vivono dopo la morte separate da tutte l'altre nella più alta e più risplendente parte del Cielo sempiterna e beata vita. Imperocché nessuna lode è né maggiore né migliore tra i mortali, né che più faccia gli uomini a Dio somiglianti, che giovare agli altri uomini, ed essere alle loro repubbliche della loro libertà e della loro salute cagione»[34].

Verso la metà del Cinquecento, altri scrittori politici repubblicani divennero apertamente luterani. L'esempio più eloquente è quello di Antonio Brucioli. Per le sue idee in materia di religione, Brucioli è costretto all'esilio una prima volta nel 1529 e una seconda volta nel 1548 a seguito di una perquisizione dell'Inquisizione. Nel 1555 l'Inquisizione lo sottopone a un interrogatorio che si conclude con la condanna al rogo di tutti i suoi libri e all'obbligo di non uscire di casa.

Brucioli morì il 4 o il 5 dicembre 1566, come registra il fascicolo «in materia heresis» che l'Inquisizione aveva diligentemente raccolto[35]. Brucioli fu amico e ammiratore di Machiavelli. Lo conobbe nelle riunioni degli Orti Oricellari e ne fece uno degli interlocutori, seppur minore, dei suoi *Dialogi*. Le riflessioni di evidente ispirazione machiavelliana sono quelle che Brucioli affida a Giangiorgio Trissino. Nelle città, spiega Trissino nel dialogo *Della Repubblica* bisogna aver cura di affidare le «cose divine» a uomini «perfetti e di laudatissimi costumi e santità». Senza il timore di Dio male si possono reggere le città, «perché molti che le

---

[34] Benedetto Varchi, *Storia fiorentina*, a cura di Gaetano Milanesi, Le Monnier, Firenze 1857, 3 voll., VIII, 26, vol. I, pp. 416-18.
[35] Antonio Brucioli, *Dialogi*, a cura di Aldo Landi, Prismi Editrice-The Newberry Library, Napoli-Chicago 1982, Nota critica, pp. 553-58.

leggi degli uomini non curano quelle temono di Iddio». Se i sacerdoti sono come quelli dei tempi nostri «scellerati e senza alcuna religione, molto peggiori ne diventono i popoli»[36]. I veri legislatori devono essere amatori della sapienza di Dio», e sapere interpretare quell'«intima mente di Dio» che fonda l'ordine razionale del mondo. Il legislatore che vuole edificare l'ottima repubblica deve fare sì che «piamente senta ciascuno delle cose di Dio» perché «l'uomo non può essere buono né succedergli cosa alcuna in bene, il quale viva senza l'amore e il timore di Dio»[37].

Per Brucioli la «nostra religione» infonde negli uomini «grande speranza d'immortalità» ed essi, per questa speranza, operano grandi cose e sono disposti ad affrontare «il pericolo della morte per la propria patria»[38]. Per spiegare quanto sia importante la religione per reggere bene gli stati cita prima quello che Numa fece «col nome della religione e culto divino», poi Mosè «che solamente con la briglia della santa e vera religione non tanto il servo popolo trasse dall'Egitto, ma quello ancora quaranta anni resse pel diserto».

Numa e Mosè sono due eroi di Machiavelli, così come è di Machiavelli tanto l'osservazione che la corruzione dei preti rende i popoli che ne sono afflitti irreligiosi e cattivi, quanto l'idea che la religione cristiana esorta a servire la patria per conquistare la felicità eterna[39]. La vera grandezza della repubblica non consiste nelle forti mura, nelle ricchezze, nei superbi palazzi e nelle armi. Essa risiede bensì nei costumi dei cittadini. Potente e fiorente è solo quella repubblica che ha cittadini «dotti, sapienti, buoni, pieni di ragione e drittamente educati e per le buone azioni accetti a Dio»[40]. Come Machiavelli, Brucioli, che fu testimone della fine dell'esperienza repubblicana, indica nell'educazione morale dei cittadini per via della corretta educazione religiosa uno dei fondamenti necessari della buona repubblica[41].

[36] Ivi, p. 131.
[37] Ivi, pp. 178-79.
[38] Ivi, p. 504.
[39] Ivi, pp. 487-97.
[40] Ivi, pp. 201-202.
[41] Diversamente da Machiavelli, Brucioli fa sua l'antropologia pessimistica della Riforma e si avverte nei suoi scritti, ha osservato Giorgio Spini, «la nota cristiana e luterana della polemica contro la vana scienza umana e la pretesa di sostituire la ragione alla rivelazione»; Giorgio Spini, *Tra Rinascimento e Rifor-*

L'idea che la religione cristiana insegna le virtù del cittadino era presente anche nel contesto del patriziato genovese della prima metà del XVI secolo. Ne è prova il *De reipublicae institutione* di Ludovico Spinola, scritto fra il 1528 e il 1530 per celebrare l'oligarchia repubblicana dominante che si poneva quale rappresentante dell'intera comunità cittadina[42]. Nonostante la finalità apologetica, la filosofia che anima il *De reipublicae institutione* è una filosofia civile fondata sul principio che la vera vita cristiana e umana è quella vissuta al servizio della patria e del bene comune. Come gli umanisti fiorentini, Spinola difende l'azione politica per il bene della repubblica come «il sì dell'uomo al disegno divino». Nella sua riflessione, il *miles christianus* di Erasmo si incarna nel *civis genuensis* che opera per difendere la libera repubblica in quanto realizzazione del disegno di Dio[43]. Spinola trova conforto nel passo del *Somnium Scipionis* che promette a coloro che hanno aiutato, conservato e accresciuto la libertà della patria un luogo in cielo ove godranno l'eterna beatitudine perché Dio ama chi serve la repubblica[44].

Da questa interpretazione del contenuto civile della religione cristiana, Spinola ricava non solo l'ammonimento a conservare e sostenere il culto religioso, ma anche l'esortazione a una vera e propria riforma morale fondata sul principio della carità e della giustizia come risposta all'amore divino:

La nostra città si è sempre segnalata per la sua fedeltà al culto divino e per la sua costanza in esso: in tale osservanza e fedeltà noi vogliamo restare, seguendo le vestigia dei nostri padri. Ma la fedeltà alla tradizione religiosa della città e dei padri si realizza compiutamente e integralmente, nell'atto in cui noi realizziamo in noi, in risposta all'amore di Dio onnipotente, una disposizione d'animo di suprema bontà e giustizia. Niente di meglio né di più accetto possiamo offrire a Dio in

---

ma: Antonio Brucioli, La Nuova Italia, Firenze 1940, p. 141. Vedi anche Carlo Dionisotti, *La testimonianza del Brucioli*, in «Rivista Storica Italiana», XCI (1979), 26-51; ora in *Machiavellerie. Storia e fortuna di Machiavelli*, Einaudi, Torino 1980.

[42] Vedi Silvana Seidel Menchi, *Passione civile e aneliti erasmiani di riforma nel patriziato genovese del primo Cinquecento: Ludovico Spinola*, in «Rinascimento», XVIII (1978), pp. 87-121, in particolare pp. 96-100.

[43] Ivi, p. 106.

[44] Ivi, pp. 101-102.

risposta al suo amore e alla sua morte redentrice. Egli non guarda se le mani che si sollevano verso di lui nell'offerta sono piene: guarda se sono pulite quelle che si sollevano verso di lui nella preghiera[45].

Spinola armonizza la religiosità municipale fondata sull'idea di un Dio che protegge e ama la Repubblica di Genova con la religiosità erasmiana fondata sull'idea di Cristo «che altro non è se non carità, semplicità e pazienza»[46].

La medesima armonia fra spirito civico e autenticità cristiana emerge con altrettanta chiarezza nelle riflessioni di Agostino Giustiniani, il domenicano vescovo di Nebio che nel secondo decennio del secolo risedette a lungo a Parigi e viaggiò presso i dotti europei, in primo luogo Erasmo nelle Fiandre e Tommaso Moro in Inghilterra. Giustiniani afferma di essere sempre stato fedele a un sobrio ideale di pietà e avverso alla superstizione. Egli ribadisce che amare la patria e servire la repubblica è del tutto conforme al vivere cristiano[47]. Nell'*Epistola al Duce, al Senato, e a tutto il popolo di Genova* che apre i suoi *Annali della Repubblica di Genova* (1537), scrive infatti che «se coloro son detti religiosi i quali trattano e rileggono frequentemente le cose sacre, che cosa sarà mai più religiosa e divina, che aver dato norma, siccome essi libri fanno, d'instruire il popolo nostro ad essere amatore della repubblica, in modo che cerchino non solamente mantenerla in libertà e vera unione, ma crescerla in potenza e gloria?»[48]. Mettere da parte il disordinato amore del bene privato e dedicarsi alla cura del bene pubblico è né più ne meno quanto «comanda Dio»[49].

Le riflessioni di Machiavelli sulla religione sono presenti anche nella Venezia del Cinquecento, ricca di fermenti di riforma cattolica e di motivi ereticali[50]. Paolo Sarpi, ad esempio, condi-

---

[45] Ivi, pp. 106-107.

[46] Ivi, pp. 105-106.

[47] Ivi, p. 111.

[48] Agostino Giustiniani, *Annali della Repubblica di Genova*, Genova, presso il libraio Canepa, 1854, vol. I, pp. 7-8.

[49] Ivi, p. 8.

[50] Innocenzo Cervelli, *Storiografia e problemi intorno alla vita religiosa e spirituale a Venezia nella prima metà del '500*, in «Studi Veneziani», VIII (1966), pp. 447-48. Vedi anche, del medesimo autore, *Machiavelli e la crisi dello stato veneziano*, Guida, Napoli 1974.

vide con Machiavelli la critica all'ozio e all'ipocrisia e tratta del-
l'educazione religiosa come uno dei mezzi di cui si serve «il politico» per conservare lo stato[51]. Sarpi, come Machiavelli, è consapevole del potere della religione e giudica dannosa per lo stato la corruzione dei princìpi e dei riti della religione cristiana per-
petrata dai preti: «gli aveduti preti hanno avuto bello agio d'accomodar la religione a' loro interessi, alterandola e formandola
come tornava lor comodo, introducendo cotidianamente delle in-
novazioni, anco molto pregiudiciali a' principi, che passano senza essere pure avvertite»[52].

Sarpi svolge questa considerazione nel suo commento alla traduzione italiana dell'opera di Sir Edwin Sandys *Relazione dello*
stato della religione stampata a Ginevra nel 1625. In questo saggio l'autore aveva sottolineato che la religione degli italiani consisteva «per lo più in apparenza esterna» e in «intricate e muto-
le cerimonie» da cui nasceva il costume di una «esteriore e me-
zana» ubbidienza alle leggi, più che quella «integrità e sincerità
interna» che è il prodotto della vera religione. Dalla cattiva religione, insiste Sandys, deriva un'evidente corruzione morale:

non si può dissimulare che generalmente tutto il paese non sia gran-
dissimamente quasi inondato e coperto di vizi, di disonestà di parlare, di bruttezza d'azzioni, facendo quasi tutti a gara, eziandio i preti
et i frati, ciascuno quasi contendendo a chi sarà più impudente; in
tanto che quello che altrove non sarebbe tollerato, quivi è in grande
onore; quello che altrove persona ancora dissoluta si vergognerebbe
di confessare, i preti et i frati no s'arrossiscono di fare. Anzi, se alcuno se ne astiene, pare loro molto strano, e tengono l'integrità per poco meglio che la semplicità et il mancamento dello spirito[53].

[51] Paolo Sarpi, *Pensieri sulla religione*, in *Opere*, a cura di Gaetano e Lui-
sa Cozzi, Ricciardi, Milano-Napoli 1969, Nota introduttiva, p. 99. Vedi William J. Bouwsma, *Venice and the Defense of Republican Liberty. Renaissance*
Values in the Age of the Counter Reformation, University of California Press,
Berkeley 1984, p. 528. Vedi anche Luigi Salvatorelli, *Le idee religiose di fra Pao-*
lo Sarpi, «Atti della Accademia Nazionale dei Lincei: Classe di scienze morali,
storiche e filologiche: memorie», Ser. 8, V (1953), pp. 311-60.
[52] Paolo Sarpi, *Dalla 'Relazione dello stato della religione, e con quali dis-*
segni et arti ella è stata fabbricata e maneggiata in diversi stati di queste occi-
dentali parti del mondo', in *Opere* cit., p. 316.
[53] Ivi, p. 315.

La cattiveria e la mancanza di vergogna degli italiani, come aveva intuito Machiavelli, nascono dalla corruzione religiosa, anzi dalla trascurataggine, dalla superficialità e dalla passività in materia di religione: «niuna cosa rende maggior maraviglia a chi considera la conversazione degl'Italiani che l'osservare questa nazione, accorta, sagace, sottile in tutte le cose, non facile ad assentire senza ragione, esser nondimeno nelle cose della religione tanto trascurata, che non curi di saperla o di vederla, avendo quasi per assioma il non voler saperne altro, come se fosse cosa a lor non pertenente»[54].

Nell'ambiente culturale veneziano le idee di Paolo Sarpi sulla riforma religiosa e morale ebbero importanti sviluppi nelle riflessioni del frate bresciano Fulgenzio Micanzio, sostenitore di una riforma adatta alla libertà politica e al vero spirito religioso[55]. Per Micanzio il potere politico ha bisogno del sostegno della religione perché questa ha dimostrato nei secoli grande capacità di guidare le menti e le passioni dei popoli[56]. Da tale principio Micanzio ricava una critica severa alla Chiesa per aver cercato di sottomettere il potere temporale al potere spirituale, e per aver «formata una religione non più indifferente a tutti gli stati, ma accomodata al suo proprio et all'avanzamento di quello». Al tempo stesso rimprovera i prìncipi che delegano agli ecclesiastici le questioni teologiche e permettono la corruzione delle cerimonie e delle credenze religiose[57].

---

[54] Ivi, p. 316

[55] Germano Rosa, *La «religione politica». Repubblica di Venezia e corte di Roma nei Pensieri di Fulgenzio Micanzio*, in «Annali dell'Istituto Italiano per gli Studi Storici», XIV, (1997), pp. 309-43.

[56] Fulgenzio Micanzio, *Annotazioni e pensieri*, in *Storici e politici veneti del Cinquecento e del Seicento*, a cura di Gino Benzoni e Tiziano Zanato, Ricciardi, Milano-Napoli 1982, p. 860; cfr. anche Bouwsma, *Venice and the Defense of Republican Liberty* cit., pp. 497-500, 528-29 e 595-96.

[57] «ma se crescono oggidì questi mali, la colpa è de' principi medesimi, i quali, non curando del precetto divino, che strettissimamente gl'obliga ad aver cognizione della sua santissima legge o della religione, hanno trascurato questo debito totalmente, come se la religione fosse cosa che non gli toccasse e come se non avessero essi da render conto a Dio, o per sé, o per i sudditi, di trascurarne la cura, l'essame e la difesa, contra i precetti della Divina Scrittura, dottrina de' santi concilii e padri et uso de' pii prencipi, contentandosi d'una religione, senza saper ciò ch'ella sia, né come si debba conservare senza corruzioni e tollerando per interessi, adulazione o connivenza l'inganno de' popoli con continue alterazioni sotto specie di pietà, con una licenza cotidiana, non solo a' religiosi, ma ad ogni sorte di persona, d'inventar nuovi riti a grandezza e guadagno, senza considerar che finalmente ogni rito porta seco la sua credenza, e così la religione s'al-

Alla religione che pretende di sottomettere a sé il potere secolare, e ai prìncipi che per interesse o ignoranza permettono la corruzione della religione, Micanzio contrappone un'interpretazione della religione che armonizza l'ideale classico e l'ideale cristiano e insegna a tradurre la lezione della pietà cristiana nell'impegno politico al servizio del bene comune.

Ma l'uomo – scrive – non è per sé nato, ma per la patria principalmente e per il bene commune. La disputa se l'uomo savio debba applicarsi a' governi, altri la trattino. Il nostro padre [Paolo Sarpi] ci darà l'essempio di non ricusare né fatica, né pericoli per il servizio di Dio e della patria; e che l'uomo da bene e sapiente è lontano da quella erronea dottrina, inventata da una turba di sediziosi ingannatori, che della polizia secolare non parlano mai se non come di cosa cattiva, benché sia istituita da Dio, et in cui l'uomo da bene può scrvire a sua divina Maestà con vocazione tanto pia et eccellente, che o nissun'altra l'uguaglia, o di corso non la supera, come in un ossequio della più suprema pietà, che nella Chiesa sia essercitata, et al quale Dio di tempo in tempo ha chiamati i più grandi eroi di tutto l'ordine ecclesiastico ancora[58].

A conferma del legame ideale fra l'Umanesimo e il movimento riformatore italiano, le opere di Machiavelli, anche dopo la messa all'Indice, sono presenti nelle biblioteche delle vittime dell'Inquisizione[59]. Francesco Gentile da Fermo, contro il quale l'Inquisizione aprì un procedimento nel 1568, possedeva nella sua biblioteca, in comune con i suoi discepoli Manusso Marano e Giovanni Cassimati, accanto alle opere di Erasmo, *Il principe* e i *Discorsi* di Machiavelli[60]. Il Groto, detto il Cieco di Andria, do-

tera e s'accomoda agl'avanzamenti di chi la maneggia»; Fulgenzio Micanzio, *Vita del padre Paolo*, in Paolo Sarpi, *Istoria del Concilio Tridentino*, a cura di Corrado Vivanti, Einaudi, Torino 1974, vol. II, p. 1389.
[58] Ivi, p. 1329.
[59] «l'evangelismo riformatore, ha scritto Silvana Seidel Menchi, veniva salutato come realizzazione di un rinnovamento religioso del quale Dante, Petrarca, Boccaccio e Machiavelli avevano oscuramente avvertito il bisogno»; Silvana Seidel Menchi, *Erasmo in Italia 1520-1580*, Bollati Boringhieri, Torino 1987, p. 90. L'autrice nota che i nomi di Valla, Boccaccio, Machiavelli e Aretino non furono in grado «di far scoccare la scintilla di un consapevole dissenso e di suscitare voci articolate, e non del tutto isolate, di protesta» come avvenne invece intorno al nome di Erasmo; ivi, p. 321.
[60] Ivi, p. 140.

vette presentarsi il 5 giugno 1567 davanti all'Inquisizione di Rovigo perché scoperto in possesso di libri proibiti. Fra questi c'erano le *Istorie fiorentine* di Niccolò Machiavelli[61]. Il povero speziale Giovanni Antonio Paterno, trascinato davanti all'Inquisizione di Napoli il 6 novembre 1569, aveva nella sua piccola biblioteca i *Discorsi*, le *Istorie fiorentine* e un *Princeps christianus* che potrebbe essere *Il principe* di Machiavelli o l'*Institutio principis christiani* di Erasmo. Il vecchio speziale amava quei libri al punto da scrivere il proprio nome su ognuno di essi senza considerare che in quel modo aggravava la sua posizione agli occhi dell'Inquisizione[62]. Il libraio Vilio Bonfadini, interrogato il 13 febbraio 1571, rispose che «le opere del Machiavelli erano fra i libri più richiesti insieme a Le cento novelle, le Biblie volgari et Testamenti Novi volgari»[63].

Le riflessioni di Machiavelli sulla religione affiorano in contesti culturali e politici fra loro diversi. La loro presenza si avverte ad esempio nel *Dialogus cui titulus est religio* stampato a Lucca nel 1539 dal giurista lucchese Enrico Boccella, in particolare nelle pagine dedicate al confronto fra la religione moderna e quella dell'antica Grecia e di Roma[64]. Altrettanto significative sono le osservazioni che il calabrese Tiberio Rosselli svolge nell'*Apologeticus*, stampato nel 1519, sul culto religioso come fattore di coesione e di buoni costumi fra gli uomini, e la sua preoccupata denuncia della decadenza dei riti cristiani a pratiche superstiziose e di magia[65]. Ma ancora più vicine alle idee di Ma-

---

[61] Ivi, p. 294.

[62] Ivi, p. 301. Vedi anche Adriano Prosperi, *La religione, il potere, le élites. Incontri italo-spagnoli nell'età della Controriforma*, in «Annuario dell'Istituto Storico Italiano per l'età moderna e contemporanea», voll. XXIX-XXX (1977-1978); Emanuela Scarpa, *Machiavelli lettore d'Erasmo?*, «Atti dell'Istituto veneto di scienze, lettere ed arti, cl. sci. mor.», vol. CXXXIV (1975-1976), pp. 143-53.

[63] Menchi, *Erasmo in Italia* cit., p. 463. A giudizio di Adriano Prosperi e Carlo Ginzburg, argomenti di ispirazione machiavelliana affiorano anche negli scritti di Tullio Crispoldi, un chierico reatino, autore di testi di pietà in volgare; cfr. Carlo Ginzburg e Adriano Prosperi, *Giochi di pazienza*, Einaudi, Torino 1973, p. 16.

[64] Cito da Prosperi, *La religione, il potere, le élites* cit., p. 507.

[65] Cfr. Paola Zambelli, *Una disputa filosofica ereticale proposta nelle università padane nel 1519*, in *Il Rinascimento nelle corti padane. Società e cultura*, Laterza, Roma-Bari 1977, p. 522. Vedi anche, sul ruolo delle cerimonie religiose, Albano Biondi, *La giustificazione della simulazione nel Cinquecento*, in

chiavelli sono le considerazioni del benedettino bresciano Gregorio Bornato che nel *De libero hominis arbitrio*, ultimato nel 1537, sottolinea la funzione pratica dei riti religiosi e l'efficacia della religione romana nell'accendere gli animi dei giovani all'emulazione della virtù e della gloria[66].

Sulla medesima via si muove anche il nobile senese Bartolomeo Carli Piccolomini, seguace delle idee di Juan de Valdés e autore di un saggio incompleto, dal titolo *Trattati nove della prudenza*, scritto probabilmente fra il 1530 e il 1540. In questo testo pressoché sconosciuto è ben visibile l'idea della religione come perfezione e grandezza umana, e fondamento del vero vivere civile. Come altri intellettuali italiani, Piccolomini viveva la riforma religiosa soprattutto come esigenza di rinascita morale[67] e aveva una profonda ammirazione per Machiavelli.

In tale esercitio – scrive nel trattato *Del perfetto cancelliere* – si faranno gli uomini esperti di molte cose maneggiandone infinite, come ha fatto Nicolo Machiavelli ne la Fiorentina Segreteria, con aversi acquistata una varia et longa notizia, un profondo e raro discorso de le cose del mondo, onde son nate l'opere sue sì pregiate del principato, de la Guerra, de Discorsi sopra Livio, et le istorie, ne le quali si vede un'armonia perfetta d'un ingegno grande, con una grande esperienzia di varie cose appartenenti à l'humana vita[68].

Eresia e riforma nell'Italia del Cinquecento, Miscellanea I, Biblioteca del Corpus Reformatorum Italicorum, Sansoni-The Newberry Library, Firenze-Chicago 1974, pp. 7-68. «Le riflessioni di Machiavelli», ha scritto Adriano Prosperi, «maturarono dunque in stretta aderenza alla realtà italiana dell'epoca, nella quale insieme ad altre forme di coesione sociale anche quelle che si richiamavano alla pratica cristiana entravano in crisi e la religione cominciava a diventare un problema individuale»; Prosperi, *La religione, il potere, le élites* cit., p. 507.

[66] Cito da Carlo Ginzburg e Adriano Prosperi, *Le due redazioni del Beneficio di Cristo*, in *Eresia e riforma nell'Italia del Cinquecento* cit., pp. 135-204 e 170-71.

[67] Vedi Delio Cantimori, *Atteggiamenti della vita culturale italiana nel secolo XVI di fronte alla Riforma*, in «Rivista Storica Italiana», LIII (1936), pp. 83-110; Elisabeth G. Gleason, *Sixteenth Century Italian Interpretations of Luther*, in «Archiv für Reformationsgeschichte», LX (1969), pp. 160-73.

[68] Rita Belladonna, *Pontanus, Machiavelli and a Case of Religious Simulation in Early Sixteenth-Century Siena (Carli's Trattati nove della prudenza)*, in «Bibliothèque d'Humanisme et Renaissance», XXXVII (1975), pp. 377-85 e 381, n. 7.

Come Machiavelli, Piccolomini auspica una religione che non incoraggi a vivere nella rassegnazione e nell'ozio confidando nell'aiuto Dio, ma esorti ad operare con saggezza e forza d'animo. Cita in proposito un passo di Sallustio: «non coj votj ne coj preghj delle donne s'acquistano i divinj aiutj, ma vegliando adoperando, ben consigliandosj tutte le cose succedan prosperamente. Dove tu ti abbandonj per lenteza e trascuraggine indarno chiamj gli dij, ch'eglino sono iratj et di male talento». Dai *Discorsi* trae la massima di saggezza politica che oltre alle leggi è necessario per i popoli il «timore di dio», al fine di conservare la repubblica buona e unita. I prìncipi, a costo di simulare una devozione che non sentono, devono rispettare il culto divino e mantenere incorrotte le cerimonie religiose, se vogliono conservare i buoni costumi e la pace civile[69].

Piccolomini sostiene che con la religione gli antichi fecero grandi cose che altrimenti «non era possibile», e cita gli esempi dei *Discorsi* e dell'*Arte della guerra*: Davide, Numa Pompilio, Sartorio. Ritiene, come Machiavelli, che quegli uomini che erano considerati degni di parlare con la divinità erano essi stessi divini, come Scipione Africano «nel quale stimavano essere tale divinità che egli potesse parlare con djo». Ma se gli uomini, o alcuni uomini, hanno la divinità in se stessi, la religione diventa sinonimo di virtù morale, come Piccolomini stesso spiega: «sotto questo titolo [di religione] voglio intendere una virtù d'anjmo che consiste nel timor di djo, in una perfetta cuscienzja, et in uno studjo di mantenere l'onore della religione. Le quali partj se sono in un uomo prudente lo fanno miracoloso, et pongonlo in reverenzia à ciascuno, perche i buonj l'amano, i rej temano di offenderlo per non tanto scoprirsj nimicj del bene, et massime dela religione, che è cosa pericolosa in tutto il farle contro in alcun modo»[70].

Anche gli evangelisti italiani, pur consapevoli che Machiavelli era altra cosa rispetto a Erasmo, leggevano con attenzione e utiliz-

---

[69] Ivi, pp. 384-85; vedi anche Ead., *Aristotele, Machiavelli, and Religious Dissimulation: Bartolomeo Carli Piccolomini's Trattati nove della prudenza*, in *Peter Martyr Vermigli and Italian Reform*, a cura di Joseph C. McLelland, Waterloo, Ontario 1980, pp. 29-41.

[70] Belladonna, *Pontanus, Machiavelli and a Case of Religious Simulation in Early Sixteenth-Century Siena* cit., pp. 384-85.

zavano le sue opere[71]. Giovan Battista Goineo, che morì profugo in Germania dove aveva cercato rifugio perché accusato di eresia, in una lettera a Pier Paolo Vergerio del 1539 segnalava a proposito dell'origine del potere temporale dei papi un passo delle *Istorie fiorentine*[72]. Lucio Paolo Rosello, parroco di terraferma veneta in contatto con i circoli erasmiani di Padova, corrispondente di Melantone, traduttore di Lutero ed esempio del nicodemismo italiano, usa largamente le idee di Machiavelli nel suo *Ritratto del vero governo del Principe*, pubblicato a Venezia nel 1552. Sui temi che toccano da vicino il problema religioso, Rosello si schiera tuttavia dalla parte della *charitas* cristiana di Erasmo contro Machiavelli. Il vero principe, scrive, deve mostrare una «religiosa pietà», come fecero Numa Pompilio, Ercole, Alessandro e non allontanarsi dalla religione cristiana, soprattutto quando si tratta di giuramenti e promesse[73].

Di Machiavelli discutevano assiduamente i frequentatori dei circoli calvinisti che Alessandro Trissino, nobile vicentino processato dall'Inquisizione nel 1563, morto intorno al 1609, animò a Venezia fra il 1558 e il 1561[74]. Da fonti del Sant'Uffizio sappiamo che

[71] Su Erasmo e Machiavelli vedi Augustin Renaudet, *Politique d'Erasme et politique de Machiavel*, in *Umanesimo e scienza politica*, Atti del Congresso internazionale di studi umanistici, Roma-Firenze, 1949, a cura di Enrico Castelli, Marzorati, Milano 1951, pp. 353-63. Vedi anche Augustin Renaudet, *Érasme et l'Italie*, Droz, Genève 1954 e Carlo Dionisotti, *Machiavellerie* cit., pp. 210-226.

[72] Procacci, *Machiavelli nella cultura europea dell'età moderna* cit., pp. 37-38. Vedi anche John Tedeschi, *The Cultural Contributions of Italian Protestant Reformers in the Late Renaissance*, in *Libri, idee e sentimenti religiosi nel Cinquecento italiano*, 3-5 aprile 1986, Atti dell'Istituto di studi rinascimentali di Ferrara, Panini, Modena 1987, pp. 81-108.

[73] Vedi Leandro Perini, *Gli eretici italiani del '500 e Machiavelli*, in «Studi Storici», X (1969), pp. 877-915, in particolare pp. 883-901. Cfr. anche Procacci, *Machiavelli nella cultura europea dell'età moderna* cit., pp. 38-39; Andrea Del Col, *Lucio Paolo Rosello e la vita religiosa veneziana verso la metà del secolo XVI*, in «Rivista di Storia della Chiesa in Italia», XXIII (1978), pp. 422-59. Oltre agli erasmiani e ai luterani, anche i calvinisti italiani guardavano con attenzione alle opere di Machiavelli. A Ginevra gli anziani della comunità italiana protestarono nel 1576 presso le autorità della città per difendere l'onore di Machiavelli offeso dal *Discours contre Machiavel* di Innocent Gentillet che fu addirittura fisicamente assalito da Francesco Lamberti. Un piccolo episodio che rivela tuttavia un legame di simpatia fra i calvinisti e Machiavelli. Cfr. Tedeschi, *The Cultural Contributions of Italian Protestant Reformers in the Late Renaissance* cit., p. 89.

[74] Achille Olivieri, *Alessandro Trissino e il movimento calvinista vicentino del Cinquecento*, in «Rivista di Storia della Chiesa in Italia», XXI (1967), pp. 55-117.

in quelle riunioni si discuteva del problema della grazia, della libertà umana in rapporto a Dio, del valore delle opere, del papa, della legittimità dell'uso delle immagini e del culto dei santi[75]. In base alle fonti disponibili è difficile individuare quali fossero gli aspetti del pensiero di Machiavelli che attiravano maggiormente l'attenzione di Alessandro Trissino e dei «gentilhuomini» che frequentavano i cenacoli veneziani. È probabile che il loro interesse si concentrasse in primo luogo su quei passi in cui Machiavelli accusa la Chiesa cattolica di aver guastato la religiosità e la vita morale degli italiani. Altrettanto verosimile è che apprezzassero il pessimismo del segretario sulla condizione umana e le pagine sulla fortuna che domina tanta parte delle vicende degli uomini e degli stati.

Per la sua fede calvinista e per la sua formazione culturale, Trissino era profondamente avverso alle forme esteriori della religiosità e condannava duramente il costume di simulare l'adesione al culto cattolico e di dissimulare le idee eretiche che andava sotto il nome di 'nicodemismo'[76]. Questo aspetto della sua religiosità, comune ad altri eretici italiani, era in netto contrasto con le idee di Machiavelli, che aveva consigliato prìncipi e reggitori di repubbliche di simulare rispetto e devozione anche per le pratiche religiose alle quali non credevano[77]. Se prìncipi e reggitori di repubbliche potevano simulare e dissimulare, a maggior ragione potevano farlo sudditi e cittadini.

Una prova ulteriore della distanza che separa la sensibilità religiosa riformata dalle prescrizioni di Machiavelli in materia di cerimonie è la lettera del 1578 in cui l'eretico Bernardino Bonifacio, marchese d'Oria, critica la trattazione della religione nei capitoli 11-15 dei *Discorsi* perché troppo favorevole alla superstizione. Quelle che gli eretici giudicavano superstizioni erano per Machiavelli modi efficaci per mantenere vivo nei popoli il timore e la venerazione di Dio. La purezza della fede era preoccupazione degli eretici e degli evangelisti, meno di Machiavelli, anche se simile era la sensibilità per un'etica civile rigorosa e profondamente radicata nelle menti e nei cuori.

---

[75] Ivi, pp. 58-59.

[76] *Ragionamento della necessità di ritirarsi a vivere nella Chiesa visibile di Gesù Cristo*, in Olivieri, *Alessandro Trissino e il movimento calvinista vicentino del Cinquecento* cit., Appendice, p. 110.

[77] Niccolò Machiavelli, *Discorsi sopra la prima deca di Tito Livio*, I, 12.

Che Calvino e i calvinisti fossero altra cosa rispetto a Machiavelli se ne rese conto assai bene un altro lucchese, il tipografo Pietro Perna, esule a Basilea per motivi religiosi. Con l'aiuto di Stefano Tegli da Foligno, Perna pubblicò nel 1560 la prima traduzione latina del *Principe* seguita da tre edizioni nel 1580. In quest'ultima Perna elogia, contro le idee teocratiche di Calvino e dei suoi seguaci, la saggezza politica di Machiavelli che trattava dello stato senza alcun presupposto teologico e indicava in tal modo la via verso la pace civile. I nemici ugonotti di Machiavelli, scrive Perna, «hanno del tutto confuso le coscienze, le famiglie, il popolo, lo stato. E ora vi domando, o lettori, qual'è l'insegnamento migliore, quello del Machiavelli che mostra come si possa conquistare con uno spargimento minimo di sangue il governo e serbarlo nella pace [...] oppur quello di questa gente che non è né abbastanza forte per governare né capace di farlo, e che nel frattempo per tanti anni spinge alla lotta e a sanguinose battaglie e infine manda all'inferno tante migliaia di anime e corpi, devasta città e province eppur non pone fine alla desolazione»[78].

Nelle sue edizioni del *Principe* Perna inserisce tuttavia potenti antidoti ed emenda il testo dei passi che più offendevano la morale cristiana. Il suo impegno per diffondere l'opera di Machiavelli non è tuttavia motivato soltanto dal desiderio di far conoscere un autore che la Chiesa cattolica aveva messo all'Indice o di opporre alla teocrazia calvinista un'idea laica dello stato. Perna, che come altri esuli portava con sé da Lucca gli ideali della libertà italiana, della repubblica e della riforma religiosa, sentiva nelle pagine di Machiavelli le medesime aspirazioni. Questa convergenza di ideali politici ed esigenze di riforma religiosa e morale incoraggiò le traduzioni delle opere del Segretario in terra riformata che furono la premessa per una vera e propria rinascita delle idee di Machiavelli nella storia della conquista della libertà in Europa.

---

[78] *Nicolai Maciavelli Princeps. Ex Sylvestri Telii Fulginatis traductione diligenter emendata...*, Basileae, Ex Officina Petri Pernae, MDXXC, p. 69; Cfr. Werner Kaegi, *Meditazioni storiche*, Laterza, Bari 1960, pp. 193-94. Su Perna vedi l'ottimo studio di Leandro Perini, *La vita e i tempi di Pietro Perna*, Edizioni di Storia e Letteratura, Roma 2002.

2. La difficile sopravvivenza nell'Italia della Controriforma

Mentre i fautori della riforma religiosa e morale accoglievano e reinterpretavano variamente l'idea di una religione cristiana che insegnasse l'amore della libertà e della patria, gli scrittori politici più vicini allo spirito della Controriforma o la respingevano o la deformavano. Essi giudicavano Machiavelli, e avevano buoni occhi, non uno dei tanti critici della corruzione dei preti, ma il sostenitore di una diversa interpretazione della religione cristiana. Accusarlo di eresia non aveva molto senso perché Machiavelli non s'immischiava di teologia, ma dovevano pur rispondere all'accusa che la Chiesa aveva infestato l'Italia e il mondo d'ozio, e dovevano pur dire se la religione della virtù era o non era il vero cristianesimo.

Uno dei primi ad alzare la voce contro l'idea di una religione che aiuti a costruire una repubblica virtuosa fu il padovano Sperone Speroni (1500-1588). In un testo ricco di tracce machiavelliane, Speroni spiega che il vivere civile è sempre ed esclusivamente guidato o dall'interesse o dal desiderio della pace, o dalla brama della conquista. Il popolo cristiano non «leva mai la testa al cielo», tranne quando si rivolge a Dio «mercatando e scongiurando»[79]. La «religione civile» degli uomini che vivono nelle repubbliche è del tutto contraria alla vera religione cristiana. È vano sogno, indegno di chi, come Machiavelli, ha proclamato di non voler discorrere di «repubbliche e principati che non si sono mai visti essere in vero», pretendere che la repubblica abbia come suo fine la virtù[80]. L'unica possibilità è per Speroni, che non si accorge dell'evidente debolezza del suo argomento, il principe cristiano di Erasmo che vive secondo la legge di Dio ed educa i sudditi a seguire il suo esempio[81].

Ben più raffinata è la posizione di Giovanni Botero, il più autorevole scrittore politico italiano della Controriforma[82]. Botero

---

[79] Sperone Speroni, *Apologia dei suoi Dialoghi*, in *Opere*, vol. I, Venezia 1740, p. 414.

[80] Ivi, pp. 414-15.

[81] Ivi, p. 421; vedi anche Cesare Vasoli, *Civitas mundi. Studi sulla cultura del Cinquecento*, Edizioni di Storia e Letteratura, Roma 1996, pp. 292-95.

[82] Sulle interpretazioni di Machiavelli nel tardo Cinquecento e nel Seicento, vedi Rodolfo De Mattei, *Dal premachiavellismo all'antimachiavellismo*, Sansoni, Firenze 1969; Id., *Il problema della 'ragion di stato' nell'età della contro-*

respinge nettamente la tesi che l'etica cristiana sia incompatibile con la maestà regale. Per sostenere la sua tesi, si appella al Dio del Vecchio Testamento, al «Dio degli eserciti», quello stesso Dio che Machiavelli (che chiama «homo ingeniosus sed parum Christianus») aveva invocato nei suoi scritti, per infondere nei prìncipi quella virtù che chi opera soltanto per calcoli e per interesse non può raggiungere[83]. Al tempo stesso Botero respinge la pretesa di Machiavelli che l'insegnamento di Cristo ha reso gli uomini inetti alla guerra e alla virtù militare. Riconosce che la dottrina della Chiesa proibisce le guerre ingiuste, ma sottolinea anche che la fede cristiana insegna che l'anima è immortale e che la gloria della vita eterna spetta a chi combatte e muore per la giustizia, per la religione, per la patria. Essa è dunque non causa di corruzione, ma scuola di virtù civile e militare. Esempi come quello di Goffredo di Buglione dimostrano più di qualsiasi ragionamento che i cristiani sono, grazie alla loro fede, grandi combattenti[84].

Poiché la religione cristiana non ha affatto reso il mondo debole, non c'è bisogno di alcuna riforma religiosa e morale. Botero non capiva, o fingeva di non capire, che Machiavelli non aveva parlato tanto di declino del valore militare, quanto dell'affie-

---

riforma, Milano-Napoli 1979; Maurizio Viroli, *From Politics to Reason of State*, Cambridge University Press, Cambridge 1992.

[83] Vedi Cesare Vasoli, *A proposito della 'Digressio in Nicolaum Machiavellum': la religione come 'forza' politica nel pensiero di Botero*, in *Botero e la 'ragion di stato'*, Atti del Convegno in memoria di Luigi Firpo (Torino 8-10 marzo 1990), a cura di A. Enzo Baldini, Olschki, Firenze MCMXCII, pp. 44-45. Su Botero e la Controriforma vedi Luigi Firpo, *Botero, Giovanni*, in *Dizionario Biografico degli Italiani*, XIII, Istituto dell'Enciclopedia Italiana, Roma 1971, pp. 352-62. Monsignor Minuccio Minucci in una lettera ad Antonio Possevino indicava in Botero l'autore che, siamo nel 1588, stava componendo un'opera che avrebbe finalmente soddisfatto il desiderio di avere una «qualche bevanda Christiana et giovevole, la quale insieme con le ragioni politiche, o Ragioni di Stato, infondesse ad altri il gusto suavissimo della legge di Christo et della fede Cattolica». Cfr. Mario D'Addio, *Les six livres de la République e il pensiero cattolico del Cinquecento in una lettera del Mons. Minuccio Minucci al Possevino*, in *Medioevo e Rinascimento. Studi in onore di Bruno Nardi*, Pubblicazioni dell'Istituto di filosofia dell'Università di Roma, Sansoni, Firenze 1955, vol. I, p. 143. Vedi in proposito, Bouwsma, *Venice and the Defense of Republican Liberty* cit., pp. 299-304.

[84] Cfr. Vasoli, *A proposito della 'Digressio in Nicolaum Machiavellum': la religione come 'forza' politica nel pensiero di Botero* cit.

volirsi dell'amore della libertà e di quella virtù che dà la forza di resistere contro gli uomini scellerati che vogliono dominare. Messa da parte la questione essenziale della libertà e della virtù politica in senso proprio, Botero spiega con dovizia di riferimenti che le cause del declino degli stati sono l'eresia che fomenta lo spirito di sovversione e provoca divisioni insanabili nel corpo sociale, il disprezzo della Chiesa e dei sacerdoti e la crudeltà contro i profeti e i servi di Dio. Machiavelli aveva esaltato i magistrati fiorentini che nel XIV secolo amarono la patria più dell'anima e non tennero in nessun conto la scomunica papale; Botero condanna i prìncipi che disprezzano le scomuniche quali uomini empi e scellerati. Il primo aveva esortato a riscoprire il Dio della libertà; il secondo invoca il Dio dell'obbedienza.

Anche nella sua opera maggiore, *Della Ragion di Stato*, Botero respinge le idee di Machiavelli sulla riforma religiosa per esaltare la religione dell'umiltà e dell'apparenza nella piena sottomissione alla Chiesa cattolica e ai suoi prelati. Egli inizia la sua argomentazione ponendo in rilievo il ruolo della religione nella conservazione degli stati. La religione, scrive, «procura di mantenere gli stati con l'aiuto soprannaturale della grazia di Dio». Spiega che i sudditi, anche i sudditi di un tiranno, non temono di essere oppressi da un principe che rispetta Dio e sono meno inclini a ribellarsi. Il principe deve dunque coltivare la religione per essere caro a Dio e per conservare il suo stato. Con l'amicizia di Dio, inoltre, potrà conseguire grandi cose nella vita civile e nelle imprese militari. Per rafforzare la speranza e l'ardimento dei soldati nulla è infatti più efficace dell'appello a Dio e della promessa della felicità nell'altra vita[85]. Come Machiavelli, Botero indica quale esempio i Romani che «tenevano finalmente la Religione per un capo principale del lor governo; né comportavano che in modo alcuno fusse alterata non che violata». Respinge però l'idea che il principe possa essere considerato religioso anche se non ha fede sincera. È difficile, osserva «che chi non è veramente Religioso, sia stimato tale; poiché non è cosa, che manco duri, che la simulazione. Deve dunque il Principe, di tutto cuore, umiliarsi innanzi la Divina Maestà, e da lei ricono-

---

[85] Giovanni Botero, *Della Ragion di Stato: libri dieci. Con tre libri Delle cause della grandezza delle città*, presso Andrea Muschio, Venezia 1619, p. 86.

scere il Regno, e l'obedienza de' popoli; e quanto egli è collocato in più sublime grado sopra gli altri, tanto deve abbassarsi maggiormente nel cospetto di Dio: non metter mano a negozio, non
tentar impresa, non cosa nessuna, ch'egli non sia sicuro esser
conforme alla legge di Dio»[86].

Ancora in evidente polemica con Machiavelli, Botero assolve
la Chiesa di Roma da ogni responsabilità per la rovina dell'Italia,
e mette invece sotto accusa gli imperatori: «ne' tempi di Arnolfo
Imperatore, e ne' seguenti anni mancata, e per lo malo esempio,
e per colpa degl'Imperatori, che erano insolentissimi verso la
Chiesa, la Religione, mancò insieme ogni virtù; e l'Italia fu de-
predata da' Saraceni, e rovinata finalmente da' Barbari». Non
ammette neppure la distinzione fra religione e religiosi, sulla quale avevano insistito tutti i riformatori: «è impossibile che stimi la
religione chi non fa conto dei religiosi»[87]. Non esita a lodare gli
aspetti più esteriori e superstiziosi della religione cattolica, compreso il culto delle reliquie. Gli uomini, spiega, anelano a Dio;
ma poiché Dio è nascosto e ai sensi e all'intelletto, essi si volgono dove possono trovare qualche «segno della sua presenza». Il
principe cristiano deve dunque rispettare i prelati, lasciare ad essi il giudizio sulle questioni di dottrina, impedire che diventino
poveri, erigere magnifiche chiese e addirittura avvalersi di un
«consiglio di coscienza» formato da teologi e dottori in diritto
canonico[88]. La morale della docilità e dell'umiltà di fronte ai potenti che Machiavelli e i riformatori avevano condannato diventa per Botero uno degli aspetti più validi dell'educazione cristiana. La legge cristiana «vuole che si obedisca a' Principi di-
scoli, non che a' moderati; e che si patisca ogni cosa, per non
perturbar la pace». Oltre alla docilità dei sudditi, la legge cristiana, con l'aiuto della Chiesa, permette ai prìncipi di estende-
re il dominio dello stato fino all'interiorità degli uomini: «sotto-
mette loro, non solamente i corpi, e le facoltà de' sudditi, dove
conviene: ma gli animi ancora, e le coscienze, e lega non solamente le mani: ma gli affetti ancora, e i pensieri»[89]. È la più

---

[86] Ivi, p. 87
[87] Ivi, pp. 90 e 93.
[88] Botero, *Delle cause della grandezza delle città*, in *Della Ragion di Stato*
cit. p. 87.
[89] Ivi, p. 91.

schietta dottrina della religione come *instrumentum regni*, perfino grande per la sua chiarezza, e Botero la elabora in diretto contrasto con la religione della libertà di Machiavelli.

In quegli stessi anni, anche Paolo Paruta (1540-1598) sostenne che la religione cattolica è del tutto atta a conservare gli stati e che non c'è alcun bisogno di cambiarla. Poiché il culto divino è condizione necessaria per la vera vita civile, è indispensabile che esso sia nella città «ottimamente costituito». I cittadini privati devono ubbidire ai magistrati e i magistrati alle leggi, ma gli uni e gli altri con rispetto e reverenza devono servire la religione «senza cui ogni altra buona condizione sarebbe nulla et la città non pur felice, né ancho vera Città dir si potrebbe». Se l'uomo si allontana da Dio perde la sua «vera forma». Anche i gentili, che pur non conoscevano questa verità, vollero che i loro governi civili fossero fondati «sopra questa ferma base della religione» e celebrarono la virtù di Numa Pompilio quale nuovo fondatore della città di Roma per averla «ordinata nella religione». A maggior ragione il principe cristiano, che sa di regnare sopra la terra per disposizione di Dio, deve «volgere ogni studio, et ogni industria, che i suoi popoli siano ammaestrati nella vera fede e che in ogni parte della città, e in ogni attiene de' cittadini si veda risplendere il ruolo della religione». Non deve permettere in alcun modo due religioni ma far sì che la città abbondi di templi e di sacerdoti, e che le cerimonie del culto siano pie e magnifiche e le feste religiose siano celebrate con devozione e solennità. Le cose esteriori, sottolinea Paruta con saggezza veneziana, eccitano l'«effetto interno» e insieme alla pietà del principe fanno nascere nei petti dei cittadini l'amore della vera bontà «il quale solo può formare quella perfetta virtù civile, che indarno col timore delle leggi si cerca d'introdurre nel Mondo»[90].

Molto più duro è l'attacco di Tommaso Campanella contro Machiavelli, reo, ai suoi occhi, di aver ridotto la religione a mera arte per governare gli uomini e di aver trattato di Mosè come un semplice uomo virtuoso e astuto[91]. La religione, spiega Campanella, è

---

[90] Paolo Paruta, *Della perfettione della vita politica libri tre*, Appresso D. Nicolini, Venezia 1599, pp. 477-78.

[91] «Alii autem nullam credunt esse Religionem secundum naturam, sed secundum artem tantum regnandi, et convivendi; atque inventionem astutorum, et prudentum; ac vere Deum non esse, vel res humanas nihil curare»; Tom-

fondamento necessario della vita degli stati e della vita sociale[92], e ammonisce il principe a non alterare la religione esistente e i suoi riti per fini politici[93]. Campanella si scaglia anche con particolare acrimonia contro l'idea di Machiavelli che la Chiesa sia stata causa principale della divisione e della debolezza dell'Italia: «Io so che il Machiavello dice, che fu causa della rovina d'Italia il Papa, ma questa è asserzione ignorantesca, che non mira alla providenza di Dio, né al tutto, ma solo alla parte, a qualche papa, che chiamò barbari in Italia»[94]. Al tempo stesso sostiene la necessità del culto religioso nelle repubbliche come strumento di governo: «Ascolta, Venezia, la medicina tua, che or ti parlo per ragion di Stato, non per teologia, che a questo tempo è sospetta e burlata. Tu certo hai da perire in questa risoluzione fatta contro la religione – hai inteso – perché ogni repubblica ed imperio si conserva con quelli auspici ed ordini di vivere, con li quali nacque e crebbe in grandezza e gloria, come ogni pianta si conserva con quella acqua, terra e sole, che a lei è naturale; e quante volte l'è tolta l'acqua o il sole nativo, o languisce o muore»[95].

In una poesia scritta probabilmente nel 1601, Campanella invoca addirittura Cristo affinché «torni in terra armato» e rivolga le armi contro i cattivi religiosi che si sono allontanati del tutto dalla sua legge[96]. Ma il suo Cristo armato non insegna l'amore della libertà, e milita a fianco del pontefice. L'ideale di Campanella non è il ritorno dell'amore per il vivere libero, ma il trionfo del papa sugli altri prìncipi e la vittoria della dottrina cattolica sull'eresia e sull'ateismo[97]. A tal fine egli giudica benefica quell'educazione all'umiltà, alla docilità e al distacco dalle cose del mondo che Machiavelli aveva condannato. Il contrasto fra lo spirito della Controriforma e la religione della libertà di Machiavelli non potrebbe essere più netto:

maso Campanella, *Atheismus Triumphatus, seu reductio ad Religionem per Scientiarum veritates*, Paris 1636, cap. I e cap. X.

[92] «non posse Rempublicam fundari absque religione»; ivi, cap. IX.

[93] Ivi, cap. XVIII.

[94] Tommaso Campanella, *Antiveneti*, testo inedito a cura di Luigi Firpo, Olschki, Firenze 1945, pp. 89-94.

[95] Ivi, p. 73.

[96] Tommaso Campanella, *A Cristo nostro signore*, in *Tutte le opere*, a cura di Luigi Firpo, Mondadori, Milano 1954, vol. I, p. 33.

[97] John M. Headley, *On the Rearming of Heaven: the Machiavellism of Tommaso Campanella*, in «Journal of the History of Ideas», XLIX (1988), pp. 387-404.

Dunque sappi o Venezia che la causa perché i popoli non si ribellano è la religione e li preti e frati, perché questi sono anima del corpo della politica e non ponno mai le membra ribellarsi al corpo, mentre la medesima anima che li avviva, come san li filosofi. Or, quanto li principi fanno li spropositi e li popoli si trovano malcontenti e son da' banditi sollecitati, li religiosi son causa, che non si ribellino, e che stiano sotto l'obbedienza, con le prediche o con le confessioni secrete, ammonendoli al ben vivere, e distogliendoli dalla loro prava volontà, e confortandoli col Paradiso, ed atterrendoli con l'Inferno, e facendogli andare in Chiesa, dove mirando quegli uffici e messe e prediche ed inclinazioni e volti umili e colli torti ed abiti grossi e lezioni ed esercitazioni, e vedendo che si fan da dovero e non per burla, si compongono nell'animo, e credono l'altro secolo, e lasciano volentieri questo: e, se sono oltraggiati, hanno in cuor loro questo conforto di essere rimunerati da Dio in altra vita: e questa usanza può tanto nelli petti umani, che fa gli uomini pii, obbedienti, amorosi tra loro e fedeli: e quanto più chiese si fanno e religion e prediche e simili atti, più li popoli credono e s'animano alla pietà: altrimenti gli uomini sariano peggiori che li leoni e tigri che li demoni stessi, perché son d'ingegno invitti, s'imprestano le forze l'uno all'altro e si servono delli animali, e fanno quel vogliono fieramente[98].

Che gli uomini debbano essere pecore mansuete piuttosto che animali feroci, e che la religione sia il mezzo più efficace per renderli tali, lo spiega assai bene Traiano Boccalini nei *Ragguagli di Parnaso*. In quest'opera satirica egli narra di Machiavelli processato e condannato in Parnaso, dimora immaginaria dei saggi sotto il governo di Apollo, non tanto per le empie dottrine che aveva tratto dalla pratica dei prìncipi quanto per «esser di notte stato trovato in una mandra di pecore, alle quali s'ingegnava di accomodare in bocca i denti posticci di cane, con evidente pericolo che si disertasse la razza dei pecorai»[99]. Colpa gravissima in quanto privava le pecore della loro semplicità e mansuetudine e rendeva impossibile a un solo pastore governare greggi ampi di animali, e insomma «era un voler porre il mondo tutto in combustione il tentare di far maliziosi i semplici e far vedere lume a quelle talpe le quali con grandissima circonspezione la madre natura avea create

---

[98] Ivi, pp. 102-103.
[99] Traiano Boccalini, *Ragguagli di Parnaso e Pietra di paragone politico*, a cura di Giuseppe Rua, Laterza, Bari 1910, vol. I, pp. 107 e 199; vol. II, 1912, p. 66; vol. III, a cura di Luigi Firpo, 1948, p. 77.

cieche»[100]. Chi sono le pecore e i pastori se non il popolo cristiano e i suoi preti? Mentre ripete i luoghi comuni dell'antimachiavellismo della Controriforma, Boccalini pare voler dire ai suoi lettori che Machiavelli aveva istigato i popoli a ribellarsi al giogo di prelati i quali non avevano altro fine che trarre dal gregge dei fedeli cacio e lana, e aveva voluto rendere i semplici capaci di vedere e quindi di sottrarsi a un dominio che penetra negli animi.

Anche Gaspare Scioppio, uomo di primo piano nel pensiero politico del Seicento, rifiuta l'idea che sia necessaria una riforma religiosa e morale, ma si sforza di ricondurre il pensiero di Machiavelli nell'alveo della dottrina cattolica tradizionale. La decisione di mettere all'Indice le opere di Machiavelli, spiega, nacque da considerazioni politiche. I suoi scritti, se esaminati con la dovuta attenzione, non contengono nulla contro la morale e la fede cattolica[101]. Machiavelli ha riconosciuto in un modo che non lascia adito a dubbi che la religione è il fondamento del buon ordine e della grandezza delle repubbliche, e che senza il timor di Dio il timore del principe non è bastevole a infondere il rispetto delle leggi[102]. Anche se Machiavelli ha posto Mosè sullo stesso piano di Ciro, Romolo e Teseo, e ha attribuito le sue vittorie e le sue leggi alle armi e alla sua potenza e non a Dio, lo ha fatto perché da politico ha voluto considerare soltanto le cause naturali ed escludere quelle soprannaturali[103]. L'ammonimento di Machiavelli al principe di rispettare e incoraggiare il culto religioso anche se lo considera falso non è per Scioppio un'offesa alla religione, ma nasce dalla consapevolezza che in politica contano le azioni e le apparenze, non le convinzioni interiori[104]. Quando accusa la religione cristiana di aver reso il mondo debole, Machiavelli si rivolge a coloro che vogliono vivere una vita al riparo dai dolori e dai sacrifici e coprire con la religione la loro viltà e la lo-

---

[100] Ivi, vol. I, pp. 327-28.

[101] Vedi in proposito Mario D'Addio, *Il pensiero politico di Gaspare Scioppio e il machiavellismo del Seicento*, Giuffrè, Milano 1962, pp. 471 e 417.

[102] «quum ubi homines timore Dei, seu Religione ducuntur, facile legibus ac praeceptis eorum qui Dei loco praesunt, tam in bello quam in pace obtemperant, adeoque observantia divini cultus causa est magnitudinis Reipublicae sicut vicissim ubi timor Dei deficit, imperium illud aut everti aut non nisi metu Principis ad exitio servare oportet»; ivi, p. 464.

[103] Ivi, pp. 465-66.

[104] Ivi, p. 486.

ro ignavia. Machiavelli ha infatti riconosciuto esplicitamente che la religione cristiana rettamente interpretata non solo permette ma esorta a difendere la patria contro i tiranni[105]. Scioppio assolve Machiavelli dall'accusa di empietà, ma lascia cadere l'esigenza di una rinnovata religione della patria e della libertà per battere sul logoro tasto degli effetti moderatori della religione.

Con toni più moralistici rispetto agli altri teorici della Controriforma, anche Scipione Ammirato (1531-1601) condanna Machiavelli per aver asservito la religione cristiana alle esigenze dello stato. Anziché accomodare la religione a se stessi, scrive nei *Discorsi sopra Cornelio Tacito* pubblicati a Firenze nel 1594, gli uomini, e soprattutto i prìncipi, devono accomodare le leggi alla religione: «essendo prima stato nella natura degli uomini ne' campi e nelle grotte, quando non eran fatte le città, la credenza di Dio che non furono le radunanze civili, per conto delle quali sono state fatte le leggi; perché non altrimenti sarebbe il dire doversi la religione accomodare al viver civile, che chi dicesse le stagioni dell'anno doversi accomodar alle persone e non le persone alle stagioni»[106]. Quando esorta il principe a simulare il rispetto della religione anche se non crede, Machiavelli consiglia nient'altro che la frode, perché «né altro che fraude è il dar a intender una cosa per un'altra». Il principe savio, al contrario, deve liberare il suo animo «da cotali malizie» e tenere per fermo che «si come la nostra religione non ha bisogno, per essere accresciuta, delle nostre falsità, così a niuno è per lungo tempo di molto giovamento la bugia, la quale da' Romani, uomini altieri e magnanimi, per fallo servile fu riputata»[107].

Con altrettanta determinazione Ammirato difende la religione cristiana dall'accusa di aver cercato in tutti i modi di estinguere quella pagana cancellando i suoi ordini, le sue cerimonie e la sua teologia e addirittura, con Gregorio Magno, bruciando le opere degli storici e dei poeti. Ammirato rivendica la superiorità della religione rispetto allo stato ed esalta il valore morale del cristianesi-

---

[105] Ivi, p. 468.

[106] *Discorsi del Signor Scipione Ammirato sopra Cornelio Tacito*, Filippo Giunta, Firenze 1594, Libro V, Discorso 5; vedi anche Eric Cochrane, *Florence in the Forgotten Centuries 1527-1800. A History of Florence and the Florentines in the Age of the Grand Dukes*, The University of Chicago Press, Chicago-London 1973, in particolare pp. 116-39.

[107] *Ibidem*.

mo come religione che insegna l'umiltà. «Parla costui [Machiavelli] della religione cristiana, scrive Ammirato, come se fusse una ragione di stato, la quale *per fas et nefas* intenda di mandar avanti i suoi pensieri; non considerando, che essendo ella diversa dalle vie del mondo, tenne modi diversi da quelli che tiene il mondo, perché la riputazione della religione cristiana fu la povertà, l'umiltà, la castità, il dispregio delle cose del mondo, il perdonar a' nimici, il non tener conto dell'ingiurie e volentieri andar a' supplicii e a' martirii per acquistare una vita et una gloria di là»[108].

Furono tuttavia i gesuiti, nel contesto della Controriforma, a cogliere meglio degli altri il significato eversivo delle idee di Machiavelli rispetto all'ortodossia cattolica. Essi gli imputavano di aver spodestato Dio e la Provvidenza dal governo delle cose del mondo per instaurare al loro posto l'impersonale fato e l'influsso inesorabile degli astri. Pedro Ribadeneyra nel suo *Principe cristiano* denuncia esplicitamente Machiavelli per aver diffuso l'empia dottrina che sottrae l'agire politico al magistero di Dio e della Provvidenza[109]. In un mondo dominato dal fato l'agire politi-

---

[108] Ivi, Libro XXI, Discorso 1.

[109] Pedro de Ribadeneyra, *Trattato della religione e delle virtù che il principe cristiano deve avere per governare e conservare i suoi stati contro ciò che insegnano Nicolo Machiavelli ed i politici di questo tempo ovvero Il principe cristiano* (1585), trad. it. di Otello Tavoni, nota introduttiva di Paolo G. Caucci, Cantagalli, Siena 1978, l, II, cap. IV, pp. 24-25. Cfr. Gennaro Maria Barbuto, *Il principe e l'Anticristo: Gesuiti e ideologie politiche*, Guida, Napoli 1994, pp. 249-76. Un altro gesuita di prestigio, Adam Contzen, sottolinea che per Machiavelli il fato non è altro che l'influsso ineluttabile degli astri sulle umane vicende («fatum [...] astrorum influxum appellat et fatum ex astris inevitabile»); Adam Contzen, *Politicorum libri decem, in quibus de perfectae reipublicae forma, virtutibus et vitiis, institutione civium, legibus magistratu ecclesiastico, civili, potentia reipublicae*, editio secunda auctior. sumpt. I. Kinckii, Colonia 1629, p. 9. Anche altri autorevoli esponenti dell'ortodossia cattolica si impegnarono a confutare le idee di Machiavelli sulla responsabilità della Chiesa per la cattiva educazione morale. Juan Ginés Sepúlveda, ad esempio, sostiene nel *Democrates* (1535) che gli scrittori che hanno affermato che la religione cristiana rende gli uomini vili e inetti alla disciplina militare sono empi e ignoranti. In quegli stessi anni Girolamo Osorio, nel *De Gloria* spiega che anche i cristiani possono aspirare alla gloria a condizione che non intendano per gloria quella che i Romani chiamavano fama e altro non era che il plauso della plebe rozza e ignorante, ma una gloria approvata da Dio. Le imprese dei cristianissimi popoli iberici dimostravano del resto che i moderni soldati cristiani erano capaci di emulare e superare gli eserciti romani. Vedi in proposito Prosperi, *La religione, il potere, le élites* cit., pp. 512-18.

co non poteva essere sottoposto al governo della religione e dei suoi legittimi ministri in terra[110].

Machiavelli è l'Anticristo. Sant'Ippolito martire, scrive Ribadeneyra,

raffigura l'Anticristo come ipocrita e maestro di siffatta genia di politici. Dice che quando si mostrerà al mondo sarà clemente, umano, religioso, amico della giustizia e nemico di corruzioni e regalie; che non consentirà l'idolatria, onorerà i vecchi e gli uomini canuti e odierà le persone disoneste, i dissipatori e i mormoratori; accoglierà i poveri, proteggerà le vedove e i fanciulli, si comporterà da pacificatore e appianerà le discordie; elargirà regali e ricchezze fingendo in modo così stupefacente che, pur facendo tutto ciò per conquistare il favore popolare e divenire monarca del mondo, quando il popolo stesso verrà a supplicarlo di diventare tale, si farà pregare e darà ad intendere che non vuole e non stima il comando e gli onori, fino a che non si lascerà convincere accettando scettro e corona per sopraffare il mondo[111].

Anche in piena età della Controriforma si levarono tuttavia voci che ripresero e difesero le idee di Machiavelli sulla riforma religiosa e morale. Giordano Bruno, nello *Spaccio della bestia trionfante*, scritto nel 1584 contro Lutero e la sua «difformatissima» Riforma, invoca una «nuova religione civile e naturale» quale rimedio alla corruzione del mondo prodotta dalla cattiva religione[112]. Nella narrazione di Bruno è Giove stesso ad avvertire l'esigenza di una riforma che riporti in vita il vero sentimento religioso e cacci dal cielo le bestie rappresentate nelle costellazioni per porre al loro posto le virtù, prima fra tutte la giustizia, e restauri la «sfiancuta forza e snervata virtude»[113]. Svanito il timore di Dio, è scomparso dal mondo anche il vero culto religioso, e la religione, anziché spingere gli uomini a diventare eroi, li fa diventare come bestie[114].

---

[110] Cfr. Barbuto, *Il principe e l'Anticristo* cit., pp. 275-76.

[111] Ribadeneyra, *Il principe cristiano* cit., l, II, cap. III, p. 19. Anche Campanella giudica Machiavelli ispiratore dell'Anticristo, cfr. Barbuto, *Il principe e l'Anticristo* cit., p. 269. Su Campanella e Machiavelli vedi John M. Headley, *On the Rearming of Heaven: the Machiavellism of Tommaso Campanella* cit., pp. 387-404.

[112] Lo ha messo assai bene in evidenza Michele Ciliberto nella sua Introduzione a Giordano Bruno, *Spaccio della bestia trionfante*, a cura di Michele Ciliberto, Rizzoli, Milano 2000, p. 43.

[113] Bruno, *Spaccio della bestia trionfante* cit., pp. 97 e 113.

[114] Ivi, p. 105.

In contrasto con lo spirito della Controriforma, Bruno riprende e sviluppa il tema umanistico e machiavelliano della rinascita per via del ritorno ai princìpi. Giove riconosce la forza invincibile del fato che porta alla morte e alla decadenza[115], ma afferma anche che il fato concede agli dèi il potere di risorgere: «Provedemo, dunque, provedemo a' casi nostri; perché come il fato ne ha negato il non posser cadere, cossí ne ha conceduto il possere risorgere; però come siamo stati pronti al cascare, cossí anco siamo apparecchiati a rimetterci su gli piedi. Da quella pena nella quale mediante la riparazione, che sta nelle nostre mani, potremo senza difficultade uscire»[116]. Contro Lutero, che predica che gli uomini non possono farsi simili agli dèi e che ogni atto eroico «non è altro che vigliaccheria», Bruno riporta in vita l'idea che l'uomo può rinascere, e rinascendo farsi simile agli dèi, perseguire la giustizia, amare la patria, cercare la gloria. Non importa se per diventare simile agli dèi l'uomo deve farsi bestia perché non può mantenersi superiore «chi non si sa far bestia». Dobbiamo credere, Bruno fa dire a Giove, che «a l'uomo, per esser divino, gli conviene aver de la bestia, e quando appetisce mostrarsi altamente divo, faccia conto di farsi vedere in tal misura bestia». Merita dunque onore Chirone il Centauro, uomo giustissimo che insegnò ad Achille e mostrò come si montava verso il cielo[117].

Machiavelli nel *Principe* aveva delineato l'immagine del fondatore di stati che sa essere uomo e bestia e tuttavia si fa simile a Dio e ottiene la sua amicizia. Bruno ripropone la medesima immagine con tinte ancora più vivide. Anche per lui gli esempi di uomini che si resero simili agli dèi sono i Romani, che gli dèi amarono per la loro devozione alla patria, magnanimità, giustizia e misericordia, e premiarono magnificandoli sopra gli altri popoli.

---

[115] «Vedi, dunque, cara sorella, come ne doma il tempo traditore, come tutti siamo suggetti alla mutazione: e quel che più tra tanto ne affligge, è che non abbiamo certezza né speranza alcuna di ripigliar quel medesimo essere a fatto, in cui tal volta fummo. Andiamo, e non torniamo medesimi; e come non avemo memoria di quel che eravamo, prima che fussemo in questo essere, cossí non possemo aver saggio di quel che saremo da poi. Cossí, il timore, pietà e religione di noi, l'onore, il rispetto e l'amore vanno via; li quali appresso la forza, la providenza, la virtù, dignità, maestà e bellezza, che volano da noi, non altrimente che l'ombra insieme col corpo, si parteno»; ivi, p. 108.

[116] Ivi, p. 123.

[117] Ivi, pp. 116 e 302-304.

Con le loro gesta, sottolinea Bruno, i Romani si seppero «confor-
mare ed assomigliare» agli dèi

> perdonando a' summessi, debellando gli superbi, rimettendo l'ingiu-
> rie, non obliando gli beneficii, soccorrendo a' bisognosi, defendendo
> gli afflitti, relevando gli oppressi, affrenando gli violenti, promoven-
> do gli meritevoli, abbassando gli delinquenti, mettendo questi in ter-
> rore ed ultimo esterminio con gli flagelli e secure, e quelli in onore e
> gloria con statue e colossi. Onde consequentemente apparve quel po-
> polo più affrenato e ritenuto da vizii d'inciviltade e barbaria, e più
> esquisito e pronto a generose imprese, ch'altro che si sia veduto gia-
> mai. E mentre fu tale la lor legge e religione, tali furono gli lor co-
> stumi e gesti, tal è stato lor onore e lor felicitade[118].

In queste parole è chiara l'eco dei *Discorsi sopra la prima deca di Tito Livio* che Bruno lesse con tutta probabilità nell'edizione uscita a Londra per i tipi di John Wolf nel 1584. Comune a
Machiavelli e a Bruno è la critica radicale alla religione dell'ozio
e l'esaltazione di una religione che educhi gli uomini ad amare la
patria e a bene operare per il vivere civile. I mali più gravi che
gli uomini compiono sono quelli «in pregiudicio della republica». Gli dèi vogliono essere amati e temuti per favorire «il con-
sorzio umano». Detestano i peccati che «apportano noia a quello». Ai loro occhi il solitario «disutile» vale meno di chi opera
per la «profittevole conversazione» civile. Il «superbo appetito
di gloria, onde resulta sovente bene alla republica» merita più
della «sorda cupidiggia di denari». Chi ha «liberato la patria e
riformato un animo perturbato» è degno di maggior trionfo di
chi «abbia sanato un vile e disutil zoppo che poco o nulla vale
più sano che infermo». Dio non permette «che si addrizzeno statue a' poltroni, nemici del stato de le republiche, e che in pregiudicio di costumi e vita umana ne porgono paroli e sogni, ma
a color che fanno tempii a' dei, aumentano il culto e zelo di tale
legge e religione per la quale vegna accesa la magnanimità ed ardore di quella gloria che séguita dal servizio della sua patria ed
utilità del genio umano; onde appaiono instituite universitadi per
le discipline di costumi, lettere ed armi[119].

---

[118] Ivi, pp. 287 e 166.
[119] Ivi, pp. 164-66.

Il Dio di Bruno, come il Dio di Machiavelli, ama e odia, premia e punisce. Mentre Machiavelli riteneva ancora possibile fare ritrovare agli uomini il Dio che insegna la virtù, Bruno non crede valga la pena di cercare di riportare il cristianesimo ai suoi princìpi. Ritiene che gli stessi princìpi siano corrotti, e che la Riforma di Lutero, invece di essere il primo passo verso la rinascita, sia l'ultimo stadio della degenerazione. Il ritorno del mondo «all'antico volto» non potrà avvenire riscoprendo i princìpi cristiani, ma trovando un nuovo principio religioso nell'antica sapienza egizia e romana[120]. Anche se ammette l'utilità delle cerimonie religiose, Bruno si allontana da Machiavelli, che pur segue per un buon tratto, e si incammina verso una religione razionale.

Pur con minore robustezza filosofica, anche Francesco Sansovino tiene in vita nei suoi scritti l'insegnamento di Machiavelli sulla religione e la libertà politica. Nei suoi *Concetti politici* (1598) scrive infatti che «Non si trovò mai che nessuno huomo da bene perdesse la libertà, se non la perde insieme con l'anima. Percioche è noto ad ogn'uno, che è difficilissima cosa a coloro che sono instituti, allevati, e nati nella libertà, vivere in servitù, poiché fra tutte le cose del mondo, la migliore è la libertà: il cui nome è inditio di virtù, sì come è inditio d'infelicità la servitù»[121]. E aggiunge che «A Dio piacciono sommamente le libere Città. Perché in quelle più, che in altra spetie di governi, si conserva il ben commune, vi si amministra più senza distinzione la giustitia, vi si accendono più gli animi de cittadini alle opere virtuose, e honorate; e si ha più osservanza, e rispetto alla religione»[122].

Sansovino ribadisce con Machiavelli che la religione è necessaria per avere buone leggi e buone armi: «L'armi, le leggi, et il culto divino, in una ben regolata Città non si possono mai separare se non con distruttione d'alcuna d'esse, percioche unite insieme si mantengono reggendosi l'una all'altra, e disciolte che sono, quella che peraventura senza le due compagne, pareva per se

---

[120] Vedi quanto scrive Michele Ciliberto nella sua Introduzione a Bruno, *Spaccio della bestia trionfante* cit., pp. 44 e 56-57.

[121] Francesco Sansovino, *Concetti politici*, in *Propositioni, overo considerationi in materia di cose di Stato, sotto titolo di Avvertimenti, Avvedimenti Civili e Concetti Politici di M. Francesco Guicciardini, M. Gio.Francesco Lottini, M. Francesco Sansovini*, Vinegia, Presso Altobello Salicato, 1588, L.

[122] Ivi, CCXXII.

stessa sufficiente, cade tosto»[123]. Da Machiavelli, senza nominarlo, trae la massima che «fra tutti gli uomini lodati, sono lodatissi-
mi coloro che sono stati capi, e ordinatori delle religioni. Appresso questi coloro che hanno fondato Repubbliche o Regni» e la
considerazione che «non fu mai alcuno ordinator di leggi straordinarie in un popolo che non ricorresse all'aiuto di Dio, perché
non sarebbono altramente state accettate. Conciosia che da un
prudente, sono conosciuti molti beni, i quali non hanno in loro
ragioni evidenti da potergli persuadere e mostrare altrui. Però gli
uomini savi che vogliono levar questa difficoltà, rimettono il tutto a Dio. Così fece Licurgo, così Solone, e così tutti gli altri Legislatori»[124]. Ripropone anche il tema classico e umanistico dei
grandi reggitori che hanno quale premio la gloria nei cieli: «L'a-
nime de guerrieri, e valorosi huomini, che si sono destinati a morire per la patria, per li figliuoli, e per la religione, sciolte col ferro da legami del corpo, non è dubbio che il chiarissimo cielo stel-
lato non le riceva, come in albergo di felicissima quiete»[125].

Nell'epoca del trionfo dei principati, Sansovino ritrova alcuni elementi della vecchia religione civile che era nata nel contesto delle esperienze repubblicane. Quando tratta della religione
di Utopia descritta da Tommaso Moro, annota che gli abitanti di
quella felice repubblica accettano la religione cristiana perché
hanno compreso che la «foggia del loro vivere piaceva a Cristo»
e giudicano il cristianesimo «molto simile alla loro religione» che
dà ad essi la costanza di perseverare «in quella foggia di ben vivere»[126]. Sansovino ricorda il principio di Machiavelli che sono
soprattutto le repubbliche ad aver bisogno della religione: «La

[123] Ivi, CCXLVII.
[124] Ivi, CDIX e CDX.
[125] Ivi, DCCII.
[126] Francesco Sansovino, *Del governo et amministratione di diversi regni et
repubbliche, così antiche come moderne libri XXI. Ne' quali si contengono diversi ordini, magistrati, leggi, costumi, historie, e altre cose notabili, che sono utili e necessarie ad ogni huomo civile e di stato*, Venezia MDLXXVIII, in particolare pp. 197-200. Sull'idea di riforma religiosa nel pensiero utopistico del
Cinquecento, vedi Luigi Firpo, *L'utopia politica nella Controriforma*, in *Contributi alla Storia del Concilio di Trento e della Controriforma*, in «Quaderni di
Belfagor», Vallecchi, Firenze 1948, pp. 78-108; Carlo Curcio, *Utopisti e riformatori sociali del Cinquecento*, Zanichelli, Bologna 1941; Id., *Utopisti italiani
del Cinquecento*, Colombo, Roma 1944.

religione causa buoni ordini, i buoni ordini fanno buona fortuna, la buona fortuna fa nascere i buoni successi dell'imprese. Però l'osservanza del culto divino è cagione della grandezza delle Republiche, e dove manca il timor di Dio, convien che quel Regno sia sostenuto da un Principe, che col timore supplisca al difetto, dove non è religione»[127].

Le idee di Machiavelli sulla religione trovarono un terreno particolarmente favorevole fra i libertini italiani, primo fra tutti Giulio Cesare Vanini, che sostiene una concezione della natura come incessante e inarrestabile ciclo di corruzione e generazione, senza finalismo e senza guida divina, del tutto simile a quella di Machiavelli[128].

Ogni cosa generata – scrive Vanini – in qualsivoglia specie, cresce, vive per un tempo stabilito e finalmente s'incammina verso la corruzione: ora, poiché a questa tiene dietro un nuovo nascimento, è necessario che precedano disposizioni le quali siano contrarie alle altre che han tendenza a corrompere: infatti se le disposizioni del generare non vincono le disposizioni al corrompere, il nascimento non avverrà, essendoché nulla si generi se nella materia non siano presenti disposizioni adeguate, allo stesso modo che nulla si corrompe ove non si corrompano le disposizioni conservatrici del subbietto. Questa regola non è vera soltanto per gli uomini in particolare, ma anche per le città, per i regni e per le religioni[129].

Con Machiavelli il Vanini condivide anche l'elogio della religione pagana per la sua efficacia nel conservare e ampliare l'impero. Benché falsa, la religione dei Romani svolgeva efficacemente il suo ruolo non soltanto perché prometteva eterna ricompensa a chi moriva per la patria, ma proponeva quali dèi da venerare dei semplici mortali, e in questo modo animava gli uomini ad operare per assurgere a «divina dignità»[130]. Fu dunque grazie all'aiuto delle di-

---

[127] Sansovino, *Concetti politici*, cit., CDXI.

[128] Vedi in proposito Barbuto, *Il principe e l'Anticristo* cit., p. 285.

[129] Giulio Cesare Vanini, *Dei mirabili arcani della natura regina e dea dei mortali*, in *Le opere di Giulio Cesare Vanini tradotte per la prima volta in italiano*, Eduardo Bortone, Lecce 1919, vol. II, pp. 327-28. Vedi anche Giorgio Spini, *Ricerca dei libertini. La teoria dell'impostura delle religioni nel Seicento italiano*, Editrice «Universale di Roma», Roma 1950.

[130] Ivi, p. 308.

vinità e dei «corpi celesti» che Romolo da pastore divenne re, e Roma «capitale del mondo». Da Machiavelli il Vanini trae infine l'idea che i grandi legislatori facevano credere al popolo di aver ricevuto dagli dèi «la sanzione delle leggi» e soprattutto il mito di un profeta armato che a differenza di Cristo sa imporre la legge ed emancipare popoli: «Cristo si trovò sempre inerme e tutti quelli che senz'armi vollero difendere il vero (dice il Machiavelli) perirono miseramente. Mosè invece in ogni tempo procedette armato»[131]. Nonostante l'intensità degli attacchi polemici da parte degli scrittori politici della Controriforma, l'idea di una religione della virtù non scomparve del tutto dal contesto intellettuale italiano. Rimase viva come aspirazione ideale o come ricordo, senza riuscire tuttavia a diventare il punto di riferimento di un vero e proprio movimento riformatore.

3. *Il riscatto dell'Italia e l'idea della riforma morale negli scrittori del Settecento*

Lo diventò invece nel Settecento, soprattutto grazie agli scrittori che giudicarono l'emancipazione delle coscienze condizione necessaria del riscatto politico dell'Italia. Il loro Machiavelli è tanto il critico della cattiva educazione prodotta dalla religione cristiana corrotta, quanto il profeta del rinnovamento morale che si realizza quando un popolo ritrova se stesso riscoprendo i princìpi del vivere libero, la vera religione e la giustizia.

Fra i primi a insistere sulla necessità di una religione che insegni l'amore della patria fu Paolo Mattia Doria (1662-1746). Nella *Vita civile* Doria pone la religione fra le massime necessarie a mantenere buoni costumi in una repubblica o in un regno: «non è possibile ordinar legge, o additar costume, che sia da' popoli ricevuto, ed eseguito, se no'l riguardano come una ordinazion di Dio ed una sequela della religione»[132]. Aggiunge poi, in polemica con Ma-

---

[131] Ivi, p. 302.
[132] Doria Paolo Mattia, *La vita civile distinta in tre parti aggiuntovi un trattato della educazione del principe, seconda edizione dall'Autore ricorretta, ed accresciuta*, Daniello Höpper, Augusta M.DCC.X, p. 145.

chiavelli, che «egli è ben vero, nondimeno, che bisogna saperne usare dirittamente, e non già con malizia, com'altri empiamente hanno affermato, ma con pura e sincera verità: perché infine non è già che la religione sia, come alcun'empio ha creduto, ordinata dalla politica, ma sì bene la politica è quella, ch'è dalla religione ordinata»[133]. Dopo questa critica, Doria esorta però i prìncipi a coltivare una religione che insegni ai popoli ad amare la patria: «la conservazion della patria sia ne' popoli un punto fermissimo ed inviolabile di religione». Questa religione deve ispirare la venerazione per i misteri e per le cerimonie e soprattutto il timore dei giuramenti. Per contro, «i sacrifici male amministrati, le cerimonie con poca riverenza praticate, i sacerdoti mal costumati, i giuramenti troppo frequenti, l'amor di Dio trasandato» rendono la religione debole e inefficace a «sostenere gli ordini, e la patria», e quando la religione è corrotta è difficile riportarla in vita nei cuori e nella mente degli uomini[134].

La seconda massima che Doria consiglia è far sì che i popoli preferiscano l'amore della patria «a quello della vita, considerando sempre che, lei distrutta, non sono stabili gli averi, non è sicura la vita, ed ogni altra cosa si perde»[135]. È inoltre necessario premiare la virtù, in modo che i cittadini siano incoraggiati a perseguire il bene della patria per soddisfare le proprie private passioni: «Dirittamente operavano i Romani, gran maestri dell'arte di governare, col porre in pratica la distribuzione di tante corone a' soldati, di tante lauree agli uomini di lettere, di tanti trionfi a' capitani d'eserciti, e di tanti templi a' legislatori; perché impegnavano in sì fatta guisa l'amor proprio al profitto della patria, ed avvaloravano gli uomini, con l'amor della gloria, a soffrire quelle immense fatiche, che tutte le virtù vere ricercano»[136].

La causa dell'amore della patria e dell'amore del principe è la venerazione. Per ottenere la venerazione, il principe deve studiarsi di apparire quasi divino: «se vogliono i principi, i magistrati, ovvero i senatori delle repubbliche, che i popoli amino

---

[133] Ivi, p. 146. Sulle interpretazioni settecentesche di Machiavelli vedi Mario Rosa, *Dispotismo e libertà nel Settecento. Interpretazioni 'repubblicane' di Machiavelli*, Dedalo, Bari 1964.
[134] Ivi, p. 147.
[135] Ivi, p. 151.
[136] Ivi, pp. 153-54.

quella patria, ch'essi reggono e governano; procurino di accat-
tarsi quella venerazione, che gli fa considerare quasi divini, e
quelle virtù umane, che gli fa stimare da eroi». Gli uomini sempre stimano quelle virtù che alle perfezioni di Dio si assomiglia-
no, perché quelle virtù suscitano in loro «quella maraviglia, che
delle virtù divine nutriscono»[137]. Devono dunque i magistrati,
per attirare l'amore dei sudditi e dei cittadini, «dimostrarsi nelle
virtù quasi divini». In conclusione, commenta Doria, «la virtù vera» genera «ne' popoli amor vero», «i vizj illustri, o misti di virtù,
fanno un amore nascente da passione di gloria; la ipocrisia di
virtù produce amor falso di patria, e che dura sol tanto, quanto
tarda a scoprirsi, o che tardano i vizj a giungere all'eccesso», e
«il vizio scoverto cagiona odio scoverto»[138].

Le idee del segretario fiorentino sul problema religioso e morale sono visibili nelle opere di Pietro Giannone, in particolare
la _Istoria civile del regno di Napoli_, apparsa nel 1723, che il gesuita Giuseppe Sanfelice giudicò scritta per formare un principe
più empio ancora di quello di Machiavelli e per mostrare «come
l'albero della vita civile verdeggerà sempre felice in quel terreno
ove non alligni più la religione cristiana»[139]. Ancora più visibili
sono i riferimenti a Machiavelli, anche se Giannone non lo nomina mai, nei _Discorsi sopra gli Annali di Tito Livio_, un'opera che
si inquadra nella riscoperta del Machiavelli repubblicano fra la
fine del Seicento e gli inizi del Settecento[140].

Pietro Giannone mette in evidenza che la religione dei Romani, nonostante fosse falsa e superstiziosa, era efficace a sostenere le virtù civili e militari. La religione cristiana, nonostante sia
«vera e certa» e insegni «una morale assai più perfetta e pura»
di quella pagana, non riesce invece a inculcare nell'animo dei moderni le insigni e sublimi virtù dei Romani. Per questa loro decadenza morale i cristiani meritano di essere considerati quali gli
uomini più malvagi della terra: benché guidati dalla più perfetta
delle religioni, essi scelgono infatti la via della corruzione. Ma la
«rilassatezza e la gravità de' costumi», sottolinea Giannone, na-

---

[137] Ivi, p. 156.
[138] Ivi, p. 167.
[139] Vedi in proposito Giuseppe Ricuperati, _L'esperienza civile e religiosa di
Pietro Giannone_, Ricciardi, Milano-Napoli 1970, p. 311.
[140] Ivi, p. 556.

sce dal pervertimento superstizioso, esteriore e ipocrita dell'insegnamento cristiano. «I maggiori scellerati sono quelli, che pur troppo ci credono [alla vita eterna], lusingandosi chi per un verso, chi per un altro, e tutti abbandonandosi alla divina misericordia; anzi questi sono i più facili di passare dalla religione alla superstizione, e covrire i loro falli sotto speziosi pretesti, e nascondere l'ambizione, l'avarizia e gli altri loro vizi col manto dell'ipocrisia e d'una affettata umiliazione e pietà.»[141]

Le riflessioni di Giannone sulla religione antica e sulla religione dei moderni sono assai vicine nella sostanza alle idee di Machiavelli[142]. Sulle orme di Livio, Giannone loda la religione dei Romani perché essa serviva «alla sola conservazione ed ingrandimento della repubblica», a incoraggiare gli animi a imprese «veramente ardue e magnanime», ed era insomma mezzo efficace «per mantenere a dovere i cittadini, sicché fra di loro fosse giustizia e concordia; e stretti da questo vincolo potessero attendere non pur alla conservazione del pubblico bene, ma al maggior suo accrescimento; e non già se n'abusassero, come alle volte alcuni cattivi facevano, per proprio commodo e privato interesse». Da queste osservazioni Giannone conclude che «per ciò che riguarda la *civile* teologia non devono i principi trascurare di mantenere ne' loro domìni quella religione che i popoli han ricevuta col latte delle loro madri, non solo per contenergli in una tranquilla società civile, ma eziandio perché la forza dell'avita religione conduce molto nelle spedizioni militari stesse per incoraggiar i soldati ad azioni difficili e malagevoli»[143].

Contro Machiavelli si levò tuttavia la voce critica di Giambattista Vico, che gli mosse l'accusa di non aver capito il ruolo che ebbe la religione nella grandezza romana e nella nascita e

---

[141] Ivi, pp. 771-72.

[142] Di diversa opinione è Sergio Bertelli: «È sintomatico che un'opera come i *Discorsi sopra gli Annali di Tito Livio*, che così da vicino ricalca nel suo titolo il commento machiavelliano alle deche, sia al contrario tanto lontana dal pensiero di Machiavelli. Per Giannone non v'è un problema di arte di governo, da comprendere e da sviscerare. I capitoli che lo interessano sono quelli in cui Livio parla della religione dei Romani», in *Opere di Pietro Giannone*, a cura di Sergio Bertelli e Giuseppe Ricuperati, Ricciardi, Milano-Napoli 1971, Introduzione, p. XIX.

[143] Pietro Giannone, *Discorsi sopra gli Annali di Tito Livio*, in *Opere di Pietro Giannone* cit., pp. 749-51.

250   *Il Dio di Machiavelli e il problema morale dell'Italia*

nella vita delle nazioni. «E qui si scuopre», spiega Vico, «il principio di quello di che la storia romana narra gli effetti, ma né Polibio né Plutarco né Macchiavelli ne scoversero la cagione: che la religione fu quella che fece tutta la romana grandezza». Fu la religione, fondata com'era sugli auspici, a far sorgere prima e a conservare viva poi la magnanimità nel cuore della plebe e a spingerla a mostrarsi altrettanto degna dei patrizi nella guerra e nella pace. Di qui l'eroismo e la grandezza sia dei patrizi sia dei plebei, e dunque la grandezza di Roma. Machiavelli vide questa «gran verità» soltanto «di sottil profilo», quando assegnò quale causa della grandezza romana la magnanimità della plebe, ma non seppe vedere affatto la verità ancora più generale che le repubbliche nascono e vivono per intervento della Provvidenza, e trattò della conservazione dei popoli, come Hobbes dopo di lui, «con empietà verso Dio, con iscandalo verso i príncipi e con ingiustizia verso le nazioni»[144]. Non vide neppure la gravità e la sapienza che tanto contribuirono alla gloria di quella Repubblica: «Così la cagione, che produsse a' romani la più saggia giurisprudenza del mondo [...] è la stessa che fece loro il maggior imperio del mondo; ed è la cagione della grandezza romana, che Polibio troppo generalmente, rifonde nella religione de'nobili, al contrario Macchiavello nella magnanimità della plebe e Plutarco, invidioso della romana virtù e sapienza rifonde nella loro fortuna»[145].

Che la religione sia necessaria alla nascita delle comunità civili e alla loro conservazione, Machiavelli lo aveva detto a chiare lettere. Così come aveva scritto che la religione romana aveva quale fondamento gli auspici ed era stata una delle cause, l'altra era la saggezza delle deliberazioni del senato, della grandezza e della gloria di Roma. Vico preferisce invece avvicinare Machiavelli ai teorici del diritto naturale che avevano ignorato il ruolo della religione nella nascita e nella vita degli stati[146]. Teorizza il ritorno degli uomini corrotti dalla «riflessiva malizia» alla «primiera semplicità

[144] Giambattista Vico, *La scienza nuova prima*, a cura di Fausto Nicolini, Laterza, Bari 1951, p. 154.
[145] Ivi, p. 85.
[146] Giambattista Vico, *La scienza nuova. Giusta l'edizione del 1744*, vol. II, a cura di Fausto Nicolini, Laterza, Bari 1928, p. 154.

del primo mondo dei popoli», e spiega che tale ritorno significa ritornare «religiosi, veraci e fidi» e riscoprire «la pietà, la fede, la verità», ovvero i fondamenti della giustizia e le grazie e bellezze «dell'ordine eterno di Dio». Non collega però questa intuizione alle pagine di Machiavelli, e non avverte il bisogno di una riforma religiosa. A suo giudizio la religione cristiana è «la migliore di tutte le religioni del mondo», ha dato vita a un'Europa che sfolgora di «tanta umanità» e abbonda «non meno per gli agi del corpo che per gli piaceri così della mente come dell'animo»[147]. Perché riformare una religione che ha prodotto tanto bene? Se mai la riforma sarà necessaria, sarà la Provvidenza a farsene carico.

Chi capì e raccolse l'esigenza di riforma morale di Machiavelli fu Vittorio Alfieri[148]. Egli riconosce il potere immenso della religione. L'opinione «è la innegabile signora del mondo» perché guida le azioni degli uomini; ma non vi è cosa più della religione che signoreggi gli uomini e «che maggiormente imprima in essi questa o quella opinione e che maggiormente gli infiammi all'eseguire alte imprese»[149]. Contro la «semi-filosofia» che domina il suo secolo, Alfieri proclama che «il credere in Dio, in somma, non nocque a nessun popolo mai; giovò anzi a molti; agli individui di robusto animo non toglie nulla, ai deboli è sollievo ed appoggio»[150]. Per questa ragione, seguendo fedelmente il «divino Machiavelli», come ama chiamarlo, Alfieri definisce i capi delle religioni, i profeti, i santi e i martiri, «uomini sublimi» che «meritano, anche dai meno religiosi uomini, ammirazione, culto e venerazione». Non importa se essi, imitando Mosè, che con la religione diede «corpo, libertà ed esistenza» al popolo ebraico avvilito dal lungo servaggio, si avvalsero felicemente «del sublime velo di una ispirata religione»[151].

---

[147] Ivi, p. 152.

[148] Come ha messo bene in evidenza Luigi Russo, Alfieri fu il banditore «di quella libertà etica interiore, nuova e innovatrice religione del mondo, la quale sola è lievito di tutte le costruzioni durature e di tutti i nuovi ordini». Fu anticristiano nella sua critica al Dio assoluto e terribile che favorisce le tirannidi; fu cristianissimo nella sua difesa intransigente della libertà morale dell'individuo e dunque dei popoli. Luigi Russo, Prefazione a Vittorio Alfieri, *Del principe e delle lettere*, a cura di Luigi Russo, Le Monnier, Firenze 1943, pp. 33-37.

[149] Ivi, pp. 236 e 42.

[150] Ivi, p. 212.

[151] Ivi, pp. 211-12.

Alfieri critica la religione cristiana per aver persuaso gli uomini ad accettare il potere assoluto del principe o del tiranno. La religione pagana, spiega, «col suo moltiplicare sterminatamente gli dèi, e col fare del cielo una quasi repubblica, e sottomettere Giove stesso alle leggi del fato, e ad altri usi e privilegi della corte celeste, doveva essere e fu in fatti, assai favorevole al vivere libero. La giudaica, e quindi la cristiana e maomettana, coll'ammettere un solo Dio, assoluto e terribile signor d'ogni cosa, doveano essere, e sono state e sono tuttavia assai più favorevoli alla tirannide»[152].

Sono cose, commenta Alfieri, «già dette da altri», e dunque non è necessario insistervi sopra. Lo aveva infatti scritto Machiavelli nei *Discorsi* e, come Machiavelli, Alfieri accusa la religione cattolica di essere nemica della libertà e di aver educato gli uomini a pensare e vivere da servi: «la cristiana religione, che è quella di quasi tutta la Europa, non è per se stessa favorevole al viver libero: ma la cattolica riesce incompatibile quasi col vivere libero». Essa insegna ad accettare l'autorità più o meno illimitata di un uomo sulle grandi questioni della vita, e in tal modo rende i popoli che l'accolgono schiavi per sempre. Con la pratica delle confessioni, «e la certezza del perdono di ogni qualunque iniquità», inoltre, incoraggia, anziché condannare, i comportamenti delittuosi e immorali, con il risultato di impedire la formazione di una vera moralità civile[153].

Alfieri sottolinea con forza che l'insegnamento di Cristo non è contrario al vivere libero: Gesù Cristo, «politicamente considerato come uomo, volle pur anco, insegnando la verità e la virtù con l'esempio, restituire al suo popolo ed a molti altri ad un tempo, per via di una miglior religione, una esistenza politica indipendente dai romani, che servi ed avviliti li teneano»[154]. Aggiunge che «i nostri santi» che furono anche scrittori, quali Paolo, Agostino, Grisostomo, Girolamo; quelli che insegnarono con la parola e con l'esempio, quali Francesco, Domenico, Bernardo; e quelli infine che morirono per testimoniare la fede quali Lorenzo, Stefano e Bartolomeo suscitarono in molti il desiderio «d'imitare la loro virtù» e di riportare in vita l'insegnamento autentico di Cristo[155].

---

[152] Ivi, p. 41.
[153] Ivi, p. 45.
[154] Ivi, p. 210.
[155] Ivi, pp. 210-11.

Dopo che la Chiesa cattolica ha imposto al mondo intero la sua religione servile, la strada per riconquistare la libertà può essere solo quella della riforma religiosa e dell'eresia. I troppi abusi della Chiesa cattolica, spiega Alfieri, costrinsero «alcuni popoli, assai più savi che immaginosi, a raffrenarla, spogliandola di molte dannose superstizioni. E costoro, distinti poi col nome di eretici, si riaprirono con tal mezzo una strada alla libertà, la quale fra essi rinacque dopo essere stata lungamente sbandita d'Europa, e bastantemente vi prosperò: come gli Svizzeri, la Olanda, molte città di Germania, la Inghilterra e la nuova America ce lo provano»[156]. Aggiunge che la riforma religiosa che aprì ad alcuni popoli la via verso una libertà duratura ebbe la forma di un ritorno ai princìpi originari di cui aveva parlato Machiavelli: «la stessa religione cristiana, ancorché acerba nemica della gloria mondana, si vede pure essere ella stata, se non incitatrice di libertà, compatibile almeno con essa e con la felicità, e anche con una certa grandezza dei popoli, in tutte quelle regioni ove ella veniva modificata alquanto, o per dir meglio, ritratta verso i semplici suoi antichi principi. Il che vediamo tuttavia fra gli svizzeri, gli olandesi, e gl'inglesi»[157].

Nel capitolo conclusivo che intitola, in omaggio a Machiavelli, *Esortazione a liberar l'Italia dai barbari*, Alfieri sottolinea che l'Italia può avere un futuro di repubblica e dunque tornare libera e grande. Il fondamento della sua profezia è l'argomento machiavelliano che non c'è alcuna ragione, se non la viltà e la codardia, per credere che quanto è stato fatto dagli uomini non possa più da altri uomini essere rifatto, soprattutto in quello stesso terreno. L'Italia può dunque risorgere, se saprà ritrovare se stessa e tornare a vivere secondo i princìpi della vera religione cristiana, come hanno saputo fare i popoli che hanno realizzato la riforma religiosa. Rielaborando le idee di Machiavelli, Alfieri interpreta la rinascita di un popolo come ritrovamento di una religione dimenticata e consegna questa idea alle generazioni che saranno protagoniste del Risorgimento.

[156] Ivi, p. 43.
[157] Ivi, p. 212. Sulla libertà quale causa e presupposto della grandezza dei popoli vedi anche a p. 235: «La libertà in oltre è la sola e vera esistenza di un popolo; poiché di tutte le cose grandi operate dagli uomini la ritroviamo sempre esser fonte».

L'esigenza di riforma morale e religiosa divenne in Italia particolarmente intensa e diffusa attorno alla metà del secolo. Fu un moto, come ha scritto Franco Venturi, che «non era una riedizione, rivista e migliorata, della riforma protestante», e neppure «era l'incipiente rivoluzione illuminista dei postenciclopedisti francesi»; era piuttosto «la scoperta, da parte di un crescente numero di intellettuali e di uomini politici italiani, d'un nuovo rapporto con la chiesa e lo stato, con i contadini e i cittadini, con la legge e la scienza»[158]. L'opera che meglio delle altre seppe esprimere lo spirito del moto riformatore è il saggio di Carlantonio Pilati *Di una riforma d'Italia, ossia dei mezzi di riformare i più cattivi costumi e le più perniciose leggi d'Italia* apparso nel 1767, «un classico dell'illuminismo nostrano» che ebbe larga eco in Italia e in Europa[159]. Pilati, che visse quasi tutta la vita esule, come tanti altri propugnatori della riforma morale e religiosa, denuncia la corruzione religiosa quale causa principale dei mali dell'Italia. I cattivi esempi del clero, spiega, hanno rovinato i costumi degli italiani. Con l'Inquisizione i preti hanno privato l'Italia delle menti migliori; con il culto dei santi e le pratiche superstiziose hanno insegnato il modo di coprire i peggiori vizi: «essi [gli italiani] si danno a rubare, ad uccidere ed a danneggiare per altra qualunque maniera il prossimo suo e poi intraprendono qualche pellegrinaggio al santuario del loro santo avvocato, fanno celebrare delle messe in suo onore, come costuman di dire, offeriscono qualche moneta nella cassetta di suo altare, festeggiano il giorno suo, fanno qualche confessione, e comunione per amor suo e ciò fatto eglino non temono più di altro e si tengono sicuri che il suo santo gli abbia da ogni pericolo non solo in questa, ma anche nella futura vita da liberare»[160].

Nonostante critichi con grande durezza la corruzione della religiosità italiana, Pilati considera la religione una forza atta «a mantenere gli stati buoni ed uniti, a tenere in soggezione ed in quiete i popoli, e ad ispirare a' sudditi dell'amore per la patria, della inclinazione a far cose utili in favor del prossimo suo, ed a

---

[158] Franco Venturi, *Settecento riformatore*, Einaudi, Torino 1976, vol. II, pp. 315-16.

[159] Ivi, p. 288.

[160] Carlantonio Pilati, *Di una riforma d'Italia, ossia dei mezzi di riformare i più cattivi costumi e le più perniciose leggi d'Italia*, Villafranca (Coira) 1767, cap. VI.

osservare una vicendevole concordia fra di loro»[161]. Affinché l'Italia possa rinascere è indispensabile obbligare il clero a vivere secondo il Vangelo e secondo gli insegnamenti degli apostoli. Chiarisce, raccogliendo il consiglio di Machiavelli, che la riforma religiosa e morale non poteva essere realizzata con la forza delle leggi ma soltanto con la forza persuasiva della parola e dell'esempio: «Lo adoperar le leggi laddove si tratta di riformare i costumi e le maniere, si è del tutto un modo tirannico, da cui altro non si può sperare che di sbigottire e disgustare il popolo senza poterlo condurre a ciò che si vuole»[162].

Alla rinascita delle esigenze di riforma religiosa e politica della metà del Settecento contribuirono in maniera significativa le idee gianseniste. Gli scrittori legati a questa corrente di pensiero religioso denunciavano la corruzione dello spirito autentico del cristianesimo nelle pratiche superstiziose ed esteriori del culto che l'avevano impoverito di ogni serio contenuto morale e civile e avevano fatto regredire l'Italia in una sorta di «infanzia religiosa»[163]. I preti, scrive Melchiorre Gioia, hanno raccolto tutti i sentimenti di stima e di rispetto verso le azioni inutili alla società e hanno di conseguenza fatto nascere e perpetuato «il disprezzo pei doveri politici e sociali»[164]. Con la loro morale fondata sull'ozio hanno giustificato le peggiori forme di condotta morale e causato la povertà che affligge tanta parte dell'Italia. «I cittadini protestanti», scriveva un giansenista italiano nel 1768, «sono quasi tutti ricchi, e i cittadini cattolici sono quasi tutti poveri. La ragione di queste disparità si è che i primi non hanno conventi, e però tutti si pongono a faticare per qualche verso, ed i secondi hanno i monasteri che fomentano l'ozio e la poltroneria che partorisce la povertà»[165].

Nella tradizione giansenista l'esigenza della riforma liberale e democratica delle istituzioni politiche nasceva da una coscienza re-

---

[161] Ivi, cap. X.
[162] Ivi, cap. XII.
[163] Ettore Rota, *Il giansenismo in Lombardia e i prodromi del risorgimento italiano*, in *Raccolta di scritti storici in onore del prof. Giacinto Romano nel suo XXV° anno d'insegnamento*, Successori Fusi, Pavia 1907, p. 385.
[164] *Ibidem.*
[165] Ivi, p. 388.

ligiosa che riscopriva il significato autentico della parola cristiana contro il dogma. Scriveva Lodovico Antonio Muratori nel 1748:

> Tutte le leggi che questo divino maestro [Cristo] ha portato dal Cielo, a chi ben considera, tutte son fatte per rendere felici gli uomini. Felici principalmente per quel che riguarda lo spirito [...] felici ancora per quello che appartiene allo stato e governo temporale. Imperocché, se infatti fossero comunemente eseguiti gli insegnamenti del Vangelo, tutti pieni di maravigliosa carità e di giustizia, si goderebbe una mirabil pace e concordia in questo basso mondo e i principi ci reggerebbero con soavità, più al bene dei sudditi che al proprio intenti [...]. Leggete e rileggete i santi libri del *Nuovo Testamento*: nulla vi troverete che si opponga al saggio governo temporale del popolo. Anzi tutto cospira a migliorarlo e a render soave il giogo della religione cristiana e leggero il suo peso con avere abolito tanti riti e l'obbligo di tanti dispendiosi sacrifici dell'antica legge [...]. Una delle mire principali del cristianesimo è la pubblica utilità e il bene tanto spirituale che temporale dei fedeli [...]; per conseguente hanno da darsi mano le leggi ecclesiastiche e le secolari per procacciare e non impedire questo pubblico bene[166].

I princìpi del cristianesimo, conclude Muratori, sono più attivi e potenti delle virtù umane e servono a sostenere le buone istituzioni politiche.

Date le loro convinzioni religiose e morali, era naturale che i giansenisti considerassero Machiavelli, il repubblicano nemico dei papi, quale «il loro idolo più caro». Il nome di Machiavelli compare spesso nelle loro lettere, e a Firenze furono giansenisti quelli che curarono «in crocchio», sotto la guida dell'abate Reginaldo Tanzini, segretario di Scipione de' Ricci, vescovo di Pistoia e discendente di Giuliano de' Ricci, una nuova, importante edizione delle opere di Machiavelli che vide la luce a Firenze nel 1782[167]. Come altri riformatori prima di loro, i curatori della nuova edizione delle *Opere* guardano con molto favore le pagine che il segretario fiorentino aveva dedicato al problema religioso e nella lunga Prefazione difendono Machiavelli dall'accusa

---

[166] Ivi, p. 496. La citazione è da Ludovico Antonio Muratori, *Raccolta di scritture concernenti la diminuzione delle feste di precetto*, Lucca 1748, pp. 175 sgg.

[167] Rota, *Il giansenismo* cit., pp. 505-506.

di essere nemico irriducibile della religione cristiana. «Qual conto ei facesse della Religione, da vedersi specialmente nel capitolo XII del primo libro de' Discorsi, ove dopo aver fatto di essa uno dei fondamentali princpj di ogni ben regolato governo, alla corruzione e al dispregio del culto Cristiano attribuisce giudiziosamente lo stato deplorabile delle cose d'Italia»[168].

Tutt'altro che irreligioso, sottolineano gli editori, Machiavelli scrisse sempre di religione con rispetto e indicò in essa non solo il fondamento più sicuro dei governi bene ordinati, ma anche l'origine del diritto delle genti e della moderazione con cui i moderni trattano, a differenza degli antichi, i nemici in guerra. La stessa pagina dei *Discorsi* in cui, con grande scandalo, Machiavelli aveva esortato prìncipi e reggitori di repubbliche a mostrare rispetto per le cerimonie del culto anche se le ritenevano false, è una perla di saggezza politica che se fosse stata seguita avrebbe risparmiato ai popoli gli orrori delle guerre di religione: «se egli non ha parlato con tutto il rigore teologico, che ridicolo è il pretendere da un uomo della sua sfera, fa peraltro vedere quanta parte egli dava alla Religione nella buona politica, se conduceva questo punto fino alla superstizione e allo scrupolo. Del rimanente egli aveva anche troppa ragione a riguardare come nemica affatto della quiete e della pubblica sicurezza ogni mutazione in materia di Religione. Una funesta esperienza giustifica appieno i suoi timori»[169].

Per i curatori dell'edizione Cambiagi, Machiavelli deplorava la «decadenza e la corruttela» religiosa e fu buon profeta quando annunciò lo scisma che avrebbe insanguinato l'Europa cristiana. Egli non teorizzava il ritorno alla religione pagana, anche se degli antichi Romani ammirava il coraggio e la fortezza dell'animo. Raccomandava piuttosto una rinnovata interpretazione della religione cristiana coerente con i princìpi autentici di essa. Egli aveva scritto infatti che la decadenza dell'antica virtù politica non dipendeva dalla religione cristiana in quanto tale ma dalle «false interpretazioni date ai precetti della Cristiana religione»[170].

Sulle riflessioni italiane attorno alla riforma religiosa influì potentemente la pubblicazione nel 1762 del *Contrat Social* di Jean-

---

[168] *Opere di Niccolò Machiavelli*, in Firenze, a spese di Gaetano Cambiagi Libraio, 1782, vol. I, p. XXIII.
[169] Ivi, pp. LIII-LIV.
[170] *Opere di Niccolò Machiavelli* cit., vol. I, Prefazione, p. LIV.

Jacques Rousseau. In quest'opera Rousseau proponeva una dottrina molto diversa da quella di Machiavelli: non più un ritorno ai princìpi della religione cristiana, ma l'istituzione, per opera della repubblica, di una religione civile fondata su nuovi dogmi. Cresciuto negli ambienti repubblicani di Ginevra in cui era forte l'eredità intellettuale di Machiavelli, Rousseau ammira sinceramente il pensiero politico del segretario fiorentino. In una nota manoscritta aggiunta all'edizione del 1782 del *Contrat Social*, scrive infatti: «Machiavelli era un uomo onesto e un buon cittadino, ma, legato alla casa dei Medici, nello stato di oppressione in cui versava la patria, era costretto a dissimulare il suo amore per la libertà. Basta la scelta del suo esecrabile eroe a rivelare la sua intenzione segreta, e il contrasto tra le massime del suo *Principe* e quelle dei suoi *Discorsi su Tito Livio* e della sua *Storia di Firenze* dimostra che questo profondo politico non ha avuto fin qui se non lettori superficiali o corrotti. La corte di Roma ha severamente vietato il suo libro, e lo credo bene: è proprio il suo ritratto quello che dipinge nel modo più chiaro»[171].

Dai *Discorsi* Rousseau accoglie l'idea che i grandi legislatori dovettero mettere in bocca a Dio le massime della vita civile per «trascinare mediante l'autorità divina quelli che non si lascerebbero scuotere dall'umana saggezza» e riconosce che soltanto uomini di grande animo possono persuadere di essere ispirati da Dio e fondare leggi durature. Riprende anche l'accusa alla religione cristiana di educare alla mentalità servile: «anziché suscitare nei cuori dei cittadini un senso di attaccamento per lo Stato»; la religione cristiana «li distacca dallo Stato come da tutte le cose della terra: non conosco nulla di più contrario allo spirito sociale». La sua invettiva, tutta costruita attorno a temi machiavelliani, si chiude con una condanna che non ammette appello: «Il cristianesimo predica solo servitù e dipendenza. Ha uno spirito troppo favorevole alla tirannide perché essa non ne approfitti sempre. I veri cristiani sono fatti per essere schiavi, lo sanno e non se la prendono; questa breve vita per loro ha troppo poco valore».

---

[171] Jean-Jacques Rousseau, *Du Contract Social*, in *Œuvres Complètes*, a cura di Bernard Gagnebin e Marcel Raymond, Gallimard, Paris 1964, vol. III, p. 1480 (a), trad. it. *Scritti politici*, 3 voll., Laterza, Roma-Bari 1994, vol. II, p. 215.

Rousseau, allontanandosi da Machiavelli, non ammette la possibilità di una interpretazione della religione cristiana secondo la virtù politica. Riconosce che ogni stato, e la repubblica più degli altri, ha bisogno della religione, ma raccomanda una nuova religione, una religione civile fondata non su dogmi ma su «sentimenti di socievolezza, senza cui è impossibile esser buoni cittadini o sudditi fedeli»[172]. Una religione da istituire non con la forza della parola ma con la forza delle leggi. La repubblica può infatti mettere al bando i cittadini che non credono e mettere a morte coloro che dopo aver affermato pubblicamente di credere si comportano come se non credessero. Con il *Contrat Social* inizia dunque una nuova fase della riflessione repubblicana sulla riforma religiosa che mette in ombra l'insegnamento di Machiavelli.

I segni del nuovo modo di pensare sono evidenti nelle idee dei giacobini italiani. Girolamo Bocalosi, ad esempio, nel saggio *Dell'educazione democratica da darsi al popolo italiano* (1797) cita del «massimo Nicolò» tutta la celebre pagina sulla responsabilità della religione cristiana per aver affievolito nei moderni l'amore del vivere libero e aver reso il mondo debole, e commenta: «questo ragionamento del Machiavelli io credo che non ammetta repliche e credo ancora che senza ben secondarlo in tutta l'estensione sarà molto difficile cavar vantaggio dalla nostra rivoluzione»[173]. Bocalosi teorizza non una riforma religiosa, ma una vera e propria rivoluzione: non propone una nuova interpretazione della religione cristiana, ma una religione del tutto nuova che distrugga completamente i princìpi, il linguaggio e i riti della vecchia.

Se fosse possibile, scrive, io vorrei «che noi conservassimo agli uomini tutte le pie idee che hanno, né che si disturbassero punto sulla loro maniera di pensare, quantunque superstiziosa, se però potessero divenire repubblicani». Il problema è che la religione cristiana come tale è inetta a formare repubblicani e a rigenerare e rinnovare un popolo: «io disfido qualunque dottore laureato nella scienza di Luca, Marco, e Matteo a organizzarmi una repubblica di cittadini forti e zelanti per la gloria terrena della lor patria con

---

[172] Jean-Jacques Rousseau, *Du Contract Social*, in *Œuvres Complètes* cit., pp. 465-66; trad. it. cit., pp. 117, 200, 202-203.
[173] Girolamo Bocalosi, *Dell'educazione democratica da darsi al popolo italiano*, in *Giacobini italiani*, a cura di Delio Cantimori e Renzo De Felice, Laterza, Bari 1964, vol. II, p. 144.

i soli precetti che derivano dalle carte sole di que' tre riveriti scrittori». Con l'insegnamento cristiano avremo, continua con un'osservazione di netto sapore rousseauiano, «degli uomini morali e virtuosi nelle cose di pazienza; ma difenderemo noi con questa sola i nostri focolari, le nostre famiglie e il suolo che ci ha visto nascere e che ci alimenta?». Se è possibile definire le regole morali che insegnano ad essere buoni cittadini e buoni cristiani con un nuovo linguaggio più coerente con i princìpi democratici, «perché ci dovremo servire di veicoli, di voci, di frasi e di nomi che vanno associati ad altri nomi e ad altre idee, perturbatrici il sistema dell'educazione democratica e che, mantenendo negli animi nostri gli antichi pregiudizi, ci riconducono anche di sovente agli antichi errori e alla schiavitù?»[174]. Ad una rivoluzione politica radicale deve corrispondere una rivoluzione religiosa e morale altrettanto radicale. Dobbiamo imparare dai tiranni a distruggere, ammonisce Bocalosi, e dalla Chiesa il metodo che le ha permesso di dominare per secoli in tutto il mondo[175].

La trattazione più dettagliata del progetto di una rivoluzione religiosa che avrebbe dovuto istituire una nuova teologia dell'Ente supremo e nuove forme di culto si trova negli scritti di un altro giacobino, Enrico Michele L'Aurora. Negli appelli raccolti sotto il titolo *All'Italia nelle tenebre l'aurora porta la luce* (1796) egli denuncia «la scelleratezza ed ignoranza degli ecclesiastici» colpevoli di aver ingannato per secoli il popolo con innumerevoli falsità e di aver predicato la rassegnazione: «se i vostri re vi tiranneggiano, se i grandi vi opprimono, se i nobili vi sprezzano, e se i ricchi vi insultano, tollerate con pazienza: la vita è breve, e Iddio vi vendicherà punendo i vostri tiranni nell'altro mondo»[176]. L'Aurora esalta la figura del Cristo in contrapposizione al potere temporale e alla corruzione della Chiesa: «Cristo istitutore della religione cristiana era senza regno, senza beni e senza possessioni; predicò la carità e la povertà, e tanto lui come i suoi discepoli sono vissuti e morti poveri e mendichi; intenti solo a propagare la loro religione, non s'interponeano in nulla nelle cose

---

[174] Ivi, pp. 144-45.
[175] Ivi, p. 147.
[176] Enrico Michele L'Aurora, *All'Italia nelle tenebre l'aurora porta la luce*, in *Giacobini italiani*, vol. I cit., p. 173.

temporali né tenean parte veruna nel governo civile, riducendosi tutte le loro mire a convertire i gentili e persuaderli onde la-
scino l'idolatria ed adorino al solo e supremo Dio»[177]. Dall'elogio di Cristo L'Aurora non ricava l'idea di una riforma che riporti
la pratica religiosa ai suoi primi princìpi, ma l'idea, o il sogno, di
una religione razionale che tutti i popoli potranno accogliere.
Principio della nuova religione che i governi repubblicani dovranno istituire è l'idea di Dio quale Ente supremo sommamente buono e creatore del cielo e della terra. Il tempo sarà diviso in
dieci distinti giorni. Ad ogni giorno corrisponderà una festività e
un tempio specifico: il primo giorno sarà dedicato alla giustizia,
il secondo alla pace, il terzo alla carità, il quarto alla virtù, il quinto alla libertà, il sesto all'uguaglianza, il settimo all'unione, l'ot-
tavo alla verità, il nono all'amore della patria, il decimo a Dio supremo. Per fare sì che i credenti di tutte le religioni possano ri-
conoscersi nel nuovo Dio, gli altari non avranno alcuna immagine; solo un quadro raffigurante una nube dalla quale saliranno
mille raggi di luce. Niente più sacerdoti (quelli al disotto dei cinquant'anni dovranno gettare il collare e diventare cittadini; quelli al di sopra andranno in conventi all'uopo edificati), e ovviamente niente più papa (sarà mandato in Sardegna con i cardinali e, se fomenterà ribellioni, in Cina)[178]. L'Aurora credeva che una
religione così profondamente diversa da quella vecchia avrebbe
educato i popoli alla pace, alla tolleranza e al rispetto dei valori
repubblicani.

Pensieri simili esprime Matteo Galdi (1765-1821) nelle sue riflessioni sull'istruzione pubblica rivoluzionaria. Come gli altri giacobini italiani, Galdi parte dalla considerazione che il cristianesimo non è riformabile. «Per quanto puro e innocente abbia potuto
esser ne'suoi princìpi questo culto è troppo corrotto per ridurlo
nuovamente ai suoi giusti limiti, troppe fazioni e guerre religiose
si accenderebbero fra i riformati e riformatori, troppo insolenti,
avari, ignoranti ne sono i ministri per potersi richiamare nella drit-
ta via; il cristianesimo ha finalmente troppi demeriti con l'umanità,
ha fatto versar troppo sangue, promosse troppe guerre e discordie
civili, si è attaccato troppo al despotismo, all'ignoranza, all'errore,

---

[177] *Ibidem.*
[178] Ivi, pp. 176-77.

per cui fu e sarà sempre lo stesso, nemico della verità e della repubblica.»[179] Da questa premessa Galdi trae la conclusione che è
necessario istituire una religione completamente nuova che egli
chiama «teofilantropismo», fondata sul principio dell'amore di
Dio e dei nostri simili. Solo il culto teofilantropico potrà distruggere la superstizione e porre fine all'influenza politica del cristianesimo. Figlia della rivoluzione repubblicana, la nuova religione è
la sola del tutto coerente con i progressi dello spirito umano e capace di rendere universale la repubblica[180].

Vincenzio Russo (1770-1799) martire della Repubblica napoletana, sostiene a sua volta non tanto una riforma religiosa che
educhi il popolo a una diversa morale quanto una morale civile
senza religione. Teorizza la possibilità di sradicare la superstizione religiosa grazie all'opera di un censore che mostri al popolo
con fatti non equivoci e parole luminose che è possibile una morale diversa da quella teologica. È addirittura convinto che il popolo amerà la nuova morale e la sentirà molto più vera e più
conforme alle facoltà umane della vecchia morale religiosa[181].

La sola religione che deve esistere nella repubblica è la religione civile: «se vi è una religione nella società, è necessario che
essa sia la medesima per tutti i cittadini, ed uniforme del tutto
alla politica. La religione allora potrebbe in qualche modo essere un tal quale sentimento utile, un tal quale vincolo di fratellanza nel centro di un'idea sublimamente tenebrosa, un certo
benché mal sicuro stimolo ai doveri sociali; e la divinità sarebbe
l'enigma dell'immaginazione, ma forse enigma non funesto per
l'uomo»[182]. Non ho nulla, scrive Russo, contro coloro che in buona fede adorano «un Dio di pace, un dio che padre degli uomini ve li faccia amare come suoi figli; che nelle amarezze vi confor-
tate colla sua idea, e godete di spargere lagrime innanzi alla pa-
terna sua tenerezza e di asciugarle col velo della sua bontà; voi
che nel vostro tenero cuore udite una voce la quale a nome della divinità v'intima di detestare i nemici dell'uomo, vi fa con una

---

[179] Matteo Galdi, *Saggio d'istruzione pubblica rivoluzionaria*, in *Giacobini
italiani*, vol. I cit., pp. 242-43.
[180] Ivi, p. 242.
[181] Vincenzio Russo, *Pensieri politici*, in *Giacobini italiani*, vol. I cit., pp.
321-22.
[182] Ivi, p. 371.

mano imbandire il ferro contro ai giganteschi carnefici dell'umanità, e vi anima ad innaffiare coll'altra con rugiada di sana morale e di universal fratellanza la pianta diletta della felicità umana»[183].

Russo ammette che la religione possa avere grande efficacia politica e possa stimolare gli uomini ad agire in modo benefico per la vita civile; ma sottolinea con forza che buone istituzioni sociali possono ottenere il medesimo risultato con minor pericolo[184]. Non è vero, come credeva Machiavelli, che fosse il timor di Dio a dare agli antichi popoli la forza di compiere le grandi azioni di cui narrano le storie[185]. Se possibile, è dunque consigliabile che chi regge repubbliche democratiche lasci la religione da parte e si adoperi per estinguerla a vantaggio di una morale razionale.

Al «profondo Machiavelli» Vincenzio Russo muove esplicitamente il rimprovero di aver diffuso la convinzione che i corpi politici, come i corpi naturali, sono soggetti al ciclo dell'inizio, dell'accrescimento, della decadenza e della fine, senz'altro rimedio tranne quello «di richiamare le istituzioni politiche ai loro principi, per così restituirle quasi a nuova vita». Questa dottrina, oltre ad essere triste e a togliere entusiasmo ai rivoluzionari che aspirano a realizzare opere politiche che sfidano il tempo, è falsa in quanto non vi è ragione di credere che le energie sociali debbano affievolirsi, se sono sostenute da buone istituzioni e da buone leggi. Con i giusti accorgimenti «i corpi politici si possono perpetuare», e dunque gli amici dell'umanità possono sacrificarsi per realizzare «una linea di luce che brillerà per tutto l'avvenire sulla felicità del genere umano»[186].

Russo, nonostante i dissensi, accoglie da Machiavelli l'idea del ritorno ai princìpi quale rimedio alla corruzione dei costumi. «Coloro che ad onta delle buone leggi e delle sagge istituzioni hanno perduto i costumi, si trovano privi di quel freno che può contenere gli uomini, e di quei mezzi che gli possono formare.

---

[183] Ivi, p. 372.
[184] Ivi, p. 373.
[185] «Cosa fu mai che produsse le più grandi azioni, le sublimi virtù degli Spartani, degli Ateniesi, dei Greci in somma, e dei Romani? Cosa ha dato all'umanità i suoi più grandi amici, i suoi più veri eroi? [...] Non certo la religione»; ivi, p. 376.
[186] Ivi, pp. 330-32.

La perdita dei costumi mostra abbastanza che le leggi sono schernite, che i fatti quali servivano di base alla società si sono sformati, rompendo gli argini che dalle leggi erano stati posti alle cose; e che gli animi si trovano in uno stato infermissimo mentre si trova dall'altra banda esausta la forza degli opportuni rimedi. Quel popolo è simile ad un ammalato su cui siansi sperimentati invano gli aiuti della natura ed i sussidi dell'arte. Altro riparo non rimane se non quello di usare l'accorgimento proposto dal profondo Machiavelli, di richiamare, cioè la società a' suoi principi, di rinvigorire le istituzioni: aggiugniamo, di riordinare i fatti sociali per mezzo di una rivoluzione»[187].

Giovanni Antonio Ranza, fondatore della Repubblica di Alba (aprile 1796), fu un altro sincero propugnatore della riforma religiosa quale condizione indispensabile della libertà repubblicana. Nell'appello *Per la Lombardia repubblicana* parla esplicitamente della necessità di una «riforma religiosa» che corrisponda «alla semplicità e dignità del governo democratico». Tale riforma deve consistere nel ritorno all'egualità e alla libertà conciliare democratica apostolica dei primi secoli della Chiesa cristiana e deve proporsi di

riformar gli abusi, estirpar gli errori, bandir la superstizione, ritenere i soli dogmi veramente cattolici e apostolici; alla morale casuistica sostituire la morale evangelica; al caos ridicolo delle cerimonie, moltiplicate immensamente nel corso di sedici secoli, far succedere la semplicità primitiva: il gergo latino della liturgia, non inteso dal popolo, ridurlo in italico idioma che si capisca da tutti; finalmente il lusso e il fasto mal inteso delle suppellettili e funzioni sacre cambiarlo nella modesta proprietà de' cristiani democratici di que' bei tempi in cui ammogliati i ministri del santuario con cuori d'oro e mani pure sacrificavano in vasi di creta e vesti di lana; e il popolo all'unisono co' suoi sacri ministri nelle sociali virtù era oggetto d'ammirazione e d'invidia ai filosofi più severi del gentilesimo![188]

Anche Gaetano Filangieri teorizzò la necessità della religione civile seguendo piuttosto la nuova via di Rousseau che la vecchia di Machiavelli. Le pagine del *Contrat Social* e le *Recherches sur*

---

[187] Ivi, p. 320.
[188] Giovanni Antonio Ranza, *Della vera chiesa istituita da Gesù Cristo*, in *Giacobini italiani*, vol. I cit., p. 218.

l'origine du despotisme oriental di Nicolas-Antoine Boulanger lo avevano stimolato a considerare l'esperienza religiosa non un inganno superstizioso ma un forza potente di unificazione sociale e una risposta alle esigenze delle moltitudini. La religione è «così inerente alla natura dell'uomo, così necessaria alla formazione, perfezione e conservazione della società e così terribile nella sua degenerazione» da essere una potente forza politica. Filangieri distingue l'ambito della religione e quello della politica. Alla prima compete il foro interno, ovvero le convinzioni interiori degli individui; alla seconda il foro esterno, ovvero le azioni[189].

Da queste premesse Filangieri deriva l'idea di una religione civile che doveva avere nelle logge massoniche i suoi centri di irradiazione verso le élites e il popolo, lottare contro il fanatismo e contro l'irreligiosità, e porre fine, con misure legislative, ai privilegi del clero e all'esistenza di una Chiesa separata dal potere civile e ad esso ostile[190]. Diversamente dai giacobini sostenitori della riforma religiosa, Filangieri teorizza un passaggio graduale dalla vecchia religione superstiziosa alla nuova religione civile. Anche nel suo progetto, tuttavia, la riforma non è un ritorno ai princìpi della fede cristiana e neppure un'opera da intraprendere soltanto con l'aiuto della parola e dell'esempio, bensì la costruzione di un nuovo edificio teologico e morale. Una volta screditata la vecchia religione e le sue superstizioni, il potere civile potrà introdurre nuovi riti e nuove cerimonie «regolate dalla occulta mano del legislatore». Infine, quando la nuova teologia civile avrà acquistato sufficiente estensione e solidità nel popolo, allora il legislatore potrà squarciare il velo, «pubblicare la nuova religione» e dichiararla religione dello stato e del governo[191].

---

[189] Gaetano Filangieri, *Scienza della legislazione*, I, 57-58; cito da Vincenzo Ferrone, *La società giusta ed equa. Repubblicanesimo e diritti dell'uomo in Gaetano Filangieri*, Laterza, Roma-Bari 2003, p. 154.

[190] Ivi, p. 153.

[191] Filangieri, *Scienza della legislazione* cit., III, 369; Ferrone, *La società giusta ed equa* cit., p. 153. Sostenitore della riforma religiosa erano anche pensatori religiosissimi come Bernardo Tanucci che a Napoli condusse la polemica contro la curia in nome di princìpi sociali usando, senza nominarlo ma in modo trasparente, il linguaggio di Machiavelli. Cfr. Luigi Salvatorelli, *Il problema religioso nel Risorgimento*, Atti del XXXIII Congresso di Storia del Risorgimento Italiano (Messina, 1-4 settembre 1954), p. 9.

Contrariamente alle speranze dei suoi propugnatori, la via gia-
cobina alla riforma morale e religiosa rafforzò la religione tradizionale e indebolì i regimi repubblicani. I giacobini commisero
l'errore di credere che le istituzioni e le leggi delle repubbliche
nate da rivoluzioni, con l'aiuto delle armi francesi, avrebbero avuto la forza di svellere dalla mente dei popoli credenze religiose
radicate da secoli per sostituirle con nuovi dogmi, nuovi simboli e nuovi riti. Non si resero conto che, come Machiavelli aveva
insegnato, redentori e fondatori possono dar vita a nuovi stati,
ma non possono creare nuove religioni. La sconfitta delle repubbliche giacobine stimolò chi voleva davvero la rinascita del-
l'Italia a riscoprire la saggezza di Machiavelli e a mettere da parte Rousseau.

4. *Il Risorgimento e la religione della libertà*

La sconfitta dell'esperienza rivoluzionaria fece toccare con
mano agli scrittori politici più avveduti il problema della caren-
za in Italia di uno spirito pubblico capace di sostenere istituzioni repubblicane. Essi si resero conto che prima ancora dei governi reazionari e del papato, il vero nemico della libertà repubblicana erano i cattivi costumi e la cattiva religione. L'iniziativa
rivoluzionaria poteva cambiare governi e costituzioni, ma soltanto un'opera educatrice di lunga lena avrebbe potuto cambiare i
costumi e la religione.

Fu Vincenzo Cuoco a capire meglio degli altri che il problema italiano era soprattutto un problema di spirito pubblico. In
una lettera a Giovanni Battista Giovio del 7 marzo 1804, davvero illuminante per la storia che sto raccontando, spiega che un
ordine migliore per sé e per la patria non sarebbe mai nato fin
quando gli italiani fossero rimasti «degli ignavi e degli imbelli»,
deboli nell'animo prima ancora che nella politica e nelle armi.

È tempo – scrive nella chiusa della lettera – di riunire alla gloria
di saper dire delle cose belle anche quella di saper fare delle cose grandi, perché le nazioni, le quali non le sanno fare, o presto o tardi non
le sapranno neanche dire, e le menti degli uomini s'impiccioliscono,
s'impicciolisce il loro cuore e, non avendo essi le vere idee del bello

e del grande, si formano un bello manierato, da retore, da scuola, e si cade nel languido, nel leccato, nel falso: come vi caddero prima i greci, poi i romani ed oggi vi corriamo noi. Io penso su queste cose come quel Fabrizio Colonna nell'*Arte della guerra* del nostro segretario fiorentino. La carta è finita[192].

Cuoco, che nella medesima lettera aveva scritto che «Machiavelli non ha bisogno di difesa», pensava sicuramente alle ultime pagine dell'*Arte della guerra* in cui Machiavelli, per bocca di Fabrizio Colonna, oppone ai corrotti prìncipi italiani dei suoi tempi che si governavano «co' sudditi avaramente e superbamente», marcivano nell'ozio e disprezzavano coloro che mostravano loro «alcuna lodevole vita», i grandi capitani antichi che «vivevano e morivano virtuosamente», e se in loro, o in parte di loro, si poteva condannare la troppa ambizione di regnare, «non si troverrà che in loro si danni alcuna mollizia o alcuna cosa che faccia gli uomini delicati e imbelli». Come Machiavelli, anche Cuoco credeva, o per lo meno sperava, che l'Italia fosse «nata per risuscitare le cose morte». Ma quella rinascita poteva avvenire soltanto se in Italia si fosse formato uno spirito pubblico fondato sull'amore della patria e sulla virtù. La vera grandezza della patria, spiega Cuoco, nasce dalla virtù dei cittadini. Senza la virtù «non possono né le città né gli uomini essere grandi mai». È ancora una volta la lezione di Machiavelli: «Ogni Stato ha un periodo da correre. Tutte le nazioni piccole son destinate ad ingrandirsi o a perire. Quelle non periscono, le quali dispongon per tempo le loro menti all'ampiezza de' destini futuri; onde, quando il corso degli avvenimenti loro presenti le occasioni opportune, esse, per mancanza di preparazione, non si ritrovano impotenti. Questa è stata la cagione della debolezza della repubblica de' veneziani, che Machiavelli chiama 'mancanza di virtù', e che, usando la sua energica espressione, 'tagliò loro le gambe del salire al cielo'»[193].

Il problema dell'Italia era che di quella virtù non c'era più traccia. Se non fossimo «avviliti dall'ozio», annota Cuoco, potremmo fare cose grandi, in primo luogo conquistare la libertà e

[192] Vincenzo Cuoco, *Scritti vari*, a cura di Nino Cortese e Fausto Nicolini, Laterza, Bari 1924, pp. 315-16. Cfr. Antonino De Francesco, *Vincenzo Cuoco: una vita politica*, Laterza, Roma-Bari 1997.

[193] Ivi, p. 7.

diventare da sudditi cittadini. Ma all'ozio che rende vili e deboli ha educato quella religione santa che, «data dal cielo per rendere migliore il genere umano», è diventata «per l'abuso di talu-
ni che la predicano, sorgente di nuova corruzione». Dio vuole
che si faccia eterna guerra ai vizi, «tr'quali il primo è quello di
abbandonare ne' suoi pericoli la patria; questo Dio potente non
vuole esser tentato invano e non aiuta i vili e gl'imbelli»[194]. Perché l'Italia potesse rinascere bisognava tornare «alle antiche idee
e alle antiche virtù» e sostituire al Dio della religione corrotta il
Dio che comanda di essere forti per poter difendere la patria[195].
Nelle sue riflessioni sulla sconfitta della Rivoluzione Napoletana,
Cuoco ritrova dunque il Dio di Machiavelli e ripropone alle generazioni che saranno protagoniste del Risorgimento l'ideale della rinascita morale e religiosa.

In quegli stessi anni, anche Ugo Foscolo riscopre l'intuizione
di Machiavelli sulla necessità della rinascita morale per via di un
ritorno ai princìpi. Nei *Sepolcri* (vv. 154-158) tratteggia la bella
immagine di «quel grande, / che temprando lo scettro a' regna-
tori, / gli allor ne sfronda, ed alle genti svela / di che lacrime
grondi e di che sangue». Nelle prose degli anni compresi fra il
1811 e il 1816, sottolinea che la religione è essenziale per i popoli[196]. Senza il freno del timore di Dio, i popoli cadono sotto il
potere dispotico: un «popolo senza religione finisce prestissimo
sotto un governo assolutamente militare; e quel governo è vacil-
lante, perché, dove non è freno sovrannaturale, i freni umani non
bastano a evitare rivoluzioni»[197]. Servendosi di un argomento tipicamente machiavelliano, ribadisce che il problema della libertà
italiana è in primo luogo un problema morale e religioso: «[l'I-
talia] non può avere libertà, perché non v'è libertà senza leggi;

---

[194] Ivi, p. 58.

[195] Ivi, p. 59.

[196] «Per la universalità gli Dei sono terrore, ma sono più sovente consolazione: anzi non possono atterrire che i pochi scellerati e possenti, ma consola-
no i deboli ed infelici, i quali fra le miserie e le ingiustizie cercano nel cielo il
conforto futuro del pianto presente. E gl'infelici fanno in tutti i secoli l'universalità del genere umano»; Ugo Foscolo, *Della religione di Lucrezio*, in *Opere politiche e letterarie dal 1811 al 1816*, in *Edizione Nazionale delle Opere di
Ugo Foscolo*, Le Monnier, Firenze 1933, vol. VIII, p. 360.

[197] Ugo Foscolo, *Della servitù dell'Italia*, ivi, pp. 227-28.

né leggi senza costumi, né costumi senza religione; né religione senza sacerdoti». Fin quando gli italiani vivranno la religione quale «cerimonia esterna», essi non potranno sperare di conquistare la libertà. La rinascita politica potrà avvenire soltanto se gli italiani, e in primo luogo il clero, si renderanno conto che «tutte le istituzioni del mondo, a volere che esse sussistano, s'hanno a ridurre a' loro principj; e che diano retta al filosofo da loro immeritevolmente proscritto, il quale fu primo a proferire e dimostrare evidentemente questa sentenza: la religione di Cristo è santa in sé stessa, e durerà eterna nella propria essenza; ma, corrotta dagli uomini, e più assai da quegli uomini che l'amministrano, la si è fatta inutile ad ogni civile istituzione; e si può dire oggimai più cattolica che cristiana»[198]. Chi sia il «filosofo da loro immeritevolmente proscritto», a questo punto della storia, non è necessario dire.

Pochi anni più tardi, J.C. Léonard Simonde de Sismondi, nella sua monumentale *Histoire des républiques italiennes du moyen âge*, che ebbe larga e duratura influenza sulle idee politiche del Risorgimento, insiste sugli effetti distruttivi della cattiva educazione religiosa sul senso morale degli italiani. Sismondi svolge la sua analisi alla luce dei concetti machiavelliani e mette sotto accusa il monopolio dell'educazione morale che la Chiesa cattolica conquistò con la Controriforma. Sottolinea infatti che è impossibile descrivere quanto una cattiva educazione religiosa («une fausse instruction religieuse») sia stata funesta alla vita morale degli italiani. Essi sono in Europa il popolo più fedele alla Chiesa e più dedito alle pratiche religiose; ma sono anche il popolo che osserva meno degli altri i doveri e le virtù cristiani. Grazie all'educazione che hanno ricevuto dalla Chiesa, gli italiani sono diventati maestri nell'arte di mettere a tacere la voce della coscienza e di coprire con una superficiale devozione la mancanza di vero senso morale. Tutti hanno imparato non a ubbidire alla coscienza, ma ad ingannarla, e tutti sono maestri nell'arte di assecondare le passioni con le indulgenze, le riserve mentali, il proposito di una penitenza e la speranza dell'imminente assoluzione. Il grande fervore religioso degli italiani, in definitiva, non è affatto

---

[198] Ivi, p. 224.

uno stimolo alla probità; anzi, è bene non fidarsi soprattutto dei più devoti[199].

Nei primi decenni dell'Ottocento alcuni pensatori di sincera fede cristiana riscoprirono la lezione di Machiavelli. Machiavelli, scrive ad esempio Niccolò Tommaseo, seppe farsi «maggiore del secolo e secolo egli a sé stesso». Per questa ragione merita di essere collocato fra gli scrittori italiani che pensarono profondamente «alla religiosa e civile educazione de' fratelli». Gli riconosce addirittura quella virtù che, resa pura dal dolore, dà alla parola la forza divina di «commuovere e mutare dal fondo le anime umane»[200]. A Machiavelli, insieme a Cicerone e a Vico, Tommaseo si appoggia per sostenere che la religione è più potente dei prìncipi, e che essa ha perso presso gli italiani la sua forza soltanto perché «i preti la vollero a sé più che a' popoli fruttuosa». La rinascita italiana potrà quindi avvenire soltanto con la religione, mai contro o senza la religione. Tutto ciò che l'Italia ha di grande, ammonisce Tommaseo, «o è religione o di religione effetto; o è repubblica o di repubblica avanzo»[201].

Inutile, e dannoso, è per Tommaseo vagheggiare una nuova religione che prenda il posto della religione cristiana. Ad esaminare bene la parola di Cristo, sottolinea nel dialogo *Delle rivoluzioni secondo il Vangelo*, si vede che essa non vieta affatto «il coraggio e la coscienza delle magnanime cose». Dovere del cristiano è

risparmiare il dolore altrui, toglierlo o scemarlo pur col proprio dolore o pericolo; impedire che il male si faccia. Di qui la necessaria conseguenza: sollevare gli oppressi, patire per loro e combattere; purché dal nostro patire o dal combattere alleviamento certo, od almeno grandemente probabile, venga ai lor mali. Altra conseguenza: le ingiustizie, donde che vengano, da principi o da plebi, additare, ri-

---

[199] Jean-Charles Léonard Simonde de Sismondi, *Histoire des républiques italiennes du moyen âge*, chez Treuttel et Würtz libraires, Paris 1826, cap. CXXVII, pp. 422-23. Contro questa tesi di Sismondi Alessandro Manzoni obbiettò che la morale cattolica non è affatto causa della corruzione morale dell'Italia, ammesso che l'Italia sia davvero più corrotta di altri paesi. Alessandro Manzoni, *Osservazioni sulla morale cattolica*, a cura di Franco Mollia, Garzanti, Milano 1985, p. 3.

[200] Niccolò Tommaseo, *Dell'Italia*, Unione Tipografico-Editrice Torinese, Torino 1920, vol. I, p. 66.

[201] Ivi, p. 24.

prendere; e, dove sia necessario e si possa, reprimere. Per sacro dovere debbo io procurare la pubblica libertà, come alleviatrice di dolori, e d'ingiustizie reciditrice. La pazienza i miei propri mali a soffrire m'insegna, non a tollerare gli altrui; e la pazienza che insegna a soffrire il dolore, non insegna a soffrire il delitto. Or le imposte soverchie, le milizie corrotte e corruttrici, l'educazione o avaramente distribuita o abusata, la negata o indugiata od incerta giustizia, le libertà ecclesiastiche (libertà, dico, non immunità) violate; sono delitti dei re. Dunque reprimerli, dunque punirli bisogna[202].

Il Vangelo, gli apostoli, i Padri della Chiesa e infiniti esempi, sottolinea Tommaseo, dimostrano che la fede cristiana insegna l'amore della libertà. La rivoluzione italiana potrà essere soltanto «guerra di religione» che nasce dall'amore e dalla fede, non dall'odio e dalla bestemmia, perché soltanto una rivoluzione sostenuta e frenata dalla vera fede cristiana sarà liberatrice e non produrrà una nuova tirannide[203]. Tommaseo trovava conforto alle sue idee nelle pagine in cui Machiavelli spiega che la religione è il mezzo migliore per indurre nell'animo dei soldati una straordinaria ostinazione e in quelle dove ammonisce che la guerra deve fermarsi di fronte ai templi e ai luoghi pii[204]. Se mai la rivoluzione italiana sarà vittoriosa, afferma Tommaseo, e fu buon profeta, la difficoltà vera sarà conservare la libertà conquistata. Gli italiani devono temere innanzitutto se stessi e gli effetti che secoli di oppressione hanno avuto sulle loro menti e sui loro pensieri. Le rivoluzioni che hanno per capi uomini senza fede religiosa possono essere adatte ad altri popoli; quella italiana può e deve essere soltanto una rivoluzione politica animata dalla riforma religiosa e morale.

Ancora più rivelatrici della nuova sensibilità verso il problema della riforma morale, sono le riflessioni di Giacomo Leopardi sulla religione della virtù. Pur senza prendere Machiavelli quale principale ispiratore e guida intellettuale, Leopardi raccoglie molti dei pensieri del segretario sul cristianesimo, sui benefici effetti della religione antica quale stimolo alla virtù e all'amore della patria, e

---

[202] Ivi, pp. 25-26.
[203] Ivi, pp. 185-87.
[204] Ivi, p. 200, n. 2.

sulla necessità della religione nella vita delle repubbliche. Più che una semplice riscoperta, quella di Leopardi fu un'elaborazione della religione civile, che ebbe quale risultato una teoria della rinascita della virtù e dell'amore della libertà fondata sulla rivalutazione delle illusioni e della religione.

Leopardi considera Machiavelli «il fondatore della politica moderna e profonda», esempio di quel pensiero inventivo «proprio del mezzogiorno»[205]. Lo giudica al pari degli uomini «straordinarii e sommi che danno colle loro opere un impulso allo spirito umano e cagionano un suo notabile progresso»[206]. Al tempo stesso lo descrive come un uomo che seppe liberarsi dalle illusioni della virtù, del bello, del grande, dell'onesto e dell'amore della patria, e insegnò che il mondo non può essere rinnovato e dunque dobbiamo adattarci ad esso con fredda consapevolezza.

È vero o non è vero – Leopardi fa dire a Machiavelli – che la virtù è patrimonio dei coglioni: che il giovane per bennato, e beneducato che sia, pur ch'abbia un tantino d'ingegno, è obbligato poco dopo entrato nel mondo, (se vuol fare qualche cosa, e vivere) a rinunziare quella virtù ch'avea pur sempre amata: che questo accade sempre e inevitabilissimamente: che anche gli uomini più da bene, sinceramente parlando si vergognerebbero se non si credessero capaci d'altri pensieri e d'altra regola d'azioni se non di quella che s'erano proposta in gioventù, e ch'è pur quella sola che s'impara ordinariamente dai libri?[207]

Ma gli fa anche dire che

io per natura, e da giovane più di molti altri, e poi anche sempre nell'ultimo fondo dell'anima mia fui virtuoso, ed amai il bello, il grande e l'onesto, prima sommariamente, e poi, se non altro, grandemente. Né da giovane ricusai, anzi cercai l'occasione di mettere in pratica questi miei sentimenti, come ti mostrano le azioni da me fatte contro la tirannide, in pro della patria. Ma come uomo d'ingegno, non tardai a far profitto dell'esperienza, ed avendo conosciuto la vera natura della società e de' tempi miei (che saranno stati diversi dai vostri),

---

[205] Giacomo Leopardi, *Zibaldone di pensieri*, in *Tutte le opere*, a cura di Walter Binni ed Enrico Ghidetti, Sansoni, Firenze 1969, vol. II, p. 508.

[206] Ivi, p. 434.

[207] Giacomo Leopardi, *Per la novella Senofonte e Machiavello* (1822), in *Tutte le opere* cit., vol. I, p. 190.

non feci come quei stolti che pretendono colle opere e coi detti loro di rinnuovare il mondo, che fu sempre impossibile, ma quel ch'era possibile rinnovai me stesso[208].

Mentre nel dialogo immaginario con Senofonte Leopardi presenta un Machiavelli grande e tragico che accetta il fatto che il mondo non si può rinnovare, nello *Zibaldone* ferma l'attenzione sul Machiavelli che dice «che a voler conservare un regno, una repubblica o una sètta, è necessario ritirarli spesso verso i loro principii». Con questo Machiavelli Leopardi sente una profonda sintonia ideale: «Ed io dico nello stesso senso, a voler conservare gli uomini, cioè farli felici bisogna richiamarli ai loro principii, vale a dire alla natura», scrive nell'agosto del 1820[209]. In quegli stessi giorni annota che l'uomo staccato dalla natura è come un albero tagliato dalla radice. Non può né fiorire né dare frutti. Anziché procedere innanzi nella via dello snaturamento senza limiti e del progresso smisurato, bisogna dunque ritornare ai princìpi, pena la fine dell'umanità: «se non torneremo indietro», i nostri discendenti lasceranno questo esempio ai loro posteri, se avranno posteri»[210].

Tornare ai princìpi veri dell'uomo vuol dire tornare alle illusioni che spingono alla virtù e all'eroismo, ai buoni costumi delle repubbliche antiche, in particolare quelle greche prima della guerra persiana, e quella romana prima delle guerre puniche. Quelle repubbliche erano «uno stato favorevolissimo alle illusioni, all'entusiasmo ec». Il merito e la virtù ricevevano il giusto premio; il desiderio di gloria era una molla potente per le grandi azioni, ciascuno si sentiva parte e non c'era molto da invidiare. Quello stato, dopo la monarchia primitiva era certamente il più conveniente all'uomo, «il più fruttuoso alla *vita*, il più felice»[211]. Fra i princìpi che l'umanità deve ritrovare c'è anche l'amore della patria, vera radice della virtù. «Non c'è virtù in un popolo senz'amor patrio», annota il 21 luglio 1822.

La fonte diretta di Leopardi è Montesquieu, ma il suo modo di collegare amore della patria, libertà politica e virtù pubbliche e

---

[208] Ivi, p. 192.
[209] Leopardi, *Zibaldone di pensieri*, in *Tutte le opere*, vol. II cit., p. 99.
[210] Ivi, p. 98.
[211] Ivi, p. 187.

private è del tutto coerente con la dottrina di Machiavelli: «Dovunque ha esistito vero e caldo amor di patria, e massime dove più, cioè ne' popoli liberi, i costumi sono stati sempre quanto fieri, altrettanto gravi, fermi, nobili, virtuosi, onesti e pieni d'integrità. Quest'è una conseguenza naturale dell'amor patrio, del sentimento che le nazioni, e quindi gl'individui hanno di se stessi, della libertà, del valore, della forza delle nazioni, della rivalità che hanno colle straniere, e di quelle illusioni grandi e costanti e persuasive che nascono da tutto ciò e che vicendevolmente lo producono»[212]. Per quanto sia inconcepibile ai moderni, vivere con amore della patria, ed essere pronti anche a dare la vita per essa, rendeva i cittadini delle antiche repubbliche più felici dei moderni[213].

Sulla via del ritorno ai princìpi della virtù e dell'amore della patria sta tuttavia l'ostacolo formidabile della religione cristiana. La religione antica insegnava ad amare il bene pubblico e temporale, a vivere per la patria e a cercare la gloria[214]. Essa inoltre educava gli uomini a innalzarsi «poco più sotto degli dei» e ad avere un'alta opinione della natura umana[215]. Il cristianesimo ha invece abbassato l'uomo rispetto a Dio e ha combattuto e combatte l'inclinazione a considerare i grandi uomini quali esseri divini; ha reso gli uomini inattivi, contemplativi e disposti ad accettare il dispotismo. Chiama beato chi soffre, predica i patimenti e li rende utili e necessari[216]. Per principio, chiarisce Leopardi, il cristianesimo non loda la tirannia né vieta di combatterla. Ma gli uomini che considerano la vita terrena un esilio e non hanno vera cura se non «di una patria situata nell'altro mondo» sono più inclini a sopportare la tirannia di quanto non lo fossero gli uomini che secondo la «religione antica» consideravano vera patria quella terrena[217].

---

[212] Ivi, p. 262.
[213] Ivi, p. 762.
[214] Ivi, p. 857.
[215] Ivi, pp. 1069 e 1056. Merita mettere in rilievo che nella *Crestomazia italiana* Leopardi antologizza la pagina delle *Istorie fiorentine* in cui Machiavelli descrive Lorenzo il Magnifico come «uomo dalla fortuna e da Dio sommamente amato» e quella della *Vita di Castruccio Castracani* in cui attribuisce al condottiero lucchese il detto che «Dio è amatore degli uomini forti perché si vede che sempre castiga gli impotenti con i potenti»; cfr. Giacomo Leopardi, *La crestomazia italiana*, a cura di Angelo Ottolini, Hoepli, Milano 1926, pp. 219 e 221.
[216] Leopardi, *Zibaldone di pensieri*, in *Tutte le opere*, vol. II cit., p. 149.
[217] Ivi, p. 108.

Sembrano parole di Machiavelli, ma sono di Leopardi. Leopardi va tuttavia oltre Machiavelli, soprattutto quando ragiona sulla possibilità di una rinascita mediante la riscoperta dei veri princìpi del cristianesimo e della virtù antica. Benché il cristianesimo, come tutte le religioni, sia un'illusione e abbia la grande responsabilità di aver reso il mondo debole e affievolito l'amore della libertà, la rinascita e il ritorno ai princìpi naturali del vivere umano richiede altre illusioni, ovvero persuasioni circa la realtà di cose le quali possono essere reali ed importanti soltanto rispetto ad un'altra vita[218]. Per fare nascere e mantenere vive le illusioni è necessaria la religione. Essa sola è in grado di stabilire «moltissime di quelle qualità ch'eran proprie degli uomini antichi o più vicini alla natura, appaga la nostra immaginazione coll'idea dell'infinito, predica l'eroismo, dà vita, corpo, ragione e fondamento a mille di quelle illusioni che costituiscono lo stato di civiltà media, il più felice stato dell'uomo sociale e corrotto insanabilmente: stato dove si concede tanto alla natura, quanto è compatibile colla società»[219]. Lo stato di un popolo cristiano è uno stato medio fra lo stato naturale e lo stato di corruzione: «vita, attività, piaceri della vita domestica, eroismo, sacrifizi, amor pubblico, fedeltà privata e pubblica degl'individui e delle nazioni, virtù pubbliche e private, importanza data alle cose, compassione e carità ecc. ecc… Tutte le illusioni che sublimavano gli antichi popoli, e sublimano il fanciullo e il giovane, acquistano vita e forza nel cristianesimo». Il «cristianesimo puro» ha effetti benefici sulla virtù dei popoli, come dimostra l'esempio dell'eroica resistenza degli spagnoli contro i francesi; il cristianesimo corrotto distrugge invece i buoni costumi e allontana i popoli dal felice stato di civiltà media, come attesta l'esempio della Spagna nei «bassi tempi»[220]. Come Machiavelli, Leopardi indica pertanto, quale alternativa al modo di vivere servo del cristianesimo corrotto, non il ritorno «allo stato di civiltà antica» e alla religione antica, ma il ritorno allo stato di «civiltà media» e al «vero e puro cristianesimo»[221].

[218] Ivi, p. 151.
[219] Ivi, p. 150.
[220] *Ibidem.*
[221] Ivi, p. 155.

Nell'Ottocento, la più sorprendente ripresa e rielaborazione della religione della virtù di Machiavelli contro la cattiva religione dell'ozio è stata tuttavia quella di Vincenzo Gioberti, l'alfiere del progetto di unificazione italiana sotto l'egida del papa. Sorprendente perché Gioberti sapeva benissimo cosa aveva scritto Machiavelli sul ruolo del papato e della religione cattolica nella storia d'Italia, e puntualmente lo accusa di aver danneggiato gravemente lo spirito patrio perché considerava il papa «per un fuordopera della civiltà italiana, anzi per un impedimento, per non dire un flagello», e di aver concepito l'assurda idea di «rinnovellare nell'età cristiana un corpo d'istituzioni puntellato sul paganesimo»[222]. Machiavelli è per Gioberti il miglior esempio della risorta filosofia del secolo XVI che fu, nella sostanza, «un rinnovamento del paganesimo». Per questa ragione tenne in poca considerazione «gli ordini del Cristianesimo», e nonostante la sua sagacia non capì che la vera scienza civile è quella che armonizza «lo studio profondo dei fatti e degli uomini coi lumi ideali, secondo lo stile dei Pitagorici e i dettati dell'Evangelio, guardandosi del pari dalle brutture e dai sogni, e ingegnandosi di migliorare gli istituti umani, senza aspirare ad una perfezione chimerica»[223]. Machiavelli sembrò addirittura dolersi dell'affermazione del cristianesimo, e nella sua teoria politica separò l'elemento sacro dal profano nella considerazione degli eventi[224]. Da queste premesse giunse infine, inevitabilmente, a teorizzare l'assurdo dell'unità italiana senza primato romano.

Nonostante queste critiche, Gioberti è un sostenitore dell'idea machiavelliana che la vera religione cristiana non predica né l'ozio né il distacco dal mondo, ma la virtù. L'ozio, che Gioberti imputa soprattutto ai gesuiti, contraddice il volere di Dio che «creò l'uomo a fare prima di godere» e «spianta la morale dalle radici». La virtù, invece, è conforme al volere di Dio, glorifica e divinizza l'uomo, lo rende, nei limiti della sua natura finita, simile Dio, e lo avvia lungo la via che porta alla vita eterna[225]. Cau-

---

[222] Vincenzo Gioberti, *Del primato morale e civile degli italiani*, a cura di Ugo Redanò, Fratelli Bocca, Milano 1938-1939, vol. I, pp. 40-41.

[223] Ivi, vol. II, pp. 42 e 72.

[224] Ivi, vol. II, p. 109.

[225] Vincenzo Gioberti, *Prolegomeni del primato morale e civile degli italiani*, a cura di Enrico Castelli, Fratelli Bocca, Milano 1938, p. 225.

se della maligna disposizione degli italiani all'ozio e alla «codarda ignavia» sono i «tristi governanti» e la religione fraintesa come «quietismo ascetico» che contraddice radicalmente i «principi evangelici».

Sono le idee di Machiavelli, e Gioberti lo riconosce esplicitamente:

> Non è meraviglia, se il Cristianesimo, svisato e conceputo in modo che l'inerzia ne fa l'essenza, sia favorevole all'ozio; e se la pazienza, virtù sublime quando è congiunta all'attività evangelica, alla fede ravvivata dalle opere, all'amore ardente del prossimo, al culto di tutto che può felicitarlo e renderlo migliore, riesca viziosa, allorché si sequestra dal suo nativo corteggio. Perciò il Machiavelli, biasimando il corrotto ascetismo, che *vuole che tu sia atto a patire più che a fare una cosa forte*, aggiunge che tal disordine non proviene dal Cristianesimo, ma dalla viltà degli uomini, *che hanno interpretata la nostra religione, secondo l'ozio e non secondo la virtù*[226].

La religione che Cristo ha insegnato esalta per Gioberti gli atti «benevoli e magnanimi di virtù sociale», e di «umanità civile», e comanda di operare per far trionfare nella città dell'uomo la libertà e per la giustizia:

> [Cristo] passò beneficando ed effettuando in modo repentino, straordinario, degno della potenza creatrice, quei prodigi medesimi di beneficenza, che per via naturale e graduata si operano dall'incivilimento nella successione dei secoli. Il quale, migliorando gli ordini legali, giudiziali, governativi, abolendo il dominio dell'uomo sull'uomo e le signorie violente, capricciose, dispotiche, rendendo più rare e più mansuete le guerre, unificando e affratellando le nazioni, promovendo e accrescendo il sapere [...] glorifica e fa salire in cielo i sinceri e diritti cooperatori del comun bene sopra la terra[227].

Il più influente apostolo della religione della patria del nostro Risorgimento, Giuseppe Mazzini, non colse invece nelle pagine di Machiavelli l'esigenza della riforma morale e religiosa. Sa distin-

---

[226] Ivi, p. 227 [Corsivo nel testo].
[227] Ivi, pp. 228-29. Vedi anche i riferimenti a Machiavelli sul principe italiano che deve «essere creatore» e imitare Teseo, Romolo, Licurgo e Mosè, alle pp. 248-50.

guere fra Machiavelli e il machiavellismo, fra i tanti «che hanno nell'anima il dubbio di Machiavelli, e i pochi che hanno il suo genio»[228]. Inveisce contro i cortigiani mediocri «che studiano il segreto della terza vita della nazione nelle pagine scritte da Machiavelli sul cadavere di lei» e contro coloro che citano Machiavelli «a provare che la politica non conosce principii, ma solamente calcoli d'utile a tempo»[229]. Riconosce in lui il profeta dell'unità d'Italia che agì quasi da collegamento ideale fra Dante e Alfieri[230].

Avverte la grandezza dell'uomo che soffriva per la corruzione dell'Italia, ma giudica il suo pensiero inadeguato ad aiutare la rinascita della patria:

Le nazioni non si rigenerano colla menzogna, Machiavelli, che i falsi profeti di libertà imitano da lungi e profanandone la scienza, veniva a tempi nei quali chiesa, principato e stranieri avevano spento un'epoca di vita italiana e dopo aver tentato gli estremi pericoli per la patria e subìto prigione e tormenti per vedere se pur fosse modo di trarne scintilla d'azione, procedeva, Dio solo sa con quali fraintesi inconfortati dolori, all'anatomia del cadavere, a segnarne le piaghe, a numerare i vermi principeschi, cortigianeschi, preteschi che vi s'agitavano dentro, e offeriva quello spettacolo ai posteri migliori ch'ei presentiva, come i padri spartani conducevano i giovanetti davanti all'Iloto briaco perché imparassero a fuggire la vergogna dell'intemperanza. E noi siamo all'alba d'un epoca, commossi dall'alito della vita novella; e che mai potremmo attingere dalle pagine di Machiavelli se non la conoscenza delle tattiche dei malvagi a sfuggirle e deluderle?[231]

I popoli rinascono grazie alla virtù e alla «religione del vero», non per mezzo di artifici machiavellici o reticenze gesuitiche[232]. I veri maestri da seguire sono Socrate e Gesù più che il disilluso segretario fiorentino:

No; non si rivive col gesuitismo, non si rigenera una gente colla menzogna. Il gesuitismo è stromento delle religioni che muoiono; la

---

[228] Giuseppe Mazzini, *Agli Italiani*, in *Scritti politici*, a cura di Terenzio Grandi e Augusto Comba, Utet, Torino 1972, p. 578.
[229] Giuseppe Mazzini, *Al conte di Cavour*, in *Scritti politici* cit., p. 772.
[230] Giuseppe Mazzini, *A Vittorio Emanuele*, in *Scritti politici* cit., p. 814.
[231] Giuseppe Mazzini, *Ai giovani. Ricordi*, in *Scritti politici* cit., p. 586.
[232] Ivi, p. 587.

menzogna è l'arte dei popoli condannati a servire. Socrate e Gesù morirono, per mano di carnefice, della morte del corpo, ma l'anima loro vive immortale, trasfusa di secolo in secolo nella vita migliore delle generazioni. Ogni progresso morale e filosofico compìto da due mila anni, ricorda il nome del primo, e un'epoca intera di civiltà emancipatrice trasse per quattordici secoli gli auspici dal santo nome di Gesù: tutta la scienza di Machiavelli non fu se non la lampada funebre che illuminò la tomba della seconda vita dell'Italia; e se il potente anatomico d'un periodo di vergogna e di decadimento vedesse i pigmei ch'oggi s'affaccendano a ricopiarlo intorno alla culla della terza vita, ei fremerebbe d'ira generosa contr'essi[233].

Mazzini avverte che Machiavelli starebbe dalla parte di chi vuole la rinascita dell'Italia, ma non trova la presenza di una convincente teoria dell'emancipazione neppure nelle sue pagine sulla rinascita delle religioni e degli stati attraverso il ritorno ai princìpi. Scrive a Pietro Giannone, nel dicembre 1832: «Possono correre tra noi alcune differenze d'idee politiche e letterarie; voi forse credete che a rigenerare l'Italia sia mestieri attenersi al detto di Machiavelli, e richiamarla a' secoli d'onde vengono le origini della sua civiltà; io credo che tutti gli sforzi de' valenti non possano rievocare un periodo consunto, e che invece di logorarci e spender le forze intorno all'impossibile ci sia mestieri guardar l'Italia, impossessarci delle tendenze che vi fermentano, a volgerle a bene, come meglio si può»[234].

Senza raccogliere le intuizioni di Machiavelli, Mazzini elaborò una compiuta teoria della religione quale mezzo necessario per l'emancipazione di un popolo dalla servitù politica e dalla corruzione morale. Per Mazzini la religione è la fede che dà la forza di tradurre in fatti l'ideale morale, e come tale è rigeneratrice di popoli. Essa è dunque la sorgente dell'impulso ad agire moralmente, ovvero a raggiungere l'armonia fra pensiero e azione. Religione vuol dire non un sistema di dogmi o di verità scritte in questo o in quel libro sacro, bensì un sentimento, il principio che spinge gli uomini a trovare nuove forme politiche e sociali, il con-

---

[233] Giuseppe Mazzini, *Alleanza repubblicana*, in *Scritti politici* cit., p. 993.
[234] *Scritti editi ed inediti di Giuseppe Mazzini*, Galeati, Imola 1909, vol. V, p. 201.

cetto che innalza l'individuo, lo purifica dall'egoismo e lo rende capace di agire nella storia per realizzare un'idea morale[235].

Mazzini è profondamente convinto che senza sentimento religioso non c'è mai stata né mai ci sarà redenzione o emancipazione:

> L'uomo è più in alto della terra che lo sostiene. Ei vive sulla sua superficie e non nel suo centro. I suoi piedi toccano il suolo, ma la sua fronte si volge al cielo come s'ei volesse avviarvisi. Lassù, nell'alto, splendida in un cielo sereno o nascosta fra nuvoli di tempesta, sta la sua stella polare. Dal profondo dell'anima egli aspira ad un avvenire ch'ei non può nella forma presente sperar di raggiungere, ma ch'é l'oggetto d'ogni attività della vita, il segreto dell'essere, la mallevadoria del progresso; e ogni grande epoca dell'umanità rende quell'aspirazione più intensa, e spande una nuova luce sul concetto ch'ei forma di quell'avvenire. A quella luce novellamente diffusa corrisponde un rinnovamento sociale – una nuova terra a somiglianza del nuovo cielo. Io non conosco, parlando storicamente, una sola conquista dello spirito umano, un solo passo importante mosso sulla via di perfezionamento della società umana, che non abbia radici in una forte credenza religiosa; e dico che ogni dottrina nella quale rimanga negletta l'aspirazione all'ideale, nella quale non sia contenuta, quale i tempi la consentono, una soluzione a questa suprema necessità d'una fede, a questo eterno problema dell'origine e dei fati dell'umanità, è e sarà sempre impotente a ridurre in atto il concetto d'un nuovo mondo. Potrà riescire a foggiare magnifiche forme; ma mancherà ad esso la scintilla di vita che Prometeo conquistava alla sua statua dal cielo[236].

---

[235] Vedi Carlo Cantimori, *Saggio sull'idealismo di Giuseppe Mazzini*, Casa Tipografica Editrice G. Montanari, Faenza 1904. È importante sottolineare che Delio Cantimori, figlio di Carlo, fu uno dei primi a cogliere il legame fra Machiavelli e le esigenze di riforma morale in Italia. Nella premessa agli *Eretici italiani del Cinquecento*, Delio Cantimori riconosce lo stimolo del padre mazziniano ad incamminarsi negli studi sugli eretici italiani. Cfr. Delio Cantimori, *Eretici italiani del Cinquecento*, a cura di Adriano Prosperi, Einaudi, Torino 2002, p. 7.

[236] Giuseppe Mazzini, *I Sistemi e la Democrazia*, in *Scritti editi e inediti di Giuseppe Mazzini*, Daelli Editore, Milano 1864, vol. VII, p. 334. Nella lettera a Francesco Bertioli del gennaio 1833, Mazzini scrive: «io non sono cristiano, nel senso di credere alla divinità di Cristo, ed altre simili scene: che non ammetto altra rivelazione che quella del Genio; che credo la religione sia un risultato, ed un'espressione della Società, come la letteratura, il diritto, la politica, etc.: [...] che la religione [è] sottomessa al Progresso come tutte le cose – che in questo senso, io credo il Cristianesimo la prima religione espressione della civiltà nostra, del mondo moderno in opposizione all'antico – che il Cristianesimo ha formulato per me il Dogma dell'Eguaglianza – e in questo sen-

Per l'emancipazione dei popoli la religione ha un valore molto più grande della filosofia[237]. Ne è prova la rivoluzione francese, che Mazzini interpreta come vittoria dell'ideale vissuto come fede sui fatti e sulle morte istituzioni, e dunque manifestazione del più genuino spirito religioso. La rivoluzione francese, scrive, fu «l'opera di Lutero nella sfera politica», e in questo suo aspetto risiede la sua gloria e la sua potenza[238]. Per quanto grande fosse il suo animo, e per quanto profondo fosse il suo amore della patria, mancava a Machiavelli il vero spirito religioso che sa rigenerare i popoli. Eppure, proprio quando ribadisce la distanza che separa Machiavelli dalla religione del vero, Mazzini scrive parole che riassumono il concetto della religione della virtù:

so sono Cristiano, – che peraltro credo il Cristianesimo non abbia predicata che l'Eguaglianza in faccia a Dio, e il perfezionamento *individuale* – che noi ci affacciamo all'epoca in cui dobbiamo predicare l'Eguaglianza in faccia agli uomini, e il perfezionamento *sociale* – che in questo senso non sono Cristiano; ma che tutto camminando progressivamente, noi, società sotto l'impero ancora del Cattolicesimo, non possiamo saltar d'un balzo al di là del Cristianesimo, e predicare il Deismo puro, ch'è la mia religione»; *Scritti editi ed inediti di Giuseppe Mazzini*, vol. V cit., p. 216.
   [237] Giuseppe Mazzini, *Dal papa al concilio*, in *Scritti editi e inediti di Giuseppe Mazzini*, vol. VII cit., pp. 234-35.
   [238] Giuseppe Mazzini, *Condizione e avvenire dell'Europa*, in *Scritti editi e inediti di Giuseppe Mazzini*, Londra 1891, vol. VIII, p. 186. Come Mazzini, altri durante il Risorgimento si adoperarono per la riforma morale e religiosa. Fra questi gli esuli che presero la via di Malta e di Londra. Dal 1847 al 1860, per opera di Salvatore Ferretti uscì a Londra l'«Eco di Savonarola», con l'esplicito proposito di caldeggiare in Italia una riforma religiosa che doveva trarre ispirazione non da Lutero, «da cui infinite disgrazie sono nate sempre all'Italia», ma dall'insegnamento del frate ferrarese. Un programma simile ispirò anche «Il Cattolico Cristiano» stampato a Malta dal 1848 al 1850. Come scriveva il fondatore del periodico, l'ex-teologo Luigi De Sanctis, la riforma religiosa era necessaria all'Italia per ritrovare la sua libertà e far nascere un nuovo costume morale: «È necessaria all'Italia una riforma religiosa [...]. Apparisca la luce evangelica, e l'Italia sarà una, sarà libera, sarà felice; non vi può essere unità, non vi può essere libertà, non felicità, se non è solidamente stabilito il principio di fratellanza e di amore, e questo principio non può solidamente stabilirsi che col Vangelo [...]. Distruggiamo le papali istituzioni, che istituzioni sono di tirannide; e come i papi per tiranneggiare hanno soppresso il Vangelo, e sulle ruine di quello han basato il loro codice di oppressione, noi rovesciamo questo codice, e rialziamo sulle sue rovine il Vangelo! È questa l'unica via di liberare per sempre l'Italia»; vedi Augusto Armand Hugon, *Correnti evangeliche tra gli italiani in esilio 1840-1860*, Atti del XXXIII Congresso di Storia del Risorgimento Italiano (Messina, 1-4 settembre 1954), pp. 29-36.

Il vero! L'Italia nascente non chiede se non quello, non può vivere senza quello. L'Italia nascente cerca in oggi il proprio fine, la norma della propria vita nell'avvenire, un criterio morale, un metodo di scelta fra il bene e il male, tra la verità e l'errore, senza il quale non può esistere per essa responsabilità, quindi non libertà. Secoli di schiavitù, secoli di egoismo, unica base all'esistenza dello schiavo; secoli di corruzione, lentamente e dottamente instillata da un cattolicesimo senza coscienza di missione, hanno guasto, pervertito, cancellato quasi l'istinto delle grandi e sante cose, che Dio pose in essa [...]. L'Italia nascente ha bisogno di fortificarsi acquistando conoscenza dei propri doveri, della propria forza, della virtù scossa dal sagrificio, della certezza di trionfo che è nella logica: e voi le date una teorica d'interessi, d'opportunità, di finzioni; un machiavellismo male inteso e rifatto da allievi ai quali Machiavelli, redivivo, direbbe: *Io aveva innanzi la sepoltura; voi, stolti, la culla d'un popolo*. L'Italia nascente ha bisogno d'uomini che incarnino in sé quel vero nel quale essa deve immedesimarsi; che lo predichino ad alta voce, lo rappresentino negli atti, lo confessino, checché avvenga, fino alla tomba.

Senza uomini siffatti, conclude Mazzini e le sue parole sono una profezia che purtroppo si è avverata, l'Italia cadrà «sotto il giogo del primo padrone straniero e domestico, che vorrà inforcarla di tirannide, una Italia fiacca, irresoluta, sfiduciata di se stessa e d'altrui, senza stimolo di onore e di gloria, senza religione di verità e senza coraggio per tradurla in opera»[239]. Verso la metà del secolo Edgar Quinet riapriva in *Les Révolutions d'Italie* la questione del ruolo di Machiavelli nella storia della riforma religiosa in Italia. Per Quinet, uomo di educazione calvinista, la riflessione di Machiavelli ha quale presupposto intellettuale e politico la sconfitta della riforma religiosa di Savonarola. A suo giudizio il frate ferrarese aveva commesso l'errore di applicare ai mali d'Italia i rimedi della Chiesa primitiva e aveva predicato di cercare aiuto solo in Dio, di armarsi della spada della preghiera e di attendere il miracolo[240]. Machiavelli cercò in-

---

[239] Giuseppe Mazzini, *A Francesco Crispi (1864)*, in *Scritti politici* cit., pp. 969-70.

[240] Edgar Quinet, *Les Révolutions d'Italie*, in *Oeuvres d'Edgar Quinet*, Hachette, Hachette, Paris, 1895, tomo II, pp. 3-4. Vedi in proposito lo studio di Gennaro Maria Barbuto, *Ambivalenze del moderno. De Sanctis e le tradizioni politiche italiane*, Liguori, Napoli 2000, in particolare pp. 21-27.

[241] Ivi, pp. 6-8.

vece di resuscitare l'Italia dalla morte morale per mezzo di una politica «senza Dio, senza provvidenza, senza religione, né pagana, né cristiana». Volle tenacemente «fondare e conservare la patria senza Dio e all'infuori di Dio»[241]. A causa del cattivo esempio del papato, gli italiani erano non solo moralmente corrotti ma privi del rimorso e del sentimento della vergogna. Contro questa totale depravazione morale Machiavelli non alzò la bandiera della riforma religiosa e morale ma un appello a un redentore che con la forza la facesse rinascere. La sua teoria violenta e appassionata non ha posto per l'arte di conquistare l'animo umano con la religione[242]. Sostenuto da un amore della patria pari a quello dei grandi dell'antichità, Machiavelli non si arrende né alla morte dell'Italia né alla rassegnazione cristiana. Tenta con uno sforzo intellettuale eroico di trovare nell'intelligenza politica e nella forza la cura al male italiano. Non sente pietà per il cadavere che vuole resuscitare. Dimostra in maniera inconfutabile l'incompatibilità assoluta fra cattolicesimo romano e libertà, e su questa consapevolezza fonda la sua terapia esclusivamente politica per la rinascita dell'Italia[243].

Pochi anni dopo, Jules Michelet formulava nell'*Histoire de France* (1855) un verdetto analogo. Il profeta della rinascita dell'Italia per via della riforma religiosa fu Savonarola, e la sua sconfitta è la prova che non è possibile riformare la Chiesa cattolica riportandola verso i suoi princìpi e che democrazia e cristianesimo sono incompatibili. Machiavelli capì con grande lucidità la sconfitta di Savonarola e prese una via del tutto opposta per la salvezza dell'Italia. Poiché Dio non faceva nulla per l'Italia, egli invocò una politica senza Dio: sordo il cielo, chiamò l'inferno[244]. Jacob Burckhardt, a sua volta, rinforzava nella *Civiltà del Rinascimento in Italia* (1860) l'immagine dell'Italia stretta fra un'assurda proposta di riforma religiosa e morale ispirata agli ideali medievali, e la lucida ma troppo fredda diagnosi di Machiavelli. Savonarola, scrive Burckhardt, aveva unito nella sua predicazione il patriottismo e la rigenerazione morale e religiosa. La sua cu-

---

[242] Ivi, p. 19.
[243] Ivi, pp. 55 e 57.
[244] Jules Michelet, *Renaissance et Réforme. Histoire de France au XVIe siècle*, prefazione di Claude Mettra, R. Laffont, Paris 1982, p. 92.

ra per la corruzione morale dell'Italia era però la teocrazia in cui gli uomini si prostrano di fronte a Dio e vivono per la salvezza dell'anima. Anche Machiavelli sapeva che il male dell'Italia era un particolare tipo di corruzione morale, ma non si rese conto che la causa era l'individualismo che aveva spinto l'Italia fuori «dal cerchio della morale e della religione»[245].

Le idee di Quinet, Michelet e Burckhardt su Machiavelli e la mancata riforma religiosa in Italia furono riprese ed elaborate da Francesco Fiorentino che nel suo libro su Pietro Pomponazzi, del 1868, mette in rilievo le analogie profonde fra le idee del filosofo mantovano sulla religione e quelle del Segretario fiorentino suo contemporaneo. Nel *De incantationibus*, scritto a Bologna nel 1520, Pomponazzi sostiene che le religioni, compresa quella cristiana, sono soggette al ciclo naturale della nascita e della decadenza determinato dall'influsso dei moti celesti sulle umane vicende: «E valga il vero, se le religioni nascono e muoiono per necessaria vicenda causata dal rivolgimento degli astri, della cristiana è forza che pure venga la volta sua; ed il Pomponazzi nol nasconde, ed anzi ne preannunzia prossima la fine dallo intiepidirsi della fede, e dal diradarsi dei miracoli; la qual fine arriverà quando l'una e gli altri saranno cessati del tutto»[246]. Gli influssi degli astri agiscono anche sui fondatori delle religioni e sui grandi legislatori, chiamati meritevolmente «figli di Dio». E questi ultimi, per realizzare la loro opera, si servono dei miracoli e della religione, come aveva sostenuto anche Machiavelli[247]. Con la differenza che mentre Pomponazzi considerava la religione «strumento di virtù», Machiavelli la considerava «strumento di regno»[248]. Per questa ragione Machiavelli, che seppe meglio di ogni altro denunciare lo «scadimento della religione in Italia», non volle o non poté farsi banditore della riforma religiosa. Quando si affaccia sulla scena politica e intellettuale d'Italia, la possibilità della riforma è tramontata con il rogo di Savonarola:

[245] Jacob Burckhardt, *La civiltà del Rinascimento in Italia*, trad. di Domenico Valbusa, Introduzione di Eugenio Garin, Sansoni, Firenze 1980, pp. 394-95.
[246] Francesco Fiorentino, *Pietro Pomponazzi. Studi storici su la scuola bolognese e padovana del secolo XVI*, Le Monnier, Firenze 1868, pp. 61-62.
[247] Ivi, pp. 416 e 470.
[248] Ivi, p. 471.

Girolamo Savonarola non mancava né di entusiasmo, né di scienza, né d'integrità di costumi perché fosse un apostolo, ed intanto fallì nella impresa per difetto di fede nei seguaci. Il popolo fiorentino in un momento di esaltazione poteva applaudire ai sermoni fervorosi del Frate di San Marco e abbruciare i monumenti della vanità mondana e della corruzione; ma nel ripensarci sopra, ei non poteva approvare quella barbara distruzione; sentiva che l'arte era la sua vita, e la sua gloria, e che non poteva abbandonarla per seguire il Savonarola nei voli di una vita priva di bellezza[249].

Così, mentre la riforma religiosa prendeva piede in Germania e in altri paesi del Nord, gli italiani si diedero piuttosto alla critica e all'ironia, e con la loro critica e la loro ironia rimasero servi dei papi e dei prìncipi. Le molteplici riflessioni sulla mancata riforma religiosa in Italia trovarono una sintesi efficace nelle pagine di Francesco De Sanctis. Fallito il tentativo di riforma religiosa propugnato da Savonarola, restava per De Sanctis la via della scienza che Machiavelli indicava: «venne il Rinascimento, e la scienza credette davvero di poter restaurare la vita: la scienza si chiamava Machiavelli, Campanella, Sarpi; e la vita fu Cesare Borgia, Leone X e Filippo II». Ma «i pensieri rimasero pensieri, e i fatti rimasero fatti»[250]. Tanto Machiavelli quanto Savonarola volevano riformare l'Italia. Il primo «avea per leva della riforma l'entusiasmo»; il secondo la scienza: «Savonarola adopera il fanatismo; la collera che non comprende e non tollera: Machiavelli la tolleranza che comprende ed assolve [...] la tolleranza dello scienziato [...] l'ironia dell'uomo superiore alla collera»[251]. L'uno fallì perché voleva di fatto sostituire l'ozio sociale con l'ozio dei conventi, l'altro perché la scienza non aveva forza redentrice e finì per alimentare lo spirito di intelligente adattamento alla corruzione che celebrò il suo trionfo nell'uomo del Guicciardini tutto proteso alla cura del suo «particulare»:

---

[249] Ivi, p. 453.
[250] Francesco De Sanctis, *La scienza e la vita* (1872), in Id., *L'arte, la scienza e la vita: nuovi saggi critici, conferenze e scritti vari*, a cura di Maria Teresa Lanza, Einaudi, Torino 1972, p. 320. Vedi in proposito Barbuto, *Ambivalenze del moderno* cit.
[251] Francesco De Sanctis, *Conferenze su Machiavelli*, in Id., *L'arte, la scienza e la vita* cit., pp. 56-57.

Rifare il medio evo, e ottenere la riforma de' costumi e delle coscienze con una restaurazione religiosa e morale era stato già il concetto di Geronimo Savonarola, ripreso e poi purgato nel Concilio di
Trento. Era il concetto più accessibile alle moltitudini e più facile a
presentarsi. I volghi cercano la medicina a' loro mali nel passato. Machiavelli, pensoso e inquieto, giudicava quella corruttela da un punto di vista più alto. Essa era non altro che lo stesso medio evo in pu-
trefazione, morto già nella coscienza, vivo ancora nelle forme e nelle
istituzioni. E perciò, non che pensasse di ricondurre indietro l'Italia
e di restaurare il medio evo, concorse alla sua demolizione[252].

Per De Sanctis Machiavelli ha insegnato a cercare l'essere dietro il parere, ha alzato la bandiera dell'unità d'Italia e della separazione della Chiesa dallo stato. Per questo egli è l'iniziatore
della tradizione che proseguì poi con Sarpi, Giannone, Mazzini,
Gioberti e Cavour. Non fu però banditore di una vera e propria
riforma religiosa. Se ebbe una religione fu quella della patria, e
per il suo profondo e alto amore della patria Machiavelli merita
la gloria del mondo. Nel giorno della liberazione di Roma, De
Sanctis scioglie un commosso elogio:

Ciò che guarda Machiavelli è di vedere se è un uomo; ciò che mira è di rifare le radici alla pianta uomo in declinazione [...]. La serietà
della vita terrestre, col suo istrumento, il lavoro, col suo obbiettivo,
la patria, col suo principio, l'eguaglianza e la libertà, col suo vincolo
morale, la nazione, col suo organismo, lo Stato autonomo e indipendente [...]. Muore la scolastica, nasce la scienza. Questo è il vero machiavellismo, vivo, anzi giovane ancora. È il programma del mondo
moderno, sviluppato, corretto, ampliato, più o meno realizzato. E sono grandi le nazioni che più o meno vi si avvicinano. Siamo dunque
alteri del nostro Machiavelli. Gloria a lui quando crolla alcuna parte
dell'antico edificio. E gloria a lui, quando si fabbrica alcuna parte del
nuovo. In questo momento che scrivo, le campane suonano a distesa-
sa, e annunziano l'entrata degl'Italiani a Roma. Il potere temporale
crolla. E si grida il viva all'unità d'Italia. Sia gloria al Machiavelli[253].

De Sanctis ammira il Machiavelli patriota ma guarda con sospetto, da buon liberale, la religione della patria e l'elevazione

[252] De Sanctis, *Storia della letteratura italiana* cit., p. 476.
[253] Ivi, pp. 511-12.

dello stato a principio divino. «La patria di Machiavelli – scrive – è una divinità, superiore anche alla moralità e alla legge [...]. La divinità era scesa di cielo in terra [...]. Libertà era la partecipazione più o meno larga de' cittadini alla cosa pubblica. I diritti dell'uomo non entravano ancora nel codice della libertà. L'uomo non era un essere autonomo, e di fine a sé stesso: era l'istrumento della patria, o ciò che è peggio, dello Stato [...] l'individuo assorbito nella società, o, come fu detto poi, l'onnipotenza dello Stato [...]. Queste idee sono enunciate dal Machiavelli, non come da lui trovate e analizzate, ma già come per lunga tradizione ammesse, e fortificate dalla coltura classica. Ci è lì dentro lo spirito dell'antica Roma [...]. Presso gli antichi libertà era partecipazione de' cittadini al governo, nel qual senso è intesa anche dal Machiavelli. Presso i moderni accanto a questa libertà politica è la libertà intellettuale, o, come fu detto, la libertà di coscienza»²⁵⁴. La patria di Machiavelli è insomma una divinità che soffoca, «assorbe in sé religione, moralità, individualità»; e il suo Stato non è contento di essere autonomo esso, ma «toglie l'autonomia a tutto il rimanente»²⁵⁵. Con quel suo stato, e con un capo, Machiavelli credeva di poter fondare la nazione italiana e non si rese conto che bisognava anche «ricreare il popolo, ricreare il pensiero, ricreare insomma l'uomo, l'uomo romano che egli sognava». Perché la riforma politica potesse diventare realtà, doveva essere accompagnata da una riforma religiosa che riconoscesse senza ambiguità il valore dell'individuo.

Chiusa la stagione del Risorgimento, gli studiosi che ad essa erano idealmente legati si divisero sul significato dell'opera di Machiavelli, in particolare sul suo pensiero in materia di religione. Gino Capponi, il bardo dell'ultima Repubblica fiorentina, giudica Machiavelli un uomo senza fede religiosa e come tale specchio fedele dell'Italia: «Né spenta era la religione più nel pensiero di lui che in quello d'Italia: come alta cosa la riveriva, come italiana l'amava; poi per isdegno del malgoverno da cui la vedeva deturpata, con ischerni l'assaliva; e con i vizi la cancellava dal core suo. Tale fu il Machiavelli e tale l'Italia»²⁵⁶. Pasquale Villari, che scrive il suo

---

²⁵⁴ Ivi, pp. 480-81 e 545.
²⁵⁵ Ivi, p. 512.
²⁵⁶ Gino Capponi, *Storia della Repubblica di Firenze*, G. Barbèra, Firenze 1875, vol. II, p. 369.

Niccolò Machiavelli e i suoi tempi (1877-1882) con l'animo di capire tanto i vizi dell'Italia «contro i quali combattiamo oggi», quanto le virtù, «che ci aiutarono a risorgere», sostiene che Machiavelli alle questioni religiose non pensò mai ed «era paganissimo, come trasparisce con grande evidenza in ogni pagina delle sue opere. Ne son prova la sua sconfinata ammirazione per l'antichità; la sua indifferenza religiosa; l'odio al papato; il modo, con cui discorre del cristianesimo, specialmente quando lo paragona al Paganesimo, e finalmente un linguaggio suo proprio, che adopera spesso, e nel quale si manifesta con singolare evidenza questo suo modo di sentire»[257]. Machiavelli sentì e dimostrò con la parola e con le opere il suo «amore vero, ardente, irresistibile della libertà, della patria e anche della virtù», ma ebbe il grande limite di aver avviato l'Italia, allontanandola da Savonarola, verso la redenzione politica senza riforma religiosa:

> L'Italia era divenuta incapace d'una riforma religiosa come quella che seguì in Germania. Invece di slanciarsi verso Dio, come le aveva predicato il Savonarola; invece di cercar forza in un nuovo concetto della fede, essa mirò a ricostituire l'idea dello Stato e della patria. Nel sacrifizio di tutti al bene universale vide la sola via alla sua politica e morale redenzione. L'unità della patria risorta avrebbe reso inevitabile la ricostituzione della morale, riaccesa la fede nella virtù pubblica e privata, fatto trovar modo di santificare lo scopo della vita. Questa idea, vagamente e debolmente sentita da molti, fu il pensiero dominatore del Machiavelli, l'idolo a cui sacrificò la sua intera esistenza[258].

Oreste Tommasini, nella monumentale opera *La vita e gli scritti di Niccolò Machiavelli nella loro relazione col Machiavellismo* (1883-1911), confuta invece esplicitamente il presunto paganesimo di Machiavelli e mette in risalto che «il risorgimento della fede» per via d'una «riformazione religiosa, provocata e ottenuta in qualunque modo», fu «tra le aspirazioni più vive e intime del Machiavelli», anche se «la sua esortazione non fu intesa, non fu attesa, non ebbe eco

---

[257] Pasquale Villari, *Niccolò Machiavelli e i suoi tempi*, 3 voll., Le Monnier, Firenze 1877-1882, vol. II, 2, pp. 272-74.
[258] Ivi, vol. III, pp. 381-82. Vedi anche Id., *La storia di Girolamo Savonarola e de' suoi tempi*, 2 voll., nuova edizione, Le Monnier, Firenze 1887-88, vol. I, p. LXIII.

in Italia»²⁵⁹. Per Tommasini Machiavelli era libero dal pregiudizio teologico e riteneva che la divinità si onora con le opere, che era poi l'idea di uomini come Cromwell, Robespierre, Garibaldi o Mazzini e come la intendono gli americani. Machiavelli vide che il vero problema dell'Italia era la cattiva educazione religiosa:

> Questi son davvero i *Gravamina italicae nationis* che solo Machiavelli solleva e tramanda ai posteri, sfiduciato che i suoi contemporanei gli badino, addolorato che non se ne diano per intesi. Se gl'Italiani conoscessero se stessi come conoscono coloro co' quali ànno a che fare, sarebbero i primi uomini del mondo: ma la loro coscienza si lascia o illudere o corrompere. Il cristianesimo non abbastanza la vivificò, la teologia la pervertì; le diè persino ad intendere che fosse male dir male del male; così ch'essa neppure il sentimento morale à sicuro. Non bastò Dante a risuscitarla e a salvarla; e – 'a che mi conducete voi, padre!' – il grido angoscioso di Lucrezia nella *Mandragola* è la simbolica esclamazione dell'abbindolata coscienza di tutt'un popolo, e quel grido di tutta Italia è perpetuo²⁶⁰.

Machiavelli «non tocca la fede, ma la vuol salda, semplice, pratica, e la veste, e la penetra di carità virile». Raccomandò agli italiani solo una cosa:

> raccogliere l'Italia tutta sotto un capo unico; ciò che non può seguire, se non quando si rinvigorisca la fede e il sacerdozio perda ogni ombra di signoria nella penisola. L'unità è interna ed esterna franchigia. Questo pensiero, in cui è l'anelito e il cardine dell'italico risorgimento, egli vuol che divenga sentimento del popolo, perché una necessità sentita, per difficoltà ed ostacoli che le si contrappongono a soddisfarla, s'ostina negli animi e diventa fede, impegna battaglia, trova i suoi martiri, ottiene vittorie, consegue i suoi effetti, logici, ineluttabili, tanto più ampi quanto men prossimi. Questa diventò davvero la salda fede de' Italia²⁶¹.

La lunga storia delle riflessioni sulla riforma religiosa e morale ha il suo momento più alto negli anni '20 e '30, quando il fa-

---

²⁵⁹ Oreste Tommasini, *La vita e gli scritti di Niccolò Machiavelli nella loro relazione col machiavellismo*, Loescher, Roma 1883-1911, vol. II, pp. 706 e 694 (cito dalla ristampa anastatica, Il Mulino, Bologna 1999).
²⁶⁰ Ivi, vol. II, p. 706.
²⁶¹ Ivi, vol. II, pp. 710-13.

scismo fece toccare con mano la verità della profezia di Machiavelli che un popolo reso moralmente debole per la cattiva educazione diventa facile preda degli uomini scellerati. La consapevolezza che il fascismo traeva origine da antichi mali morali, e che la liberazione da quel regime sarebbe stata possibile soltanto per via di un rinnovamento morale degli italiani, favorì la nascita del concetto di 'religione della libertà'. Questo concetto, che aiutò più di ogni altro la resistenza morale e politica contro il regime, emerse in riflessioni attorno a Machiavelli o che avevano Machiavelli quale punto di riferimento privilegiato.

L'artefice principale dell'elaborazione del Dio di Machiavelli nel principio della religione della libertà fu Piero Gobetti. Con il segretario fiorentino Gobetti avvertiva una profonda consonanza spirituale. «Noi», parla a nome dei fondatori della Rivoluzione Liberale, «ci sentiamo estranei allo spirito del Vangelo» e vicini «alla disperazione del Vecchio Testamento»; il nostro entusiasmo per l'azione, la responsabilità e il disinteresse nascono non dalla fede ma dalla disperazione; siamo consapevoli che «tutto è crudelmente uguale». Gobetti avvertiva in sé le medesime passioni e convinzioni che sentiva in Machiavelli:

non siamo più degli eroi, fosse pure con la malizia ottimistica di Don Chisciotte; ma degli storici disinteressati (artisti) nel senso di Machiavelli che sa trovare la stessa eticità (*praxis*) in Callimaco, in Castruccio Castracani e nel duca Valentino e discutere con lo stesso impegno e la stessa serenità indifferente l'impresa della *Mandragola* e le sue legazioni; trattandosi nell'un caso e nell'altro di far prevalere l'astuzia e attività (serena, eroica, etica) contro l'inerte ottimismo di qualche messer Nicia (non vi siete mai accorti che frate Timoteo è per M. un personaggio simpatico?)[262].

Gobetti trova il Dio di Machiavelli sotto la guida di Alfieri, che studia per la tesi di laurea all'Università di Torino. Come Machiavelli, che scriveva per l'azione politica pur sapendo che nel suo tempo nessuno avrebbe potuto o saputo mettere in pratica i suoi insegnamenti e le sue esortazioni, Alfieri scrive per l'azione politi-

---

[262] Piero Gobetti, *Per una società degli apoti*, in *Opere complete di Piero Gobetti*, vol. I, *Scritti politici*, a cura di Paolo Spriano, Einaudi, Torino 1969, p. 412.

ca mosso da un pessimismo sereno. Non agisce per fede, ma perché «non ha una fede». In lui «l'ideale non illumina dall'esterno, rimanendo in alto inafferrabile, ma sorge dall'azione, sta nella disperazione stessa con cui accettando l'ineluttabile coscientemente, rinunciando fermamente ad ogni illusione e ad ogni falsità, nata soltanto da debolezza e da egoismo, si ritrova il criterio austero della virtù nel disinteresse della solitudine»[263]. Alfieri, a giudizio di Gobetti, seppe riscoprire un «Machiavelli più vero e più vigoroso» del Machiavelli puro tecnico del governo, e seppe soprattutto «ripensarne l'intima coerenza spirituale»[264].

Gobetti, sulle orme di Alfieri, sottolinea che il Dio che comanda la libertà come principio morale è il presupposto necessario della libertà politica. Non ha senso alcuno per Alfieri «una libertà politica che non si fondi sulla libertà interiore – intesa questa come *forte sentire*»[265]. Il Dio di Alfieri è il medesimo Dio che Machiavelli aveva contrapposto al Dio che insegna ad essere servi e toglie ai popoli la forza di operare grandi cose, che ispira i creatori di religione e che vive nel Cristo non maestro di umiltà ma «creatore di politica libertà»[266]. Su questo Dio Gobetti fonda la religione della libertà, contrapposta alla religione dei servi, che deve ispirare un popolo di cittadini capaci di lottare per la libertà perché devono e non perché sicuri della vittoria. Una religione che «non è più conforto per i deboli ma sicurezza dei forti, non più culto di un'attività trascendente, ma attività nostra, non più fede ma responsabilità»; una religione «che esclude interessi e calcoli, esige, come efficacemente scrive l'Alfieri, *fanatismo* negli iniziatori, e negli iniziatori entusiasmo di sincerità, in tutti quell'ardore completo per cui non c'è soluzione di continuità tra pensiero e azione»[267].

Gobetti indica in questa religione della libertà il contenuto della riforma intellettuale e morale italiana. Riprendendo il giudizio

---

[263] Piero Gobetti, *La filosofia politica di Vittorio Alfieri*, in *Opere complete di Piero Gobetti* cit., vol. II, *Scritti storici, letterari e filosofici*, a cura di Paolo Spriano con due note di Franco Venturi e Vittorio Strada, Einaudi, Torino 1969, p. 126.
[264] Ivi, pp. 93-95.
[265] Ivi, p. 127.
[266] Ivi, p. 129.
[267] Ivi, pp. 132 e 128.

di De Sanctis che ho commentato all'inizio di questo libro, Gobetti scrive che «la nostra Riforma fu Machiavelli, un isolato, un teorico della politica. I suoi concetti non seppero trovare un terreno sociale su cui fondarsi né uomini che li vivessero. Machiavelli è uomo moderno perché fonda una concezione dello Stato ribelle alla trascendenza, e pensa un'*arte politica* come organizzazione della pratica e professa una religiosità della pratica come spontaneità di iniziativa e di economia». Nel primo capitolo della *Rivoluzione liberale* Gobetti riprende il medesimo concetto con una precisazione significativa: Machiavelli «professa una religiosità civile come spontaneità di iniziative e di economia». Per realizzare la sua riforma politica, l'Italia ha bisogno di questa religione civile o della libertà, la religione che Machiavelli ci ha insegnato con la sua finezza di «cittadino esperto di contingenze storiche», non il «programma rumoroso» del contadino Lutero[268].

Negli anni in cui il fascismo sembrava invincibile grazie alla forza delle armi e della persuasione, l'esigenza della riforma morale torna negli scritti dei pochi che, come Carlo Rosselli, non si rassegnarono a vivere servi.

Il problema italiano – scrive Rosselli in *Socialismo liberale* (1928-1929) – è essenzialmente problema di libertà. Ma problema di libertà nel suo significato integrale: cioè di autonomia spirituale, di emancipazione della coscienza, nella sfera individuale; e di organizzazione della libertà nella sfera sociale, cioè nella costruzione dello Stato e nei rapporti tra i gruppi e le classi. Senza uomini liberi, nessuna possibilità di Stato libero. Senza coscienze emancipate, nessuna possibilità di emancipazione di classi. Il circolo non è vizioso. La libertà comincia con l'educazione dell'uomo e si conchiude col trionfo di uno Stato di liberi, in parità di diritti e di doveri, in uno Stato in cui la libertà di ciascuno è condizione e limite della libertà di tutti[269].

Rosselli trae da Mazzini l'esigenza del rinnovamento morale quale premessa indispensabile della libertà, ma è la medesima esigenza che Machiavelli aveva posto: «Ora è triste cosa a dirsi»,

---

[268] Piero Gobetti, *La rivoluzione liberale. Saggio sulla lotta politica in Italia*, in *Opere complete di Piero Gobetti*, vol. I cit., pp. 923-24.
[269] Carlo Rosselli, *Socialismo liberale*, a cura di John Rosselli, Introduzione e saggi critici di Norberto Bobbio, Einaudi, Torino 1997, p. 111.

scrive, «ma non per questo meno vera, che in Italia l'educazione dell'uomo, la formazione della cellula morale base – l'individuo – è ancora in gran parte da fare. Difetta nei piú, per miseria, indifferenza, secolare rinuncia, il senso geloso e profondo dell'autonomia e della responsabilità. Un servaggio di secoli fa sí che l'italiano medio oscilli oggi ancora tra l'abito servile e la rivolta anarchica. Il concetto della vita come lotta e missione, la nozione della libertà come dovere morale, la consapevolezza dei limiti propri ed altrui, difettano»[270].

Per una coincidenza sorprendente ma non inspiegabile, anche Antonio Gramsci elabora, riflettendo su Machiavelli, l'idea della riforma morale e religiosa. Gramsci interpreta *Il principe* come l'opera in cui Machiavelli prima spiega come deve essere un capo politico capace di condurre un popolo disperso e polverizzato alla fondazione di un nuovo stato suscitando e organizzando la sua «volontà collettiva»; poi esorta all'azione con il grido appassionato dell''Esortazione'[271]. Gramsci individua in Machiavelli, «*in nuce*» gli elementi di una «rivoluzione intellettuale e morale» intesa come «quistione religiosa o di una concezione del mondo». Da questi elementi sviluppa la convinzione che il moderno principe, il partito comunista, «deve e non può non essere il banditore e l'organizzatore di una riforma e intellettuale e morale» in grado di sviluppare «la volontà collettiva nazionale popolare verso il compimento di una forma superiore di civiltà moderna»[272].

Uno degli elementi della concezione del mondo, o religione, di Machiavelli è il principio: «perdere l'anima per salvare la patria o lo Stato». Gramsci descrive tale principio come «un elemento di laicismo assoluto» contro la religione o concezione dominante, che a sua volta rispose presentando Machiavelli come «un'apparizione diabolica». Mentre per Gobetti la riforma morale è individuale e interiore, quella di Gramsci è bandita da un soggetto collettivo politico: «il Principe prende il posto, nelle co-

[270] *Ibidem.*
[271] Antonio Gramsci, *Note sul Machiavelli, sulla politica e sullo Stato moderno*, Einaudi, Torino 1949, pp. 3-4. Vedi Benedetto Fontana, *Hegemony and Power. On the Relation Between Gramsci and Machiavelli*, The University of Minnesota Press, Minneapolis 1993.
[272] Gramsci, *Note sul Machiavelli* cit. p. 8.

scienze, della divinità o dell'imperativo categorico, diventa la base di un laicismo moderno e di una completa laicizzazione di tutta la vita e di tutti i rapporti di costume»[273].

In quei medesimi anni Croce elaborò l'idea della religione della libertà nella *Storia di Europa*. Egli individuava la religione della libertà nei movimenti liberali, democratici e nazionali che animarono l'Europa agli inizi del secolo XIX. Quella religione raccoglieva e armonizzava la lunga storia della libertà e dimostrava la sua forza con l'esempio dei suoi «poeti, teorici, oratori, pubblicisti, propagandisti, apostoli e martiri». Sapeva penetrare negli animi e muoverli all'azione e al sacrificio: «la figura eroica, che parlava ai cuori, era quella del poeta-milite, dell'intellettuale che sa combattere e morire per la sua idea; una figura che non rimase nei rapimenti dell'immaginazione e nei paradigmi educativi, ma apparve in carne ed ossa sui campi di battaglia e sulle barricate in ogni parte di Europa. I 'missionarî' ebbero compagni i 'crociati' della libertà».

L'idea liberale è una nuova religione perché è una concezione della realtà e ha un'etica ad essa conforme. Non ha bisogno di «personificazioni, miti, leggende, dommi, riti, propiziazioni, espiazioni, classi sacerdotali, paludamenti pontificali e simili»; condanna il letterato e il filosofo imbelle e trasognato, la mentalità servile e la cortigiana adulazione; non accetta di «staccare l'uomo dal cittadino, l'individuo dalla società che lo forma e che esso forma»; esorta all'amore della patria; infonde il senso del dovere; esige la ricerca della verità; pretende l'impegno nell'azione o almeno il desiderio dell'azione; insegna a guardare alle sconfitte come occasioni per dimostrare e riaffermare la forza della libertà[274].

La religione della libertà, sottolinea Croce, raccoglie molteplici aspirazioni religiose e filosofiche, e sente «di rappresentare le migliori esigenze», di essere «purificazione, approfondimento e potenziamento della vita religiosa dell'umanità». Fra le aspirazioni e le esigenze che la religione della libertà raccoglie, c'è anche quella di chi aveva cercato una riforma religiosa che inse-

---

[273] *Ibidem.*
[274] Benedetto Croce, *Storia di Europa nel secolo decimonono*, Laterza, Bari 1932, pp. 22-23.

gnasse in primo luogo una morale civile in grado di sostenere la fede nella libertà. Croce non considera Machiavelli un antesignano della religione della libertà, ma un uomo che rivela i «segni di un'austera e dolorosa coscienza morale», e deride chi ha «tanto ciarlato dell'immoralità di Machiavelli»[275].

Spiega anche, come meglio non si potrebbe, che quando tratta dell'azione politica che fonda e sostiene stati, Machiavelli assai spesso

ne parla con tono religioso, come dove ricorda il detto che bisogna per il bene dello Stato essere disposti a perdere nonché la reputazione, la salute dell'anima propria; o quando guarda indietro, con poco celata invidia, alla religione pagana, che poneva il sommo bene nell'onore del mondo ed esaltava gli uomini pieni di umana gloria e pregiava la grandezza dell'animo, la forza del corpo, e tutte le virtù che rendono gli uomini fortissimi, laddove la religione cristiana, col mostrare la verità e la vera via all'altro mondo, dispregia questo, loda l'abiezione, e gli uomini contemplativi pone sopra quegli altri, e il patire sopra il fare[276].

Croce arriva a scrivere, a commento del passo che «gli Stati debbono di tempo in tempo essere richiamati ai loro principii», che «il Machiavelli trattando dell'arte dello stato si fa religioso»[277]. Giudica la religiosità di Machiavelli non teoria compiuta, bensì stato d'animo. La teoria di Machiavelli scrittore politico, quale che sia stato il modo di sentire dell'uomo Machiavelli, è per Croce la pura politica, ovvero la politica come terreno della

---

[275] Benedetto Croce, *Etica e politica*, a cura di Giuseppe Galasso, Adelphi, Milano 1994, p. 293.

[276] Ivi, p. 294.

[277] Ivi, p. 296. Nella terza parte della *Storia della filosofia. Rinascimento riforma e controriforma*, pubblicata nel 1930, De Ruggiero scrive: «Il motivo ispiratore della Riforma [il ritorno ai principi] è da lui [Machiavelli] luminosamente presentito; anzi è sorpassato dalla sua spiegazione razionalistica. Il ritorno alle origini non ha infatti per lui nessun significato trascendente e divino, ma è norma di qualunque attività umana, che è più pura e schietta alla fonte, perché più vicina alla spontaneità della natura. Solo che la natura, da sé, non spiega il proprio riflettersi e ritornare sopra sé medesima: il naturalismo del Machiavelli non è neppur pensabile senza un principio superiore – la virtù – che lo attiva, nel tempo stesso che lo supera»; Guido De Ruggiero, *Rinascimento, riforma e controriforma*, 4a ed., Laterza, Bari 1947, vol. II, p. 70.

forza e dell'utilità[278]. Di conseguenza Croce non coglie nelle pagine di Machiavelli l'esigenza della riforma morale fondata sull'idea di un Dio che è principio dell'agire virtuoso e non collega la sua religione della libertà all'umanesimo civile.

Quando il fascismo, vero figlio della cattiva educazione religiosa, trascinò l'Italia nella tragedia della guerra, fu la religione della libertà ad aiutare la rinascita morale e civile: una religione senza chiese e senza Messia che fece risorgere nell'animo di molti l'idea della «patria umana in cui tutti gli uomini liberi si riconoscevano e si intendevano nella stessa lingua», e diede la forza di vivere e morire per un ideale. Lo capì bene Piero Calamandrei: «Qualcuno ha parlato di 'anima collettiva', qualcuno ha parlato di 'Provvidenza'; forse bisognerebbe parlare di Dio: di questo Dio ignoto che è dentro ciascuno di noi». La Resistenza ebbe «carattere religioso» perché religione è «serietà della vita, impegno per i valori morali, coerenza tra il pensiero e l'azione». Come e perché un popolo, o almeno i migliori seppero rinascere dalla morte morale del vivere servo apparve a Calamandrei e ad altri un evento «miracoloso e misterioso»[279]. Miracoloso e misterioso, lo fu di sicuro, ma se lo collochiamo entro un arco storico più ampio possiamo anche interpretarlo come un segno della presenza tenace dell'ideale religioso della rinascita che si diffuse in Italia insieme alla libertà repubblicana e visse i suoi momenti più alti nel Risorgimento.

Prova ne sia che, quando l'Italia cominciò a rinascere, chi fu protagonista e testimone di quella rinascita riscoprì il significato autentico del messaggio antico di Machiavelli. Luigi Russo, che dedica nel 1945 il suo *Machiavelli* a Nello Rosselli e a Leone Ginzburg, coglie come meglio non si potrebbe il ruolo di primo piano che il Segretario fiorentino ebbe nella storia della coscienza morale e religiosa dell'Italia. Russo spiega che chi davvero mantenne vivo il significato profondo della lezione di Machiavelli

---

[278] Vedi la recensione al libro di Felice Alderisio, *Machiavelli. L'arte dello Stato nell'azione e negli scritti*, in *Conversazioni critiche*, Serie quarta, Laterza, Bari 1932, pp. 15-17.

[279] Piero Calamandrei, *Passato e avvenire della Resistenza*, Grafica Milano, Milano1954, ristampato in *Scritti e discorsi politici*, a cura di Norberto Bobbio, vol. I, *Storia di dodici anni*, La Nuova Italia, Firenze 1966, tomo secondo, pp. 49-52.

furono quegli uomini come Mazzini e come Alfieri i quali capirono che il problema della libertà in Italia era in primo luogo una questione di riforma morale[280]. Savonarola, lo schernito profeta disarmato, scrive Russo, rimane idealmente vendicato dai pensatori politici antimachiavellici che «si travagliano per far valere accanto alla 'realtà effettuale' anche la 'realtà ideale', accanto alla terra il cielo, il dover essere accanto all'essere, e finiscono con il purificare, rasserenare e umanizzare del tutto la ferinità del centauro machiavellico». Rimane soprattutto vendicato dalla storia italiana, «quando l'unità della penisola, profezia astratta sul limitare del Cinquecento, diventa un verbo concreto sul finire del Settecento e nell'Ottocento, sol perché la politica pura si è fatta anche agitazione poetica e religiosa, e torna il pathos profetico del frate nelle parole di un Alfieri e di un Mazzini»[281].

Per Russo l'azione politica che diventa profezia e poesia per redimere popoli e fondare stati non era l'antitesi della politica che Machiavelli aveva teorizzato, bensì l'interpretazione più vera di essa: «dopo aver dissertato freddamente su le arti del lione e della volpe, alla fine del trattatello, ruba i colori, le immagini, e lo stile al suo satireggiato avversario [Savonarola], all'idolo polemico della sua fantasia, e parla da profeta, e discorre anche lui biblicamente di mare che si è aperto, di nube che ha scorto il cammino, di pietra che ha versato acqua, di cielo che ha piovuto manna, e chiama a soccorso la voce di un poeta; perché egli sapeva che 'i poeti molte volte essere di spirito divino e profetico'»[282]. Machiavelli si fa profeta perché sa che «senza pathos profetico, senza rinnovamento morale, senza coscienza civile» il principato, e a maggior ragione la repubblica, rimangono utopia, nulla di più di una delle tante repubbliche immaginate. È la forza del suo realismo politico che gli impone di cercare e immaginare il Dio che comanda la virtù civile[283].

---

[280] Luigi Russo, *Machiavelli*, 3a ed., Laterza, Bari 1949. La dedica, in data 1945, recita: «Dedico questo volume alla memoria degli amici Nello Rosselli e Leone Ginzburg, miei affettuosissimi compagni di lavoro letterario e di fede politica, nel momento in cui il loro tragico sacrificio comincia ad apparire illuminato dalla luce della libertà e della pace».

[281] Ivi, p. 8.
[282] *Ibidem.*
[283] Ivi, p. 5.

La storia dell'aspirazione alla riforma morale e religiosa dell'Italia non è conclusa e non si concluderà mai, se non quando apparirà del tutto vana. Ci saranno, come in passato, tempi in cui essa sembrerà possibile e vicina; altri in cui sembrerà impossibile o lontana. Una delle stagioni della nostra storia in cui più forti e diffuse furono le speranze di riforma morale furono gli anni che videro la nascita della Repubblica e della Costituzione. In uno dei dibattiti che esprime bene le speranze e i timori di quel tempo, la discussione sulla ratifica del trattato di pace firmato a Parigi il 10 febbraio 1947, ritorna il nome di Machiavelli. È Luigi Einaudi a citarlo, nel suo intervento alla consulta del 29 luglio 1947. Benedetto Croce, pochi giorni prima, aveva preso la parola per esortare a non firmare quel trattato di pace; Einaudi risponde con un ragionamento tutto ispirato a una fede nella libertà che egli, laico, esprime con linguaggio religioso:

la sola via d'azione che si apre dinnanzi è la predicazione della buona novella. Quale sia questa buona novella sappiamo: è l'idea di libertà contro l'intolleranza, della cooperazione contro la forza bruta. L'Europa che l'Italia auspica, per la cui attuazione essa deve lottare, non è un'Europa chiusa contro nessuno, è un'Europa aperta a tutti, un'Europa nella quale gli uomini possano liberamente far valere i loro contrastanti ideali e nella quale le maggioranze rispettino le minoranze e ne promuovano esse medesime i fini, sino all'estremo limite in cui essi sono compatibili con la persistenza dell'intera comunità. Alla creazione di quest'Europa, l'Italia deve essere pronta a fare il sacrificio di una parte della sua sovranità[284].

Dobbiamo imparare da Machiavelli, spiega Einaudi, non dal Machiavelli «meditante solitario nel confino del suo rustico villaggio toscano sui teoremi della scienza politica pura», ma dal Machiavelli «uomo», dal Machiavelli «cittadino in Firenze» che «non aveva, no, timore di rivolgersi al popolo, da lui reputato 'capace della verità', capace cioè di apprendere il vero e di allontanarsi dai falsi profeti quando 'surga qualche uomo da bene che orando dimostri loro come ei s'ingannino'. Sì. Fa d'uopo che oggi nuova-

---

[284] Luigi Einaudi, *Interventi e relazioni parlamentari*, vol. II, *Dalla Consulta nazionale al Senato della Repubblica (1945-1958)*, a cura di Stefania Martinotti Dorigo, Fondazione Luigi Einaudi, Torino 1982, pp. 691-92.

mente surgano gli uomini da bene, auspicati da Niccolò Machiavelli, a dimostrare ai popoli europei la via della salvezza e li per-
suadano ad infrangere gli idoli vani dell'onnipotenza di stati impotenti, del totalitarismo, alleato al nazionalismo e nemico acerri-
mo della libertà e della indipendenza delle nazioni»[285].

Nelle parole che Einaudi, uomo alieno dagli slanci retorici,
pronuncia in un momento grave per l'avvenire dell'Italia, ritorna il Machiavelli che aveva avvertito la necessità di uomini dota-
ti di quell'integrità morale che dà alle parole la forza di persuadere e di liberare; di uomini che sentissero per la patria, come
egli sentiva, un sentimento religioso di carità. L'idea della riforma religiosa delineata da Machiavelli nei suoi scritti aveva per fine l'educazione di uomini siffatti perché egli sapeva che soltanto uomini che vivessero secondo la religione che comanda di
amare la libertà e di essere forti per conquistarla e per difenderla avrebbero potuto redimere l'Italia dalla servitù morale. Le parole di Einaudi su Machiavelli, in quel suo discorso tutto sostenuto da una fede nella libertà che gli faceva intravedere, all'indomani della tragedia della guerra e del fascismo, la possibilità
di un'Europa di popoli liberi, possono e devono sorprendere; ma
ci fanno capire, ancora una volta, che il Machiavelli profeta della riforma religiosa e morale è rimasto vivo nella nostra storia e
ci ricorda che per essere liberi abbiamo bisogno di quel suo Dio.

[285] Ivi, p. 691.

INDICI

INDICE DEI NOMI

INDICE DEL VOLUME